# HANSJÖRG BRÄUMER
August von Arnswaldt 1798–1855

Meiner Frau

HANSJÖRG BRÄUMER

# August von Arnswaldt
## 1798—1855

Ein Beitrag zur
Geschichte der Erweckungsbewegung
und des Neuluthertums
in Hannover

VANDENHOECK & RUPRECHT
IN GÖTTINGEN

Studien zur Kirchengeschichte Niedersachsens

In Verbindung mit
Richard Drögereit und Kurt Schmidt-Clausen
herausgegeben von Hans-Walter Krumwiede
20

ISBN 3-525-55223-8

Gefördert mit Forschungsmitteln des Landes Niedersachsen
© Vandenhoeck & Ruprecht, Göttingen 1972
Printed in Germany
Ohne ausdrückliche Genehmigung des Verlages ist es nicht gestattet,
das Buch oder Teile daraus auf foto- oder akustomechanischem Wege zu vervielfältigen
Satz und Druck: Bücherdruck Helms KG, Tübingen
Bindearbeit: Hubert & Co., Göttingen

# Vorwort

Die vorliegende Arbeit wurde im Dezember 1970 von der Theologischen Fakultät der Universität Göttingen als Dissertation angenommen.

Herrn Professor Dr. Dr. Krumwiede habe ich für seine persönliche Anteilnahme und freundlichen Rat, für die große Freiheit, die er mir bei der Ausführung der Untersuchung ließ, und die unermüdliche Geduld, mit der er ihr Werden begleitete, herzlich zu danken.

Ich möchte es nicht versäumen, an dieser Stelle den folgenden Damen und Herren zu danken, die mir beim Auffinden der Quellen, beim Kollationieren der zum Teil schwer lesbaren Handschriften und beim Lesen der Korrekturen geholfen haben: Schwester Therese Schön, Schwester Emma Kluge, Fräulein Silke Warthemann, Frau Hilde Wittenberg, Frau Äbtissin E. von Arnswaldt, Herrn K. H. von Arndswaldt, Herrn Dr. H. D. von Arnswaldt, Herrn E. von der Decken, Herrn Dr. Hülsemann, Herrn von Lenthe, Herrn Karl Ulrich Krämer und Herrn Rückeberg.

Ein Wort des Dankes möchte ich auch an die Glieder der Anstaltsgemeinde der Lobetalarbeit in Celle richten, mit denen mancher Fragenkomplex dieser Arbeit gemeinsam besprochen worden ist.

Der Druck der Arbeit wurde durch namhafte Zuschüsse aus den Forschungsmitteln des Landes Niedersachsen, des Landeskirchenrates der ev.-luth. Kirche in Bayern und der Klosterkammer ermöglicht.

Neuendettelsau, im Mai 1972                                  Hansjörg Bräumer

# Inhalt

Vorwort .................................................. 5

Einleitung des Herausgebers ............................... 9

Zur Quellenlage ........................................... 11

**Kapitel 1: Kindheit und Jugend** ......................... 13
  I. Das Elternhaus in Hannover ........................... 13
  II. Gymnasiast in Gotha ................................. 18
  III. Student in Göttingen ............................... 24
    1. Die Studien ...................................... 24
    2. Die Kunstfahrt nach Heidelberg und an den Rhein .. 27
    3. Die Wünschelruthe ................................ 28
      a) Die Poetische Schusterinnung an der Leine ..... 28
      b) Die Redaktion der Zeitschrift und ihre Mitarbeiter 30
      c) Arnswaldts Beiträge zur Wünschelruthe ........ 32
  IV. Der Haxthausensche Kreis ............................ 41
    1. Annette von Droste-Hülshoff ...................... 42
    2. Heinrich Straube ................................. 43
    3. Ludowine von Haxthausen .......................... 45
    4. Anna von Haxthausen .............................. 49

**Kapitel 2: Arnswaldt als „Erweckter"** ................... 53
  I. Die Erweckungsbewegung in Hannover ................... 53
    1. Die Hannoversche Bibelgesellschaft ............... 55
    2. Die Verbreitung der Traktate ..................... 57
    3. Die Missionsvereine .............................. 58
    4. Die Anfänge der Inneren Mission .................. 59
  II. Arnswaldts Begegnungen mit der Erweckungsbewegung ... 60
    1. Die „religiös Erfahrenen" (1818) ................. 60
    2. Die erneuten Bußkämpfe (1824/25) ................. 62
    3. Die geistlichen Schriften Fénelons ............... 66
    4. Die katholische Erweckungsbewegung ............... 68
      a) Der Gallitzin-Kreis in Münster ................ 68
      b) Der Seeger-Kreis .............................. 70
    5. Die romantische Naturphilosophie Gotthilf Heinrich Schuberts 71
    6. Traktate ......................................... 75

|      |     |
| --- | --- |
| 7. Pietistische Weltabgewandtheit | 77 |
| 8. Der Briefwechsel Arnswaldts mit Gustav Schwab und Karl Johann Philipp Spitta | 79 |
|    a) Gustav Schwab | 79 |
|    b) Karl Johann Philipp Spitta | 80 |
| 9. Die Herrnhuter Brüdergemeine | 84 |
| 10. Die Capitolinische Kirchengemeinschaft | 88 |
| 11. Die Predigten Eduard Friedrich Niemanns und Friedrich Strauß' | 92 |
|    a) Eduard Friedrich Niemann | 92 |
|    b) Friedrich Strauß | 94 |
| III. Arnswaldts Kritik an der Erweckungsbewegung und sein praktischer Beitrag | 96 |
| 1. Seine Kritik | 96 |
|    a) Kritik an der pietistischen Enge | 96 |
|    b) Kritik am Obskurantismus | 98 |
|    c) Kritik an den katholisierenden Tendenzen | 99 |
|    d) Kritik am falschen Mystizismus | 100 |
| 2. Arnswaldts Beitrag zur Verbreitung des erwecklichen Lebens | 101 |
|    a) Seine Interventionen | 102 |
|    b) Seine finanziellen Möglichkeiten | 106 |
|    c) Seine Bibliothek | 110 |
| **Kapitel 3: Arnswaldt als „Lutheraner"** | **115** |
| I. Über die Anfänge des Neuluthertums | 115 |
| 1. Die geschichtliche Neubesinnung | 115 |
| 2. Der Organismusgedanke | 117 |
| 3. Die Frage nach der Verbindlichkeit der Lutherischen Bekenntnisschriften | 118 |
|    a) Die Unionen | 119 |
|    b) Die Missionsgesellschaften | 120 |
|    c) Die Diasporavereine | 121 |
|    d) Die Hannoversche Pfingstkonferenz | 122 |
|    e) Die Kirchentage | 123 |
| II. Arnswaldts Studien über das Abendmahl | 124 |
| 1. Das aus der Tropenlehre gewonnene hermeneutische Prinzip | 127 |
| 2. Die Abendmahlslehre auf dem Hintergrund der naturphilosophisch-theosophischen Scheidung von Leib und Leib | 136 |
| III. Arnswaldts Kirchenbegriff | 139 |
| 1. Arnswaldts Beurteilung der Einigungsbestrebungen | 140 |
|    a) Die preußische Union und die schlesischen Lutheraner | 140 |
|    b) Die Norddeutsche und die Dresdener Missionsgesellschaft | 145 |
|    c) Der Evangelische Verein der Gustav-Adolf-Stiftung und der Lutherische Gotteskasten | 146 |
|    d) Die Kirchentage und die lutherischen Konferenzen | 148 |
| 2. Arnswaldts Stellung zur römisch-katholischen Kirche | 149 |
| 3. Arnswaldts Konzeption eines deutschen Luthertums | 154 |
| 4. Arnswaldts Gedanken über die Einheit der Kirche | 159 |
| IV. Die Deutsche Laientheologie | 162 |
| 1. Die Lehre vom Urstand | 165 |
|    a) Die Unterscheidung von Natur und Übernatur | 165 |

            b) Die Gottebenbildlichkeit . . . . . . . . . . . . . . . . . . . . . . . . . . . . 165
    2. Die Lehre von der Sünde . . . . . . . . . . . . . . . . . . . . . . . . . . . . . . . 166
         a) Kritische Auseinandersetzung mit dem Decretum super peccato (Concil.
            Trid. V) . . . . . . . . . . . . . . . . . . . . . . . . . . . . . . . . . . . . . . . . . . 166
         b) Erbsünde und Sünde nach der lutherischen Lehre . . . . . . . . . . . . . 166
    3. Die Lehre von der Rechtfertigung . . . . . . . . . . . . . . . . . . . . . . . . . . 169
         a) Kontroverstheologischer Überblick . . . . . . . . . . . . . . . . . . . . . . 169
         b) Das Wesen der Rechtfertigung . . . . . . . . . . . . . . . . . . . . . . . . . 170
         c) Rechtfertigung und Heiligung . . . . . . . . . . . . . . . . . . . . . . . . . . 171
         d) Rechtfertigung und Heilsgewißheit . . . . . . . . . . . . . . . . . . . . . . 173
         e) Rechtfertigung und Glauben . . . . . . . . . . . . . . . . . . . . . . . . . . . 173

Kapitel 4: Zusammenfassendes Ergebnis . . . . . . . . . . . . . . . . . . . . . . . . 179

Anhang . . . . . . . . . . . . . . . . . . . . . . . . . . . . . . . . . . . . . . . . . . . . . . . . . . 184
    I. Edition der Deutschen Laientheologie . . . . . . . . . . . . . . . . . . . . . . . 184
    II. Briefe August von Arnswaldts aus dem Jahre 1848 . . . . . . . . . . . . . . 231
        1. August von Arnswaldt an Wilhelm Havemann . . . . . . . . . . . . . . . . 231
        2. August von Arnswaldt an Christian Friedrich Elvers . . . . . . . . . . . . 236
        3. August von Arnswaldt an Friedrich Wilhelm Carl Umbreit . . . . . . . 240
    III. Auszug aus dem Stammbaum der von Haxthausens . . . . . . . . . . . . . 248
    IV. Auszug aus dem Stammbaum der von Bremers und der von Arnswaldts . . . . . . . 249

Abkürzungsverzeichnis . . . . . . . . . . . . . . . . . . . . . . . . . . . . . . . . . . . . . 250

Bibliographie August von Arnswaldts . . . . . . . . . . . . . . . . . . . . . . . . . . 251

Quellen- und Literaturverzeichnis . . . . . . . . . . . . . . . . . . . . . . . . . . . . 254

# Einleitung des Herausgebers

Weniger als in anderen Territorien ist das kirchliche Leben in Niedersachsen vom Pietismus beeinflußt worden. Die Theologie eines Urbanus Rhegius, Martin Chemnitz, Johann Arnd und später Georg Calixt und Justus Gesenius hat die praxis pietatis so entschieden betont, daß eine spontane Reaktion auf verhärtete Positionen der Orthodoxie in unserem Bereich nur in geringem Maße festzustellen ist. Die Aufklärung setzte diese Tradition einer praktisch zu bewährenden, religiösen Erkenntnis fort: Pratje in Bremen-Verden, Jerusalem in Braunschweig, der Katechismus von 1790 etc. Lessing in Wolfenbüttel blieb mit seinen scharfen, kritischen Fragen ein Einsamer. Als der Spätrationalismus, auch gerade an der theologischen Fakultät Göttingen, seine theologische Kraft verlor, erwuchs durch den Schleiermacherschüler Friedrich Lücke neues kirchliches und theologisches Leben. Fast alle bedeutenden „Kirchenmänner" Hannovers um die Mitte des 19. Jahrhunderts waren seine Schüler: Münchmeyer, Münkel, Spitta, Uhlhorn, Louis Harms. Für das benachbarte Hamburg ist J. H. Wichern zu nennen. Neben Lücke lehrten Dorner, Ehrenfeuchter, Schöberlein u. a. unorthodox und unionsfreundlich wie er. Eine neue Epoche der Fakultätsgeschichte wurde dann durch Albrecht Ritschl eingeleitet. Diese Entwicklung vom Calixtinismus über den Rationalismus zur Rezeption Schleiermachers bis hin zu Ritschl hat eine innere Folgerichtigkeit und hat auch das kirchliche Leben weit über die Grenzen Niedersachsens hinaus bestimmt.

Außerhalb der Herrschaft dieser akademisch bestimmten Theologie gab es auch in Niedersachsen erweckliche Kreise, die in friedlicher Nachbarschaft zur Fakultät ihre Frömmigkeit praktizierten. Aus diesem Zusammenhang heraus fällt der Repräsentant des Neuluthertums in Hannover, L. A. Petri. Ohne Lehrstuhl, ohne Berufung ins Kirchenregiment wurde er im 19. Jahrhundert als Pastor an der Kreuzkirche in der Stadt Hannover einer der wirkungsmächtigsten Theologen in der hannoverschen Landeskirche und mit Harleß und den Erlangern einer der maßgeblichen Repräsentanten des Neuluthertums. Die von ihm gegründete Pfingstkonferenz wurde ein Sammelbecken gleichgesinnter Geistlicher. Im Kampf zwischen Petri und Lücke um die hannoversche Pfarrerschaft blieb Petri Sieger. Die Lücke-Schüler entwickelten sich fast ausnahmslos zu konfessionellen Lutheranern. Den Ursprüngen und Anlässen dieser Entwicklung nachzugehen, war für den Historiker schon immer von besonderem Reiz. Alle Versuche jedoch, hier zu brauchbaren Ergebnissen zu kommen, mußten daran scheitern, daß über den Mann, der *vor* Petri am Anfang der Konfessionalisierung der Schleiermacherschüler und der Erweckungsbewegung in Hannover stand, so gut wie nichts bekannt war. So findet sich in der Literatur nur das pauschale Urteil, daß der „hoch-kirchliche Zug" der konfessionell lutherischen Frömmigkeit in Hannover auf August v. Arnswaldt zurückzuführen sei. (Tschackert, Uhlhorn, J. Meyer). Die Bedeutung dieses Mannes hat Petri im Rückblick auf das Leben Arnswaldts charakterisiert: Er sei nur deshalb nicht zu einem „der einflußreichsten Charaktere seiner Zeit" geworden, da ihm das „praktische Geschick versagt blieb".

Briefe an Arnswaldt waren schon längere Zeit bekannt; 1960 veröffentlichte P. Fleisch die Briefe Victor von Strauß und Torneys an A. (Studien zur Kirchengeschichte Niedersachsens 12, 1960). Eine Abendmahlsschrift von A. war gedruckt worden, blieb aber als Produkt eines theologischen Sonderlings unbeachtet, obwohl sich Tholuck und Schöberlein mit ihr auseinandergesetzt hatten. Eine Laientheologie war nicht aufzufinden.

Durch einige glückliche Funde und dank des umsichtigen Suchens des Verfassers kann die Zusammenstellung des Nachlasses August von Arnswaldts nun für abgeschlossen gelten. Nach der Veröffentlichung der Briefe Arnswaldts an R. Wagner sowie an Strauß und Torney (JGNKG 1960 u. 1964) war die Zusendung der Laientheologie an die Abteilung für niedersächsische Kirchengeschichte an der Universität Göttingen aus privater Hand der Anlaß für die Anfertigung dieser Dissertation, die einen wichtigen Beitrag zur niedersächsischen Kirchengeschichte und zur Geschichte des Neuluthertums darstellt.

Göttingen, April 1972                                        H. W. Krumwiede

## Zur Quellenlage

Die vorliegende Untersuchung über den hannoverschen Juristen und Privatgelehrten August von Arnswaldt will einen Beitrag zu der noch fehlenden Gesamtdarstellung über das Verhältnis von Erweckungsbewegung und Neuluthertum liefern.[1]

Zum ersten Mal machte 1923 Nathanael Bonwetsch auf den für die Geschichte der Erweckung als Quelle wertvollen Briefnachlaß August von Arnswaldts aufmerksam. Von den rund 600 Briefen, die Nathanael Bonwetsch vorlagen, brachte er nur einzelne Ausschnitte zum Abdruck.[2] Paul Fleisch, dem 1955 in Gemeinschaft mit dem Kloster Loccum von den Nachfahren Arnswaldts diese Briefsammlung anvertraut worden war, veröffentlichte ganze Briefreihen. Es handelt sich um die Briefe Rudolf Wagners,[3] Wilhelm Havemanns,[4] Victor von Strauß und Torneys[5] und Ludwig Hassenpflugs[6] an August von Arnswaldt. Philipp Meyer und Ernst Rohde gelang es, die Antwortbriefe Arnswaldts an Rudolf Wagner[7] und an Victor von Strauß und Torney[8] aufzufinden.

Die Nachforschungen nach weiteren Briefen Arnswaldts und nach der oft erwähnten Deutschen Laientheologie[9] führte zu folgendem Ergebnis: In der Handschriftenab-

---

1  Vgl. Geiger, M.: Das Problem der Erweckungstheologie. ThZ 14 1958, S. 430. Zur Erweckungsbewegung vgl. vor allem Beyreuther, E.: Die Erweckungsbewegung. Die Kirche in ihrer Geschichte, Bd. 4, Lf. R, Teil 1. Göttingen 1963, und den Forschungsbericht bei Weigelt, H.: Erweckungsbewegung und konfessionelles Luthertum im 19. Jahrhundert, untersucht an Karl v. Raumer. Arbeiten zur Theologie 2. Reihe Bd. 10. Stuttgart 1958, S. 15-18.
2  Bonwetsch, N.: Zur religiösen Erweckung in der hannoverschen Kirche des neunzehnten Jahrhunderts nach Briefen an den Legationsrat August von Arnswaldt. ZGNKG 28 1923, S. 38-85.
3  Briefe Rudolf Wagners an August von Arnswaldt. Hg. von P. Fleisch. JGNKG 55 1957, S. 95-121.
4  Briefe Wilhelm Havemanns an August von Arnswaldt. Hg. von P. Fleisch. JGNKG 56 1958, S. 184-214.
5  Victor von Strauß und Torney an August von Arnswaldt. Briefe aus der Erweckungsbewegung Niedersachsens. Hg. von P. Fleisch. StKGN 12 1960, S. 9-102.
6  Briefe Hassenpflugs an v. Arnswaldt. Ebd. S. 103-106.
7  Briefe August von Arnswaldts an Rudolf Wagner. Hg. von Ph. Meyer. JGNKG 58 1960, S. 146-188.
8  Briefe August von Arnswaldts an Victor von Strauß und Torney. Hg. von E. Rohde. JGNKG 62 1964, S. 66-92.
9  Vgl. Brfe. orig. A. v. A. an Strauß-Torney 11. 11. 1844; 14. 12. 1848 und 2. 1. 1849.

teilung der Deutschen Staatsbibliothek in Ostberlin fand sich ein umfangreicher Nachlaß, der im Jahre 1932 von Ludowine von Arnswaldt aus Fischbeck an der Weser erworben wurde. Er besteht aus zwei Kästen, von denen der eine Familienkorrespondenz, Materialsammlungen und kleine Manuskripte, der andere einen großen Teil der Korrespondenz Arnswaldts mit seinen Freunden und Abschriften von Gedichten Volksliedern u. ä. enthält.[10] Nach dem Erfassen aller sich noch im Privatbesitz der von Arnswaldts befindlichen Briefe und mit dem bedeutendsten Fund, der Deutschen Laientheologie, kann die Zusammenstellung des Nachlasses August von Arnswaldts für abgeschlossen gelten.

Die zum großen Teil unbekannten Quellen sind Ausgangspunkt und Grundlage der Gesamtdarstellung über August von Arnswaldt. Die entscheidenden Partien werden im Anmerkungsapparat wiedergegeben. Die Deutsche Laientheologie und einige Briefe Arnswaldts aus dem Jahre 1848 sind in einem Anhang ediert.

---

Prb. Vgl. JGNKG 62 1964, S. 81, 87, 89, und Brfe. orig. Strauß-Torney an A. v. A. 12. 7. 1844; 22. 9. 1844; 27.7. 1846 KlB Loccum. Vgl. StKGN 12, S. 34, 40, 68.

10   Vgl. Bibliographie August von Arnswaldts s. u. S. 238f.

KAPITEL 1

# Kindheit und Jugend

*I. Das Elternhaus in Hannover*

August von Arnswaldt wurde am 13. 8. 1798 in Hannover geboren. Seine Mutter Henriette Luise stammte als eine geborene von Bremer aus dem Uradel des Erzstiftes Bremen.[1] Auch sein Vater Karl Friedrich Alexander von Arnswaldt konnte sich einer uradeligen Abstammung rühmen. Mit Sicherheit sind auf einer urkundlich belegten Stammtafel seine Ahnen zurückzuverfolgen bis auf Werner von Arnswaldt (1415-1450).[2] Darüber hinaus ist es mit Hilfe der Heraldik möglich, einen Stammbaum aufzustellen, der bis zu den ersten Trägern des Familiennamens „Arenswaldt" reicht.[3] Um 1200 nimmt Hermann, ein Sohn Burchards I. von Honstein den Namen „Arenswaldt" an.[4] Damit folgt er der damaligen Sitte und wählte einen neuen Namen nach seinen Besitzungen,[5] die sich im wesentlichen auf den „Arenswald" beschränkten. Dieses Waldstück östlich von Uftrungen am Rande der „Goldenen Aue" im Norden Thüringens ist demnach die Gegend, aus der die Familie Arnswaldt hervorgegangen ist.[6] Hermann erbaute im „Arenswald" – dem Wald der Aare oder Adler[7] – die Burg „Arnswald", die zum Stammsitz des Geschlechtes wurde.[8] Seit 1227 erscheint er in den Urkunden als Dinggraf.[9]

---

1    Vgl. Gothaisches Genealogisches Taschenbuch der uradeligen Häuser. Der in Deutschland eingeborene Adel. 12. Jg. 1911, S. 131-133. Henriette Luises Bruder war der Staats- und Kabinettsminister Friedrich Franz Dietrich von Bremer, ebd. S. 132.
2    Arnswaldt W. C. v.: Die Herren von Arnswaldt und ihre Sippe. H. 1: Die Geschichte der Familien v. Honstein, v. Aschazerode, v. Arnswald, v. Tütchenrode und Geylvus v. Arnswaldt bis zum Jahre 1450. München 1914, S. 88.
3    Ebd. S. 34.
4    Ebd. S. 44. Das Wappen Hermann v. Arnswaldts ist damit auch das Wappen der v. Honsteins. Es gibt dieses in zwei Varianten. Das einfache Wappen zeigt einen blauen Schild mit einem silbernen Schrägbalken, der mit drei Rosen belegt ist. Das erweiterte Wappen hat dieses Symbol zunächst auf einem Helm in der Mitte des Schildes. Über dem Helm mit blau-silbernem Deckel ist ein offener Adlerflug angebracht, auf dem sowohl rechts wie auch links der mit drei Rosen belegte silberne Schrägbalken erscheint. Ebd. S. 36f. Abbildungen der Wappen finden sich bei: Arnswaldt, W. C. v.: Die Herren von Arnswaldt und ihre Sippe. H. 6, 1. Abt. 1178-1450. München 1914. Anhang.
5    Arnswaldt, W. C. v.: Die Herren, H. 1, S. 11 u. 34.
6    Ebd. S. 44 f.
7    Ebd. S. 39.
8    Ebd. S. 45.
9    Arnswaldt, W. C. v.: Die Herren, H. 6, S. 12. Der Titel **Dinggraf** weist darauf hin, daß

Noch im 18. Jahrhundert hatte der Adel besondere Privilegien.[10] Die Träger uradeliger bzw. stiftsfähiger Abstammung nahmen darüberhinaus gewisse Gewohnheitsrechte in Anspruch. Ein solches gesetzlich nicht verankertes Gewohnheitsrecht besagte, daß uradelige Abstammung erforderlich ist u. a. für die Minister- und Ratsstellen, für die Gesandtschaftsposten sowie für die Titel Geheimer Kammerrat, Geheimer Kriegsrat, Geheimer Legationsrat, Landdrost, Oberhauptmann, Drost und Forstmeister.[11]

Nun gehörte es auch in Hannover zu den Grundsätzen des Adels, die Familien zwar durch den Grundbesitz zu erhalten, sich aber nicht auf den Gütern zu isolieren, sondern als Staatsbeamte „dem Vaterland zu dienen".[12]

Christian Ludwig August von Arnswaldt, der Großvater Augusts, realisierte diesen Grundsatz in ausgeprägter Weise. Er vereinigte in seiner Person die Ämter des Staats- und Kabinettsministers, des Konsistorial- und Kriegskanzleipräsidenten und schließlich das Amt des Kurators der Universität Göttingen.[13] Jedoch konnte er seinen verschiedenartigen Verantwortungsbereichen nicht mehr gerecht werden und wurde von seinen Zeitgenossen scharf kritisiert.[14] Müller greift aber in seiner Schrift nicht nur den Staatsbeamten Christian Ludwig August von Arnswaldt an, sondern überhaupt den hannoverschen Adel.[15] Solche Angriffe wurden damals noch von offizi-

---

Hermann von seinem Grafen die Gerichtsbarkeit übertragen worden war. Vgl. Arnswaldt, W. C. v.: Die Herren, H. 1, S. 45ff.

10 Lampe, J.: Aristokratie, Hofadel und Staatspatriziat in Kurhannover. Die Lebenskreise der höheren Beamten an den Kurhannoverschen Zentral- und Hofbehörden. 1714-1760. Bd. 1. Veröffentlichungen der historischen Kommission für Niedersachsen Bd. XXIV. Untersuchungen zur Ständegeschichte Niedersachsens 2, 1. Göttingen 1963, S. 9. Die Privilegien des adeligen Standes bestanden: (1) in seinem Vorrang vor allen übrigen nichtadeligen Ständen und seinem Recht auf bestimmte Titel, Anredeformeln und Wappenattribute, (2) in der Rechtsungleichheit zu seinen Gunsten, (3) in seiner Hof- und Turnierfähigkeit, (4) in der Befreiung von gewissen Steuern wie Kontribution und Lizenz sowie von der Dienstpflicht auf den Ämtern, (5) in seiner Qualifikation zu bestimmten Ämtern und Stiftsplätzen.

11 Ebd. S. 10.
12 Ebd.
13 Müller, J. Chr. H.: Hannover wie es war, und ist, und werden wird. Eine Gallerie, der bey Gelegenheit der Besitznahme desselben durch die Franzosen merkwürdig gewordenen Personen in alphabetischer Ordnung. o. O. 1804, S. 9. Die Schrift ist anonym erschienen. Zu ihrem Verfasser vgl. Königlich Großbritannisch Churfürstlicher Braunschweig-Lüneburgscher Staatskalender 1803, S. 31. Vgl. Die Besprechung des Buches bei Ompteda, Fr. v.: Neue vaterländische Literatur. Hannover 1810, S. 263: „Durch gerichtliche Untersuchung ist Advokat Müller in Hannover als Verfasser dieser beleidigenden Schrift zur Verantwortung gezogen". Vgl. auch Heise: Erläuterung zu des Advocaten J. C. H. Müllers Schmähschrift; Hannover wie es war, ist und werden wird. Hannover 1804.
14 Müller, Hannover, S. 10-12.
15 Ebd. S. 3-7.

eller Seite verurteilt.[16] Sie sind aber auch ein deutliches Zeichen dafür, daß bereits zu Beginn des 19. Jahrhunderts die privilegierte Stellung des Adels umstritten war.

Mit dem 19. Jahrhundert begann in der Tat der „Untergang der Adelswelt"[17] oder wie es Heinz Gollwitzer formuliert: „Die Endphase des Adels als einer privilegierten in ihrer Stellung gesetzlich gefestigten und geschützten Herrscherschicht".[18] Bereits in den zwanziger Jahren finden sich in einem allgemeinen Konversationslexikon Zitate von Kant und von Schliewen, die den Adel charakterisieren als ein „Gedankending ohne Realität" und als „entbehrliches Trümmerwerk aus der Vorzeit".[19] An Stelle der „Vorzüge der Geburt" traten allmählich „die neuen Prinzipien von Leistung und Verdienst".[20]

Um diese Prinzipien ging es bereits Müller, und er erwähnt, daß sich gerade in Hannover eine Reihe von Adeligen durch „Bildung und Humanität" auszeichnen. Dazu zählt er auch Karl Friedrich Alexander von Arnswaldt, den Vater Augusts, von dem er sagt, daß er ein „edel gesinnter, kenntnisvoller und seinen Post auf eine solche Weise bekleidender Mann" sei, daß er „des Beyfalls aller Würdigen" gewiß sein könne.[21]

Karl Friedrich Alexander von Arnswaldt war zu jener Zeit Geheimer Kammerrat.[22] Er hatte nach seinem Jurastudium in Göttingen[23] rasch die ersten Stufen des hannoverschen Staatsdienstes durchlaufen. 1814 wurde er seinem Vater zur Besorgung der Universitätssachen beigeordnet, 1815 zum Staatsminister und zweiten, später zum ersten Kurator der Universität Göttingen ernannt.[24]

---

16  Vgl. Ompteclas und Heises Schriften.
17  Vgl. Die Überschrift des 5. Kapitels in: Brunner, O.: Adeliges Landleben und Europäischer Geist. Salzburg 1949.
18  Gollwitzer, H.: Die Standesherren. 2. Aufl. Göttingen 1964, S. 9.
19  Vgl. Art.: Adel. In: CL Bd. 1 1822, S. 55f.
20  Sühlo, W.: Georg Herbert Graf zu Münster. Erblandmarschall im Königreich Hannover. Ein biographischer Beitrag zur Frage der politischen Bedeutung des deutschen Uradels für die Entwicklung vom Feudalismus zum industriellen Nationalstaat. Veröffentlichungen der historischen Kommission für Niedersachsen Bd. XXXII. Niedersächsische Biographien II. Hildesheim 1968, S. 4.
21  Müller, J. Chr. H.: Hannover, S. 3, 12.
22  Waitz, G.: Arnswaldt, Karl Friedrich Alexander v. In: ADB Bd. 1 1875, S. 598.
23  Selle, G. v.: Die Matrikel der Georg-August Universität zu Göttingen 1734-1837. Leipzig 1837. K. Fr. A. v. Arnswaldt immatrikulierte sich am 15.10. 1785, s. S. 289 Nr. 13933 1785 Nr. 60.
24  Waitz, G.: In: ADB Bd. 1, S. 598f. Unmittelbar vor seiner Ernennung zum Staats- und Kabinettsminister wurde ihm das „Commandeur-Kreutz" des „Guelfenordens" verliehen. Am Tag der Ordensverleihung erhielt er auch den Ritterschlag. Laut den Ordensstatuten zählte K. Fr. A. v. Arnswaldt damit zu den „Hannoverschen Unterthanen", die in den Jahren 1803-1815 „nicht nur nach Ehre und Pflichten ihrer Schuldigkeit ein volles Genüge geleistet, sondern sich noch außerdem besonders ausgezeichnet, oder besondere Verdienste ums Vaterland erworben haben". Vgl. Schaedtler, H.: Kurze Beschreibung des

Bereits 1828 schied er als Minister aus und 1838 als Kurator.[25] Noch ein Jahr bevor er das Kuratorium niederlegte, wurden ihm zur Säkularfeier der Georgia Augusta am 19. September 1837 gleichzeitig die Ehren eines juristischen und eines philosophischen Doktors verliehen.[26]

Karl Friedrich Alexander von Arnswaldt war es gelungen, den „Vorzug der Geburt" mit den „neuen Prinzipien von Leistung und Verdienst" zu verbinden. Er lebte mit seiner Familie in Hannover, der Hauptstadt des Kurfürstentums. Das Haus der Arnswaldts lag in der Aegidienneustadt, unmittelbar am Aegidientorplatz. Zum Anwesen mit seinen Haupt- und Nebenhäusern, Stallungen, Wirtschaftsgebäuden und Höfen gehörte ein mehr als fünf hannoversche Morgen[27] großer Garten, der selbst in einer Zeit, in der der Park den Lebensstil des Gebildeten mibestimmte,[28] als außergewöhnlich auffiel und über die Grenzen Hannovers hinaus bekannt war: Zu den „Merkwürdigkeiten" gehörten Tulpenbäume, Platanen, amerikanische Nußbäume, afrikanische Eichen und die einzige in Hannover bekannte Mistel. Auffällt der für die Zeit so charakteristische Wechsel von Natürlichem und Geplantem. Enge Pfade und breite Promenaden fehlten ebenso wenig wie ein Tannenwäldchen und efeuumrankte Grotten.[29]

So wuchs das Kind August in einem Elternhaus heran, das im Vergleich zum Landadel mit der Verstädterung eine deutliche Verfeinerung des Lebens mit sich brachte. Zugleich erfuhr er von Anfang an die Dimension der staatspolitischen Verantwortung als selbstverständlich. Hinzu kam bei den Eltern Augusts ein ausgepräges Interesse an Reisen, Kunst und Theater. Zwar scheinen neben der selbstverständlichen Verpflichtung[30] zur Teilnahme an gesellschaftlichen Empfängen[31] und „Assemblées"[32] in dieser Zeit bereits Besuche des Schauspiels",[33] der Oper[34] und der Kunstgalerien[35] zum offiziellen Programm des gebildeten Adels gehört zu haben, jedoch zei-

      Königlich Hannoverschen Guelfenordens nebst beygefügten Abbildungen, Ordensstatuten und Ritter-Listen. Hannover 1816, S. 20, 31. Vgl. auch S. 17 Anm. 7.
25 Waitz, G.: In: ADB Bd. 1, S. 598f.
26 Arnswaldt, K. Fr. A. v. In: NCL Bd. 2 1859, S. 670.
27 Ein hannoverscher Morgen waren 120 „Quadratruthen" (etwa 8500 qm), vgl. Art. Morgen. In: CL Bd. 4 1822, S. 554.
28 Zur Bedeutung des Gartens als Lebenselement vgl. aus dem Briefwechsel von Heinrich Boies und Luise Mejer besonders den Brief vom 19. 7. 1780. Schreiber, J.: Ich war wohl klug, als ich dich fand. Heinrich Christian Boies Briefwechsel mit Luise Mejer 1777-1785. 2. Aufl. München 1963, S. 65f.
29 Vgl. Leverkühn, P.: Die Vögel unseres Gartens in Hannover. Monatsschrift des deutschen Vereins zum Schutze der Vogelwelt 14 1889, S. 126-135.
30 "... nous avons eté obligée d' y aller les après-midi y étant engagés en societés". Brf. orig. H. v. A. an Chr. L. A. v. A. 17. 7. 1799 Prb.
31 Brfe. orig. K. Fr. A. v. A. an Chr. L. A. v. A. 21. 7. 1799, 31. 7. 1799 Prb.
32 Brfe. orig. K. Fr. A. v. A. an Chr. L. A. v. A. 3. 6. 1799, 9. 7. 1799, 4. 8. 1799 Prb.
33 K. Fr. A. v. A. an Chr. L. A. v. A. 31. 7. 1799.
34 Brf. orig. K. Fr. A. v. A. an Chr. L. A. v. A. 24. 7. 1799 Prb., H. v. A. an Chr. L. A. v. A. 17. 7. 1799.
35 Sie besuchten vor allem die Galerien in Sanssouci und Dresden. Brf. orig. K. Fr. A. v. A.

gen sich in den Briefen Henriettes und Karl Friedrich Alexanders nach Hannover eine weit darüber hinausreichende Begeisterung. Neben dem durchaus als wichtig empfundenen Empfang am kurfürstlichen Hofe in Dresden[36] berichten die Briefe wiederholt über die dortigen „Gallerien".[37] Die kritische Schilderung einer Opernprobe im Schloß Pillnitz[38] zeigt, wie sehr sich beide in der Welt der Oper auskennen.

Von religiösen Dingen findet sich allerdings in den Briefen nichts, so daß angenommen werden kann, daß im Hause Arnswaldt über Fragen der Religion und des Glaubens nicht gesprochen wurde.[39]

Daneben enthalten die Briefe die ersten direkten allerdings sparsamen Zeugnisse über den damals einjährigen August und seine zwei Jahre ältere Schwester Luise.[40] Schon hier,[41] wie auch in den Briefen der nächsten Jahre,[42] erregt die schwache Gesundheit des Kindes August die Besorgnis der Eltern. Vielleicht war auch dies mit ein Grund, warum August bis zu seiner Konfirmation im väterlichen Hause erzogen wurde.[43] Von Arnswaldts Hauslehrern ist mit Sicherheit nur Heinrich Philipp Sextro zu nennen.[44]

Sextro war einer der prominentesten hannoverschen Theologen. Noch während seines Studiums wurde er Konrektor an der Schule in Hameln und unmittelbar nach Abschluß seines Studiums Rektor am Lyceum in Hannover. Neben seiner 1779 an St. Albani in Göttingen angetretenen Pfarrstelle hielt er Vorlesungen aus dem Ge-

---

an Chr. L. A. v. A. 22. 6. 1799 Prb. Vgl. außerdem K. Fr. A. v. A. an Chr. L. A. v. A. 9. 7. 1799 und 31. 7. 1799.
36  K. Fr. A. v. A. an Chr. L. A. v. A. 31. 7. 1799 und 9. 7. 1799
37  K. Fr. A. v. A. an Chr. L. A. v. A. 31. 7. 1799. Brf. orig. H. v. A. an Chr. L. A. v. A. 6. 7. 1799 Prb.
38  K. Fr. A. v. A. an Chr. L. A. v. A. 24. 7. 1799.
39  Diese Annahme bestätigt ein späterer Brief Augusts an seine Mutter, in dem er schreibt: „Was nun unser häusliches Leben betrifft, so weißt Du es schon, daß für meinen schwankenden nicht fest ruhenden Geist in unserem Hause etwas allzu wenig von innerlichen und geistigen Dingen die Rede ist . . . ." Brf. orig. A. v. A. an H. v. A. Juni 1823 StB Berlin.
40  Über August schreibt seine Mutter: „Je me transporte en idée à vôtre table à thé et noublie pas le petit Auguste, et ses cries de joie". Brf. orig. H. v. A. an Chr. L. A. v. A. 19. 6. 1799 Prb. August nannte sich selbst in jener Zeit „Autz". Brfe. orig. K.F.A. v. A. an Chr. L. A. v. A. 3. 7. 1799 u. o. D. Prb.
41  K. F. A. v. A. an Chr. L. A. v. A. 9. 7. 1799.
42  Brf. orig. K. F. A. v. A. an Chr. L. A. v. A. November 1805 Prb.
43  Huschke, E.: Zum Andenken an A. F. E. von Arnswaldt. Kirchenblatt für die Evang.-lutherischen Gemeinen in Preußen Nr. 17 1885, S. 209. Der Artikel ist anonym erschienen. Zu Huschke als Verfasser vgl. Bendixen, R.: August von Arnswaldt. Ein Beitrag zur Geschichte Wiedererwachens kirchlichen Lebens in Hannover. Zeitschrift für kirchliche Wissenschaft und kirchliches Leben. 9 1888, S. 436.
44  In dem gesamten Arnswaldtnachlaß fand sich nur ein einziger Hinweis auf einen seiner Lehrer. Am 1. 7. 1826 teilt Schreiber Arnswaldt mit, daß er dessen Lehrer Sextro in Pyrmont getroffen habe. Brf. orig. Schreiber an A. v. A. 1.7. 1826 KIB Loccum.

biete der praktischen Theologie. Nach etwa zehn Jahren in Göttingen wirkte er für ein volles Jahrzehnt als ordentlicher Professor in Helmstedt. 1798 folgte er einem Ruf nach Hannover. Hier bekleidete er die Ämter eines Konsistorialrats und des ersten Hof- und Schloßpredigers,[45] ferner die Stellen des Hoyaischen[46] und seit 1805 die des Calenbergischen Superintendenten.[47]

Lehrer im Hause des Konsistorialpräsidenten Karl Friedrich Alexander von Arnswaldt war der evangelische Theologe und Mitbegründer des hannoverschen Predigerseminars Sextro während der westfälischen Periode. Als 1812 und 1813 die Schloßkirche geschlossen und Sextro faktisch ohne Amt war, klagte er: „ach, wäre ich doch Pastor an der Albanikirche zu Göttingen; jetzt muß ich als ein Geächteter in Hannover umhergehen und darf kein pfarramtliches Geschäft mehr verrichten".[48] Am 2. Advent 1813 konnte Sextro sein Amt an der Schloßkirche wieder übernehmen, und sein Schüler August von Arnswaldt zog auf das Gymnasium nach Gotha.

Augusts private Schulbildung war so gründlich, daß er gleich bei seinem Übergang auf das Gymnasium in die Prima eingestuft[49] und bereits nach einem halben Jahr in die Selecta versetzt wurde.[50]

## II. Gymnasiast in Gotha

Die Wahl der höheren Schule spielte damals eine nicht geringe Rolle. Es war den Eltern nicht nur wichtig, für ihre Kinder eine Schule mit qualifizierten Lehrern zu finden, sondern man achtete besonders darauf, daß die Schule, was das Benehmen der Schüler betraf, einen guten Ruf hatte.[51] Beide Voraussetzungen trafen für das Gothaer Gymnasium zu.

Gotha war damals die Haupt- und Residenzstadt des gleichnamigen Herzogtums und hatte etwa 12000 Einwohner.[52] Sein Gymnasium, das seine Geschichte bis 1292 zu-

---

45 Rupstein, F.: Dr. Heinrich Philipp Sextro. Eine Gedächtnisschrift. Hannover 1839, S. 11-52.
46 Steinmetz, R.: Die Generalsuperintendenten von Hoya-Diepholz. ZGNKG 16 1911, S. 204.
47 Steinmetz, R.: Die Generalsuperintendenten von Calenberg. ZGNKG 13 1908, S. 220-231.
48 Rupstein, S. 57. Zu Sextros Beziehungen zu Karl Friedrich Alexander von Arnswaldt vgl. S. 53 u. 65.
49 Das Gymnasium war nach der Gymnasialordnung von 1812 ein zehnjähriger Kurs, der mit dem Abiturientenexamen, das zum Besuch der Universität berechtigte, abschloß. Vgl. Schnabel, F.: Deutsche Geschichte im 19. Jahrhundert Bd. 1, 4. Aufl. Freiburg/Br. 1948, S. 430f.
50 Die Prima war die vorletzte Klasse des Gymnasiums. Seine Versetzung geschah zunächst wider seinen Willen, da er zuerst noch seinen lateinischen Stil verbessern wollte. Brf. orig. A. v. A. an seine Eltern März/April 1814 StB Berlin.
51 Schramm, L.: Das Leben auf Schulen. HM Nr. 71, 1839, S. 598.
52 Vgl. Art.: Gotha In: CL Bd. 4 1822, S. 316.

rückverfolgen konnte, war um die Jahrhundertwende weit über die Grenzen des Herzogtums hinaus bekannt und erlebte gerade in dieser Zeit sein „Blüte".[53]

Wenn Augusts Eltern ihren Sohn mit seinen fortgeschrittenen Privatstudien[54] trotz der noch bestehenden Möglichkeiten einer freien Vorbereitung auf die Universität[55] noch auf ein Gymnasium schickten, so muß dafür ein besonderer Grund bestanden haben.

Dieser Grund mag wohl in der „formellen" Geistesbildung zu suchen sein, die Anfang des 19. Jahrhunderts das hauptsächliche Ziel des Gymnasiums war[56] und die schwerlich von einem einzigen Hauslehrer vermittelt werden konnte. Diese „formelle" Bildung ging über die Vermittlung der bloßen Kenntnisse und Fertigkeiten hinaus und zielte darauf, die gesamte „innere Kraft" der Schüler anzuregen, zu entwickeln und zu stärken. Sie will vor allem mit Hilfe der Mathematik un der alten Sprachen sowie der Übungen im Deutschen den Verstand schärfen und das Gedächtnis schulen.[57] Ferner will sie anhand der Literatur aus alter und neuerer Zeit den Sinn für das „Schöne" und „Rechte" und das ästhetische Gefühl entwickeln.[58] Beides soll dann weiter entfaltet werden in den Nebenfächern, von denen deshalb auch keine Befreiung möglich war.[59] Daneben verfolgten die Eltern Arnswaldts das Ziel, ihren Sohn in das gesellschaftliche Leben einzuführen und zwar sowohl durch das Zusammenleben mit seinen Mitschülern als auch durch das Logieren in einer fremden Familie.

Wie weit all diese Absichten der Eltern realisiert wurden, zeigen die Briefe aus dieser Zeit. Die Anregungen seiner Lehrer nahm er gern und schnell auf. Schon im Novem-

---

53 Zur Gründung und Vorgeschichte des Gothaer Gymnasiums vgl. Anz. H.: 1524. Gotha und sein Gymnasium. Bausteine zur Geschichte einer deutschen Residenz. Gotha/Stuttgart 1924, S. 1-24; besonders S. 3. Wie Herzog Ernst der Fromme die pädagogischen Reformideen des 17. Jahrhunderts, besonders die des Ratichius, Evenius und Comenius aufgegriffen hat, und wie diese in Gotha „organisatorisch und methodisch ... die vollständigste Verwirklichung" fanden, beschreibt in demselben Sammelband Kurt Schmidt: Gothas Stellung in der Bildungsgeschichte des 17. Jahrhunderts. Ebd. S. 42-52. Dem Einsatz Johann Gottfried Geißlers schreibt es in einem anderen Aufsatz Schmidt zu, daß Gotha um 1800 seine „Blüte" erlebte. Schmidt, K.: Ein Gothaer Schulreformer des 18. Jahrhunderts. Ebd. S. 67-95, besonders S. 87.
54 In der Prima sollte er das „Primusamt" übernehmen und kurz nach der Versetzung in die Selecta war er nach der ersten „Translocation" in der Reihe der Besten der Sechste. A. v. A. an seine Eltern März/April 1814. Vgl. außerdem Brf. orig. A. v. A. an K. F. A. v. A. 25. 7. 1814. StB Berlin.
55 Schnabel, Bd. 1, S. 431.
56 Wozu das Studium des classischen Alterthums auf den Gymnasien? HM Nr. 86-88 1830, S. 685f.
57 Ebd. S. 684, 689f.
58 Ebd. S. 684, 691.
59 Schnabel, Bd. 1, S. 431.

ber 1813 berichtet er von seinen Fortschritten in Mathematik und von der guten Beurteilung seiner Aufsätze.[60]

Das Unterrichtspensum in den alten und neuen Sprachen befriedigte ihn nicht, so daß er selbständig die griechische Grammatik und eine Reihe von Autoren studierte. Er las im Urtext Homer,[61] Xenophon,[62] Lucian, Virgil,[63] Tibull, Tacitus, Cicero,[64] ferner den „Ossian",[65] „Les mille et une nuits"[66] „Le siècle de Louis XIV".[67]

Auch im Deutschen arbeitete er selbständig, indem er es sich zur Regel machte, an die aufgegebenen Aufsätze umfangreiche Gedichte anzuschließen.[68] Er selbst betrachtet sein Schreiben von Gedichten als eine angemessene Form, um „seinen Gefühlen Luft zu machen".[69]

Im September 1814 berichtete er in einem Brief an seinen Vater von zwanzig Gedichten, die der „im Kopf habe".[70]

Auch das Zeichnen setzt er privat fort.[71]

Gelang es so den Lehrern des Gothaer Gymnasiums, Arnswaldts Interesse auf allen Gebieten zu wecken und ihn so zum „selbsttätigen Arbeiten" [72] zu bringen, so war dies auch das einzige, was ihm selbst in seiner Gothaer Zeit Freude machte.[73] Die Familie, bei der er logierte,[74] blieb ihm bis zuletzt fremd.[75] Auch bedeutete es für ihn, den verschlossenen und ungeselligen Jungen, die größte Strafe, an Gesellschaften

---

60  Brf. orig. A. v. A. an seine Eltern 22. 11. 1813 StB Berlin. Brf. orig. A. v. A. an K. F. A. v. A. 18.12. 1813 StB Berl.
61  Brf. orig. A. v. A. an seine Eltern 5. 3. 1814 StB Berlin.
62  Brf. orig. A. v. A. an K. F. A. v. A. 28. 5. 1814 StB Berlin.
63  A. v. A. an K. F. A. v. A. 18. 12. 1813.
64  Brf. orig. A. v. A. an K. F. A. v. A. 28. 1. 1814 StB Berlin.
65  Brfe. orig. A. v. A. an seine Eltern Dez. 1813 u. 8. 1. 1814 StB Berlin.
66  Ebd.
67  A. v. A. an K. F. A. v. A. 28. 5. 1814
68  A. v. A. an K. F. A. v. A. 18.12.1813. Vgl. ferner Brf. orig. A. v. A. an L. v. A. 14.1. 1814 StB Berlin u. Brf. orig. A. v. A. an seine Eltern Juli 1814 StB Berlin.
69  Brf. orig. A. v. A. an K. F. A. v. A. 5.9.1814 StB Berlin.
70  Brf. orig. A. v. A. an K. F. A. v. A. 20.9.1814 StB Berlin.
71  A. v. A. an K. F. A. v. A. 18.12.1813; Brfe. orig. A. v. A. an seine Eltern o. D. StB Berlin; A. v. A. an H. v. A. 23.7.1814 StB Berlin u. A. v. A. an L. v. A. 24.7.1815 StB Berlin.
72  Wozu das Studium? . . HM Nr. 86-88, 1830, S. 697. Das Hauptziel des Gymnasiums war es, zur „Selbsttätigkeit" anzuregen.
73  A. v. A. an seine Eltern, 22.11.1813 „Mit meinen Stunden und anderen Beschäftigungen bin ich sehr zufrieden auch haben meine traurigen Ideen nachgelassen aber noch nicht ganz; – und einen Freund habe ich noch nicht gefunden".
74  Arnswaldt wohnte bei seinem Englisch- und Lateinlehrer Prof. Regel. Brf. orig. A. v. A. an H. v. A. 8.11.1813 StB Berlin.
75  Brf. orig. A. v. A. an L. v. A. 15.11.1814 StB Berlin.

teilnehmen zu müssen. Wiederholt bat er seine Eltern, ihn davon zu befreien.[76] Seine Abneigung gegen alle gesellschaftlichen Verpflichtungen änderte sich also nicht. Deshalb drängte er nach Abschluß der Schulzeit auf sofortige Abreise von Gotha, da ihm sein „hiesiger Aufenthalt nachgerade unerträglich geworden sei".[77] Dabei war es ihm durchaus bewußt, daß er an diesem Punkt den Wünschen seiner Eltern nicht entgegengekommen war und versprach Besserung für die Studienzeit in Göttingen.[78]

Auch das Zusammenleben mit seinen Mitschülern bereitete ihm lange Zeit Schwierigkeiten. Er fühlte sich unverstanden und allein[79] und freundete sich erst gegen Ende seiner Schulzeit mit Altersgenossen an, u. a. mit dem späteren Heidelberger Alttestamentler und Mitbegründer der Theologischen Studien und Kritiken Friedrich Wilhelm Carl Umbreit. Umbreit gehörte zu den Mitschülern Arnswaldts, für die dieser bei seinem Vater, dem Kurator, einen Freitisch erwirkte.[80] Von Umbreit stammen auch mit die ersten sekundären Zeugnisse über August von Arnswaldt.[81] Ihm fiel der „bescheidene und anscheinend schüchterne Jüngling" dadurch auf, daß er eine „erkannte Wahrheit" in souveräner und selbstbewußter Weise „vertrat und verteidigte".[82] Fragen des Glaubens und der Religion beschäftigten ihn in Gotha nicht.[83] Sein ganzes Interesse galt den sich überstürzenden politischen Ereignissen. In diese Zeit fiel der schicksalhafte 18. Oktober, der Tag der Befreiung Deutschlands und damit das Ende der napoleonischen Fremdherrschaft.[84] Arnswaldt konnte den von Napoleon in großer Kaltblütigkeit angeordneten Rückzug der Truppen[85] aus nächster Nähe beobachten, und es war für ihn ein unvergeßlicher Augenblick, Napoleon selbst in Gotha zu sehen. Besonders beeindruckte den Fünfzehnjährigen, daß Napoleon —

---

76  A. v. A. an K. F. A. v. A. 20.9.1814 u. Brf. orig. A. v. A. an H. v. A. 12.11.1814 StB Berlin.
77  Brf. orig. A. v. A. an K. F. A. v. A. 26.8.1815 StB Berlin.
78  Ebd.: „Natürlich werde ich an allem, was dort von Gesellschaften u. dgl. ist theilnehmen, so wenig es mich interessiert, denn ich sehe wohl, daß es durchaus für mich nötig ist".
79  Brf. orig. A. v. A. an K. F. A. v. A. 13.11.1813: StB Berlin: „Die Menschen sind mir so fremd, so verschieden ihre Neigungen ihre Ideen von den Meinen, ich finde keine verwandte Seele, keinen Freund, womit ich Freude und Kummer theilen könnte ich bin so allein unter den vielen Menschen". Vgl. auch Brf. orig. A. v. A. an H. v. A. 18.2.1814 StB Berlin: ". . . ich bin so unmutig die Hauptsache ist wohl der gänzliche Mangel an allem Umgang der mir recht gefiele".
80  Brf. orig. A. v. A. an K. F. A. v. A. 8.10.1814 StB Berlin.
81  Umbreit, F. W. C.: Erinnerungen an Freiherrn August von Arnswaldt. Ein Denkmal der Freundschaft. Sonderdruck aus: ThStKr 1857 H. 2.
82  Ebd. S. 6f.
83  Ebd. S. 7.
84  Die Schlacht bei Leipzig (16. -19.10.1814) hielt man in den folgenden Jahren für das Ereignis, das den „Geist erweckt", durch den das „Vaterland der fremden Knechtschaft entrungen" wurde. Hornthal, J. P.: Rede am achtzehnten Oktober 1816. **Bamberg 1816,** besonders S. 4f. Der 18.10. wurde zum Nationalfeiertag erklärt. Vgl. Art. Nationalfeste. In: CL Bd. 4 1822, S. 723 f.
85  Bitterauf, Th.: Napoleon I. Natur und Geisteswelt Bd. 195, Leipzig 1908, S. 94 f.

der Überwundene – nach außen ganz ruhig und überlegen schien.[86] Wie ergriffen Arnswaldt von dem nationalen Bewußtsein ist, zeigen die Briefe der Folgezeit. So geht es z. B. bei der Jahresfeier des 18. Oktober für ihn in erster Linie darum, daß die Feier in ganz Deutschland stattfindet.[87]

Dieser im allgemeinen aufkommende Nationalismus – wobei dem Begriff der Nation noch etwas „Werdendes und Fließendes" anhaftete[88] – hatte noch nicht den Beigeschmack des übertriebenen Nationalgefühls.[89] „Nationalismus" bedeutete damals nichts anderes als eine ausgeprägte Vaterlandsliebe.[90] Diese war jedoch so dominierend, daß die „Solidarität der Nation" vor alle anderen Solidaritäten trat.[91] Bei dem jungen Arnswaldt ist es aber in seiner einseitigen Begeisterung für Theodor Körner zu einer Überbetonung des „Nationalen" gekommen. Körner glaubt er zu den größten deutschen Dichtern zählen zu können und sagt von seinen Gedichten, daß sie „jeden fühlenden und vaterlandsliebenden Menschen entzücken und hinreißen" müssen.[92] Als Lieblingsgedichte nennt er: „Was uns bleibt", „Bundeslied vor der Schlacht" und den „Aufruf".[93] Alle drei Gedichte finden sich in Körners Sammlung „Leyer und Schwerdt"[94] und sind Hymnen auf die Freiheit, die dazu anfeuern, für das Vaterland das Leben zu lassen.

Diese Gedanken nahmen den jungen Arnswaldt so in Beschlag, daß er selbst zwei große Schulaufsätze über die Freiheit schrieb.[95] Dem ersten fügt er ein umfangreiches Gedicht[96] bei, in dem es heißt:

> Eiserne Ketten hört' ich erklirren,
> Klagende Töne die Lüfte durchschwirren;
> Sahe die edelsten Völker der Erde
> Machtlos – gefesselt, mit trüber Geberde,
> Leer von Hoffnung den trauernden Sinn,
> All' ihr Streben und Ringen und Wagen

---

86 A. v. A. an H. v. A. 8.11.1813.
87 Brf. orig. A. v. A. an L. v. A. 18.10.1814 StB Berlin.
88 Meinecke, F.: Das Zeitalter der deutschen Erhebung. 7. Aufl. 1957, S. 132.
89 Wittram, R.: Kirche und Nationalismus in der Geschichte des deutschen Protestantismus im 19. Jahrhundert. Nationalismus und Säkularisation, Beiträge zur Geschichte und Problematik des Nationalgeistes. Lüneburg 1949, S. 32.
90 Wittram, R.: Zur Geschichte des Nationalbewußtseins. Nationalismus und Säkularisation, Beiträge zur Geschichte und Problematik des Nationalgeistes, Lüneburg 1949, S. 9.
91 Ebd. S. 6.
92 Über den Inhalt der Gedichte schreibt Arnswaldt: "... welche Kraft! welche Fülle von großen Gedanken! welcher hohe Dichterschwung! welch unerschöpfte Phantasie, welche tiefe und feurigen Gefühle". A. v. A. an H. v. A. 23.7.1814.
93 Ebd.
94 Körner, Th.: Sämmtliche Werke. Berlin 1884, S. 15f., 20ff., 30f.
95 Brfe. orig. A. v. A. an seine Eltern 19.12.1813; 27.12.1814 StB Berlin.
96 Es ist einem Brief an seine Schwester in einer Abschrift beigefügt. A. v. A. an L. v. A. 14.1.1814.

Hingeschmettert — daniedergeschlagen —
Größe und Ehre und Freiheit dahin!

    Weh! erdrückt, erschlafft
    War der Teutschen Kraft,

Ihrer Freiheit Funke schon
In sein Vaterland entflohn.

Eiserne Waffen hör' ich erklirren,
Saaten von Kugeln die Lüfte durchschwirren,
Flamme des Krieges sah ich sie heben,
Sehe die Teutschen ringen und streben,
Daß die Freiheit und Größe und Ruhm
Die Geraubten wieder erfächten.
Daß sie retteten — oder rächten
Gattin und Kinder und Heiligtum.

    Und aus schwerem Krieg
    Blühet auf der Sieg

Segnend über unsere Hügel
Breitet er die goldnen Flügel.

Freiheit! Freiheit! hör' ich es schallen
Durch der siegenden Streiter Kreis
Freiheit lernen die Kinder lallen,
Freiheit stammelt der sterbende Greis.

Freiheit, Freiheit laßt uns besingen
Sie der Urquell der Freude und Kraft!
Freiheit, Freiheit laßt uns besingen
Sie, zu Göttern die Menschen schafft.

Und o ihr Edlen, die ihr gestorben
Gern für Tugend und Vaterland
Die ihr euch ewigen Ruhm erworben
Noch im Tode, durch Herz und Hand. —

Blicket auf eurer Thaten Früchte,
Freudig herab aus den seligen Höhn —
Sehet in herrlich strahlendem Lichte
Euren Gräbern die Freiheit erstehn!

„Dichterische Versuche" dieser Art sprechen für sich und sind ein typischer Ausdruck des Jugendlichen der Befreiungskämpfe.

## III. Student in Göttingen

Mit seiner Immatrikulation am 24. Oktober 1815 an der juristischen Fakultät in Göttingen[97] begann für Arnswaldt die erste Zeit völliger Unabhängigkeit. Es war auch sein ausdrücklicher Wunsch an seinen Vater, daß er selbst bestimmen konnte, wann und wo er zum Essen ging.[98] Die Wahl des Restaurants war in jener Zeit eine Prestigefrage.[99] Arnswaldt wählte die „tâble d' hôte" in einer der vornehmen „Aubergen", wo viele wohlhabende Studenten im Kreise ihrer Freunde speisten.[100]

Die Studentenwohnungen, die seinem Stande entsprechend waren, hatten neben einem Zimmer und einer Kammer noch einen Vorsaal,[101] und bereits Anfang des Jahres 1816 wünscht er in eine elegantere, wenn auch etwas teurere Wohnung umzuziehen.[102]

Interessant und aufschlußreich für sein nationales Bewußtsein ist es, daß er sich, kaum war er in Göttingen, eine einfache deutsche Tracht schneidern ließ,[103] die er selbst in Gesellschaft und zum Tanz trug.[104]

Der allgemeinen Tendenz unter den Studenten von 1815 folgend, deren Leben Arnswaldt als „besonders still und fast allgemein fleißig" [105] charakterisiert, widmet er sich zunächst seinen Studien.

### 1. Die Studien

Mit der Wahl der Rechtswissenschaft setzt Arnswaldt die Tradition seines Elternhauses fort.[106] Die Einführung in die Jurisprudenz erfährt er durch Warnkönig. Seiner Gründlichkeit und Deutlichkeit im Ausdruck schreibt er es zu, daß er bereits nach einem Halbjahr wirkliche Freude an seinem Fachstudium bekam.[107] Ihm verdankt

---

97 Selle, G.: Matrikel, S. 556 Nr. 24956, 1815 Nr. 137.
98 A. v. A. an K. F. A. v. A. 26.8.1815.
99 Wallis, L.: Der Göttinger Student oder Bemerkungen, Rathschläge und Belehrungen über Göttingen und das Studentenleben auf der Georgia Augusta. Göttingen 1813. Wieder abgedruckt 1913, S. 56 ff.
100 Brf. orig. A. v. A. an H. v. A. 20.10.1819 StB Berlin.
101 Wallis, S. 52.
102 Brf. orig. A. v. A. an H. v. A. 21.1.1816 StB Berlin.
103 Brf. orig. an L. v. A. 29.11.1816 StB Berlin.
104 Brf. orig. A. v. A. an seine Eltern 16.1.1816 StB Berlin
105 A. v. A. an L. v. A. 29.11.1816.
106 Bereits sein Großvater Chr. L. A. v. Arnswaldt war Jurist, s. Selle, G.: Matrikel, S. 93 Nr. 4049, 1752 Nr. 75.
107 Brf. orig. A. v. A. an H. v. A. Himmelfahrt 1816 StB Berlin: „Übrigens macht mir die Jurisprudenz recht viel Vergnügen; ich beschäftige mich den ganzen Morgen und habe ein Repititorium bei Warnkönig welches sehr gut ist und mir viel nützt".

er es auch, daß er schon im zweiten Semester Hugo[108] hören konnte, über dessen Unverständlichkeit viele seiner Kommilitonen klagten.[109] Arnswaldt bewunderte besonders Hugos Scharfsinn, mit dem er „eingewurzelte Meinungen" widerlegte.[110] Als 1817 auch K. Fr. Eichhorn nach Göttingen kam,[111] besuchte Arnswaldt auch dessen Vorlesungen.[112] Besonders lobte er Eichhorns Kirchenrechtsvorlesung,[113] über die sich in seinem Nachlaß eine umfangreiche Nachschrift fand. Auch Sartorius' Kolleg über die Nationalökonomie besuchte Arnswaldt mit großem Interesse.[114] Und als eine für sein Weiterkommen sehr hilfreiche Übung nennt er das Praktikum bei Bergmann.[115]

Überblickt man noch einmal Arnswaldts Äußerungen über sein Studium, so ist Umbreits Urteil, daß Arnswaldt keinen Geschmack an der Jurisprudenz finden konnte,[116] unverständlich.

Neben seinem Fachstudium allerdings hatte Arnswaldt weitreichende andere Interessen.

Durch Georg Friedrich Benecke wurde er für das Altdeutsche und die deutschen Altertümer so sehr begeistert, daß er nicht nur dessen Vorlesungen besuchte, sondern ihn sogar auf einer Studienreise nach Heidelberg begleitete.[117]

---

108  Gustav Hugo, damals der prominenteste Jurist Göttingens, gehört zu den Gründern der historischen Rechtsschule. Vgl. Selle, G.: Die Georg August Universität zu Göttingen 1737-1937. Göttingen 1937, S. 194ff.
109  A. v. A. an H. v. A. Himmelfahrt 1816.
110  A. v. A. an H. v. A. Himmelfahrt 1816; Brfe. orig. A. v. A. an K. F. A. v. A. 25.8.1819, November 1819 StB Berlin. Im letzten Brief schreibt er: „Hugos Rechtsphilosophie aber besonders macht mir die größte Freude, fast bei keinem Collegium sind mir noch die Stunden so kurz geworden u. ich glaube daß sich auch sein Talent in keiner Vorlesung so sehr entwickelt wie hier, obgleich er nie eine Übersicht im ganzen gibt, so blitzen doch in einzelnen Stücken so oft die feinsten und bedeutendsten Blicke durch, daß man fast unvermerkt mehr Ansichten gewinnt als wohl sonst durch manches ausgebildete System".
111  Vgl. Selle, Universität, S. 244 f.
112  Brf. orig. A. v. A. an seine Eltern 16.6.1817 StB Berlin.
113  A. v. A. an K. F. A. v. A. November 1819: „Meine Collegien machen mir viel Freude, das Kirchenrecht ist wieder sehr schön wie alles bei Eichhorn".
114  Ebd.: „Die Nationalökonomie scheint mir bei weitem das beste Colleg von Sartorius".
115  A. v. A. an K. F. A. v. A. 25.8.1819: „Ich lerne nun einmal die Jurisprudenz nicht anders als auf praktischem Wege, durch Anschauung, die geringste kleine Arbeit in der Prozeßtheorie bei Bergmann hat mir mehr geholfen als alle bloße Theorie".
116  Umbreit, Erinnerung, S. 16. Offensichtlich gelangte Umbreit zu seinem Urteil aufgrund der späteren Entwicklung Arnswaldts, die er in dessen Studienzeit zurückzeichnet. Wie unten deutlich werden wird, rechtfertigen weder Arnswaldts theologische Rezensionen in der Wünschelruthe noch sein Erlebnis 1818 Umbreits Annahme, daß Arnswaldts „ganze Natur auf die Herausbildung eines Theologen angelegt wäre".
117  Benecke machte als Erster die altdeutsche Literatur zum Gegenstand akademischer Vorlesungen. Vgl. Mehlem, R.: Niederdeutsche Quellen der Grimmschen „Kinder- und Hausmärchen" unter besonderer Berücksichtigung Niedersachsens. Archiv für Landes- und Volks-

Überhaupt pflegte Arnswaldt den Kontakt mit Professoren verschiedener Fakultäten.

Durch Fiorillo, der seit 1799 als erster in Göttingen Kunstgeschichte betrieb,[118] wurde sein Interesse an der Malerei und ihrer Geschichte geweckt. Der hauptsächliche Anreiz war die Kupferstichsammlung, deren Aufbau Arnswaldt mit verfolgte.[119] Außer mit Fiorello war Arnswaldt bekannt mit Himly,[120] Hugo und Blumenbach.[121]

Während er trotz seines Versprechens [122] gesellschaftliche Verpflichtungen immer noch als Zwang empfand — Einladungen wie die bei Hugo und Blumenbach konnte er natürlich nicht zurückweisen[123] — nahm er am kulturellen Leben der Stadt intensiv teil.[124] Die Anregungen, die ihm am Studienort durch Konzert, Oper und Schauspiel gegeben wurden, vertiefte er auf zahlreichen Reisen in den Sommerferien. So erlebte er im Theater in Weimar eine Aufführung des Fidelio, die auch Goethe besuchte.[125]

Solche Reisen in den Semesterferien entsprachen der Bildungskonzeption der Zeit. Sie sollten einerseits einen Zuwachs an praktischer Lebenserfahrung bringen und der körperlichen Ertüchtigung dienen — sie wurden in der Regel zu Fuß zurückgelegt — andererseits kann man sie am besten mit dem heutigen Begriff „Studienreise"

---

kunde in Niedersachsen. 1940 H. 2, S. 84 Anm. 153. Zur Reise nach Heidelberg vgl. Brfe. orig. A. v. A. an K. F. A. v. A. 16.6.1817; 15.9.1817 StB Berlin. Nach diesen Zeugnissen fand die Reise im Herbst 1817 statt und nicht 1816 wie Umbreit, Erinnerung, S. 16 und wohl im Anschluß an ihn Mehlem, S. 84 und Arens annehmen. Vgl. Arens, E.: Die Mitglieder der poetischen Schusterinnung an der Leine. Poetische Schusterinnung an der Leine. Göttingesche Nebenstunden 7, Göttingen 1929, S. 42.

118 Selle, S. 167.
119 Brf. orig. A. v. A. an K. F. A. v. A. 22.2.1816 StB Berlin, Brf. orig. Fiorillo an A. v. A. 7.8.1821 KlB Loccum.
120 Im Krankheitsfalle wurde Arnswaldt von Himly, dem damaligen Direktor des akademischen Krankenhauses (vgl. Wallis, S. 16) behandelt. Brf. orig. A. v. A. an H. v. A. 10.2.1819 StB Berlin. Himly führte 1803 als erster den klinischen Unterricht in Deutschland ein. Vgl. Sudloff, K.: Kurzes Handbuch der Geschichte der Medizin, 4. Aufl. 1922, S. 436.
121 Von Hugo (vgl. Selle, Universität, S. 194ff.) und dem in Göttingen bekannten J. F. Blumenbach (ebd. S. 143ff.) war er zum Tanz eingeladen. Vgl. A. v. A. an seine Eltern 16. 1.1816, außerdem Brf. orig. A. v. A. an H. v. A. 4.12.1819 StB Berlin: „ . . . daß ich vor ein Paar Tagen auf einem Ball bei Hugo gewesen bin wird dich nicht interessieren, weil Du weißt, was ein Ball für mich ist".
122 A. v. A. an K. F. A. v. A. 28.8.1815.
123 Vgl. Anm. 121
124 Brf. orig. A. v. A. an L. v. A. 12.2.1817 StB Berlin.
125 Brf. orig. A. v. A. an K. F. A. v. A. 30.6.1816 StB Berlin: „Es ist die erste Musik, die mich ganz hingerissen hat. Beethoven über Alles! Keiner hat es je wieder verstanden, alle Gefühle und Leidenschaften selbst die geheimsten und gemischtesten Empfindungen die Wehmut in der Freude, das Wonnige im Schmerz und alle Abstufungen und Modifikationen der Liebe in Töne zu malen; er ist der Romantiker, gewissermaßen der Tieck in der Musik".

beschreiben.[126] Wie ausgefüllt eine solche Reise zu sein pflegte, zeigt Arnswaldts Bericht über seine „Kunstfahrt" [127] nach Heidelberg und an den Rhein.

## 2. Die „Kunstfahrt" nach Heidelberg und an den Rhein

Bereits in Kassel wurde Station gemacht, um alle erreichbaren Gemälde und Plastiken zu sehen.[128] Dann folgten Aufenthalte in Marburg – über die Elisabethkirche schreibt Arnswaldt, daß sie von „äußerst lieblicher und zierlicher Bauart" sei,[129] – Frankfurt und Darmstadt, um die dortigen Museen und Galerien zu besuchen.[130] Erster Höhepunkt der Kunstfahrt war die Boisseréesche Gemäldesammlung in Heidelberg. Durch Benecke wurde Arnswaldt mit den Brüdern Boisserée bekannt, die ihm einzelne Bilder vier Vormittage lang erläuterten. Diese Zeit mit den Boisserées verstand Arnswaldt selbst als seine eigentliche Einführung in die Malerei.[131] Von nun an macht er regelmäßig Aufzeichnungen über seine Galeriebesuche. In seinem Nachlaß fanden sich sowohl flüchtige Notizen als auch umfangreiche Beschreibungen über die Sammlung der Boisserées, die Galerien in Mainz, die Privatsammlung des Canonicus Pick in Bonn, die Sammlungen Fochem, Wallraf und Lieversberg in Köln und über die Bettendorfsche Gemäldesammlung in Aachen.[132]

Die genannten Gemäldesammlungen besuchte er noch 1817, und zwar setzte er von Heidelberg aus seine Reise allein fort.[133] In Frankfurt sah er diesmal besonders die

---

126 Wallis, S. 83-86.
127 Den Begriff prägte Eduard Arens. Vgl. Arens, Mitglieder, S. 43.
128 In Kassel waren Arnswaldt und Benecke außer in der Galerie und im Museum noch im Hause des Kurprinzen und in der Wohnung der Prinzessin. Von den hier aufgestellten Werken Kasseler Künstler gefiel Arnswaldt am besten eine „Caritas" von Henschel und eine Landschaft von Rock. Rock hielt er damals für den größten zeitgenössischen Maler. Vgl. A. v. A. an K. F. A. v. A. 15.9.1817.
129 Ebd.
130 Brf. orig. A. v. A. an K. F. A. v. A. 28.9.1817 StB Berlin.
131 Ebd. Mit Sulpiz Boisserée, dem älteren der beiden Brüder, war Arnswaldt noch lange im Briefwechsel. Brf. orig. S. Boisserée an A. v. A. 26.1.1826 KlB Loccum. Dieser Brief ist ein Zeugnis dafür, daß Arnswaldt viel Interesse zeigte für Boisserées Arbeit über die altdeutsche Kunstgeschichte.
132 Zu den genannten Sammlungen und ihrer Geschichte vgl. Förster, O. H.: Kölner Kunstsammler vom Mittelalter bis zum Ende des bürgerlichen Zeitalters. Berlin 1931; Robels, H.: Ausgewählte Handzeichnungen und Aquarelle im Wallraf-Richartz-Museum. Köln 1967; Huyskens, A.: Die Aachener Gemäldesammlung Bettendorf. Aachener Kunstblätter, H. XIV, Aachen 1928, S. 37ff. u. Fritz, A.: Die Bettendorfsche Gemäldesammlung in einer Besprechung aus dem Jahre 1818. Zeitschrift des Aachener Geschichtsvereins Bd. 27 1905, S. 269 u. 280.
Zu Arnswaldts Aufzeichnungen vgl. Bibliographie S.252.
133 Brf. orig. A. v. A. an K. F. A. v. A. 18.10.1817 StB Berlin. Damit ist die bis jetzt offene Frage, wann Arnswaldt die „rheinischen Kunststätten" besuchte beantwortet.

oberdeutschen Gemälde des Museums, die bei dem Maler Schütz aufgestellt waren.[134] Die weitere Reise führte ihn von Mainz über Koblenz, wo er auch Max von Schenkendorff kennenlernte,[135] nach Bonn und Köln. Hier wurde er als Freund August von Haxthausens, von dessen Bruder Werner freundlich aufgenommen.[136] Diese Bekanntschaft war für Arnswaldt von großer Bedeutung, denn Werner von Haxthausen war als eifriger Kunstsammler und -kenner mit den Besitzern der Kölner Sammlungen befreundet und kannte sich darüber hinaus auch in Aachen aus.[137] So hatte Arnswaldt nicht nur in Heidelberg, sondern auch am Rhein einen kundigen Führer.

Ohne diese ausgedehnte Kunstfahrt Arnswaldts wäre die Artikelserie über die altdeutschen Gemälde, die er vom Januar bis Juli 1818 in der Göttinger Zeitschrift, die Wünschelruthe, veröffentlichte, nicht denkbar.

### 3. Die Wünschelruthe

Die romantische Zeitschrift, die Wünschelruthe,[138] ist in ihrer Entstehung und in einem großen Teil ihrer Beiträge nur zu verstehen, wenn man den Kreis kennt, dessen literarisches Organ sie wurde.

#### a) Die Poetische Schusterinnung an der Leine

Der sich unter diesem Namen treffende Studentenkreis ist als Reaktion auf die damals modisch gewordene „Deutschtümelei" der aus den Freiheitskriegen zurückgekehrten Studenten zu verstehen. Während diese mit ihrem selbstbewußten Patriotismus, Haartracht, Kleidung und einem Jargon auch unangenehm auffielen, setzten sich die Mitglieder der Schusterinnung das Ziel, die „wirklichen Werte" des Altdeutschen zu pflegen.[139]

---

134  A. v. A. an K. F. A. v. A. 18.10.1817. Es handelt sich hier also nicht, wie Arens annimmt (Arens, Mitglieder, S. 43), um eine Sammlung bei einem Maler Schön. Die Verwechslung mag daher rühren, daß bei Schütz eine ganze Folge von Gemälden Martin Schöns standen (vgl. A. v. A. an K. F. A. v. A. 18.10.1817).

135  Max von Schenkendorff war damals gerade von einer Kur aus Bad Ems zurückgekehrt. Brf. orig. Schenkendorff an H. v. Reden 23.10.1817 StB Berlin. Der Brief gehört in eine Reihe von siebzehn Schenkendorffbriefen an Henriette von Reden, die sich im Arnswaldtnachlaß fanden.

136  A. v. A. an K. F. A. v. A. 18.10.1817. Zu Werner von Haxthausen vgl. Arens, E.: Werner von Haxthausen und sein Verwandtenkreis als Romantiker. Eichbach 1927.

137  Arens, Mitglieder, S. 44.

138  Wünschelruthe. Göttingen 1818 (Januar bis Juni und 4 Zugaben). Ausführliche Literaturhinweise über die Wünschelruthe finden sich bei Arens, Mitglieder, S. 26 Anm. 2 und bei Grauheer, J.: August von Haxthausen in Göttingen 1817. Die Poetische Schusterinnung an der Leine. Göttingesche Nebenstunden 7. Göttingen 1929, S. 14 Anm. 2.

139  Selle, Universität, S. 238 ff. Elvers, R.: Victor Aimé Huber. Sein Werden und Wirken. Bd. 1 Bremen 1872, S. 155f. Elvers zitiert hier aus Briefen, die Huber 1818 aus Göttingen an seine Mutter schrieb: „Der neue altdeutsche Ton unter den Studenten ist

Die Schusterinnung — wahrscheinlich noch vor 1817 durch die Initiative August von Haxthausens entstanden[140] — hatte zwar Vorläufer[141] und Parallelen[142] doch können ihr Eigenständigkeit und Originalität nicht abgesprochen werden. So bezog sich die Gilde nicht nur dem Namen nach auf Hans Sachs, sondern ihre Zusammenkünfte hatten vieles gemeinsam mit den Zunftgenossenschaften mittelalterlicher Sänger.[143] Hinzu kamen eine strenge Arkandisziplin[144] und eine Neigung für die Mystik Jakob Böhmes. Der Statutenentwurf nennt in seiner Einleitung als „Denksprüchlein und Simbolum" den folgenden Knittelvers Jakob Böhmes:

> Wem Freud ist wie Leid
> Und Leid wie Freud
> Der danke Gott für holde Gleichheit.[145]

---

zum Tollwerden ... Es ist ja nicht die Sache die ich nicht leiden kann, sondern die schlechte Art, die aber wohl leider schon zur schlechten Sache geworden ist bei den neudeutschen Herren ... Aus dem übrigen Altdeutschtum ärgert mich nur, daß sie Dinge, in denen so viel Herrliches ist, wie die alten Dichtungen u. s. w., so veräffen und verpumpfeien, daß man in Gefahr kommt sie mit den Sachen dieser jungen Herren zusammenzuwerfen und sich daran zu ekeln".

140 Arens, Mitglieder, S. 28. Anm. 1. Obwohl die Statuten der Schusterinnung die Jahreszahl 1817 tragen, verweist Arens aufgrund der Daten unter den von ihm ausgewerteten Gedichten aus diesem Kreis darauf hin, daß die Gilde schon 1816, wenn nicht gar 1815 bestanden haben muß.

141 Vgl. den nach Klopstocks Ode: „Der Hügel und der Hain" kurz „Hain" genannten Göttinger Dichterkreis, der 1772 zusammentrat. Er ist zu verstehen als Reaktion auf die unter dem Einfluß der französischen Aufklärung stehende deutsche Literatur. Das Ziel des „Hains" war es, zum Kampf für Freiheit der Phantasie und des Lebens und zum Kampf für nationale Eigenständigkeit aufzurufen. Vgl. Kelletat, A. (Hg.): Der Göttinger Hain. Reclam 1967. Von der älteren Literatur vgl. besonders Kindermann, H.: Die Droste und der Göttinger Hainbund. Westphalen. Hefte für Geschichte, Kunst und Volkskunde Bd. 23 H. 2. Münster 1938, S. 121f.

142 In Leipzig, Halle, Straßburg, Jena und Heidelberg gab es damals der poetischen Schusterinnung ähnliche literarische Kreise. Vgl. Grauheer, August von Haxthausen, S. 3.

143 Wie der Vortragende auf dem Singstuhl aufzutreten hatte, so mußte jedes Mitglied der Gilde nach strenger Ordnung monatlich wenigstens ein „Produkt" seines Geistes in einem förmlichen Auftritt verlesen. Das Verlesene wurde dann von mindestens einem Kritiker besprochen. Dies wäre mit der Funktion des Merkers zu vergleichen. Dabei nahm ein durch das Los bestimmter „Skribent" ein Protokoll auf. Auch die mittelalterlichen Stufen „Schulfreund, Singer, Dichter, Meister" und die verteilten Ehrenpreise „Schulkleinod und Kreuz" hatten in der Gilde ihre Entsprechungen in der Ämterfolge „Geselle, Meister, Aldermann" und in den verliehenen „Lehrbriefen, Diploma und Insiegel". Vgl. dazu den von J. Grauheer veröffentlichten Statutenentwurf und dessen Besprechung. Grauheer, August von Haxthausen, S. 6-14.

144 Im Statutenentwurf heißt es: „Wir versprechen uns deshalb Treue und Wahrheit, so daß wir auf Ehre und Gewissen Verlust unseres guten Leumunds uns versprechen, niemand der außerhalb unserer Gilde ist Etwas von den inneren Einrichtungen derselben zu verrathen". Ebd. S. 7.

145 Ebd. S. 6.

Überraschenderweise konnten die im Statutenentwurf festgelegten Regeln der Schustergilde für Arnswaldt nicht streng genug sein. Beispielsweise sprach er sich — dies zeigen die in den Statuten mit seinem Namen gezeichneten Zusätze — dagegen aus, daß jedes Mitglied einen Gildenamen annehmen sollte.[146] Er befürchtete, daß dadurch ihr gemeinsames Arbeiten in Spielerei ausarten könne. Als sein Vorschlag mit der Begründung abgelehnt wurde, daß gerade durch die Einführung der Gildenamen die Eigentümlichkeit, Festigkeit und Anhänglichkeit der Mitglieder untereinander gestärkt würde,[147] wählte er selbst den Namen „Hans auf der Wallfahrt".[148] Seine übrigen Zusätze wurden angenommen: Es gab fortan harte Strafen für Unpünktlichkeit und unentschuldigtes Fehlen. Vor allem wurden die fachlichen Gebiete erweitert, aus und zu denen die einzelnen „Geistesprodukte" geliefert werden sollten. Neben philosophischen und philosophisch-historischen Beiträgen traten nun rein historische, und außer Zeichnungen und Gemälden durften auch Grundrisse und Aufrisse von Gebäuden vorgelegt werden. Zu „Dramatischen Darstellungen" rechneten nun auch Aufsätze über das Theater und rhetorische Hinweise. Schließlich war man zu jeder Art von Kritik berechtigt.[149]

Die strenge Arkandisziplin wurde durchbrochen, als man sich schon 1817 dazu entschloß, einen großen Teil der vorgetragenen Arbeiten in einer Zeitschrift zu veröffentlichen. Sie erhielt den Namen „Wünschelruthe".[150]

b) Die Redaktion der Zeitschrift und ihre Mitarbeiter

*Die Herausgeber.* Auf dem Titelblatt der Wünschelruthe wurden als Herausgeber Straube und Hornthal genannt. Daneben hat Josepha Grauheer mit Hilfe von Briefen und Manuskripten aus dem Haxthausenschen Nachlaß nachgewiesen, daß August von Haxthausen „Mitherausgeber" und „Leiter" der Wünschelruthe war.[151] Die Auswertung des Arnswaldtschen Nachlasses ergab, daß auch Arnswaldt zu den mitverantwortlichen Herausgebern zu zählen ist. Wesentliche Belege hierfür finden sich in den Briefen von 1822. Dort schreibt er aus Freiburg, daß er sich zusammen mit Hornthal

---

146 Von Arnswaldt stammen fünf Zusätze. Ebd. S. 6-11.
147 Ebd. S. 8.
148 Arens, E.: Wer ist Hans auf der Wallfahrt. Eichendorff Kalender für das Jahr 1919. 10. Jg., S. 65 ff. Bei der Wahl seines Gildenamens wurde er offensichtlich von Wackenroders Herzensergießungen eines Klosterbruders und von Tiecks Franz Sternbachs Wanderungen inspiriert.
149 Grauheer, August von Haxthausen, S. 8-11.
150 Die gedruckten Einladungen, die versandt wurden, um Mitarbeiter zu werben, bitten u. a. um folgende Beiträge: Gedichte, Erzählungen, Legenden, Sagen, Märchen, Weissagungen, Dramatische Dichtungen, Abhandlungen über Kunst und kunstgeschichtliche Nachrichten, historische und biographische Notizen, Orts- und Sittengeschichten, Rezensionen, Sprichwörter, Witze und Schnurren. Ebd. S. 16.
151 Ebd. S. 14-18.

„einem Viertel der Redaktion" in die alten Zeiten der Wünschelruthe zurückträume.[152] Ein zweiter Beleg stammt vom Juni 1818, wo er schreibt: „Ich schicke Dir hier vier Blätter der Wünschelruthe; es ist noch nicht gewiß, ob sie länger als bis zum Ende d. M. dauern wird; meine Freude daran ist jetzt viel geringer bei der entsetzlich langweiligen äußeren Besorgung, die ich fast allein auf dem Halse habe".[153]

Schließlich können wohl auch die Briefe Achim von Arnims als Belege gelten, die sich im Arnswaldtschen Nachlaß fanden. Es sind die Begleitschreiben Arnims zu seinen Beiträgen für die Wünschelruthe und an die Herausgeber adressiert.[154]

*Die Mitarbeiter.* Unter den Mitarbeitern der Zeitschrift finden sich prominente Namen. Wilhelm Grimm, Achim von Arnim, Görres, Ernst Moritz Arndt und Gustav Schwab wurden wahrscheinlich von August von Haxthausen gewonnen.[155] Dagegen ist als sicher anzunehmen, daß die Göttinger Professoren Heeren, Bouterweck, Benecke und Fiorillo durch Arnswaldts Vermittlung Beiträge einreichten. Arnswaldts persönlicher Umgang und sein Einfluß auf die damals schon berühmten Männer ist erstaunlich und kann nicht mehr ausschließlich mit seiner gesellschaftlichen Position erklärt werden. Die allgemeine Achtung und Zuneigung, die ihm entgegengebracht wurden, galten ihm selbst, dem „feinen, gescheiten und sinnigen Menschen".[156] Besonders eng war in dieser Zeit die Freundschaft zu den Grimms. 1818 las Arnswaldt sogar die Korrekturen zur ersten Auflage der „Deutschen Grammatik".[157] 1848 waren dann die Rollen vertauscht, als Jakob Grimm nicht nur die Korrekturen zu Arnswaldts „Rusbroek" las, sondern auch das Manuskript um beachtliche Bemerkungen ergänzte.[158]

---

152  Brf. orig. A. v. A. an H. v. A. 9.7.1822 StB Berlin; Brf. orig. A. v. A. an A. v. H. Juli 1822 StB Berlin.
153  Brf. orig. A. v. A. an H. v. A. 10.6.1818 StB Berlin. Im Januar desselben Jahres meinte er noch, daß ihm die Arbeit für die Wünschelruthe, in der von ihm nicht viel anderes als Rezensionen und kleine Aufsätze erscheinen sollten, nicht viel Zeit wegnehmen wird. Brf. orig. A. v. A. an K. F. A. v. A. Januar 1818 StB Berlin.
154  Brfe. orig. Achim v. Arnim an die Herausgeber der Wünschelruthe 1.1., 23.2. und 6.6. 1818 StB Berlin.
155  Vgl. Grauheer, August von Haxthausen, S. 17f.
Zu dem frühen Kontakt der Grimms mit den Haxthausens vgl. die von Reiferscheid veröffentlichten Briefe. Grimm, W. u. J.: Freundesbriefe. Hg. von Reiferscheid, A.: Heilbronn 1878. Vgl. ferner
Mehlem, R.: Anna von Arnswaldt. Eine niederdeutsche Quelle der Grimmschen „Kinderund Hausmärchen". Heimatland. Zeitschrift für Heimatkunde, Naturschutz, Kulturpflege, hg. vom Heimatbund Niedersachsens, 1962 H. 1, S. 5-9. Vgl. auch Brf. orig. Görres an A. v. H. 11.6.1817 StB Berlin.
156  Vgl. den Brief Wilhelm Grimms an Achim von Arnim 12.10.1817 zitiert nach Mehlem, R.: Quellen, S. 87.
157  Brf. orig. J. Grimm an A. v. A. 3.3.1818 StB Berlin. Die Korrekturen zur zweiten Auflage las Benecke Brf. orig. J. Grimm an A. v. A. 6.2.1821 StB Berlin.
158  Brf. orig. J. Grimm an A. v. A. 9.3.o. J. StB Berlin. Arnswaldts Freundschaft mit der in engem Kontakt mit den Grimms stehenden Familie Haxthausen und besonders seine

Während die freien Mitarbeiter der Wünschelruthe mit vollem Namen zeichneten, wurden die Beiträge der Mitarbeiter aus der Poetischen Schusterinnung entweder mit ihrem Gildenamen[159] oder mit einem nur für Eingeweihte erkennbaren Signum veröffentlicht. Dieses Vorgehen der Gilde – vielleicht ein Restbestand der Arkandisziplin – machte eine eindeutige und vollständige Ermittlung der Arnswaldtschen Beiträge bis jetzt unmöglich.

c) Arnswaldts Beiträge zur Wünschelruthe

Mit dem Innungspseudonym „Hans auf der Wallfahrt" signierte Arnswaldt nur seine Gedichte in der Wünschelruthe. Seine Artikel zeichnete er entweder mit dem End- oder Anfangsbuchstaben seines Namens. Während hinter dem „t" Arnswaldt als Verfasser von Arens und Schulz mit großer Wahrscheinlichkeit vermutet wurde, führte das „A" zu einer Kontroverse zwischen beiden.[160] Erst durch Briefe aus dem Arnswaldtschen Nachlaß gelang es, beides, das „t" und das „A" als von Arnswaldt gewählte Signa zu belegen.[161]

Die wohl im Rahmen der Wünschelruthe unbedeutendsten, aber im Zusammenhang dieser Arbeit interessantesten Veröffentlichungen Arnswaldts sind kleine Rezensionen, die kirchliche bzw. theologische Fragen aufgreifen.

*Rezensionen.* Die beiden kritischen Stellungnahmen Arnswaldts[162] beziehen sich auf die „unionistischen Bestrebungen", die mit dem Reformationsjubiläum 1817 zusammenhängen.

---

Ehe mit Anna von Haxthausen ließen die Verbindung mit den Grimms nie abreißen. Reifferscheid veröffentlichte allein 28 Briefe Wilhelm Grimms an Anna aus den Jahren 1834-1859. Außerdem fanden sich im Arnswaldtschen Nachlaß noch eine große Anzahl Briefe von Dorothea und Ludwig Grimm an Anna von Arnswaldt. Im wesentlichen beschränken sich die Briefe auf Mitteilungen über das persönliche Ergehen der Grimms.

159  Zur Entschlüsselung der Gildenamen vgl. Arens, Mitglieder, S. 30-61.
160  Ebd. S. 43.
161  Brf. orig. A. v. A. an K. F. A. v. A. 24.1.1818 StB Berlin. „Ich schicke Dir hier zwei Blätter der Wünschelruthe; bloß mit Kleinigkeiten; die Kunstanzeige im 6-ten Blatt ist von mir, und kann zwar sehr wichtig werden, wird aber Dich vielleicht wenig und Mama und Luise gewiß gar nicht interessieren. Die etwas langweilige Schreibart läßt sich bei solchen Sachen einigermaßen vertheidigen". – Brf. orig. A. v. A. an L. v. A. 10.6.1818 StB Berlin: „Hier noch zwei Blätter der Wünschelruthe, die mit dem Halbjahre schließt, weil der Verleger behauptet Schaden zu haben und wir auch keine große Freude mehr daran finden; doch werden noch einige Blätter als Zugabe folgen, um einige vorzügliche Sachen abzudrucken und einige Fortsetzungen, so daß das Ganze ungefähr bis Bl. 56 gehn wird. Von mir folgt noch der Schluß meines Aufsatzes über altdeutsche Gemälde mit einem nicht ganz schlechten Worte über das Allgemeine desselben ..." – Brf. orig. A. v. A. an K. F. A. v. A. 15.1.1818 StB Berlin: „Ich schicke Dir die folgenden Blätter mit einem recht hübschen Mährchen, einem schönen Liede von Arnim und einem ziemlich schlechten Aufsatz über den Chor, worüber nächstens ein zweiter von mir folgt".
162  Arnswaldt, A. v.: Rezensionen, S. 92, 188.

Die Feier der 300-jährigen Wiederkehr von Luthers Ablaßthesen am 31. Oktober 1817 sollte nach dem Unionsedikt Friedrich Wilhelm III. vom 27. 9. 1817 zugleich der äußere Anlaß sein „zur freiwilligen Union der beiden getrennten protestantischen Kirchen".[163] Neben den „Paraden, Chören, Paenen, Lorbeerkränzen, Doktorhüten und Gastmählern" des Jubiläums kam es zu „raschen Bruderumarmungen".[164] Wie „Blitze" in die „ruhige Welt" schlugen die 95 Thesen von Claus Harms ein.[165] Diese ursprünglich gegen den Rationalismus gerichteten Thesen[166] wandten sich nachdrücklich gegen die Union.[167] Sie waren damit einerseits ein erstes Anzeichen dafür, daß die Periode der Alleinherrschaft des Rationalismus vorüber war.[168]

Andererseits zeigten sie, daß die Zeit doch nicht — wie man es annahm — [169] vorbehaltlos reif war für die Union. Claus Harms, und mit ihm eine beachtliche Zahl von Theologen und Laien, wollten das Reformationsjubiläum 1817 im Gegensatz zu der eben vollzogenen preußischen Union als volle Umkehr zu Luther verstanden wissen.[170]

Als im Rahmen der zahllosen Publikationen, die das Für- und Wider der Union diskutierten,[171] auch in der Wünschelruthe eine positive Stellungnahme zur Union erschien, schrieb Arnswaldt eine Metakritik.[172]

---

163 Hermelink, H.: Das Christentum in der Menschheitsgeschichte. Von der französischen Revolution bis zur Gegenwart. Bd. 1 Revolution und Restauration 1789-1835. Tübingen/Stuttgart 1951, S. 316. Der volle Wortlaut des Aufrufs befindet sich ebd. S. 316f. Anm. 1. Zur Frühgeschichte der Altspreußischen Union vgl. Fischer, G.: Die Altpreußische Union (1817-1834) Kirche und Staat im 19. und 20. Jahrhundert. Veröffentlichungen der Arbeitsgemeinschaft für Archiv- und Bibliothekswesen in der evang. Kirche Bd. 7. Neustadt 1968, S. 106-112.
164 Ammon, Chr. Fr.: Bittere Arzenei für die Glaubensschwäche der Zeit. Verordnet von Herrn Claus Harms und geprüft vom Herausgeber des Magazins für christliche Prediger. Hannover/Leipzig 1817, S. 3.
165 Umbreit, F. W. C.: Hohes Lied. In: RE 1. Aufl. Bd. 6 Gotha 1856, S. 216.
166 Beyreuther, Erweckungsbewegung, S. 43.
167 Schmidt, M.: Harms, Claus In: RGG 3. Aufl. Bd. 3 Göttingen 1959, Sp. 66.
168 Tholuck, F. A. G.: Rationalismus. In: RE 1. Aufl. Bd. 12 Gotha 1860, S. 552.
169 Vgl. Hermelink, S. 316f. Anm. 1.
170 Vgl. Schmidt, M.: Christentum und Kirche im frühen 19. Jahrhundert. Berlin und die Provinz Brandenburg im 19. und 20. Jahrhundert. Veröffentlichungen der Historischen Kommission zu Berlin. Bd. 25 Berlin 1968, S. 446 u. 464.
171 Über 200 Schriften setzten sich allein mit den Harmsschen Thesen auseinander. Vgl. „Übersicht der bedeutendsten Schriften über Luther und seine Reformation, die durch die Jubelfeier der letzteren im Jahre 1817 veranlaßt worden sind". E. G. Bengels Archiv für die Theologie und ihre neueste Literatur 3/1818, S. 464-515; S. 666-766; 4/1820, S. 167-288. Vgl. ferner Pelt: Harms, Claus. In: RE 1. Aufl. Bd. 5. Gotha 1865, S. 571. In Arnswaldts Nachlaß fanden sich zu diesem Thema folgende beide Schriften: Ammon, Chr. F.: Antwort auf die Zuschrift des Herrn D. F. Schleiermacher über die Prüfung der Harmischen Sätze. Hannover/Leipzig 1818.
Andeutungen des Irr- und Wirrwissens in den ersten 68 Thesen des Archidiakonus Harms. Ein Beitrag aus dem Stifte Fyen. Hamburg 1818.
172 Rezensionen. Wünschelruthe, S. 84, 155ff.

Ein ungenannter Verfasser — er zeichnete auch nicht mit einem Pseudonym — meinte, in den Harmsschen Thesen viel Unüberlegtes zu finden und preist die Unionsbestrebungen als eine Manifestation der „höheren Sehnsucht nach dem Wesen über alle Form hinaus".[173] Arnswaldt verteidigt die Harmsschen Thesen und wünscht, daß mehr Prediger anstatt sich auf moralische Vorlesungen zu beschränken, in dieser Klarheit reden würden.[174] Als „größte Unvernunft" bezeichnet er es, „die Vernunft für das höchste gelten zu lassen und sie gar der göttlichen Offenbarung an die Seite zu setzen". Viele — so meinte er — werden nur deshalb abgehalten, „dem Unding ihrer Vernunft freien Lauf zu lassen", weil ihnen noch „eine entfernte Ahndung von der ewigen unendlichen unwandelbaren Kraft und Festigkeit, von dem klaren, nie zu deutenden, sondern immer sich selbst deutenden Sinne des göttlichen Wortes" lebt.[175] Arnswaldts Argumentation geht aus von der „alten Treue gegen den religiösen Glauben" und zielt auf die Neubelebung der bestehenden Kirche.[176] Sein Geschichtsbegriff ist am Bewahrenden und Ordnenden orientiert, d. h. die Spaltung der Kirche wird gutgeheißen, weil sie so von der Geschichte hervorgebracht wurde.

Daneben tritt bei ihm eine ideale Vorstellung, wie die zukünftige Kirche einmal aussehen wird. Das Modell hierfür ist die Urgemeinde. In der Gegenwart kann eine solche Gemeinschaft jedoch nicht verwirklicht werden, da die durch die Kirchengeschichte gewordene Kirche von einer notwendigen und auf einem festen Prinzip ruhenden Trennung bestimmt ist. Dabei geht Arnswaldt so weit, daß er diese Trennung schon in dem Auseinanderfallen von Schrift und Tradition angelegt sieht. Nach einem je eigenen Schrift- und Traditionsverständnis entwickelten sich dann ganz verschiedene Dogmen. Für Arnswaldt kann es nun nur da, wo es wieder zu einer „Vereinigung des Dogmas" kommt, wahre Union geben. Union kann sich eben nicht nur auf eine „Vereinigung der Form nach" beschränken.[177] Diese Überlegungen zeigen, daß Arnswaldt die konfessionellen Differenzen sah, ernst nahm und ihnen nicht etwa indifferent gegenüberstand.

Die Rezensionen Arnswaldts in der Wünschelruthe sind seine ersten theologischen Äußerungen. In ihnen findet sich auch ein herabsetzendes Urteil über die Anhänger der Erweckungsbewegung. Er nennt sie einfach „Mystiker"[178] und bedient sich da-

---

173 Ebd. S. 84.
174 Arnswaldt, A. v.: Rezensionen, S. 92.
175 Ebd. S. 92.
176 Ebd. S. 92.
177 Ebd. S. 88.
178 Arnswaldt, A. v.: Rezensionen, S. 92: „Welche Empfindung müßte ein gut gesinnter Evangelisch-Lutherischer haben, wenn er wüßte, daß Gemeindeglieder die mit ihm zugleich des Leibes Christi theilhaftig werden, ihn nach ihrem rechtmäßigen kirchlichen Glauben für ein bloßes Brodt nehmen und wohl der Prediger dafür reicht! Und welchen Einfluß muß dies auf den Glauben der weniger Starken haben! Es würden dann mit mehr Grund als je Sekten von Abgesonderten, theils Mystiker theils andern sich bilden; das muß immer zum Schaden der Kirche gereichen, denn die Frommen ziehen sich

mit der allgemein umlaufenden Tadelbezeichnung, womit die Rationalisten die Erweckten bedachten.[179] Dabei darf nicht übersehen werden, daß sich Arnswaldt bereits 1818 mit dieser Frömmigkeitsbewegung auseinandergesetzt hatte.[180] Doch bevor er sich gründlicher mit dieser Gruppe beschäftigte, arbeitete er bis zum Sommer 1818 neben seinem Fachstudium hauptsächlich an kunsttheoretischen Abhandlungen für die Wünschelruthe.

*Theater, Kunst und lyrische Versuche.* In zwei Artikeln greift Arnswaldt ein damals diskutiertes Problem über das Theater auf, nämlich die Frage nach der Einführung des Chores im deutschen Schauspiel. Ein Aufsatz Kreisers[181] veranlaßte ihn zu seiner Entgegnung, die er in zwei Teilen veröffentlichte.[182] Kreuser hatte das griechische Drama historisch richtig auf den Chor zurückgeführt.[183] Vom deutschen Schauspiel aber sagt er, daß es eine langsame Entfaltung aus dem Chor nicht kennt, sondern aus dem antiken Theater, gleich dessen Endform, ein Spielgeschehen mit mehreren Akteueren übernimmt. Der Chor war und blieb innerhalb des deutschen Schauspiels ein Fremdkörper.[184]

Arnswaldt bestreitet diese These Kreusers mit dem Hinweis, daß in der Geschichte des deutschen Schauspiels von Anfang an ein „offenbares Hinneigen" zum Chor „oder doch zu etwas sehr ähnlichem" bestanden habe.[185] Mit diesen verallgemeinernden Zusatz ist die Diskussion verschoben. Arnswaldt kann dabei als Beispiel für

---

        dann in die gesonderten Kreise, der öffentliche Gottesdienst erkaltet immer noch mehr bis zum tiefsten Verfall und auch jene verderben eben durch das Heimliche ihres Treibens".
179    Vgl. Schmidt, M.: Christentum, S. 453. Zur Bezeichnung „Mystiker" vgl. Hengstenberg, E. W.: Die Königlich-Preußische Ministerialverfügung über Mystizismus, Pietismus und Separatismus. Berlin 1826 und Delitzsch, Fr.: Wer sind die Mystiker? Leipzig 1842.
180    Es fanden sich in Arnswaldts Nachlaß aus jener Zeit folgende Schriften des Hauptvertreters der Erweckungsbewegung in Nürnberg:
        Schöner, J. G.: Bibelwahrheiten für unser Zeitalter in Reden und Aufsätzen. Nürnberg 1812 u.
        Schöner, J. G.: Andenken an Luthers Lehre. Ein Gedicht zur Jubelfeyer der Reformation 1817.
181    Kreuser, J.: Über die Einführung des Chores auf unserer Bühne. Wünschelruthe, S. 18 u.19.
182    Arnswaldt, A. v.: Über die Einführung des Chores auf unserer Bühne. II. Wünschelruthe, S. 30-32, 33-36.
183    Vgl. Hensel, G.: Spielplan. Schauspielführer von der Antike bis zur Gegenwart. Teil 1 Berlin 1966, S. 18ff.
184    Kreuser, S. 18: „Das Drama der Griechen entfaltet sich also aus dem Chor. Hingegen unser Drama, wie das aller neueren Völker, trat in die Welt vollendet, abgerundet, seiner selbst bewußt im weiten Umfang, der keines Wachsthums mehr fähig, als daß er männlicher werde; denn die Alten hatten großgesäugt das Kind der neuen Zeit, daß es auftrat der Leitung nicht mehr bedürfend, und nicht mehr rückgehen kann in die Tage der Kindheit".
185    Arnswaldt, A. v.: Chor, S. 30.

seine These u. a. auch Shakespeares Prologe und Epiloge anführen.[186] Streng genommen sind diese jedoch keine Belege für seine „Chorthese" im engeren Sinne. Neben dieser Kritik muß allerdings gesagt werden, daß Arnswaldts Deutung des Theaters als Verdichtung des Lebens und des Chores wiederum als Verdichtung des Theaters dem Wesen des Chores mehr gerecht wird.[187]

Abschließend ist zu Arnswaldts Aufsatz noch zu bemerken, daß sich in ihm in auffallender Weise die allgemeine Shakespearebegeisterung seiner Zeit spiegelt.[188] Auch für ihn ist Shakespeare der Gigant mit dem „Haupt in den Strahlen des Himmels", zu dessen Füßen „Sturm, Ungewitter und Brausen des Meeres" die winzigen Menschen auf der Erde verhüllen.[189]

In einem von Arens veröffentlichten bemühten Lehrgedicht Arnswaldts aus jener Zeit konfrontiert er Äschylus mit Shakespeare und verkündigt letzteren als den neuen Phönix:

>Und ein neuer Phönix schwebet
>Auf zum freien Himmelszelt
>Wie die Kraft, die in ihm lebet
>Ihm den Mut der Seele schwellt!
>Kühnes, freudiges Entzücken
>Glüht in seinen Flammenblicken
>Und sein Geist umfaßt die Welt.[190]

Nicht nur seine Gedanken über das Theater, sondern auch seine altdeutsche Kunstbegeisterung versuchte er in Gedichten auszudrücken. Über Holbeins Bild „Marie mit dem Kinde" entstanden folgende Reime:

>Liebliches Bild! Wem, der *dich* durft' erblicken,
>Glänzte wohl noch Diamant und Gold?
>Nimm den Dank, den dir mein Sehnen zollt,
>Und mein himmelahnendes Entzücken.

---

186 Ebd. S. 31 f.
187 Ebd. S. 31: „... so kann nun im Chor vieles was im Schauspiel nur als Idee geahndet werden darf, wieder als Erscheinung auftreten." vgl. auch: „Man kann also das Zusammenwirken der in einem Schauspiele Handelnden ein Individuum von Handlung nennen, Wesen und Inhalt des Chores soll ihm bei uns als ein zweites Individuum parodisch entgegengestellt werden". Ebd. S. 33.
Bei Kreuser, S. 19 dagegen bleibt für den Chor keine andere Bedeutung als der eines „Zwischenraumfüllsels".
188 Vgl. J. W. Goethe: Rede zum Shakespeare Tag. 1771; J. G. Herder: Von deutscher Art und Kunst 1773; L. Tieck: Über Shakespeares Behandlung des Wunderbaren 1776; F. W. Schelling: Philosophie der Kunst 1805 u.
A. W. Schlegel: Vorlesungen über dramatische Kunst und Literatur. 1809.
189 Herder, J. G. zitiert bei: Kohlschmidt, W.: Sturm und Drang. Deutsche Literaturgeschichte in Grundzügen. Die Epochen deutscher Dichtung. Hg. von Bruno Boesch, 2. Aufl. Bern 1961, S. 218.
190 Arnswaldt, A. v.: Der Phönix. Veröffentlicht bei Arens, E.: Wer ist Hans...? S. 72-75.

> Spricht ja doch aus deinen reinen Blicken
> Reine Lieb' und Muttertreu' so hold!
> Wird mir einst der süße Minnesold,
> Soll sich hier mein trautes Liebchen schmücken.
>
> Alter deutscher Liebe Hochgefühl
> Wird von tausend Herzen, tausend Zungen
> Noch ins spät'-ster Nachwelt hier besungen.
>
> Drohten auch der schweren Kämpfe viel,
> *Holde Unschuld* kam ans nahe Ziel;
> Fromme Einfalt hat den Kranz errungen.[191]

Die Leser der Wünschelruthe versucht Arnswaldt in einer Abhandlung in fünfzehn Folgen für die altdeutsche Malerei zu begeistern.[192] Interessant und symptomatisch für sein Verständnis altdeutscher Kunst sind dabei seine Aussagen über Symbolik und Mystik. Er gebraucht diese beiden Begriffe synonym. Symbolik wie Mystik hält er grundsätzlich mit der bildenden Kunst für unvereinbar, wenn dabei die sinnliche Gestalt der Idee „aufgeopfert" wird.[193] Bleibt aber die Gestalt als solche bestehen und rechnet man zusätzlich mit der Möglichkeit, sich darüberhinaus noch vieles dazuzudenken, dann nennt dies Arnswaldt „heitere Mystik" und eine Art der Symbolik, die gerade in der altdeutschen Kunst einen besonderen Platz einnimmt.[194] Die altdeutsche Kunst ist damit für ihn eine Kunstrichtung, die zwar die „geistige Bedeutung" als „höchstes Ziel" hat, aber „nur insofern sie sich in der sinnlichen Erscheinung schon in der Natur dem Auge offenbart".[195] Angewandt sieht Arnswaldt diese Grundsätze vor allem in der van Eyckschen Schule, die mit der alten Tradition gebrochen und sich ganz an der Natur ausgerichtet hatte, wie die Gestaltung der Kostüme, die Wahl der Farben, die Behandlung von Licht und Schatten, die Komposition von Menschengruppen und die Vorrangstellung der Landschaft auf den Bildern zeigt.[196] Wieviel Spekulation aber auch in Arnswaldts Kunstenthusiasmus steckt,

---

191 Arnswaldt, A. v.: Marie mit dem Kinde nach Holbein. Veröffentlicht bei Arens, E.: Wer ist Hans . . .? S. 72.
192 Arnswaldt, A. v.: Ueber altdeutsche Gemälde, Wünschelruthe, S. 99f., 104, 108, 112, 115, 119, 137f., 142f., 147f., 157f., 201f., 210f., 213ff., 219ff., 222ff.
193 Arnswaldt, A. v.: Ueber altdeutsche Gemälde, S. 201f: „Es ist klar, daß alle Symbole, die sich bloß durch ein positives Gegebenes, durch das Wort, aus dem Innern der menschlichen Brust selbst herausbilden und **vollenden, wenn gleich jener erste Anklang im Worte** in der Natur gegründet war, der bildenden Kunst sehr fern liegen müssen. Mystik im strengern Sinn kann daher mit ihr in gar keiner Verbindung stehen, und es wird jeder einsehen, daß symbolische Vorstellungen, wie man sie z. B. zu Jakob Böhmens Werken hat, worin die Gestalt der Idee ganz aufgeopfert ist und die Bedeutung gar nicht in jener liegt, durchaus nie ein Bild werden können".
194 Arnswaldt, A. v.: Ueber altdeutsche Gemälde, S. 202.
195 Ebd. S. 210.
196 Ebd. S. 120f. Wie bereits oben bemerkt, ist die Abhandlung Arnswaldts über altdeutsche Gemälde das Ergebnis seiner Kunstreise von 1818. Er beschreibt ausführlich eine Reihe von Gemälden aus den Kölner Sammlungen von Wallraf, Fochem und **Lieversberg** (ebd. S. 100, 104, 108, 112, 115, 119, 137, 142f., 147). Ferner die Kunstwerke aus der Samm-

zeigt ein gesonderter Abschnitt: „Altdeutsche Kunst".[197] Hier will er aufgrund eines ungesicherten Fundes das gesamte wesentlich von Goethe geprägte[198] System der alten niederdeutschen Kunstgeschichte verändern, indem er das Kölner „Dombild" auf 1460 datieren will.[199]

Diese mit wenigen Strichen skizzierten kunsttheoretischen Arbeiten Arnswaldts lassen deutlich seinen geistesgeschichtlichen Standort erkennen. Arnswaldt durchlief eine typisch romantische Phase.[200]

Wie wenig eigenständig Arnswaldt die gesamten in seiner Studentenzeit aktuellen, zum Teil auch neubelebten geistigen Bewegungen verarbeitete, zeigen seine lyrischen Versuche.[201]

In seinen Gedichten fallen zunächst die typisch romantischen Elemente auf. So werden z. B. eigene Wünsche auf fiktive Personen übertragen, Symbole werden zum mittelbaren Ausdruck für das innere Geschehen, das Zugehörigkeitsgefühl zur Gesamtheit der Natur kann bis zur völligen Aufgabe der Identität führen, und im ganzen gibt sich der Verfasser kindlich, sowohl in seinem Naturerlebnis als auch in dem Erleben einer hinter der Natur stehenden Macht.[202]

In dem im folgenden abgedruckten Gedicht[203] finden sich sowohl die von Hübener so bezeichnete „Übertragungs- und Symbolisierungstendenz" der Romantik wie das entwurzelnde und schicksalhafte Naturerlebnis, das bis zum Identitätsverlust führen kann:

---

lung des Canonicus Pick aus Bonn (ebd. S. 147f.) und schließlich einige Bilder, die er in Frankfurt gesehen hat (ebd. S. 157f.). Aus der Bettendorfschen Sammlung in Aachen – die Endstation seiner Reise – wählt er neben verschiedenen Bildern van Eycks Bilder von Memling, Roger van Brügge, Johann von Mabuse, Bernhard von Orlay, Johann von Avesse, Johann von Calca und schließt mit je zwei Werken aus dem oberdeutschen Kreis von Albrecht Dürer und Hans Holbein (ebd. S. 201f., 210f., 213ff., 219f., 222ff.).

197 Arnswaldt, A. v.: Altdeutsche Kunst. Wünschelruthe, S. 21f.
198 Arnswaldt nimmt Bezug auf Goethes: Kunst und Alterthum am Rhein und Mayn. H. 1, ebd. S. 21.
199 Zum Kölner Dombild vgl. Ullstein Kunstlexikon. Hg. und bearbeitet von Heiner Knell und Hans-Günther Sperlich. Art.: van Eyck, S. 194 und Art.: Lochner, S. 374.
200 Zur Lebensanschauung im Zeitalter der Romantik vgl. Stephan. H.; Schmidt, M.: Geschichte der deutschen evangelischen Theologie seit dem deutschen Idealismus. 2. Aufl. Berlin 1960. Theologie im Abriß Bd. 9, S. 33ff. und ferner Schmidt, K. D.: Grundriß der Kirchengeschichte. 3. Aufl. Göttingen 1960, S. 445-449.
201 Arnswaldt, A. v.: Gedichte. Wünschelruthe. (a) Der Lindenzweig, S. 32. (b) Lied, S. 50. (c) Lied, S. 124. (d) Der Knabe am Strome, S. 170f. (e) Des Knaben Meerfahrt, S. 189f. (f) Der Kranz im Rhein, S. 212.
202 Zu diesen „Strukturelementen" der „Kernerscheinung" des Romantischen vgl. Hübener, G.: Theorie der Romantik. Deutsche Vierteljahrsschrift für Literaturwissenschaft und Geistesgeschichte. Bd. 10, H. 2. 1932, S. 258ff.
203 Arnswaldt, A. v.: Der Knabe am Strome, S. 170f.

Der Knabe am Strome.

„Wo die Wasser strömen, da wird mir so wohl,
Wo die Lüfte rauschen, da weiß ich was ich was ich soll.
Rauschen im Wipfel und Strömen zum Meer –
O wenn mein Liebchen doch bei mir wär!"

Im Strome sich spiegelt der Knabe so treu,
Da drüben da wandelt seine Liebste vorbei.
Wirft sie ein Ringlein wohl in den Fluß,
Weil feindliche Woge sie scheiden muß.

Wirft er die Augen in die Wellen wohl hin,
Winde und Wellen die flüstern um ihn,
Rauschen im Wipfel und Strömen zum Meer
„Siehst sie wohl nimmer und nimmermehr."

Zuckt's an der Angel und zuckts in der Hand,
Zieht er das Ringlein aufs grünende Land: –
„Ewigkeit ist ein goldener Ring" –
Auge und Herze ihm überging.

Wie in diesem Beispiel, so wird allgemein in seinen Gedichten ein stereotyper Volksliedton durchgehalten. Volkstümliche Dinumitiva, achaisierende Redewendungen, Wiederholungen und paratakische Reihen.[204]

Außer diesen mehr formalen romantischen Merkmalen werden auch inhaltlich viele romantische Motive aufgenommen, z. B. die Ahnung, Sehnsucht, Liebe, das Unfaßbare, Unbegreifbare und Unbegrenzte.[205] Typisch hierfür sind folgende Strophen:[206]

Was fügst Du lieber Knabe, zusamm'n
Manch Lindenblättchen grün?
„Will mir ein Schifflein bauen,
Und über die Wellen ziehn".

Was webst Du, holder Knabe, zusamm'n
Manch Rosenblättchen roth?
„Ein Seglein soll mir schwellen
In die Lieb oder in den Tod".

---

204 Vgl. Langen, A.: Deutsche Sprachgeschichte vom Barock bis zur Gegenwart. Deutsche Philologie im Aufriß. Hg. von Wolfgang Stammler. 2. Aufl. Bd. 1. Berlin 1957, Sp. 1183-1186.
Beispiele für diese von Langen genannten „Merkmale" romantischer Sprache sind etwa: „Mägdlein", „Schifflein", „Wängelein", „Händelein", „Angelein" und „Thränelein". (Vgl. Arnswaldt, A. v.: Des Knaben Meerfahrt, S. 189f.). Beispiele für archaisierende Wendungen und zugleich für Wiederholungen sind: „Da hört ich klagen einen Knaben so sehr..." „Und als der Knabe klagte so sehr". (Vgl. Arnswaldt, A. v.: Lied, S. 50f.) oder „siehst Du sie wohl nimmer und nimmermehr". (Vgl. Arnswaldt, A. v.: Der Knabe am Strome, S. 170f.). Eine paratakische Reihe ist etwa: „Im Herzen, da nährt sich von Schmerzen die Lust, Das Lieb das ruht ihm wohl in der Brust". (Vgl. Arnswaldt, A. v.: Lied S. 50f.).
205 Vgl. Schmidt, K. D., S. 446.
206 Arnswaldt, A. v.: Des Knaben Meerfahrt. S. 189f.

Neben den romantischen Elementen spielt in Arnswaldts Gedichten auch das von
Herder[207] übernommene individualistische Lebensgefühl[208] eine große Rolle.
Die folgenden beiden Strophen:[209]

> Neige liebend dich o neige,
> Grüner Zweig der blühnden Linde,
> Neige dich zum andern Zweige
> Daß die Liebe Liebe finde.
>
> Und es beugt der Zweig sich nieder,
> Küßt den Zweig mit sanftem Beben,
> Und es küssen sich die Lieder
> Und ein Kuß ist beider Leben.

sind nicht nur typisch hierfür, sondern zeigen auch formelhaft gewordene anakreontische Wendungen.[210] Darüberhinaus fallen vor allem Einflüsse aus der Mystik auf. Schon die immer wieder auftauchende Wassermetaphorik, besonders das Hin- und Herströmen, läßt auf die Sehnsucht nach dem Austausch der Seele mit Gott schließen.[211] Nicht selten sind in Arnswaldts lyrischen Versuchen solche Stellen, die auf eine Verschmelzung des Irdischen mit dem Jenseits anspielen, und auch der Gedanke einer letzten Vereinigung durch die Liebe fehlt nicht.[212]

Überblickt man Arnswaldts Mitarbeit an der Wünschelruthe, so muß gesagt werden, daß die von ihm sicher als schöpferisch erlebte Phase nichts anderes ist als ein epigonenhaftes Verarbeiten des geistigen Bestandes aus der Antike, der Mystik, der Anakreontik und des Sturm und Drang. Arnswaldt war ergriffen von dem in der Romantik angelegten Erlebnishunger, von der ganzen Breite des Empfindens und der kultursättigten Atmosphäre dieser Epoche. Schwierig blieb für einen vom romantischen Denken bestimmten Menschen die Frage, wie er das, was er in seinen Vorstellungen von Kunst

---

207 Zur Beschäftigung Arnswaldts mit Herder vgl. Brfe. orig. A. v. A. an L. v. H. Febr. 1824, 13.4.1824, StB Berlin.
208 Neben dem Hinweis bei Moeller, B.: Geschichte des Christentums in Grundzügen. Göttingen 1965, S. 406 vgl. bes. Gidion: Herders Persönlichkeitsbegriff. Diss. Göttingen 1954, bes. S. 81ff.
209 Arnswaldt, A. v.: Der Lindenzweig, S. 32.
210 Zur Anakreontik vgl. Langen, Sp. 1053f. Es ist interessant, darauf hinzuweisen, daß auch bei Novalis die Anakreontik in „Themen, Motiven und Sprachmitteln" vertreten ist. Ebd. Sp. 1234. Novalis war für Arnswaldt schon sehr früh ein nachahmenswertes Vorbild. Vgl. Brf. orig. A. v. A. an H. v. A. 1.6.1816 StB Berlin. Hier schreibt Arnswaldt zu einem „geistlichen" Gedicht: „Man wird leicht sehen, daß ich Novalis hier vor Augen habe".
Wie weit Arnswaldt in seiner Nachahmung von einem inhaltlich und formal geglückten anakreontischen Lied entfernt ist, zeigt ein Vergleich mit Klopstocks „Rosenband" das Kayser als exemplarisch für die Anakreontik interpretiert. Vgl. Kayser, W.: Das sprachliche Kunstwerk. Eine Einführung in die Literaturwissenschaft. 4. Aufl. Bern 1956, S. 40-44.
211 Vgl. Langen, Sp. 998-1004.
212 Vgl. Arnswaldt, A. v.: Der Knabe am Strome, S. 170f.

und Poesie ahnte, mit seinem täglichen Leben verbinden konnte. Man sprach zwar gern in Anlehnung an Wilhelm Meisters Lehrjahre von „Lebenskunst", war aber in Wirklichkeit nichts anderes als ein „Lebensdilettant".[213] In diesem Zwiespalt lebte, wie der folgende Abschnitt zeigen wird, auch August von Arnswaldt.

## IV. Der Haxthausensche Kreis

Weder die Poetische Schusterinnung als Kreis noch die Wünschelruthe als ihr literarisches Organ bestanden über die Trennung ihrer Mitglieder hinaus.[214] Trotzdem blieben einzelne auch später miteinander in Verbindung.

Der Initiative August von Haxthausens ist z. B. die Weiterführung der Freundschaft mit Straube[215] und Arnswaldt zu verdanken. Bei gegenseitigen Besuchen in Kassel und in Göttingen 1820[216] vereinbarten August von Haxthausen und August von Arnswaldt ein Treffen in Pyrmont und eine gemeinsame Fahrt nach Bökendorf für den Juli desselben Jahres.[217] Dieser Besuch ist das erste direkte Zeugnis von einem Aufenthalt Arnswaldts in Bökendorf.[218] Er galt Annette von Droste-Hülshoff, der fünf Jahre jüngeren Nichte August von Haxthausens,[219] die sich im Anschluß an eine Kur vom Frühjahr 1819 bis Sommer 1820 bei ihren Großeltern aufhielt.[220] Es war sowohl August von Haxthausen als auch seinen Geschwistern bekannt, daß Arnswaldt dazu nach Bökendorf kam, um sich mit Annette über ihre Freundschaft und Liebe

---

213 Walzel, O.: Deutsche Romantik. Eine Skizze aus Naturwissenschaft und Geisteswissenschaft. Bd. 232 Leipzig 1908, S. 149.
214 Arens, Mitglieder, S. 28f.
215 Zur Freundschaft August von Haxthausens mit Heinrich Straube vgl.
Grauheer, J.: August von Haxthausen und seine Beziehungen zu Annette von Droste-Hülshoff. Altena 1933, S. 8.
Schulte-Kemminghausen, K.: Heinrich Straube. Ein Freund der Droste. Schriften der Droste-Gesellschaft XI. Münster 1958.
216 Brf. orig. A. v. A. an H. v. A. 3.1.1820 StB Berlin; Brf. orig. A. v. A. an Luise v. A. 16.1. 1820 StB Berlin.
217 Brf. orig. A. v. A. an A. v. H. 30.6.1820 StB Berlin; Brf. orig. A. v. A. an H. v. A. 17.7. 1820 StB Berlin.
218 Damit ist die Vermutung Grauheers (A. v. H. und Annette, S. 80) und Schulte-Kemminghausens (Straube, S. 40) bestätigt. Arnswaldt war 1820 zum ersten Mal in Bökendorf. Erst nach 1820 werden in Arnswaldts Briefen die Eltern und Geschwister August von Haxthausens erwähnt. Vgl. dagegen Walter, I. E.: Droste-Hülshoffs Werke. Annette und ihre Zeit. Salzburg o. J. S. 35 und Karwath, J.: Die Droste. Ein Lebensroman der Annette von Droste-Hülshoff. Leipzig 1929, S. 46-148.
219 Die Mutter Annettes war Therese von Droste-Hülshoff, eine geborene von Haxthausen (1772-1853).
220 Droste-Hülshoff, A.: Die Briefe der Annette von Droste-Hülshoff. Hg. von K. Schulte-Kemminghausen. Bd. 1 Jena 1944. Vgl. besonders die Briefe Annettes an ihre Eltern vom 18.9. und 20.12.1819, ferner vom 11.3. und 9.9.1820, S. 39-44, 47-55.

auszusprechen.[221] Zur Trennung kam es, als Annette, nachdem sie zunächst Arnswaldts Liebe erwidert hatte, sich dann aber doch für Straube entschied.[222] Arnswaldt fühlte sich betrogen und entschloß sich mit allen Mitteln — auch auf Kosten seiner Integrität[223] — Straube zu bewegen, Annette aufzugeben. Wann und wo Arnswaldt und Straube Annette kennenlernten, ist nicht mehr genau auszumachen. Straube traf Annette, die seit 1814 ihre Ferien in Bökendorf verbrachte, wohl dort.[224] Wenn Arnswaldt im Sommer 1820 zum ersten Mal in Bökendorf war, dann muß ihre Freundschaft schon vorher, wahrscheinlich in Kassel begonnen haben. Vielleicht schon im Sommer 1818, wo August von Haxthausen Annette in seinen Freundeskreis in Kassel einführte.[225]

Zu dem Haxthausenschen Kreis gehören also außer den Haxthausens selbst Verwandte und Freunde.

### 1. Annette von Droste-Hülshoff

Arnswaldt war für Annette vom ersten Augenblick an ein Mensch, der über sie eine „unbegreifliche Gewalt" hatte. Sein „stilles" und „tiefes" Wesen gewann ihr Vertrauen.[226] Nach Schulte-Kemminghausen ist Annettes Romanentwurf „Ledwina" ein Schlüsselroman, der ihr Verhältnis zu Arnswaldt spiegelt.[227] Graf Hollberg (August von Arnswaldt) ist der „fast blendend schöne Fremde", der neben seiner Erscheinung durch seine kurze Unterhaltung bei Tisch, bei der er auf jeden einzelnen eingeht, sowie durch sein abgeschiedenes stilles Nachgrübeln über das Vorgefallene Ledwina (Annette von Droste-Hülshoff) so fesselt, daß sie in ihren Gedanken nicht mehr von dem Fremden loskommt.[228] Der Roman blieb Fragment. Direkte

---

221 Schulte-Kemminghausen, Straube, S. 40. Über Die Liebe Arnswaldts zu Annette findet sich in den Handschriften nichts, was über die bereits veröffentlichten Briefe hinausführt. Vgl. A. v. A. an A. v. H. 6.8.1820. Ebd. S. 42-44; A. v. H. an Straube September 1820. Ebd. S. 45, 46. A. v. A. an Straube. Ebd. S. 44, 45 und A. v. H. an Straube Dez. 1820. Ebd. S. 51f. Ferner Annette an A. v. H. Dez. 1820 s. Droste-Hülshoff, A.: Briefe Bd.1, S. 55-60.
222 Vgl. Annette an A. v. H. Dez. 1820. Ebd. S. 59: „ . . . Ich habe es Arns[waldt] auch zuletzt mehrmals gesagt: ich habe mich getäuscht und Str[aube] jetzt wieder viel lieber wie Sie aber das hat er alles Gott weiß wofür genommen und verschwiegen.
223 Vgl. Brf. A. v. H. an Straube Dez. 1820. Schulte-Kemminghausen, Straube, S. 52: „Es freut mich daß Sie mit Arnswaldt nicht mehr darüber reden wollen. Sie wissen ich kann ihn nicht ganz hierin bei seiner sonstigen Ehrlichkeit begreifen".
224 In der Zeit von 1817-1820 war Straube viermal in Bökendorf. Ebd. S. 21f., 31.
225 Grauheer, A. v. H. und Annette, S. 62 u. 68.
Arnswaldt war 1818 in Kassel. Vgl. Brf. orig. A. v. A., H. v. A. 24.8.1818 StB Berlin. Im darauffolgenden Jahr war Arnswaldt zweimal in Kassel. Vgl. Brf. orig. A. v. A. an H. v. A. 7.6.1819 StB Berlin.
226 Annette an A. v. H. Dez. 1820. Droste-Hülshoff, A.: Briefe. Bd. 1, S. 57.
227 Schulte-Kemminghausen, Straube, S. 74
228 Droste-Hülshoff, A.: Ledwina, zitiert nach Walter, S. 978-984.

Aussagen Annettes über Arnswaldt finden sich nur in dem Brief, den sie im Dezember 1820 an Anna von Haxthausen schrieb. Hier charakterisiert sie Arnswaldt als „eine liebe rechtliche Seele", die nur gegen sie, die seine Liebe enttäuschte, hart wurde, selbst aber dabei noch „sich mit äußerster Feinheit und Freimütigkeit" benahm. Auch dort, wo sein Benehmen nicht mehr entschuldbar ist, nimmt sie ihn noch in Schutz. Trotzdem bleibt ihr Arnswaldts egoistisches Vorgehen nicht verborgen, und sie deutet den Brief an sie, in dem er berichtet, wie leicht es war, Straube von ihrer Untreue zu überzeugen, richtig, als die unbeherrschte Reaktion eines in seinem Stolz Gekränkten.[229] Arnswaldt schreckte sogar nicht davor zurück, in seinem Vorgehen gegen Annette Straube eine religiöse Argumentation zuzuspielen. Er empfahl ihm seine Trennung von Annette u. a. damit zu begründen, daß diese sich abfällig über die lutherische Kirche geäußert habe.[230] Annette hat diese doppelte Trennung sehr lange nicht überwinden können.[231] Zwischen Arnswaldt und Straube jedoch bestand, abgesehen von dem geschilderten nicht aufrichtigen „Freundschaftsdienst", eine wirkliche Freundschaft.

## 2. Heinrich Straube

Arnswaldt lernte Straube im Februar 1817 in Göttingen kennen. Vor allem zog ihn damals zunächst das poetische Talent Straubes an.[232] Die Verbindung riß erst dann ab, als Straube nach seiner Anstellung als Sekretär beim Oberlandesgericht in Kassel die Bäckerstochter Anna Marie Regenbogen heiratete.[233] Diese Heirat bedeutet für Anna von Haxthausen eine persönliche Enttäuschung, weil auch sie Straube liebte.[234]

---

229    Annette an A. v. H. Dez. 1820. Droste-Hülshoff, A.: Briefe. Bd. 1, S. 56-59.
230    Brf. orig. A. v. A. an Straube o. D. StB Berlin.
231    Annette an Schlüter 1835. Droste-Hülshoff, A.: Briefe. Bd. 1, S. 155: „Ich gehe großen Erschütterungen entgegen. Gott helfe mir sie würdig bestehen. Ich scheue vor Hannover! noch mehr vor Kassel!"
232    Die eigentliche Freundschaft begann wohl im Juni 1817 als Straube durch eine Verletzung am Auge recht hilflos war. Arnswaldt, der durch eine unbeabsichtigte Handbewegung diese Verletzung verursacht hatte, fühlte sich verpflichtet, jeden freien Augenblick an Straubes Bett zuzubringen. Das Vorlesen und die Gespräche verbanden beide so, daß sie auch später ihre freie Zeit weithin gemeinsam verbrachten. Sie waren nicht nur beide Glieder der Poetischen Schusterinnung, sondern verlebten auch oft ihre Ferien zusammen. Vgl. A. v. A. an L. v. H. 12.2.1817, A. v. A. an K. F. A. v. A. 16.6.1817 u. Brf. orig. A. v. A. an H. v. A. 23.6.1817 StB Berlin.
233    Schulte-Kemminghausen, Straube, S. 13. Vgl. ferner Brf. orig. A. v. A. an A. v. H. 2.8.1821 und 23.1.1822 StB Berlin.
234    Brf. orig. A. v. A. an A. v. H. 24.2.1824 StB Berlin: „Doch was frag ich Sie, da die Heirath ohne Ihre Einwilligung ja vielleicht *gegen* Ihren Willen geschieht... – Unrecht bleibt ein solches Benehmen, und ich würde mich gegen die beste Freundin nie so vergehen..." Diese Briefstelle bestätigt das „Gefühl" Schulte-Kemminghausens, daß Anna als der von Annette gewählten Vermittlerin eher daran gelegen war, daß Annettes Verbindung mit Straube nicht mehr zustande kam. Vgl. Schulte-Kemminghausen, Straube, S. 59.

Die Freundschaft zwischen Arnswaldt und Straube war am intensivsten während der Zeit der unglücklichen Liebe Arnswaldts und Straubes zu Annette. Unmittelbar in die Monate vor der Trennung von Annette gehören die beiden tagebuchartigen Briefe Arnswaldts an Straube.[235]

Arnswaldt hatte gerade sein Studium abgeschlossen und erhielt im Juni 1820 seine Anstellung als Auditor bei der Königlichen Provinzialregierung in Hannover.[236]

Doch weder sein Beruf noch sein Leben schienen ihm sinnvoll. Sein Dasein vergleicht er mit einer „großen Nacht" und sein Leben selbst nennt er einen „langen Tod, grauenvoll und wüst, und doch eiskalt". Im Kreis seiner Freunde fühlt er sich nicht mehr heimisch, sondern erlebt sich selbst als einen „ewigen und völligen Fremdling", der als „egoistischer Fremdling" die Freundschaft nur in „hochmüthigen Augenblicken" sucht,[237] um sich durch „Scherze" etwas zerstreuen zu lassen. In seiner eigenen Familie, wo auch „das Scherzen" fehlt, empfindet er sein eigenes Dasein noch viel „trüber".[238] Selbst Poesie und Theater sind nicht mehr, wie bisher, ein Gegengewicht gegen die von ihm empfundene Leere seines Lebens. Mehrere Male läuft er nach dem Theater in seinem Zimmer wie rasend herum und — so beschreibt er weiter — „. . . es ist mir vorgekommen, als hinge all das irdisch und sinnliche Wesen persönlich wie Teufel an mir und wollte mich nicht lassen, daß ich geknirscht und gestampft und geschrien habe und gemeint, ich könnt es nicht lassen — mag auch wohl seyn; — und gleich darauf konnt ich mich niederlegen und wieder an die erste beste Kleinigkeit denken, auch lesen — und freute mich daß ich schlafen konnte — . . ."[239] Es verwundert nicht zu hören, daß sich Arnswaldt in solchen Augenblicken am liebsten erschossen hätte, und doch war dies immer nur für „Augenblicke". Es war nicht wie es ihm Straube zu erklären versuchte, ein heftiger Sturm, in dem er sich befand, sondern es waren Momente, die nach seinen eigensten Worten meistens durch eine Lappalie in seiner äußeren Umgebung veranlaßt wurden, in denen er sich dann in vollständiger Erschlaffung und Gleichgültigkeit seinen quälenden Gedanken hingab.[240] So schnell wie dies alles über ihn hereinbrach, so schnell verließ es ihn auch wieder, und er konnte plötzlich etwas anderes denken, oder er konnte schlafen oder ganz unmittelbar davor reden von „Christus, der gekommen ist uns alle zu erlösen".[241] Diese gerade mitten in seiner „Qual" ganz unvermittelt auftauchenden Gedanken an den „liebenden Erlöser" sowie die Angst vor der endlosen öden Leere nach diesem Leben waren es, die ihn letztlich vor dem Austilgen seines Lebens bewahrten.[242]

---

235 Brfe. orig. A. v. A. an Straube 4.-8.5.1820, 26.4.1820 StB Berlin.
236 Königlich Großbritannisch Hannoverscher Staatskalender auf das Jahr 1821, S. 53.
237 A. v. A. an Straube 4.-8.5.1820.
238 A. v. A. an Straube, 24.6.1820
239 A. v. A. an Straube, 4.-8.5.1820.
240 A. v. A. an Straube, 24.6.1820
241 A. v. A. an Straube, 4.-8.5.1820.
242 Ebd.

Diese depressiven Zustände müssen ohne Zweifel auf dem Hintergrund seiner Bußkämpfe[243] gesehen werden.

Arnswaldt, der nach außen so stille und tiefe Mensch, war ein im Innersten Zerrissener und Gequälter. Er war geplagt von tiefer Unruhe und äußerster Unausgeglichenheit, konnte sich aber plötzlich wieder fangen und zurückfinden zu den Gedanken, die um „seinen Erlöser" kreisen, nach dessen Eingreifen er sich immer sehnte. Von ihm erwartete er, daß er einmal die ganze „Qual" in einen „lindernden Schmerz" verwandelt.[244]

### 3. Ludowine von Haxthausen

Ludowine war für Arnswaldt zunächst eine Tochter der Familie, die ihm zur zweiten Heimat geworden war. In einem Brief an seine Mutter spricht er davon, daß die Haxthausens ihn zu den Ihrigen zählen und daß er in dieser ursprünglich fremden Familie ganz heimisch geworden sei.[245] Auch in den ersten Briefen an Ludowine beschränkt er sich darauf, rückblickend das bunte Leben in Bökendorf an sich vorüberziehen zu lassen. Wiederholt spricht er von dem gemeinsamen Singen schöner Volkslieder,[246] die abends nach Tisch bis in die Nacht angestimmt wurden unter Begleitung von Waldhörnern und der Flöte, die August von Haxthausen blies.[247] Das Zeichnen[248] und Verseschmieden, das zu den Liebhabereien auf Bökendorf zählte,[249] gehörte wie das Tanzen[250] zu den Dingen, die Arnswaldt für Wochen seine Grübeleien und seine Einsamkeit vergessen ließen.[251] Mit diesen Erwartungen entschloß sich Arnswaldt, noch einmal vor seiner Reise durch Süddeutschland, durch die Schweiz, durch Österreich, Oberitalien, Frankreich und auch die Niederlande in Bökendorf halt zu machen. Die genannte Reise war eine Bildungsreise, wie sie in der damaligen Zeit unter sprachkundigen jungen Leuten üblich war, um zu einer „freiern, lebendigern Ansicht der Welt" und zum Übergang vom Studium zum praktischen Leben zu verhelfen.[252] Bereits im Januar 1822 wurde diese Reise vorgeplant[253], und Arnswaldt

243 Die Bußkämpfe werden in Kapitel 2 zusammenhängend dargestellt.
244 A. v. A. an Straube 24.6.1820.
245 Brf. orig. A. v. A. an H. v. A. 1.7.1822 StB Berlin.
246 Brfe. orig. A. v. A. an L. v. H. 25.8.1821, 6.10.1821, 23.1.1822 StB Berlin.
247 Vgl. Schoof, W.: Jenny von Droste-Hülshoff, die Jugendfreundin Wilhelm Grimms. Westfalen. Hefte für Geschichte und Volkskunde. Bd. 23, H 2. Münster 1938, S. 141
248 Bereits in der Poetischen Schusterinnung fiel Arnswaldt durch seine Zeichnungen: Marius auf den Ruinen von Karthago, der Blinde Sänger und der Tod des Archimedes auf. Vgl. Arens, Mitglieder, S. 30.
249 Vgl. Lippe, M.: Ludwig Emil Grimm und der von Haxthausensche Kreis. Westfalen. Hefte für Geschichte und Volkskunde. Bd. 23, H. 2. Münster 1938, S. 161.
250 Brf. orig. A. v. A. an L. v. H. 9.3.1822 StB Berlin.
251 A. v. A. an L. v. H. 25.8.1821, 23.1.1822.
252 Vgl. Art. Reisen. In: CL Bd. VIII 1822, S. 168.
253 A. v. A. an L. v. H. 23.1.1822.

selbst sah in ihr einen „letzten Versuch", den Einstieg in sein berufliches Leben zu gewinnen.[254]

Die erste Station war also Bökendorf, wo er am 14. Mai eintraf, gerade einen Tag vor dem Geburtstag der Mutter Haxthausen, der zu den begehrtesten und fröhlichsten Festtagen in Bökendorf zählte.[255] Doch dieses Mal war sein Aufenthalt nicht nur überschattet von der bevorstehenden langen Trennung, sondern in diesen Tagen mußte der erfahren, daß Anna von Haxthausen seine Liebe nicht erwiderte.[256] Ludowine bemühte sich, ihm über seine Enttäuschung hinwegzuhelfen. Arnswaldts Unausgeglichenheit machte ihr dies nicht leicht, doch durch ihre immer neue Liebe gewann sie sein Vertrauen und seine Zuneigung. In ihr hatte Arnswaldt eine Freundin gewonnen, der er alles sagen konnte und wollte.[257] In diesen Tagen in Bökendorf kam es auch zum „Du" zwischen ihnen. So sind die Briefe Arnswaldts an Ludowine in der folgenden Zeit intime Freundesbriefe, in denen es kein Verschweigen und Verschönern gibt. Dies fällt besonders auf, wenn man sie mit den Reisebriefen an seine Eltern und an Anna von Haxthausen vergleicht.[258] Allein Ludowine berichtet er mehr als von seinen Freuden an der Natur, von seinen Interessen an den

---

254 Brf. orig. A. v. A. an K. F. A. v. A. 20.6.1822 StB Berlin.
255 Brf. A. v. H. an L. Grimm 10.5.1819, veröffentlicht bei Lippe, S. 168.
256 Vgl. die Beschreibung der unglücklichen Liebe des Hans ( =August von Arnswaldt) und der Gräfin Trotzenburg ( Anna von Haxthausen). A. v. A. an A. v. H. Juli 1822. Vgl. ferner Brf. orig. A. v. A. an L. v. H. 15.6.1822 StB Berlin.
257 Brf. orig. A. v. A. an L. v. H. 23.7.1822 StB Berlin: „Und Du meine Ludowine, die Du mir so viel zu verzeihen hast, die Du viel durch mich gelitten, und deren liebevolle, ruhige Freundlichkeit und Milde sich *durch nichts irren läßt* – Ja, ich will es Dir jetzt frei zugestehen – (was sonst unrecht gewesen wäre) – daß Du mich mehr geliebt als ich Dich, und Du zürnst mir selbst nicht, wenn der Gedanke mich erhebt, während der Vorwurf der darin liegt mich niederschlägt. Ich müßte weniger Vertrauen zu Dir haben, wenn ich noch mehr hierüber sagen wollte – weniger Vertrauen zu einem Herzen, *an das ich mich mit Zuversicht in jeder Stunde meines Lebens wenden kann* – und wenden werde ..."
258 Seinen Eltern gegenüber hemmte ihn beim Schreiben eine gewisse Dankbarkeit, zu der er sich wegen der Finanzierung der Reise verpflichtet fühlte. Die Briefe an Anna betrachtet er als zugleich an alle anderen Familienglieder der Haxthausens gerichtet. Vgl. Brf. orig. A. v. A. an L. v. H. 23.2.1823 StB Berlin: „Von dem Wenigen, was mir sonst hier vorgekommen ist, schreibe ich bloß an Anna, weil das wohl alle lesen ...". Vgl. ferner Brf. orig. A. v. A. an L. v. H. 14.7.1824 StB Berlin: „Von äußeren Dingen schreibe ich Dir nur wenig, liebste Ludowine; dafür seh ich es an, als ob die Briefe an Anna Dir mitgehören ..." In den Briefen an Anna scheute er selbst nicht davor zurück, es mit der Wahrheit nicht ganz genau zu nehmen. Vgl. Brf. orig. A. v. A. an L. v. H. 23.12.1822 StB Berlin: „... Ich muß noch der Anna ein Paar Worte zum neuen Jahr schreiben, halb lügenhaft und mit halber Seele". So war in den Briefen an seine Eltern und an Anna seine Hand beim Schreiben nicht nur „gehemmt", sondern auch „gelöst", um manches, gerade von dem, was ihn selbst betraf, anders darzustellen. Zur Bewertung von Briefen als Quelle für eine Biographie vgl. Romein, J.: Die Biographie. Einführung in ihre Geschichte und Problematik. Bern 1948, bes. S. 165 ff.

Galerien, sowie von seinen häufigen Oper- und Theaterbesuchen.[259] Ihr gegenüber bekennt er frei, daß der bereits im Dezember des „Herumziehens müde" sei, ja, daß er sich bei all seinen Reisen vorkomme wie ein „nichtsnutziger Tagedieb".[260] Seine Gedanken vergleicht er mit einer „Debandage" und seine Halt- und Fassungslosigkeit, so schreibt er, seien auf einer Höhe angelangt, wie er sie vorher nie gekannt habe, ohne daß er sich die Ursache des Ganzen denken könne. „Wie grauenhaft dieser Zustand ist, kann niemand begreifen, der ihn nicht erlebt hat, und ich glaube nicht, daß das außer mir noch irgend jemand ist, der übrigens seine fünf Sinne beysammen hat".[261] Nach diesem Brief war es Ludowine klar, daß Arnswaldt die Reise allein nicht weiterhelfen könne. Sie wagt es deshalb, ihn auf einen Bereich anzusprechen, den beide zuvor bewußt umgangen hatten. Sie bittet ihn, seine Not doch einmal „einem frommen erfahrenen Mann" anzuvertrauen.[262] Arnswaldt war erleichtert, daß sie nun das angesprochen hatte, wovor beiden sonst „die Sprache stockte". Den konkreten Rat jedoch lehnte er ab und begründet dies damit, daß er gerade durch solche Gespräche mit „besonders Erfahrenen" so geworden sei, wie sie ihn „gefunden" habe.[263] Ihr gegenüber aber verschloß er sich – wie die weiteren Briefe zeigen – in dieser Hinsicht nicht.

Seine Klagen über das verfehlte Ziel der Reise hören allerdings nicht auf. Dem Leben gegenüber ist er nur noch „ängstlicher" und „empfindlicher" geworden und der Gesellschaft fühlte er sich „entfremdeter denn je".[264]

Auch treibt ihn ständig die Angst vor der Zukunft um.[265] Diese kann er sich nur vorstellen als ein „stilles" und „sehr einsames" Leben.[266] Was seinen Beruf betrifft, so wünscht er sich, „ohne übermäßige Ansprüche den stillen Weg der Pflicht" gehen zu können.[267] Als er in Paris erfährt, daß der Antrag auf Anstellung als Legationsrat gebilligt wurde, verspricht er, sich in seinen neuen Geschäften „möglichst Mühe" zu geben. Zum Titel sagt er, daß er sich für nichtgeleistete Dienste einen etwas bescheideneren gewünscht hätte.[268]

Ludowine gegenüber erwähnt er seine Beförderung nicht ohne Stolz und fügt ironisierend hinzu, daß er nun ein Kollege Jean Pauls geworden sei.[269] Vor dem Antritt

---

259  Brfe. orig. A. v. A. an A. v. H. 6.12.1822, 24.12.1822 StB Berlin,
     Brf. orig. A. v. A. an H. v. A. 10.9.1822 StB Berlin, Brf. orig. A. v. A. an L. v. A. 11.11. 1822 StB Berlin.
260  A. v. A. an L. v. H. 23.12.1822.
261  Ebd.
262  Brf. orig. A. v. A. an L. v. H. 24.2.1823 StB Berlin
263  Ebd.
264  Brf. orig. A. v. A. an L. v. H. 5.5.1823 StB Berlin.
265  Brf. orig. A. v. A. an L. v. H. 4.6.1823 StB Berlin.
266  A. v. A. an L. v. H. 5.5.1823.
267  Ebd.
268  Brf. orig. A. v. A. an K. F. A. v. A. 25.5.1823 StB Berlin.
269  Brfe. orig. A. v. A. an L. v. H. 2.7.1823, 9.8.1823 StB Berlin

seiner neuen Stellung verbrachte er noch vierzehn Tage in Bökendorf.[270] Hier war nun Gelegenheit zu den religiösen Gesprächen mit Ludowine, auf die er sich bereits in Wien freute.[271] Dieses „neue" Thema verband ihn noch mehr mit Ludowine. Kurz nach seinem Besuch in Bökendorf schreibt er, daß er Ludowine jetzt fester in sein Herz geschlossen habe als jemals,[272] und im Februar 1824 nennt er sie die „Einzige", die ihn versteht.[273] Was inhaltlich die Gespräche bestimmte, ist aus späteren Briefen zu schließen. Ludowine gab Arnswaldt einen Einblick in ihre Art der Praxis pietatis und ermutigte ihn zu einem ähnlichen Leben. Arnswaldt war überzeugt, daß auch er durch eine solche „fromme Ergebung", wie er sie bei Ludowine erlebte, „inneren Frieden" erlangen könne.[274] Angestrengt will er sich deshalb bemühen, das rechte Leben zu ergreifen „ohne Ängstlichkeit und ohne Begierde so wie es Christus gern hat".[275] Mit diesem Streben war es ihm ernst. Seit Dezember 1823 berichtete er, daß er seinen Tag beginnt mit dem Lesen von fünf bis zehn Kapiteln aus der Bibel, wozu er bemerkt, daß es „der Herr an Segen nicht fehlen läßt", so daß „sein Glaube allmählig gestärkt werde".[276] Allzu oft wurden jedoch diese seine Bemühungen unterbrochen durch „Thränentage" und Zeiten von „dumpfem und nagendem Mißmuth".[277] Noch Ende Februar 1824 klagt er: ..."Ich bin immer noch der Einsame, Verschlossene, bei dem sich jeder zeitenweise unheimlich und zurückgeschreckt fühlt, noch immer der Unstäte und Unnütze, der weder Haus noch festen Beruf als sein erkennt und immer nach Familienglück lechzt zu dem er nicht fähig ist, ja daß er überall selber stört".[278]

Neben dem intensiven Bibellesen muß ihm Ludowine noch die Teilnahme am Abendmahl[279] und tägliches Beten[280] empfohlen haben. Beide Ratschläge konnte er jedoch nicht sofort befolgen. Vor seinem Bericht über seinen ersten Abendmahlsbesuch nach zehn Jahren und über sein Beten muß ein Einschnitt in seiner inneren Entwicklung angenommen werden. Dabei kam zu den Anstößen Ludowines eine vielseitige Begegnung mit den „in Deutschland neu erwachenden Regungen des Geistes Christi",[281] wie es später im theologiegeschichtlichen Zusammenhang dargestellt wird.

Dem unbefangenen Leser des Briefwechsels Ludowines und Arnswaldts muß eine Eheschließung als der natürliche Abschluß erscheinen. Es bleibt letztlich auch unerklärlich,

---

270  A. v. A. an L. v. H. 2.7.1823.
271  A. v. A. an L. v. H. 24.2.1823.
272  Brf. orig. A. v. A. an L. v. H. Sept. 1823 StB Berlin.
273  Brf. orig. A. v. A. an L. v. H. Febr. 1824 StB Berlin.
274  Brf. orig. A. v. A. an L. v. H. 2.12. 1823 StB Berlin.
275  Brf. orig. A. v. A. an L. v. H. 31.12.1823 StB Berlin.
276  A. v. A. an L. v. H. 2.12.1823.
277  Ebd.
278  A. v. A. an L. v. H. Febr. 1824
279  Brf. orig. A. v. A. an L. v. H. 13.4.1824 StB Berlin.
280  Brf. orig. A. v. A. an L. v. H. 7.8.1824 StB Berlin.
281  Ebd.

warum es dazu nicht kommt. 1830 heiratet er Ludowines jüngere Schwester Anna. Doch hört damit, wie immer wieder deutlich werden wird, Ludowines Einfluß auf sein Leben nicht auf.[282]

### 4. Anna von Haxthausen

1829, also kurz nach Arnswaldts Romreise, die für ihn zu einem gewissen Abschluß seiner inneren Entwicklung geworden war,[283] traf er Anna von Haxthausen in Kassel wieder.[284] Sie lebte bei ihrer verwitweten Schwester Ferdinandine[285] und hatte seit 1828[286] die Aufgabe übernommen, ihre schwer erkrankte Nichte Amalia Theodora[287] zu pflegen[288]. Das Leben mit „Malchen" war das „einzige, was sie ausfüllte", so daß sie seit Jahren nicht mehr ans Heiraten dachte.[289] In Arnswaldt jedoch reifte bei diesem Zusammensein der Entschluß, erneut um Anna zu werben.[290] Als Vermittlerin wählte er ausgerechnet Ludowine.[291] Von ihr, der Vertrauten in allen Bereichen seines Lebens, erwartete er selbstverständlich auch hier Verständnis und Hilfe. Er wollte es nicht wahrhaben, daß Ludowine seine intimen Briefe als Zeichen persönlicher Liebe verstanden hatte. Er glaubte, seinen Umgang mit ihr als „schwesterliches Verhältnis" verstehen zu können,[292] und war erstaunt, nach seiner offiziellen Verlobung mit Anna über Ludowines jahrelange Liebe und über ihre jetzige Verzweiflung zu hören.[293] Ludowine hatte ihre Gefühle bis dahin verbor-

---

282 Noch in seinem Testament vermacht Arnswaldt Ludowine ein jährliches Legat von hundert Talern in Gold, s. Codicill. StB Berlin.
Erst nach Arnswaldts Tod schickt Ludowine ein Medaillon — ein Erbstück von ihrer Mutter — mit einer Locke Arnswaldts, das sie ihr Leben lang getragen hat, an ihre Schwester Anna.
283 S. u. S. 88-92.
284 Brf. orig. L. v. A. an L. v. H. 30.9.1830 StB Berlin.
285 Ferdinandines Mann Engelhard von Heermann Zuydwick starb nach fünfjähriger Ehe am 13.4.1810. Vgl. Gothaisches Genealogisches Taschenbuch 12. Jg. 1911, S. 320.
286 Brf. orig. L. v. H. an L. v. A. 8.11.1828 StB Berlin.
Brf. orig. A. v. A. an seine Eltern 11.9.1830 StB Berlin.
287 Die Tochter Ferdinandines war 1827 so erkrankt, daß sie ständig gepflegt werden mußte. Brf. orig. L. v. H. an L. v. A. 6.9.1828 StB Berlin.
288 Brf. orig. L. v. H. an L. v. A. 14.3.1829 StB Berlin, A. v. A. an seine Eltern 11.9.1830.
289 Brf. orig. A. v. H. an A. v. A. 18.7.1830 StB Berlin.
290 Brf. orig. A. v. A. an A. v. H. 24.9.1830 StB Berlin: „Am 27sten war ich zum ersten Mal mit dem Gedanken aufgestanden daß wir uns ganz angehören müßten".
291 Ebd.
292 Brf. orig. A. v. A. an L. v. H. 18.9.1824 StB Berlin.
„Gieb treulich mir die Hände
Sey Schwester mir, und wende
Den Blick, vor meinem Ende,
Nicht wieder weg von mir".
293 A. v. H. an A. v. A. 18.7.1830: „ . . . die arme gute Ludowine, der ganze Ausdruck ihres

gen. Noch als sie Arnswaldts Brief erhielt, in dem er sie um ihre Vermittlung bat, bemühte sie sich, selbst *diese* Aufgabe zu erfüllen. Mit Anna betete sie, daß Gott ihr den „wahren Weg" zeige.[294] Dann macht sie Arnswaldt Mut, Anna seinen Antrag persönlich vorzutragen.[295] Auch später wurden nur ihre nächsten Angehörigen Zeugen ihrer Verzweiflung. Arnswaldt trat sie weiter in Briefen und Gesprächen in einer erstaunlichen Unbefangenheit gegenüber.[296] In ihren Briefen an Arnswaldts Schwester Luise schreibt sie, daß sie überzeugt sei, daß Arnswaldt und Anna für einander geschaffen seien. Selbst in den verschiedenen Konfessionen sieht sie kein Hindernis.[297] Dabei stieß eine Mischehe gerade in der Haxthausenschen Familie auf besondere Schwierigkeiten. Der älteste Sohn Moritz Elmeraus wurde zugunsten seines Bruders enterbt, weil er ohne Einwilligung seines Vaters eine Protestantin heiratete.[298] Auch Werner, der nun an Stelle seiner Eltern die Zustimmung zur Heirat seiner jüngsten Schwester zu geben hatte, verlangte von Arnswaldt noch konkrete Zugeständnisse. Er wünschte z. B. die katholische Trauung und die Zustimmung Arnswaldts zur katholischen Erziehung der Kinder. Nur den Söhnen sollte es später freigestellt werden, selbst über ihre Religionszugehörigkeit zu entscheiden.[299] Arnswaldt konnte und wollte auf diese Bedingungen nicht eingehen.[300] Nach seiner Vorstellung sollten die Kinder in der Lehre beider Konfessionen unterwiesen werden.[301] Diese mit der Mischehe zusammenhängenden Fragen spitzten sich so zu, daß eine Aussprache mit Werner nicht zu umgehen war.[302] Dabei war Arns-

---

Wesens schien mir als gäb sie mir das Liebste was sie hätte, und ich wußte nicht ob ich es nehmen sollte und dürfte, ich hab sie wohl nie recht begriffen in ihrer Reinen Freundschaft zu Dir".
Brf. orig. A. v. A. an A. v. H. 2.8.1830 StB Berlin: „Wie Du mir über Ludowine schreibst, liebste Anna, darf ich mindestens bekennen daß *ich* sie *so* nie gesehen ...".
Am 2.8.1830 berichtet Anna Arnswaldt, daß ihre Schwester Sophie und ihre Schwägerin Betty um Ludowines Verstand bangten. Brf. orig. A. v. H. an A. v. A. 2.8.1830 StB Berlin.

294 Brf. orig. A. v. H. an A. v. A. 17.7.1830 StB Berlin.
295 Brf. orig. A. v. A. an A. v. H. 21.7.1830 StB Berlin.
296 A. v. A. an A. v. H. 2.8.1830: „Wüßtest Du nur wie ruhig und fast durchaus heiter, wie voll allgemeiner Theilnahme und voll Unbefangenheit in der letzten Zeit alle ihre Briefe an mich waren".
Brf. orig. A. v. H. an A. v. A. 11.8.1830 StB Berlin.: „Als ich nach B. kam war sie [Ludowine] in Hinneburg kam aber den Sonnabendabend herüber; — wir hatten eine ernste Unterredung ..."
297 Brf. orig. L. v. H. an L. v. A. 5.9.1830 StB Berlin: „Ich theile so ganz Deine Ansicht und Freude, daß schon jetzt diese Verbindung auf August wie auf Anna den erfreulichsten Einfluß auf ihr ganzes Sein und Leben hat u daß wir mit ihnen so fest die Ueberzeugung in uns tragen, daß sie ganz für einander geschaffen, u beide hiedurch fester dem Himmel angehören werden". —
298 Schulte-Kemminghausen, K.: Annette von Droste-Hülshoff. Westfälische Kunsthefte. H. 8. Dortmund 1939, S. 17.
299 A. v. H. an A. v. A. 17.7.1830.
300 A. v. A. an A. v. H. 21.7.1830.
301 Brf. orig. A. v. H. an A. v. A. 24.7.1830 StB Berlin.
302 Brf. orig. A. v. A. an A. v. H. 5.8.1830 StB Berlin.

waldt fest entschlossen, auf seinem Standpunkt zu beharren, selbst wenn er auf Anna verzichten müßte.[303] Er fuhr Anfang August nach Bökendorf, um Werner sein Glaubensbekenntnis vorzutragen[304] und ihm damit zu sagen, warum er Protestant sei und bleibe.[305] Arnswaldt gelang es, Werner vom Ernst seines Glaubens zu überzeugen. Dieser gewann den Eindruck, daß Arnswaldts „Bekenntnis alle für das Heil des einzelnen notwendigen Lehren der katholischen Kirche enthalte".[306] Sie kamen überein, daß die Verschiedenheiten nicht gegeneinander ausgespielt, sondern für beide Seiten fördernd werden sollten.[307] Das bezog sich nun auch auf die konfessionelle Erziehung der Kinder. Man kam zu dem Kompromiß, daß die Söhne evangelisch, die Töchter katholisch getauft und unterrichtet werden sollten.[308]

Auf Wunsch Annas hielt Herdemerten — Annas Beichtvater — die Trauung in der Kirche zu Bökendorf.[309] Dabei waren für Anna weniger die konfessionellen Fragen, sondern mehr persönliche Momente ausschlaggebend.[310] Gleich in einem der ersten Brautbriefe schrieb sie, daß ein guter Protestant Gott näher sei als ein schlechter Katholik.[311] Die Frage der Konfessionszugehörigkeit der Kinder hätte sie am liebsten umgangen.[312] Auch hielt sie es nicht für möglich, daß die Religion, die nach ihrer Meinung sie „nur inniger" mit Arnswaldt verbinde, Anlaß zur Trennung werden könne.[313] Dabei war Anna durchaus eine „gute Katholikin", die sich streng an die Bußauflagen ihres Beichtvaters hielt. Als sie einmal in einer Beichte fünf Kapitel aus den Sendschreiben „aufbekam", bittet sie Arnswaldt, täglich mit ihr ein Kapitel zu lesen.[314] Diese Bitte wurde der äußere Anlaß, daß sie sich entschlossen, auch weiter täglich dieselben Kapitel aus der Bibel zu lesen.[315] Arnswaldt hatte ihr kurz zuvor ein NT geschickt.[316] Er entfaltet ihr nun auch seine Vorstellungen vom Glauben und von einer christlichen Lebensführung: „Religion" — so schreibt er einmal — „ist nicht bloß eine Sache der Empfindung, sondern auch der Erkenntniß und beides will fort-

---

303 A. v. A. an A. v. H. 5.8.1830 , 11.8.1830.
304 A. v. A. an A. v. H. 5.8.1830.
305 Brf. orig. A. v. A. an A. v. H. 9.8.1830 StB Berlin.
306 Ebd. Es ist anzunehmen, daß Werner zu dieser Überzeugung nur kommen konnte aufgrund seiner religiösen Erziehung im Hause der Stolbergs in Münster. Vgl. Brf. orig. L. v. H. an L. v. A. 5.1.1829 StB Berlin.
307 A. v. A. an A. v. H. 11.8.1830.
308 A. v. A. an A. v. H. 21.7.1830.
309 Zu Herdemerten vgl. Grauheer, A. v. H. und Annette, S. 15.
310 Herdemerten war Annas Beichtvater und die Kirche in Bökendorf wurde von ihrer Mutter erbaut. Vgl. Brf. orig. A. v. H. an A. v. A. 4.8.1830 StB Berlin.
311 A. v. H. an A. v. A. 17.7.1830.
312 Brf. orig. A. v. H. an A. v. A. 22.7.1830 StB Berlin.
313 Brf. orig. A. v. H. an A. v. A. 8.8.1830 StB Berlin.
314 Brf. orig. A. v. H. an A. v. A. 23.9.1830 StB Berlin.
315 Brf. orig. A. v. H. an A. v. A. 25.9.1830 StB Berlin, Brfe. orig. A. v. A. an A. v. H. 26.9.1830, 29.9.1830, 6.10.1830 StB Berlin.
316 Brf. orig. A. v. A. an A. v. H. 20.9.1830 StB Berlin.

während geübt seyn, wenn auch in verschiedenem Maaße".[317] Für ihn bewährt sich der Glaube in seinem Verhältnis gegenüber der Gesellschaft, in der er leben muß. Auch von seiner Braut erwartet er bei allen gesellschaftlichen Verpflichtungen innere Distanz. „Du weißt wohl daß es sich nicht bloß darum handelt aus Gesellschaften weg zubleiben sondern Dich gegen sie anders zu verhalten als die meisten Andern – ... äußerlich darin zu seyn, und doch mit *ganzem* Herzen draußen, damit nie das ein Stück Deines Lebens werde, was es nicht werth ist – ..."[318]

Arnswaldts Vater gefiel seine Schwiegertochter von Anfang an.[319] Er zeigte auch großes Verständnis für seinen Sohn und befürwortete zweimal einen Sonderurlaub für Reisen zu Anna nach Kassel.[320]

Für Arnswaldt selbst war seine Verbindung mit Anna eine große Hilfe im Kampf gegen „seine Neigung zur Melancholie".[321] Seine Schwester Luise erkannte dies schon bald und schreibt an Ludowine, daß die Liebe ihres Bruders zu Anna einen „günstigen Einfluß auf sein ganzes Seyn und Stimmung" habe.[322] Auch in Arnswaldts Bekanntenkreis fällt seine größere Ausgeglichenheit auf.[323] Er selbst schreibt über sein Leben: „Wie ganz anders kommt mir alles um mich her, die Welt und die Fügung meines Lebens vor, seit ich Dich habe als früherhin. O Du geliebtes Mädchen was hat mir Gott schon in Dir geschenkt, wozu hat er Dich noch für mich bestimmt".[324]

In Anna hatte Arnswaldt ein Mädchen gefunden, das ihn mit ihrer unreflektierten und spontanen Zuwendung zum Leben ansteckte. Zugleich sieht er in ihr den Menschen, mit dem zusammen er die „Nachfolge" verwirklichen soll. „Wollen wir nicht Christo nachfolgen, Anne? es geht wenigstens für uns beide gewiß leichter zu zwei als allein".[325]

Als Arnswaldt am 20.11.1830 Anna von Haxthausen heiratete, liegt bereits ein zwölfjähriges Suchen nach seinem Weg der Nachfolge hinter ihm.

---

317  A. v. A. an A. v. H. 11.8.1830.
318  Brf. orig. A. v. A. an A. v. H. 2.10.1830 StB Berlin. Dies Abwägen von „Empfindung" und „Erkenntniß" in Fragen des Glaubens und im Zusammenhang damit die differenzierte Stellung zum gesellschaftlichen Leben ist das Resultat aus einer langen Entwicklung Arnswaldts, die erst unmittelbar vor seiner Brautwerbung zu einem Abschluß kam. Vgl. Kapitel 2.
319  Brf. orig. L. v. A. an L. v. H. 1.9.1830 StB Berlin. Annas Herkunft aus dem westfälischen Uradel spielte dabei eine nicht ganz geringe Rolle. Vgl. Gothaer Genealogisches Taschenbuch. 12. Jg. 1911, S. 319-327.
320  Brfe. orig. A. v. H. an A. v. A. 22.8.1830, 18.9.1830, 9.10.1830, StB Berlin. Brf. orig. A. v. A. an A. v. H. 29.10.1830 StB Berlin.
321  Brf. orig. A. v. A. an A. v. H. 27.9.1830 StB Berlin.
322  L. v. A. an L. v. H. 1.9.1830.
323  Brf. orig. A. v. A. an A. v. H. 22.9.1830 StB Berlin: „Die Leute finden mich freilich alle sehr heiter, ohne sich darüber zu wundern..."
324  Ebd.
325  A. v. A. an A. v. H. 26.9.1830.

KAPITEL 2

# Arnswaldt als „Erweckter"

## I. Die Erweckungsbewegung in Hannover

Über die Anfänge der hannoverschen Erweckungsbewegung finden sich in der neueren Literatur kaum Hinweise. Man ist bis heute der Meinung, daß es im Königreich Hannover erst in den dreißiger Jahren zu einer „religiösen Erweckungsbewegung" kam,[1] die von Anfang an eine „konfessionelle" war.[2]

Der Grund hierfür kann nur darin liegen, daß im Hannoverschen die Anhänger der Erweckungsbewegung erst nach 1830 mit Schriften und Aufsätzen vor die Öffentlichkeit traten. Ferner gab es in Hannover keine größeren und festeren altpietistischen Gruppen, von denen das neue Leben ausgehen konnte.

1830 starb Georg IV. – König von Hannover und England wurde sein Bruder Wilhelm IV. Als gleich zu Beginn seiner Regierung die politischen Wirren nach der Juli-Revolution in Paris auch auf Hannover übergriffen, kam es zur Einberufung der Ständeversammlung und zum Entwurf eines Staatsgrundgesetzes. Dieses sollte dem Volk größte politische Freiheit geben und das Verhältnis des Staates zur Kirche neu ordnen. Zu dem Thema Staat und Kirche veröffentlichte 1832 neben Ludwig Adolf Petri[3] und dem Juristen August Friedrich Meyer[4] der bis zu diesem Zeitpunkt unbekannte Pastor in Vilsen, Friedrich Köhler, zwei Arbeiten: eine Abhandlung. über die Kirche und die Stände[5] und eine Schrift über die „Wünsche der Landeskirche zu Nutze".[6]

---

1   Henkel, D.: Staat und evangelische Kirche im Königreich Hannover 1815-1833. StKGN 8. Göttingen 1938, S. 39.
2   Beyreuther, E.: Erweckungsbewegung, S. 42. Vgl. auch Beyreuther, E.: Erweckungsbewegung im 19. Jahrhundert. In: RGG 3. Aufl. Bd 2 1958, Sp. 627.
3   Petri, L. A.: Die Bedürfnisse und Wünsche der protestantischen Kirche im Vaterland mit Beziehung auf den Entwurf eines Staats-Grundgesetzes für das Königreich Hannover. Hannover 1832.
4   Meyer, A. F.: Über die Verwaltung und Verfassung der lutherischen Kirche im Königreich Hannover. Zu Meyers Schrift vgl. Henkel, S. 50f. Nach Henkel ist es den Schriften Petris, Meyers und Köhlers (s. u. Anm. 5 u. 6) zu verdanken, daß damals die Kirche gegenüber dem Landesherrn eine gewisse „Eigenständigkeit" bekam und daß der Weg geebnet wurde zu einer evangelischen Kirchenverfassung auf der „presbyterial-synodalen Linie". Ebd. S. 59.
5   Köhler, F.: Die Kirche und die Stände des Königreichs Hannover. Hannover 1832.
6   Köhler, F.: Wünsche der Landeskirche zu Nutze allen denen, die helfen können, vorgelegt. Hannover 1832.

Friedrich Köhler gehört zu den erweckten Pastoren, durch die in Hannover die Erweckungsbewegung entstanden ist. Durch seine Initiative bekam die hannoversche Erweckungsbewegung 1835 eine eigene Zeitschrift,[7] die sich selbst ankündigte als ein Organ, in welchem sich die „Prediger vor den Gebildeten ihrer Gemeinde aussprechen" können.[8] Als Mitherausgeber gewann er den gleichgesinnten Pastor in Scholem, August Lührs.[9] Der "Kirchenfreund" will aber nicht erst eine in den Jahren der Herausgabe entstehende Bewegung schildern, sondern er will rückblickend berichten über den seit einer Generation erwachenden „neuen Lebensgeist auf dem Gebiet der Kirche Christi". Er will Partei ergreifen für ein „biblisches Christenthum", ein Christentum, dessen „Regel und Richtschnur allein die heilige Schrift ist", und er will die „evangelische Wahrheit" so zur Sprache bringen, daß bei allem „Unterscheiden" die „Versöhnenden und vereinigenden Elemente" den „getrennten Partheien" zu einem Einssein verhelfen.[10] Dieses Programm des Kirchenfreundes macht deutlich, daß sich auch in Hannover, wie überall in Deutschland,[11] die Erweckungsbewegung ausbreiten konnte.

Betrachtet man jedoch die Anfänge der Erweckungsbewegung in Hannover, so muß man von einer Sonderentwicklung reden. Anders als in Süd- und Westdeutschland, und auch anders als in Ostfriesland[12] konnte sich hier die Erweckungsbewegung auf keine größeren und festeren altpietistischen Kreise stützen. Die sechzig bis achtzig Jahre von 1675 - 1735 bzw. 1755, die man nach allgemeiner Übereinstimmung als Zeit des Pietismus in der Geschichte der evangelischen Kirche bezeichnet, waren in Hannover eine Epoche des Kampfes gegen den Pietismus. In Lüneburg (1698), Calenberg (1703) und in Hannover (1711, 1734 und 1740) wurden antipietistische Edikte erlassen, die eine größere Ausbreitung des Pietismus in Niedersachsen un-

---

7   Der Kirchenfreund. Sonntagsblätter zur Verständigung über Angelegenheiten der Kirche und zur Förderung christlichen Sinnes und kirchlichen Lebens. Lüneburg 1835-1839.
8   Ankündigung und Einladung zu einer neuen Zeitschrift: Der Kirchenfreund. Lüneburg 1835, S. 4.
9   Zu August Lührs vgl. vor allem den von R. Schmidt ausgewerteten Briefwechsel zwischen L. O. Ehlers und A. Lührs. Schmidt, R.: Der „Mystiker" Friedrich Ludwig Ehlers. Ein Beitrag zur Geschichte der Erweckungsbewegung im 19. Jahrhundert in Niedersachsen. ZGNKG 34/35 1929/30, S. 341-367. Vgl. bes. S. 366.
10  Vgl. Ankündigung, S. 1-3.
11  Zur Verbreitung der Erweckungsbewegung in Deutschland vgl. Kantzenbach, F. W.: Die Erweckungsbewegung. Studien zur Geschichte ihrer Entstehung und ersten Ausbreitung in Deutschland. Neuendettelsau 1957. Nach Kantzenbachs Urteil spielte jedoch die Erweckungsbewegung in Hannover keine Rolle. Ebd. S. 161.
12  Zur Vorgeschichte und Geschichte der Erweckungsbewegung in Ostfriesland vgl. Wotschke, Th.: Pietistisches aus Ostfriesland und Niedersachsen. ZGNKG 36 1931, S. 72-178 und 40 1935, S. 156-223. Vgl. ferner Gensichen, H. W.: Missionsgeschichte der neueren Zeit. Die Kirche in ihrer Geschichte Bd 4 Lf. T. Göttingen 1961, S. 34 und Rothert, W.: Die Innere Mission in Hannover in Verbindung mit der sozialen und provinzialen Volkswohlfahrtspflege. 3. Aufl. Gütersloh 1909, S. 13.

möglich machten.[13] Nur vereinzelte kleine pietistische Gruppen konnten sich bilden und sich zum Teil bis weit in das 19. Jahrhundert hinein halten.[14] Diesen Kreisen blieb aber eine größere Wirkung versagt. Sie sind über ihren familiären Charakter und den Einfluß, den sie auf einzelne ausüben konnten, nicht hinausgekommen. Die Anhänger der Brüdergemeine und anderer kleiner pietistischer Kreise hielten sich bald zu den „gläubigen" Pastoren und zählten zu deren treuesten Predigthörern.

Die Impulse zur Gründung besonderer Erweckungskreise gingen aber nicht von ihnen, sondern von den erweckten Pastoren selbst aus. Petri beschreibt 1844 diese Entwicklung so: „Die Neubelebung des Glaubens ist ... frei und selbstwüchsig aus dem Schoße der Gemeinden entstanden; fast überall sind die Geistlichen zuerst erwacht und haben dann die Weckstimmen an ihr Volk gerichtet".[15] Auf diese Weise entstanden in allen Teilen des Königreichs Hannover kleine Erweckungszentren, in denen man sich um die Bibel versammelte und sich einsetzte für die Verbreitung der Bibel und der nun überall in großen Auflagen gedruckten Traktate. Hier pflegte man auch den „Missionssinn" und suchte ein tätiges Christentum der Liebe und der Gemeinschaft zu leben.

### 1. Die Hannoversche Bibelgesellschaft

Die Gründung der Hannoverschen Bibelgesellschaft 1814 hängt nicht unmittelbar mit der Geschichte der Erweckungsbewegung in Hannover zusammen. Doch waren es auch hier die Erweckten, die sich am meisten für die Verbreitung der Bibel einsetzten, die Gesellschaft finanziell unterstützten und in späteren Jahren einen großen Teil der Verantwortung übernahmen.

Die Anregung zur Gründung kam aus dem seit 1714 mit Hannover in Personalunion verbundenen England. Von der 1804 in London konstituierten British and Foreign Bible Society, die in enger Verbindung mit der London Mission Society stand, wurden überall „Agenturen" eingerichtet.[16] Zur Vorgeschichte der Hannoverschen Bibelge-

---

13 Vgl. Ruprecht, R.: Der Pietismus des 18. Jahrhunderts in den Hannoverschen Stammländern. StKGN 1. Göttingen 1919, S. 18-22, 78-80 u. 96-101.
14 Neben Wotschke vgl. Jacobs, E.: Joh. Liborius Zimmermann und die pietistische Bewegung in Wernigerode. Zeitschrift des Harzvereins für Geschichte 31 1898, S. 121ff; Beste, J.: Der Pietismus in der Braunschweigischen Landeskirche. ZGNKG 27 1922, S. 1-13 und Kayser, K.: Hannoversche Enthusiasten des siebzehnten Jahrhunderts. ZGNKG 10 1905, S. 1-72. Zu der Arbeit der Herrnhuter Brüdergemeine im Königreich Hannover vgl. Haccius, G.: Hannoversche Missionsgeschichte. 2. Aufl. Hermannsburg 1909 Bd 1, S. 109-123.
15 Vgl. Zeitschrift für Protestantismus und Kirche. NF Bd 7 Erlangen 1844, S. 241-254 („Korrespondenz aus Hannover").
16 Bis zum Jahre 1820 gab es in Europa 53, in Asien 4 und in Nordamerika 2 Bibelgesellschaften, die in etwa 20 Jahren über 10 Millionen Bibeln verbreiteten. Vgl. Bibelverbreitung. Der Kirchenfreund Nr. 8 1835, S. 121-127.

sellschaft gehört es, daß die Muttergesellschaft in London nach Hannover und Göttingen je 500 Bibeln schickte. Außerdem überbrachte der „Agent" Robert Pinkerton ein Geschenk von 500 Pfund Sterling „zur Gründung einer religiösen Wohltätigkeitsanstalt für die Hannoverschen Staaten."[17] Pinkerton war auch der Hauptreferent der konstituierenden Versammlung der hannoverschen Bibelgesellschaft. Zum Vorstand derselben gehörten von Anfang an Minister, Konsistorialräte und Pastoren, und es war bald eine Prestigefrage, Mitglied einer der nun auch in Osnabrück, Aurich, Göttingen, Celle, Stade und Hildesheim entstandenen Bibelgesellschaften zu sein. Bis 1817 wurden allein im hannoverschen Raum über 13 000 Bibeln verteilt. Finanziert wurde das Unternehmen neben den jährlichen englischen Unterstützungen und der offiziellen Kollekte des Reformationsfestes durch die regelmäßigen Beiträge und außergewöhnlichen Stiftungen der Mitglieder.[18] Zum Letzteren riefen auch die vom Komitee herausgegebenen Jahresberichte auf.[19] Vornehmstes Ziel der Bibelgesellschaft war die Verwirklichung des Wunsches Georg III.: „daß doch jedes arme Kind in seinem Reiche in seiner eigenen Bibel möge lesen können".[20]

Die Bibelgesellschaften mußten sich schon früh gegen die Vorwürfe „Schwärmerei, Aberglaube und falschen Mystizismus" verteidigen. Derartige Schimpfworte wies man zurück und rechtfertigte sich mit dem Hinweis, daß sich dahinter nur eine Ablehnung des „wahren Glaubenseifers" verberge.[21] Ein solcher sollte aber gerade durch eigenes Bibelstudium bewirkt werden.[22]

Durch die Gründung einer Traktatgesellschaft 1818 versuchte man dem Vorwurf der Sektiererei zu begegnen. Da aber alle hier verlegten Traktate vornehmlich dogmatisch waren, fehlte es ihnen an Lebendigkeit und Unbefangenheit, wodurch ihre Wirkung sehr gering blieb.[23] Die Traktate aus Elberfeld-Barmen, aus Berlin, aus Hamburg und aus Bremen fanden dagegen im hannoverschen Raum viel Anklang.

---

17 Haccius, Bd 1, S. 135. Vgl. auch Marquardt, W.: Zum fleißigen und zweckmäßigen Gebrauche des heiligen Buches zu ermuntern. Aus der Geschichte der Göttinger Bibelgesellschaft. JGNKG 65 1967, S. 236ff.
18 Haccius Bd 1, S. 137.
  Arnswaldt bestimmte z. B. den eventuellen Gewinn aus seiner Veröffentlichung über das Abendmahl für die Bibelgesellschaft. Vgl. Brf. orig. Perthes an A. v. A. 14.5.1834 StB Berlin.
19 An die Freunde und Beförderer der Bibelgesellschaft für das Königreich Hannover (Bericht über das Jahr 1833). Vierteljährliche Nachrichten von Kirchen- und Schulsachen. 1834, S. 11f.
20 Haccius Bd 1, S. 135.
21 An die Freunde und Beförderer der Bibelgesellschaft für das Königreich Hannover (Bericht über das Jahr 1834). HM 1835 Nr. 30, S. 237. Die Parole: die Bibel in jedermanns Hand verteidigt man gegen die Einwände, daß nicht jeder die notwendigen Vorkenntnisse habe und auch vieles in der Bibel nicht verstehen könne. Ebd. S. 233-236.
22 Lührs, A.: Die Hannoversche Bibelgesellschaft. Der Kirchenfreund 1836 H. 9, S. 192.
23 Vgl. Haccius, Bd 1, S. 146f. In Arnswaldts Nachlaß fand sich unter den Stapeln von Traktaten nur ein Traktat der Hannoverschen Gesellschaft.

## 2. Die Verbreitung der Traktate

Ebenfalls durch Pinkerton kam es 1814 in Wuppertal zur Gründung der dortigen Traktatgesellschaft und in Berlin zur Konstituierung des „Hauptvereins für christliche Erbauungsschriften". Der Jahresbericht, der seit 1799 in London bestehenden Religious Tract Society von 1820 veranlaßte den Hamburger reformierten Pastor Merle d' Aubigné und Claus Harms zur Gründung der „Niedersächsischen Gesellschaft zur Verbreitung christlicher Erbauungsschriften". Auch in Bremen entstand 1821 ein Verein zur Verbreitung kleiner christlicher Schriften.[24] Der Inhalt der Traktate sollte genau wie der der englischen Gesellschaft „lautere Wahrheit sein, die aus der heiligen Quelle des N. T. — von keinem Irrthume befleckt — von keinem menschlichen Systeme getrübt — rein und klar, wie ein Krystall, durch alle Schriften hindurchfließen soll".[25]

Sichtbaren Einfluß gewannen besonders die Wuppertaler Traktate in der Hamelner Gegend, wo die Pastoren Seebold, Lüpke, Wachsmuth und Oeltzen das „erweckliche Gut" in ihre Gemeinden brachten.[26] Vor allem war es jedoch Spitta in Hameln, der neben seinen Predigten durch sein kleines Traktatunternehmen das erweckliche Leben anregte. Er begann zunächst, im Gefängnis Traktate durch alle Abteilungen in Umlauf zu setzen. Als ihm einmal August von Arnswaldt eine größere Anzahl Traktate schickte, gab er einige seinem Garnisonsküster und verteilte die übrigen unter verschiedene Lehrer im Kreis Hameln. Diese wiederum machten es sich zur Aufgabe, die Kinder anzuleiten, in den Pausen daraus zu lesen.[27]

Auch das Barmer Missionsblatt hatte im Königreich Hannover eine große Anzahl Abonnenten. Es wurde vornehmlich in Osnabrück, in den Pfarrhäusern im Wesertal und in Ostfriesland gelesen. Berücksichtigt man, daß es damals nur wenige Tageszeitungen gab, so kann man eher beurteilen, welchen Einfluß ein Missionsblatt gewinnen konnte.[28] Bereits im Jahr nach seinem Erscheinen wurde das Blatt in 12 000 Exemplaren gedruckt und erhielt in den folgenden Jahren eine immer höhere Auflage.[29]

Arnswaldt beteiligte sich direkt an der Verbreitung des Blattes. Er verschickte z. B. an Lührs[30] und an Staats[31] regelmäßig mehrere Exemplare.

---

24 Vgl. Berg.: Traktatgesellschaften. In: RE 1. Aufl. Bd 16 1862, S. 273, 277.
25 Köhler, F.: Die Traktatgesellschaften. Der Kirchenfreund 1835 H. 9, S. 137.
26 Rothert, Innere Mission, S. 17f.
27 Brf. orig. Ph. Spitta an A. v. A. Juni 1831 KlB Loccum.
28 Rothert, Innere Mission, S. 17. Zur weiten Verbreitung des Barmer Missionsblattes vgl. auch: Der zweite Jahresbericht des Hannoverschen Missionsvereins. Der Kirchenfreund. 1836 H. 12, S. 406.
29 Rohden, L. v.: Geschichte der Rheinischen Missionsgesellschaft. 3. Ausgabe, Barmen 1888, S. 10.
30 Brfe. orig. Lührs an A. v. A. 3.5.1840, 4.1.1841, 14.12.1841 KlB Loccum.
31 Brfe. orig. Staats an A. v. A. 1.3.1841, 27.2.1843 KlB Loccum.

## 3. Die Missionsvereine

Interesse und Engagement für die äußere Mission war in den dreißger Jahren in zunehmendem Maße in den erweckten Kreisen in Lehe, Stade, Zeven, Verden und Hoya[32] zu beobachten. 1832 wurde in Stade der erste Missions- und in Lehe der erste Hilfsverein gegründet. Der Missionsgedanke muß in den Gemeinden schon lange lebendig gewesen sein, sonst hätte nicht innerhalb eines Jahres allein der Leher Hilfsverein 182 Mitglieder zählen können.[33] In den folgenden Jahren bemühte man sich, die in Hannover der Missionssache immer noch entgegengebrachten Ressentiments abzubauen.[34] Der Initiative erweckter Pastoren und Laien ist es zu verdanken, daß auch im Hannoverschen in kurzer Zeit überall Missions- und Hilfsvereine entstanden.[35]

Sechzehn Geistliche und zehn Laien unterschrieben die Statuten des Missionsvereins der Stadt Hannover. Unter den Laien war August von Arnswaldt. Er arbeitete von Anfang an aktiv mit. 1839 schickte der Kanzleidirektor Meyer die Beiträge des Osnabrücker Vereins direkt an Arnswaldt.[36] Auch war er den einzelnen Missionaren nicht unbekannt und begegnete diesen mit viel Verständnis und persönlicher Hilfe.[37]

Überhaupt waren die Missions- und Hilfsvereine, zumindest in den ersten Jahren, für die Erweckten eine Gelegenheit, sich kennenzulernen. Sie waren kleine Erweckungszentren, in denen die Mitglieder neben ihrem missionarischen Einsatz sich gegenseitig helfen wollten, ihr eigenes Leben nach den erwecklichen Grundsätzen auszurichten.[38] Die Kreise verstanden sich zwar von Anfang an als ein Teil der Kirche,[39] waren aber in keiner Weise von einer „konfessionell geprägten Kirche" bestimmt.[40]

---

32    Rothert, Innere Mission, S. 13f.
33    Müller: Missionsthätigkeit in Hannover. Der Kirchenfreund 1836 H. 7, S. 30.
34    Knauer: Missions-Vereine im Hannoverschen. Vierteljährliche Nachrichten von Kirchen- und Schulsachen 1832, S. 165-177. Bödeker, H. W.: Das Missionswesen im Königreich Hannover. HM 1833 Nr. 20, S. 156-160.
    Auch ein Wort zum *Missionswesen.* HM 1833 Nr. 51, 52, S. 401-410.
    Über den Werth der *Missionsvereine.* HM 1836 Nr. 54, 55, S. 427-438.
    Wachsmuth: Noch einige Worte über den Nutzen der Mission und Missionsvereine. HM 1838 Nr. 84, S. 671, 672.
35    Zur Geschichte der Missionsvereine in Hannover vgl. Müller, Missionsthätigkeit, S. 28-54. Haccius, Bd 1, S. 165-336.
    Holze, H.: Kirche und Mission bei Ludwig Adolf Petri. Ein Beitrag zum Missionsgespräch des 19. Jahrhunderts. StKGN 17. Göttingen 1966, S. 22-24.
36    Brf. orig. Meyer an A. v. A. 22.3.1839 KlB Loccum.
37    Brf. orig. Cordes an A. v. A. 16.4.1840 KlB Loccum.
38    Über den Werth der Missionsvereine, S. 436.
39    Vgl. hierzu bes. Aagaard, J.: Mission und Konfession. Bd 2 Lund 1967, S. 526ff., 563. Zur Bedeutung Arnswaldts vgl. ebd. S. 529f. Vgl. ferner Hugues: Andeutungen und Wünsche in Beziehung auf die Thätigkeit der Missionsvereine, besonders im Königreich Hannover. Der Kirchenfreund 1836 H. 7, S. 54-59.
40    Holze, S. 25.

## 4. Die Anfänge der Inneren Mission

Neben dem Einsatz für die Äußere Mission wurde gerade von den Erweckten die Not in ihrer nächsten Umgebung nicht übersehen. Nach dem Vorbild des weiblichen Vereins für Armen- und Krankenpflege der Amalie Sieveking entstanden in Celle, Lüneburg, Göttingen und Hildesheim ähnliche Zusammenschlüsse. Auch Wicherns „Rettungs- und Brüderanstalt des Rauhen Hauses" sowie seine Pläne für die Reform des Gefängniswesens fanden im Hannoverschen Zustimmung und Nachahmung. Noch lange bevor es nach heftigen theologischen und kirchenpolitischen Kämpfen gelang, organisierte Vereine zu gründen, die das Ziel hatten, sich der Armen und Verkommenen anzunehmen, sahen die Erweckten hier Aufgabe und Verpflichtung.[41]

August von Arnswaldt z. B. stellte viel Geld zur Verfügung.[42] Er hörte von Wichern, noch bevor dieser mit dem Studium begann,[43] und unterstützte bereits 1825 die Rettungsgestalt des Grafen von Recke in Oberdyck und Düsselthal.[44] Auch kümmerte er sich persönlich um die Menschen im Werkhaus in Celle[45] und zeigte viel Interesse für den Einsatz Viktor Aimé Hubers auf sozialem Gebiet.[46] Jahrelang unterstützte er das private Erziehungsunternehmen des Pastor Wolkenhaar in Drakenburg[47] und versagte seine finanzielle Unterstützung auch Fliedner nicht.[48]

So verbreitete sich die Erweckungsbewegung in allen ihren Lebensäußerungen schon früh im hannoverschen Raum. Durch Jahre hindurch kam es durch verschiedene Anstöße immer wieder zu kleineren „Aufbrüchen". Diese gingen oft von den Pastoren aus oder wurden zumindest von ihnen gefördert bzw. aufgefangen. Dabei fällt es auf, daß es keine Äußerung dieser Bewegung gab, an der Arnswaldt nicht in irgendeiner Weise teilhatte.

Mit Hilfe seines Nachlasses ist es möglich, konkretere Aussagen über die Erweckungsbewegung in Hannover zu machen.

Schon 1818 traf Arnswaldt auf die Erweckten. Über zehn Jahre seines Lebens wurden fast ausschließlich von immer neuen Begegnungen mit dem Leben und der Theologie dieser Bewegung geprägt.

---

41 Rothert, Innere Mission, S. 15f.
 Der „Evangelische Verein in Hannover" wurde erst 1865 gegründet. Zu seiner Geschichte und den theologischen Grundlagen des Vereins vgl. Krumwiede H. W.: Die Gründung der Inneren Mission in Hannover. Geschichte und theologische Grundlagen. JGNKG 63 1965, S. 213-235.
42 S. unten S. unten S. 106–110, bes. 109.
43 Brfe. orig. Hudtwalker an A. v. A. 20.8.1828, 18.7.1829 KlB Loccum.
44 Brf. orig. Ph. Spitta an A. v. A. 25.10.1826 KlB Loccum.
45 Brf. orig. Münchmeyer an A. v. A. 1835 (? ) KlB Loccum.
46 Brf. orig. Huber, V. A. an A. v. A. 6.2.1836 KlB Loccum.
47 18 Brfe. orig. Wolkenhaar an A. v. A. von 1843-1853 KlB Loccum.
48 Brf. orig. Fliedner, Th. an A. v. A. 29.1.1852 KlB Loccum.

Die folgenden biographischen Notizen lassen die übergreifenden Zusammenhänge nicht aus dem Auge und gehen nur so weit auf Einzelheiten des persönlichen Lebens Arnswaldts ein, als diese typische Momente der Erweckungsbewegung beispielhaft deutlich machen.

## II. Arnswaldts Begegnungen mit der Erweckungsbewegung

### 1. Die „religiös Erfahrenen" (1818)

Die die Union betreffenden Rezensionen Arnswaldts in der Wünschelruthe[49] gehörten durchaus zur Auseinandersetzung mit den Zeitfragen. Sie waren von allgemeinem Interesse und reizten zu intellektueller Diskussion. Ein persönliches Betroffensein war hier nicht Voraussetzung. Nicht zuletzt deshalb kann auch kein unmittelbarer Zusammenhang festgestellt werden zwischen Arnswaldts erstem theologischen Arbeiten und seinen Erfahrungen bald darauf im Sommer 1818.[50]

Über diese Phase in Arnswaldts Leben liegt sowohl ein direkter als auch ein indirekter Bericht vor. Dennoch ist es nicht mehr genau festzustellen, wie es zu dieser „Periode religiösen Druckes"[51] kam. Der indirekte Bericht Umbreits ist erst nach nahezu vier Jahrzehnten niedergeschrieben. Dazu kommt, daß, wie Umbreit es selbst sagt, er seinen Freund in jener Zeit nicht verstehen konnte.[52] Arnswaldts eigene Stellungnahme aber ist selbst eine grundsätzliche Abkehr von dem Erfahrenen, wobei er jedoch daran festhält, daß das Erleben 1818 „der Wendepunkt seines Lebens"[53] war. Er schreibt davon: Es war „der erste Moment, wo meine Seele die Augen aufschlug aus dem dumpfen Traum, der sie meine erste Jugend hindurch befangen hielt; der Moment durch den ich so geworden bin wie Du mich gefunden. Ich habe nur das Bittere jener Ansicht empfunden, weil sie für mich nicht paßte. Ich habe auch seitdem nicht aufgehört, die Mystiker zu ehren und in ihrer Art anzuerkennen; aber ich halte es für ein Unrecht oder wenn Du willst für eine menschliche Schwäche, wovon

---

49   Arnswaldt, A. v.: Rezensionen, S. 92 u. 188.
50   Mejer, O.: D. K. K. Münkels nachgelassene Schriften nebst einem Lebensbilde des Entschlafenen. Hg. von D. Max Frommel. Linden/Hannover 1889, S. 13. Diese Zeitangabe Mejers ist gegenüber der Angabe Umbreits „Frühjahr 1818" (Umbreit, Erinnerungen, S. 25) die richtigere. Umbreits Zeitangabe ist schon deshalb unmöglich, weil Arnswaldt vom Januar bis Juli 1818 vornehmlich an seinen Artikeln für die Wünschelruthe arbeitete. Nach Umbreit und nach Mejer aber wandte sich Arnswaldt in der Zeit, in der er „unter den niederschmetternden Empfindungen des göttlichen Zornes stand" (Mejer, S. 13), von allen „romantischen" Arbeiten ab. (Umbreit, Erinnerungen, S. 20.)
51   Mejer, S. 13.
52   Umbreit, Erinnerungen, S. 26.
53   A. v. A. an L. v. H. 24.2.1823.

sie so wenig frei sind wie andere daß sie ihren Weg der für gewisse Naturen gewiß der Richtige ist für den einzig wahren halten und alle Menschen darauf zwingen wollen".[54] Arnswaldt hatte nun die „Mystiker" kennengelernt. Während er sie noch in seinem Aufsatz in der Wünschelruthe ablehnte,[55] urteilt er jetzt anders: er achtet ihre Lebensweise, sieht jedoch, daß sie „seiner Natur"[56] nicht angemessen ist. Seine eigenen Versuche, ein „praktischer Mystiker"[57] zu werden, scheitern. Umbreit schildert ihn in jener Zeit als einen, der sich ausschließlich „unter dem Zorn Gottes", „gequält von Gewissensangst" und „dem verzehrendsten Sündengefühl" erfuhr,[58] und beschreibt mit diesen Termini nichts anderes als den typisch pietistischen Bußkampf. Dieser zielte darauf, den Menschen bewußt durch schwere innere Kämpfe und Verzweiflungen hindurch zur endlichen Erfahrung des Heils zu führen. Das Heil wurde dann erlebt als ein Überschüttet- und Versiegeltwerden „mit überschwänglicher Seligkeit im Glauben".[59] Dies letztere war auch Arnswaldts großes Ziel, und er suchte den Weg dazu in den Lebensläufen erweckter Christen. Umbreit berichtet, daß solche Lektüre damals seine einzige Beschäftigung war.[60] Vornehmlich las er die Sammlungen Johann Arnold Kannes.

Kanne selbst fand nach langen Bußkämpfen 1813 zu einem neuen Leben. Er erreichte sein Ziel dadurch, daß er die Forderung: nur einem Herrn zu dienen[61] so wörtlich nahm, daß er jegliche andere Beschäftigung verwarf. Er brach selbst sein begonnenes wissenschaftliches Werk ab und verbrannte die Manuskripte.[62] Unter diesen Gesichtspunkten wählte er seine Beispielerzählungen aus, die Arnswaldt damals förmlich verschlang. In einer dieser Erzählungen heißt es in einem Gebet: „Du jagst mich erst ins Gefühl meiner leiblichen und geistlichen Noth und ins Gebet, um mir dann erst die Hülfe zu senden, die schon bereit war, ehe ich bat".[63] Es ist anzunehmen, daß Arnswaldt auch Kannes eigene Lebensgeschichte kannte. Er eiferte ihm nicht nur darin nach, daß er alle seine Lieblingsbeschäftigungen aufgab, sondern er wollte wiederholt Kanne in Erlangen persönlich aufsuchen.[64] Zu dieser Reise kam es jedoch nicht. Es ist auch nicht zu belegen, daß er damals Umgang mit anderen „Mystikern" hatte.

Der fehlende persönliche Kontakt und das Bemühen seiner Freunde, sein Interesse

---

54 Ebd.
55 Arnswaldt, A. v.: Rezensionen, S. 92 u. 188. Vgl. bes. das Zitat Anm. 178.
56 A. v. A. an L. v. H. 24.2.1823.
57 Ebd.
58 Umbreit, Erinnerungen, S. 25.
59 Münkel, K. K.: Karl Johann Philipp Spitta. Ein Lebensbild, Leipzig 1861, S. 38f.
60 Umbreit, Erinnerungen, S. 24.
61 Vgl. Mt. 6, 24.
62 Schubert, G. H.: Der Erwerb aus einem vergangenen und die Erwartungen von einem zukünftigen Leben. Eine Selbstbiographie. Bd 2 Erlangen 1855, S. 502-506.
63 Zitiert nach Büchner, W.: Der Feierabend. Eine Auswahl christlicher Erzählungen und Biographien. Stuttgart 1837, S. 20.
64 Umbreit, Erinnerungen, S. 26.

wieder auf Literatur und Kunst zurückzulenken, führte dazu, daß er von seinen Bußkämpfen Abstand nehmen konnte.[65] Später rechtfertigte er seine vorläufige Abkehr
damit, daß „er einem ganz anderen Kreis des Lebens angehörte".[66] Als extremes Beispiel führt er den Außenseiter Gichtel an.[67] Auch Augustinus und Paulus lehnt er für
sich als zu radikal ab, fügt jedoch einschränkend hinzu, daß Paulus offenbar nicht daran dachte, „den Erdkreis nach sich zu modeln".[68] Er selbst will — wie er an Ludowine schreibt — als „heiterer einfacher Mensch" seinem „Herrn nachwandeln".[69]
Er befürchtet, daß ein erneutes sich Einlassen mit den „praktischen Mystikern" ihn in
den Bann enthusiastischer Schwärmerei und Weltabgeschiedenheit ziehen würde.[70]
„Um dem Himmelreich Gewalt anzutun"[71] — so meinte er — könne man von ihm
verlangen, auf alles Schöne dieser Welt, „auf das beste . . . das er auf Erden hat", seine Freundschaft mit Ludowine, zu verzichten.[72] Arnswaldt hatte in diesem Brief
die Erweckten in seiner Umgebung und den Druck, den diese auf die Neubekehrten
ausübten, richtig eingeschätzt. Zwei Jahre nach diesem Schreiben trennte er sich „um
des Himmelreichs willen" von Ludowine und nahm erst, nachdem er in Rom 1828/
29 zu einem eigenen Frömmigkeitsstil gefunden hatte, die Verbindung mit den Haxthausens wieder auf.

## 2. Die erneuten Bußkämpfe (1824/25)

Am 2.6.1824 berichtet Victor Aimé Huber seiner Mutter über einen Besuch Arnswaldts: „Die letzten Wochen hat mich Arnswaldt aus Hannover etwas gestört im Arbeiten, er steckt bis über die Ohren im Pietismus und neuen Licht. Ich habe nichts
dagegen, da es ihm wirklich ernst ist, — wir haben beträchtlich disputirt, sehr gegen
meine Ansicht, — allein man kann jetzt mit ihm nichts anderes sprechen. Ich werfe
ihm nur vor, daß er meinem Wege nicht eben so viel Gerechtigkeit widerfahren läßt,
als dem seinigen . . ."[73] Ein solches Urteil über Arnswaldt ist überraschend, denn
nach diesen Darlegungen ist er ein „Mystiker" bis hin zur Intoleranz, die ihn früher
besonders abgestoßen hatte.[74] Er war „verändert" und weiß sogar den Tag dieser
Veränderung, den er zwar nicht nennt, aber ausführlich beschreibt. Es war ein Tag,
an dem er dazu getrieben wurde, 35 Kapitel aus der Bibel zu lesen. Unter welchem

---

65 Ebd. S. 26f.
66 A. v. A. an L. v. H. 24.2.1823.
67 Zu Gichtel vgl. Kanne, J. A.: Leben und aus dem Leben merkwürdiger und erweckter
  Christen aus der protestantischen Kirche, Bd 2 1817, S. 1-168.
68 A. v. A. an L. v. H. 24.2.1823.
69 Ebd.
70 Ebd.
71 Vgl. Mt. 11,12.
72 A. v. A. an L. v. H. 24.2.1823.
73 Brf. Huber, V. A. an Huber, Th. 2.6.1824, abgedruckt bei Elvers, R., S. 250f.
74 A. v. A. an L. v. H. 24.2.1823.

Aspekt er die Kapitel des Galater-, Epheser-, Philipper-, den 1. Petrus- und 1. Johannesbrief las, wird deutlich, wenn man berücksichtigt, daß er davor das Lied: „Ach nach Deiner Gnade schmachtet"[75] so lange durchmeditierte, bis er es halb auswendig konnte.[76] Rückblickend zählt er diesen Tag zu den „merkwürdigsten Augenblicken" seines Lebens.[77]

75  In diesem Lied heißt es:
Ach nach deiner Gnade schmachtet,
Dürstet Gott, mein banges Herz!
Vater! siehst du, wie es schmachtet?
Seine Thränen, seinen Schmerz?
Ist er dann, du Quell des Lebens!
Ist mein Durst nach dir vergebens?
Wo ist deiner Güte Spur?
Einen Tropfen will ich nur.

Vater! Vater ach nur Einen
Tropfen deines Trostes nur,
Thränen nur, dich anzuweinen,
Kraft zum Schmachten, Vater! nur.
Kraft und Feuer zum Verlangen
Glauben nur, dich zu umfangen!
Kraft nur dunkel fortzuflehn,
Muth nur, nur nicht still zu stehn! . . . . .

Was? du Gott der Wahrheit solltest
Mich zu deinen Füßen sehn?
Meine Thränen sehn, und wolltest
Ungerührt vorüber gehn!
Einen tief betrübten Armen
Sünder, stumm und ohn Erbarmen
Sehn, wie sein zermalmt Gebein
Nicht mit deinem Trost erfreun? . . . . .

Kämpfen will ich, bis zum Siege
Schenk dem müden Kämpfer Kraft,
Kraft, wenn ich ohnmächtig liege
Mein Gewissen laut mich straft.
Lauter noch als mein Gewissen,
Ruf in meinen Finsternissen
Deine Gnade Gott mir zu:
Selig und versöhnt bist du!

Das Lied findet sich in Kannes Gesangbuch unter der Rubrik: „Seufzer in geistlichen Anfechtungen". Kanne, J. A.: Auserlesene christliche Lieder von verschiedenen Verfassern der älteren und neueren Zeit. Nebst einem Anhang, enthaltend Lieder von Dr. Martin Luther. Gesammelt von einer Freundin. Erlangen 1818, S. 448-451, vgl. S. 440. Der Verfasser ist Johann Caspar Lavater. Vgl. Hofer, S.: Pilgerharfe oder christlicher Glaube in Liedern. 4. Aufl. Basel 1872, S. 8. Wie beliebt dieses Lied war, zeigt eine erbauliche Erzählung. Heinrich, C.: Erzählungen über evangelische Kirchenlieder und über einzelne Verse für Jung und Alt. Eckartsberga 1850, S. 39f.

76  A. v. A. an L. v. H. 7.8.1824.
77  Ebd.

Erst nach jenem Erleben berichtet er, daß er nun den Wunsch Ludowines erfüllen könne, täglich zu beten: „Schaffe in mir Gott ein reines Herz..."[78] Auch der Abendmahlsbesuch, zu dem ihn Ludowine schon vorher drängte, ist ihm erst jetzt möglich. Seinen Bericht an sie über diese Teilnahme am Abendmahl beginnt er damit: „.... ich weiß daß es Dich in den Tiefen Deiner Seele freut, wenn ich Dir sagen kann, daß ich einen Frieden empfangen habe, wie ich ihn nie [habe] ahnen oder begreifen können... Ich bin gestern mit großem Segen zu Seinem heiligen Abendmahl gegangen... — Nach zehn Jahren zum erstenmal wieder, was Dir kaum begreiflich sein kann. Und damals hatte ich mir das Gericht gegessen und getrunken, und mußte nun so lange unter dem Gesetz sein, aber die Sünde ist von mir genommen, um meines lieben Heilandes willen".[79] Die Geschichte seiner Vorbereitung konnte er nicht erzählen und begnügte sich mit den Worten: „... ich danke es seiner Gnade daß er mir die Wahrhaftigkeit seiner Verheißung und die Gegenwart im Sakrament mit einer Gewißheit kund getan hat gegen die alle andere ein unsicherer Schein ist".[80] Was er im ganzen durch diesen Abendmahlsbesuch erlebte, faßt er zusammen in einem Zitat Luthers: „Wenn der Glaube im Menschen geboren wird, ists nicht ein ebenso groß Ding, als wenn Himmel und Erde von neuem erschaffen würden".[81]

Nicht unwesentlich für Arnswaldt war es, daß er gemeinsam mit seinem Vater und seiner Schwester zum Abendmahl ging. Dies macht deutlich, daß für ihn sein inneres Erleben mit einer „missionarischen Verantwortung" für die, die ihm am nächsten standen, verbunden war. Seiner Schwester empfiehlt er als Lektüre Arndts „Wahres Christentum", da ihm gerade dieses Buch wie wenige geeignet schien, um auf den rechten Weg zu führen.[82] Er selbst beschäftigt sich in dieser Zeit immer mehr mit dem Lesen der Heiligen Schrift. Im April 1824[83] spricht er zum ersten Mal davon, daß er das Neue Testament im Griechischen liest, und im September dieses Jahres hatte er dieses bereits im Urtext durchgelesen.[84] Im Oktober begann er dann, das

---

78    Vgl. Ps. 51, 12. A. v. A. an L. v. H. 13.4.1824.
79    Ebd. Zuletzt war Arnswaldt in einem Schulgottesdienst in Gotha beim Abendmahl. Vgl. Brf. orig. A. v. A. an seine Eltern 20.9.1814 StB Berlin.
Im Pietismus galt der Abendmahlsgenuß vor der Bekehrung als Sünde. Vgl. über den „sündhaften Abendmahlsgenuß" bei Kanne, J. A.: Sammlung wahrer und erwecklicher Geschichten aus dem Reiche Christi und für dasselbe. Bd 2. Nürnberg 1817, S. 217, 255.
80    A. v. A. an L. v. H. 13.4.1824.
81    Ebd.
82    A. v. A. an L. v. H. 7.8.1824.
83    Ebd.
84    A. v. A. an L. v. H. 18.9.1824. In seinem Nachlaß fanden sich folgende Ausgaben des NT im Urtext:
Novum Testamentum Graece et Latine. Desid. Erasmo Roterdamo Editio Nova, Accuratissime Recognita Frankfurt Anno MDCC.
Novum Testamentum Graece, Recensuit Joh. Aug. Henr. Tittmannus. Lipsiae 1820.
Novum Testamentum Graece, ex Editione Griesbachii Emendante Henrico A. Aitton, Glasguae MDCCCXXXII.

Alte Testament in der Septuaginta, und zwar in der Herausgabe von van Eß[85] zu lesen.[86]

Das Ziel seines Lebens sieht er darin, künftig nur noch für andere da zu sein. Er will deshalb mit aller Gewalt frei werden von „eitler Selbstbespiegelung"[87] und entschließt sich, kein Tagebuch mehr zu schreiben. Um auch die Brücke nach rückwärts abzubrechen, verbrennt er alle Tagebücher, Briefentwürfe und was sonst noch „auf die Geschichte" seines Lebens Bezug nimmt.[88]

Er durchlebt, wie aus zwei Briefen vom Februar 1825 zu ersehen ist, erneut schwere Bußkämpfe. Der äußere Anlaß dazu ist, daß er noch immer keinen Zugang zu seinem Beruf findet. Er empfindet ihn als seine Pflicht und hält seine „Untauglichkeit zu seinen Amtsgeschäften" für selbst verschuldet.[89] Diese Erkenntnis wird für ihn aber gerade der Anlaß zu subtiler Selbstbespiegelung. „O welche Abgründe von Nichtswürdigkeit und Verderbtheit haben sich in meinem Innern vor meinen Blicken aufgetan! der ich viel von Christo und seinem Reiche habe reden wollen, ehe ich es gelernt hatte auch nur das Geringste meine äußere Pflicht ohne Widerwillen zu thun, oder irgend einem Gelüsten meines rebellischen Herzens zu seiner Ehre zu entsagen".[90] Der gute Vorsatz, nur noch für andere da zu sein, führt zum Erkennen seiner „immer veränderlichen Laune", seiner „Leerheit an wahrem Gefühl", seiner „hastigen Leidenschaftlichkeit und aufzitternden Eitelkeit".[91] Er meint, daß es nun „hohe Zeit ist, Allem zu entsagen, was jene schlechte Eigenschaften sich zum Tummelplatz erwählen, wo weit nicht die Pflicht es gebietet".[92] Diesen Kampf gegen das „Begehren des Herzens"[93] beginnt er damit, daß er, wie Huber es schon im Juni 1824 feststellt, die Beschäftigung mit „Kunst, Poesie ... und Geschichte" aufgibt.[94] Der Verzicht auf diese Interessen, die in seiner Studienzeit dominierten, mag ihm bereits schwer genug gefallen sein. Das Härteste jedoch war der Verzicht auf die Freundschaft mit Ludo-

---

85  Zu Leander van Eß (1772-1847) vgl.
    Maron, G.: Eß, L. v. In: RGG 3. Aufl. Bd 2 1958, Sp. 700f.
    Traktat der Wuppertaler Gesellschaft Nr. 65: Abendgespräch zwischen Pastor Schriftlieb und dem Ackersmann Fromme, Barmen 1822, bes. S. 10-12.
86  Brf. orig. A. v. A. an L. v. H. 31.10.1824 StB Berlin.
87  A. v. A. an L. v. H. 7.8.1824.
88  Ebd.
89  Brf. orig. A. v. A. an L. v. H. 5.2.1825 StB Berlin.
90  Ebd.
91  Brf. orig. A. v. A. an L. v. H. 23.2.1825 StB Berlin.
92  Ebd.
93  Ebd.
94  Brf. Huber, V. A. an Huber, Th., Bd 1, S. 251.
95  A. v. A. an L. v. H. 5.2.1825: „Unter vielen bitteren Thränen hat er [der Entschluß zur Trennung] sich von meinem Herzen losgerungen, lange habe ich noch kapitulieren wollen: nur auf acht Tage! nur ein Paar Tage! Nein! sprach Christus, denn ich weiß, er ist es der es gesagt hat".
96  Über die Trennung von Bauer schreibt Arnswaldt: „Bauer hat das, was ich ihm über die

wine[95] und mit Bauer.[96] Er glaubt, nur dann „Christo allein angehören" zu können, wenn er sich „von allen Freuden dieser Welt" löst.[97] Er weiß von vornherein, daß dieser Weg allein „Leiden und Harren" ist und daß er die selbstgewählte Einsamkeit nicht ertragen kann. Er möchte auch deshalb nicht von Ludowine als „pietistischer Grillenfänger" betrachtet werden und bittet sie, dann doch mit ihm im Briefwechsel zu bleiben.[98]

Hilfe in seinen „Kämpfen bis aufs Blut"[99] sucht er vor allem in der damals verbreiteten Erbauungsliteratur.

### 3. Die geistlichen Schriften Fénelons

In seiner Studienzeit gehörten Werke aus der deutschen Mystik zur bevorzugten Lektüre Arnswaldts.[100] Diese frühe Neigung zur Mystik ermöglichte ihm den Einstieg in die „mystischen Gedankengänge"[101] der Theologie des französischen Erzbischofs François de Salignac de la Mothe Fénelon.[102] Intensiv beschäftigte er sich mit diesem typischen „katholisch-romantischen-Mystiker".[103] Bereits im Oktober 1825 hatte er die geistlichen Schriften Fénelons im Urtext gelesen und einen Teil von dessen Briefen zum zweiten Mal.[104] Diese „Lettres spirituelles" wollen den Menschen „Rat und Trost geben", die sich „in ihren Zweifeln und Kümmernissen auf ihrem Weg zur Bekehrung und Besserung" an ihn gewandt haben.[105] In einem dieser Briefe mit der Überschrift: „Gefahr einer Person in Amt und Würde der Welt" wird dem Adressaten — einem „Mann von vornehmem Stande, mit einer hohen Ehrenstelle, mit Geist, Talent und feiner Welt" — geraten, sein Amt nicht „plötzlich und auf Einmal" aufzugeben und sich so von der „Welt zu entfernen". Eine solche kurzschlüssige Handlung läßt Fénelon nicht als Flucht vor der Sünde gelten, sondern

---

      notwendige Änderung meines Lebens, ungefähr ebenso wie Dir vor einem halben Jahre, schrieb, wie eine wahre Kränkung und Geringschätzung seiner genommen und mir ... mit einem bitter herzzerreißenden Brief geantwortet .."
      Brf. orig. A. v. A. an L. v. H. 9.7.1825 StB Berlin.
97  A. v. A. an L. v. H. 5.2.1825, 23.2.1825.
98  Ebd.
99  Brf. orig. A. v. A. an L. v. H. 27.5.1825 StB Berlin.
100 Umbreit, Erinnerungen, S. 19.
101 Voeltzel, R.: Fénelon In: RGG 3. Aufl. Bd 2 1958, Sp. 899f.
102 Zu den Werken Fénelons, die in Arnswaldts Besitz waren vgl.: Antiquarischer Catalog Nr. 145 des Antiquariats von Otto Harrassowitz, Leipzig 1888, S. 6, 63, 82.
    Der vorliegenden Arbeit liegen Fénelons Werke in der Übersetzung von Matthias Claudius zugrunde. Fénelons Werke religiösen Inhalts. Aus dem Französischen übersetzt von Matthias Claudius, 3 Bde Sitten und Solothurn 1818.
103 Paeltz, E. H.: Haug, J. H. In: RGG 3. Aufl. Bd 3 1959, Sp. 87f.
104 Brf. orig. A. v. A. an L. v. H. 19.10.1825, 5.10.1826, 5.12.1826 StB Berlin.
    Arnswaldt erwähnt diese Lektüre nur in seinen Briefen an Ludowine.
105 Fénelon, Bd 3, S.I, Bd 2, S. XX.

er beurteilt sie als ein Fliehen vor den „Unannehmlichkeiten", vor dem „Gedränge", vor den „Mühseligkeiten" und vor dem „Zwang des Standes". Jedoch macht es Fénelon den bei ihm Ratsuchenden zur Auflage, die Bibel zu lesen, zu beten, die Sakramente zu genießen und „über seine eigenen Ausführungen zu wachen, sich selbst zu mißtrauen" und „die Zerstreuungen, so viel es ihm seine Pflichten erlauben zu vermeiden".[106] Gerade dieser Brief muß Arnswaldt getroffen haben, weil er genau seine Position beschreibt.

Es ist wahrscheinlich, daß Arnswaldt unter dem Einfluß dieser Briefe zu seinen oben beschriebenen Entscheidungen geführt wurde. Ganz deutlich wird dies z. B. daran, in welchem Maße der von Fénelon gesetzte Wert der Pflicht Arnswaldt in jener Phase seiner Entwicklung bestimmt. Da er einen weiteren Besuch in Bökendorf vor sich selbst nicht als Pflicht rechtfertigen konnte, kam es zur äußeren Trennung von Ludowine und damit vom Haxthausenschen Kreis.[107]

Weder bei Fénelon noch bei Arnswaldt geht es jedoch um die Pflicht als solche, sondern um das Vermeiden von „Zerstreuungen".[108] Er empfiehlt jedem, „der sich zu Gott bekehren will", allen „Gesellschaften, die ... zum Rückfall verleiten können ohne Verzug [zu] entsagen," denn solche Gesellschaften „machen den Geschmack an Lustbarkeit wieder lebendig, gewöhnen zur Verachtung der Frömmigkeit und verursachen eine sehr gefährliche Zerstreuung". Wer sich nicht fernhält, begibt sich in eine Gefahr, in der er umkommt (vgl. Pred. 3, 23). Fénelon fordert darum: „Die nächsten Gelegenheiten müssen vermieden werden, was es auch koste".[109] Er tut dies nicht, ohne auf Mt. 5,30 zu verweisen, womit auch Arnswaldt seine Trennung von Ludowine begründet.[110]

Liest man nun noch bei Fénelon in einem Brief: „Je mehr Sie für Gott thun, desto mehr wird er für Sie thun. Ein jeder Schritt, den Sie auf dem guten Wege machen, wird zum Frieden und Trost in Ihrem Herzen werden",[111] so versteht man sowohl

---

106 Fénelon, Bd 2, S. 204-206.
107 Vgl. A. v. A. an L. v. H. 23.2.1825.
Der Gedanke der Pflicht wird noch in einem anderen Brief Fénelons in einem ähnlichen Zusammenhang erwähnt: „Ich fühle freilich, was ich daran verliere, sie nicht zu sehen, aber man muß diesen Verlust tragen, so lange es Gott gefallen wird, bis an den Tod, wenn es sein Wille ist. Lassen Sie Ihre wirklichen Pflichten Ihre größte Sorgen seyn".
Fénelon, Bd 3, S. 23.
108 Gegen die Zerstreuungen „divertissemens" (sic!) wendet sich vor allem Pascal: Pensées de Pascal sur la Religion et sur quelques aûtres sujets. Nouvelle Edition. Augmentée de la Défense, 2 Bde Amsterdam 1758, bes. Bd 2, S. 160-168. Die Pensées gehörten neben den Provinzialbriefen (vgl. Hartmann, J. J. G.: Pascals Provinzialbriefe über die Moral und Politik der Jesuiten. Berlin 1830) zur bevorzugten Lektüre Arnswaldts. Vgl. Brf. orig. L. v. H. an L. v. A. 14.2.1832 StB Berlin und L. v. A. an L. v. H. 20.2.1832 StB Berlin.
109 Fénelon, Bd 2, S. 189-193.
110 A. v. A. an L. v. H. s. Anm. 91.
111 Fénelon Bd 2, S. 289.

das Ziel als auch den Hintergrund von Arnswaldts Bußkämpfen.[112] Diese standen fast wörtlich unter Fénelons Forderung: „Man muß den Geist wie den Leib fasten lassen".[113] Das Fasten des Geistes hieß für Arnswaldt radikale Abkehr von allem, was zur „Welt" gehört. Um „rein von der Welt zu sein", blieb er von allen gesellschaftlichen Veranstaltungen fern und lehnte für einige Jahre jede Beschäftigung mit Kunst, Poesie und Geschichte ab.[114]

### 4. Die katholische Erweckungsbewegung

Wie im Protestantismus, so kam es auch ungefähr zu derselben Zeit im Katholizismus zu einer Erneuerung des religiösen Lebens. Man spricht in der Kirchengeschichte von der „katholischen Erweckungsbewegung" und rechnet dazu den Kreis der Fürstin Gallitzin in Münster und dann vor allem Johann Michael Sailer und seine Schüler.[115]

Charakteristisch für die Bewegung sind die intensiven „freundschaftlichen Beziehungen zu frommen Protestanten".[116] Die Fürstin Gallitzin hatte u. a. Verbindung mit Matthias Claudius, Friedrich Perthes und Johann Georg Hamann. Hamann war auch Sailer, dem unter den Protestanten Lavater am nächsten stand, bekannt. Er las gern im Sailerschen Gebetbuch, und dieser ging mehrfach auf Hamanns Werke ein.[117] Sailer, seine Zeitgenossen nannten ihn den deutschen Fénelon,[118] fand mit seinen theologischen Arbeiten, vor allem aber mit seinen erbaulichen Schriften, in protestantischen Kreisen viel Anklang.

Durch Ludowine von Haxthausen wurde Arnswaldt sowohl mit dem Gallitzin-Kreis als auch mit den Werken Sailers und dem Allgäuer Kreis katholischer Theologen bekannt.

#### a) Der Gallitzin-Kreis in Münster

Ludowine stand mit den prominentesten Vertretern dieses Kreises, mit dem Hofprediger der Fürstin Bernhard Heinrich Overberg und mit Friedrich Leopold Stolberg in regem Austausch.[119]

---

112 Unter Buße versteht Fénelon: „. . . . ein zu Kreuz kriechen und sich ein wenig Unannehmlichkeit und Zwang anthun". Ebd. Bd 2, S. 193.
113 Ebd. Bd 3, S. 15.
114 Brf. Huber, V. A. an Huber, Th., Bd 1, 250.
115 Beyreuther, Erweckungsbewegung, S. 32; Kantzenbach, Erweckungsbewegung, S. 27. Kantzenbach, F. W.: Johann Michael Sailer und der ökumenische Gedanke. Einzelarbeiten aus der Kirchengeschichte Bayerns. Bd 29 Nürnberg 1955.
116 Schnabel, Bd 4, S. 47.
117 Vgl. Gründer, K.: Die Hamann-Forschung. Geschichte der Deutungen. In: Johann Georg Hamann, Hauptschriften erklärt. Hg. von Fritz Blanke und Lothar Schreiner. Bd 1 Gütersloh 1956 S. 36ff.
118 Schnabel, Bd 4, S. 52.
119 Zur Verbindung der Stolbergs mit den Haxthausens s. o. Kap. 1, Anm. 306.

Bis zu seinem Tode korrespondierte Ludowine mit Overberg und sandte auch Arnswaldt dessen Briefe.[120] Obwohl gerade Overberg für sein „selbstverständliches Überschreiten der Konfessionsgrenzen" bekannt war,[121] kam es auch in diesem Kreis zu Konversionen.[122]

Friedrich Leopold Stolberg konvertierte mit seiner ganzen Familie, veranlaßt durch das vorbildliche christliche Leben der Mitglieder des Gallitzin-Kreises,[123] um mit allen in diesem Kreis in uneingeschränkter Gemeinschaft leben zu können.

1824 las Arnswaldt die Werke Friedrich Leopold Stolbergs.[124] In der Beschäftigung mit Friedrich Leopold Stolberg lernte Arnswaldt eine Missionstätigkeit besonderer Art kennen. Er erfuhr, wie sich Menschen mit allen ihnen zur Verfügung stehenden Mitteln einsetzten, um andere, besonders Freunde und Bekannte, zu „retten" und vor der ewigen Verdammnis zu bewahren. Zu den Briefen, die Arnswaldt aus jener Zeit aufbewahrte, gehört eine Abschrift aus dem berühmt gewordenen Briefwechsel Auguste Bernstorffs geb. Stolberg mit Goethe. In hohem Alter versuchte Gräfin Auguste von Bernstorff noch einmal Goethe zu bekehren und schreibt ihm am 15.10.1822: „Lieber, lieber Göthe, suchen Sie den, der sich so gerne finden läßt, glauben Sie an den, an den wir unser Leben lang glaubten. Die selg. Schauenden [Friedrich Leopold

---

120  Brief orig. A. v. A. an L. v. H. 9.12.1825 StB Berlin.
    A. v. A. an L. v. H. 5.12.1826.
    Später schreibt Ludowine für Luise von Arnswaldt Abschnitte aus Overbergs Briefen ab und schickt ihr auch das Lebensbild Overbergs. Vgl. Brfe. orig. L. v. H. an L. v. A. 11.8. 1829, 19.12.1831 StB Berlin.
121  Schmidt, M.: Erweckungsbewegung. In: EKL Bd 1 1956, Sp. 1137
122  Zur Beurteilung der Konversionen vgl. Kantzenbach, F.W.:
    Zwischen Erweckung und Restauration. Einige Kapitel aus der unbekannten Kirchengeschichte des 19. Jahrhunderts. Gladbeck 1967, S. 147-164, bs. S. 160ff.
123  Hermelink, S. 211.
124  A. v. A. an L. v. H. 7.8.1824. Zu dem Grafen- bzw. Fürstengeschlecht Stolberg-Stolberg vgl. Gothaischer Genealogischer Hof-Kalender auf das Jahr 1848, S. 290f. Die Briefe Friedrich Leopold Stolbergs veröffentlichte 1966 Jürgen Behrens; Friedrich Leopold Graf zu Stolbergs Briefe. Kieler Studien zur Deutschen Literaturgeschichte. Bd 5 Neumünster 1966.
    1968 legte Behrens ein Gesamtverzeichnis der Briefe Stolbergs vor. Friedrich Leopold Graf zu Stolberg-Stolberg. Verzeichnis sämtlicher Briefe. Bad Homburg 1968. Im Arnswaldtschen Nachlaß fanden sich folgende Handschriften aus der Familie der Stolbergs:
    1  3 Abschriften von Friedrich Leopold Stolbergs Brief an seinen Sohn Ernst vom 30. Juli 1803 (vgl. Behrens, J.: Briefverzeichnis, S. 84).
    2  Abschrift des Liedes „Auf dem Wasser zu singen" von 1782 (gedruckt in: GS der Brüder Stolberg Bd 1, 319f.)
    3  Abschrift eines Briefes von F. L. Stolberg an Therese Freifrau von Droste-Hülshoff etwa 1808 (vgl. Behrens, J.: Briefverzeichnis, S. 90)
    4  Zwei Gedichte von Luise Gräfin von Stolberg-Stolberg (1799-1875)
    5  Brf. orig. Joseph Stolberg (1804-1859, Sohn F. L. Stolbergs) an August von Haxthausen 6.3.1848.
    Sämtliche Handschriften finden sich in der StB Berlin.

Stolberg und sein Bruder Christian] würden hinzufügen: ‚Den wir nun schauen!'
.... O, ich bitte, ich flehe Sie lieber Göthe, abzulassen von allem was die Welt Kleines, Eitles, Irdisches und nichts Gutes hat: — Ihren Blick und Ihr Herz zum Ewigen zu wenden".[125]

1826 berichtet Arnswaldt Ludowine über die protestantische Linie der Stolbergs: „Sie wirken viel für das Christenthum, auf die jetzt in protestantischen Ländern übliche Weise, die Dir [Ludowine] wohl und vielleicht im einzelnen nicht ganz mit Unrecht etwas zu viel eigene Wahl zu enthalten scheinen mag, und die doch im Ganzen gewiß nicht anders sein kann".[126]

### b) Der Seeger Kreis

Um Johann Michael Feneberg, der seit 1793 Priester in Seeg war,[127] sammelte sich bald der Seeger Kreis.[128] Dazu zählten vor allem Fenebergs Kapläne Boos, Siller und Bayer.[129] Johann Michael Sailer, der intimste Freund Fenebergs, gab kurz nach dessen Tod in dem Buch „Aus Fenebergs Leben" den ersten Einblick in diesen Kreis.[130] In der stark biographischen Darstellung findet sich u. a. ein sehr interessantes fiktives Gespräch, in dem Fénelon der Gesprächspartner Fenebergs ist.[131] Mit diesem Gespräch tritt Sailer der damals noch andauernden Kritik der katholischen Kirche an den Erweckten in ihren Reihen entgegen. Die Wahl Fénelons als Gewährsmann der Kirche war ein gezielter Kunstgriff, um Fenebergs Wirken zu rechtfertigen.[132] Im Verlauf des Dialogs bringt Feneberg sein Glaubensbekenntnis, das für den gesamten Seeger Kreis charakteristisch ist, auf folgende Formel:

*„Christus für uns*
*Christus in uns*
*Für uns* starb er am Kreuz, *in uns* lebt sein Geist".[133]

125 Brf. abschr. Bernstorff, Auguste v. an Goethe 15.10.1822 StB Berlin. Der Brief Augustes und der Antwortbrief Goethes wurden zuletzt veröffentlicht von Jürgen Behrens: Johann Wolfgang Goethe. Briefe an Auguste Gräfin zu Stolberg. Bad Homburg 1968, S. 51–57.
126 Brf. orig. A. v. A. an L. v. H. 2.8.1826 StB Berlin. Bei der Konversion Friedrich Leopold Stolbergs und seiner Familie blieb seine Tochter Marie Agnes, die in das Geschlecht Stolberg-Wernigerode einheiratete, als einzige protestantisch. Vgl. Gothaischer Genealogischer Hofkalender 1848, S. 209f. Zur Bedeutung der Stolberg-Wernigerodes zur Zeit des Pietismus vgl. Ruprecht, S. 110ff.
127 Vgl. Sailer, J. M.: Aus Fenebergs Leben. München 1814, ferner: Dussler, H.: Johann Michael Feneberg und die Allgäuer Erweckungsbewegung. Einzelarbeiten aus der Kirchengeschichte Bayerns Bd 33. Nürnberg 1959.
128 Beyreuther, E.: Erweckungsbewegung S. 32.
129 Kantzenbach, F. W.: Feneberg, J. M. In: RGG Bd 2 1958 Sp. 899. Später war auch Goßner Fenebergs Kaplan. Ebd.
130 Über die Freundschaft Sailers mit Feneberg vgl. Sailer, Fenebergs Leben, S. 5.
131 Ebd. S. 105-137.
132 Dabei läßt Sailer Fénelon nichts sagen, „daß nicht seinem [Fénelon] Charakter durchaus gemäß wäre". Ebd. S. 107.
133 Ebd. S. 124.

Die Motive für die kirchliche Kritik sieht Feneberg in seinem „lebendigen" Glauben an Gott. Auf Fénelons Frage, wie er zu diesem „lebendigen" Glauben gekommen sei, berichtet Feneberg sein Erleben in der damals üblichen Terminologie. Er spricht von der Erkenntnis seiner schweren Sünden, von dem Ringen um Erlösung Tag und Nacht, von wiederholten mehrstündigen Kämpfen und von dem plötzlichen Erfahren des „Lichtes", der „Liebe" und des „Lebens".[134]

Feneberg hatte das erlebt, wonach Arnswaldt trachtete, die „Wiedergeburt". Er beschreibt diese zweite Geburt des Menschen als ein stufenweises Versetztwerden ins Licht der Gnade, heraus aus dem finsteren Naturzustand. Eine solche Wiedergeburt gilt als Start für das „Leben aus Gott", für das geistliche Leben, für das das „leibliche" nur ein Bild ist.[135]

Neben den Werken Sailers[136] begrüßte Arnswaldt besonders die Selbstbiographie Martin Boos'[137] als ein „schönes Zeugnis der Wahrheit voll herrlicher Tiefe und Fülle des Lebens".[138]

### 5. Die romantische Naturphilosophie Gotthilf Heinrich Schuberts

Von den „Schülern" Schellings war Gotthilf Heinrich Schubert[139] Arnswaldt zunächst durch seine Werke[140] und später dann persönlich bekannt.[141]

---

134   Ebd. S. 108, 113-115.
      Von mehrstündigen Kämpfen weiß auch Pascal zu berichten. Vgl. Reuchlin, H.: Pascals Leben und der Geist seiner Schriften zum Theil nach neuaufgefundenen Handschriften mit Untersuchungen über die Moral der Jesuiten. Stuttgart/Tübingen 1840, S. 53f.
135   Sailer, Fenebergs Leben, S. 211, 232.
136   Sailer, J. M.: Briefe aus allen Jahrhunderten der christlichen Zeitrechnung. Gewählt, übersetzt und zur Belehrung und Erbauung seiner Mitchristen herausgegeben. 3 Bde München 1800-1804.
      Ders.: Erinnerungen an und für Geistes- und Gemüthsverwandte. Sulzbach 1829.
      Ders. Joseph Anton Sambuga – wie er war – Partheylosen Kennern nacherzählt. München 1816.
      Ders.: Grundlehren der Religion. Ein Leitfaden zu seinen Religionsvorlesungen an die akademischen Jünglinge aus allen Fakultäten. München 1805.
      Über die Lektüre Sailers vgl.
      Brfe. orig. A. v. A. an L. v. H. 1.1.1826, 15.4.1826 StB Berlin;
      A. v. A. an L. v. H. 5.12.1826.
      Brf. orig. L. v. H. an A. v. A. 14.2.1832 StB Berlin.
137   Goßner, J.: Martin Boos, der Prediger der Gerechtigkeit, die vor Gott gilt. Seine Selbstbiographie. Leipzig 1826.
138   A. v. A. an L. v. H. 5.12.1826.
139   Vgl. Windelband, W.: Lehrbuch der Geschichte der Philosophie. 6. Aufl. Tübingen 1912, S. 503 Anm. 1.
140   Zu nennen sind hier bes.
      Schubert, G. H.: Symbolik des Traums. 1. Aufl. Bamberg 1814, 2. Aufl. Bamberg 1821.

1834 schickte Arnswaldt Schubert seine Abendmahlsschrift, und dieser schrieb, daß er ganz mit Arnswaldts Grundgedanken einverstanden sei.[142] Schuberts Verbindung mit Arnswaldt war mehr als eine flüchtige Bekanntschaft. Nach Arnswaldts Tod rühmt Schubert in seinem Beileidsbrief den kindlich gläubigen Geist Arnswaldts[143] und im dritten Band seiner Selbstbiographie — die beiden ersten Bände waren die letzten Bücher, die Arnswaldt vor seinem Tode las[144] — schreibt er, daß ihm „einer der liebsten, der theure Arnswaldt", in die Ewigkeit vorausgegangen sei.[145] Wie viele seiner Zeitgenossen[146] war Arnswaldt fasziniert von Schuberts Symbolik des Traums. Bereits die zweite Auflage der Symbolik war nicht mehr nur eine naturphilosophische Abhandlung, sondern zugleich ein Erbauungsbuch für Erweckte.[147] Wie weit naturphilosophische Spekulationen zur Erbauung ausgestaltet werden konnten, zeigt ein Vergleich der ersten und zweiten Auflage. In der ersten Auflage legt Schubert regelrecht den Versuch einer „wissenschaftlichen Betrachtung im Sinne von Hardenbergs magischem Idealismus und seiner Hymnen an die Nacht" vor.[148] Er geht davon aus, an verschiedenen Beispielen aufzuzeigen, daß die „Bildersprache" des Traumes „eine prophetische Abspiegelung des Künftigen" ist.[149] In den Bildern und Gestalten, deren sich die Sprache des Traums bedient, sieht er die „allerniedrigste und unvollkommenste Stufe der Ur- und Natursprache der menschlichen Seele". Eine weit höhere Stufe ist für ihn die Sprache der Poesie und die „höchste und vollkommenste" die „Sprache der Offenbarung — die Prophetie".[150] Die Originale der Bilder und Gestalten dieser „Ursprache" findet Schubert in der Natur. In seinem Kapitel über die „Symbolik der Natur" bekämpft er zunächst „die gemeine teleologische Ansicht", die aus der Natur „ein Ungeheuer" macht,[151] und sucht mit Hilfe der „wahren Teleologie" nach einer „geistigen Bedeutung" der Natur.[152] Sein Ziel ist es, nachzuweisen, daß „die ganze sichtbare Welt nur eine Abspiegelung der unsichtbaren, hö-

---

    Schubert, G. H.: Altes und Neues aus dem Gebiet der inneren Seelenkunde. 5 Bde Leipzig 1815-1844.
    Schubert, G. H.: Selbstbiographie.
141 Vgl. Brf. orig. A. v. A. an Elvers 2.8.1829 StB Berlin.
142 Brf. orig. Schubert an A. v. A. 16.8.1834 KlB Loccum.
143 Brf. orig. Schubert an Marie v. A. 7.8.1855 Prb.
144 Vgl. Umbreit,: Erinnerungen, S. 21.
145 Vgl. Schubert, G. H.: Selbstbiographie Bd 3 1856, S. 739.
146 Vgl. Brf. Schleiermacher an Schubert 17.6.1815, veröffentlicht von Weigelt H.: ZRGG 1968 Bd 20, S. 273-276.
147 Vgl. Kanne, Sammlung , S. 219.
148 Walzel, O.: Deutsche Romantik. 4. Aufl. Bd 2, S. 74.
149 Schubert, Symbolik. 2. Aufl. S. 9 u. 11.
150 Ebd. S. 22-28.
151 Ebd. S. 32.
152 Ebd. S. 35.
    Nach Bernoulli und Kern entspricht dieses Bemühen Schuberts dem Kampf Kants gegen die Annahme einer „transzendenten Teleologie". Bernoulli, Chr. u. Kern, H.: Romantische Naturphilosophie. Jena 1926, S. 401.

heren Ordnung der Dinge, und zwar ursprünglich nur des Reiches des Lichts und des Lebens" ist.[153] Dabei will er — um es mit den Worten eines anderen romantischen Naturphilosophen zu sagen — das sich in der Natur geltendmachende „Nachgefühl des Vorherdagewesenen und das Vorgefühl des Kommenden" bewußt machen.[154]

Zum ersteren will er gelangen durch eine ausführliche Beschreibung der „vornoahitischen" Pflanzen- und Tierwelt.[155] Zum letzteren durch Beobachtungen aus dem Reich der Insekten. Dieses „letzte Buch der Naturbibel"[156] „liest" er so, daß er in dem sich entpuppenden Schmetterling „ein freundliches Vorzeichen einer fernen schönen Zukunft unseres Geschlechtes"[157] zu erkennen glaubt. So weit blieb Schubert durchaus im Rahmen der romantischen Naturphilosophie.[158]

In der zweiten Auflage seiner Symbolik beginnt er nun „den Spiegel Natur" in einem gewissen Sinne zu zerstückeln.[159] Er meint, in jedem kleinsten Stückchen Gott wiederfinden zu können. Selbst die natürlichen „Raumverhältnisse des Menschenleibes" werden für ihn zum Zeugnis für Gottes Handeln. In ihnen sieht er das Siebentageschema des Schöpfungsberichtes abgespiegelt. Das „Haupt" — er läßt es wegen des dazugehörenden Sprachorgans bis zur Mitte des Halses reichen — ist für ihn der siebente Teil der gewöhnlichen Menschenlänge. Als Sitz des „Erkennens" und „Denkens" hält er es für ein eindeutiges Bild des Sabbats. Die übrigen sechs Teile des Menschen, die zur „gröberen Arbeit und Bewegung und zu der Verrichtung und Bedürfnissen der niederen Thierwelt bestimmt sind", entsprechen dann den sechs Wochentagen.[160] Den Hauptteil des zweiten umfangreichen Zusatzes nimmt eine komplizierte Zahlenspekulation ein, in der die gesamten Abläufe der Natur — hier vor allem in der Planetenwelt — wie die Epochen der Bibel durch eine die Sieben enthaltende Zahl festgelegt werden.[161]

Zu diesen Zusätzen kam es aufgrund seiner „mystisch pietistischen Gemeinschaft mit Gott".[162] Schubert berichtete von einem bereits 1813 einsetzenden Einfluß Kannes.[163] Das rigorose Vorgehen Kannes[164] hatte Schubert so beeindruckt, daß

---

153  Schubert, Symbolik, 2. Aufl. S. 35.
154  Carus, G.: Psyche. Zitiert bei Bernoulli, S. 402.
155  Schubert, G. H.: Symbolik, 2. Aufl. S. 67-85.
156  Ebd. S. 95.
157  Ebd. S. 89.
158  Vgl. Die Auswahl bei Bernoulli und Kern, die Schuberts Naturphilosophie erkennen lassen soll. Bernoulli, S. 155-158.
159  Vgl. Huber, der an dem von Schubert beeinflußten Arnswaldt kritisiert, daß er die Natur nicht als „zusammengesetzten Spiegel", als Ganzes betrachtet, sondern in jedem Teilchen Gott widergespiegelt finden will. Huber, V. A. an Huber, Th. Bd 1, S. 251.
160  Schubert, Symbolik, 2. Aufl. S. 47.
161  Ebd. S. 46-66. Dabei scheut Schubert nicht davor zurück, etwaige Differenzen in seinem System mit der Verschiedenheit von Sonnen- und Mondjahren auszugleichen. bes. S. 48ff.
162  Bernoulli, S. 422.
163  Schubert, Selbstbiographie, Bd 2, S. 505f.
164  s. o. S. 61.

er „in allzu hingebender Nacheiferung" selbst im Begriff war, alles wissenschaftliche Arbeiten aufzugeben. Doch da erkennt er, daß die Wissenschaft mit der er es in seinem Beruf zu tun hat, ihn nicht veranlaßt zur Bewunderung seiner „eigenen Größe und Hoheit, sondern zu einer anderen Größe, vor welcher das menschliche Wissen dasteht wie einer, der die wundervollen Gestalten der Wolken des Himmels genau abzeichnen und allerhand Gesetze dieser Gestalten finden will, da sie doch in jedem Augenblick morgen ganz andere als heute werden".[165] So sieht er keinen Anlaß, auf sein wissenschaftliches Arbeiten zu verzichten, im Gegenteil, er will nun teilnehmen „an dem Werke der Wiederbelebung der christlichen Gesinnung".[166] Er verbindet deshalb mit seinen naturphilosophischen Arbeiten einen „missionarischen Auftrag".

Vor der Bearbeitung der zweiten Auflage seiner Symbolik schrieb Schubert noch ein anderes Werk, von dem er sagt, daß es seinen „damaligen inneren Zustand" und den „Grundton" seiner „Gesinnung" am deutlichsten erkennen lasse.[167] Es ist dies der erste Band aus der Reihe „Altes und Neues aus dem Gebiet der inneren Seelenkunde".[168] Gleich das erste Kapitel überschreibt er: „Ihr erkennt ihn [Gott] aus den Werken der Natur".[169] Hier spricht er in „einfältigem Bekenntnis der Wahrheit"[170] davon, daß alles in der Natur nur Gott zeigt.[171] Ja, er nennt die Natur „eine Sprache Gottes, wie das geoffenbarte Wort ... ein Buch voll heiliger Hieroglyphen, wo jedes Wort von Gott spricht ... von seiner Macht und von seinem Erbarmen".[172] Dabei versteht diese Sprache nur der, dem „das höhere Licht von oben" gegeben worden ist.[173] Deshalb bemüht sich Schubert, innerhalb seiner Abhandlung an zahlreichen Beispielen aufzuzeigen, wie man an diesem „höheren Licht" Anteil bekommt.[174] Solche Beispielerzählungen sind letztlich nichts anderes als die in großer Auflage erschienenen Traktatgeschichtchen.

---

165 Schubert, Selbstbiographie, Bd 2, S. 507.
166 Ebd. S. 507.
167 Ebd. S. 508.
168 Schubert, Altes und Neues, Bd 1, 1815.
169 Ebd. S. 3.
170 Schubert, Selbstbiographie, Bd 2, S. 509.
171 Schubert, Altes und Neues, Bd 1, S. 4.
172 Ebd. S. 5 u. 9.
173 Ebd. S. 14.
174 Es ist hier interessant zu bemerken, wie Tholuck in Briefen aus dem Jahre 1829 Schubert beschreibt. Auf dem Katheder ist er der, der seine Zuhörer belehrt, daß „die Natur ein Spiegel sei darin den Geist man schauen soll ..." Im privaten Umgang ist er der, der „schlicht und kindlich etwas aus dem Missionsberichte erzählt". Vgl. Witte, L.: Das Leben D. Friedrich August Gottreu Tholucks. Bielefeld/Leipzig 2 Bde 1884, 1886. Bd 2 1886, S. 109, 112.

## 6. Traktate

In Arnswaldts Nachlaß fanden sich eine große Menge Traktate.[175] Diese wollen „erbauliche Schriftchen" sein, um dem Wort Gottes Bahn zu machen, die Menschen zum Nachdenken über sich selbst zu bringen und sie auf den Weg zur Gerechtigkeit zu leiten".[176] Arnswaldt haben diese „Schriftchen" ohne Zweifel auf seinem begonnenen Weg bestätigt und bestärkt.

Es findet sich z. B. in ihnen die ganz konkrete Forderung, die Heilige Schrift zu „nutzen".[177] In den meisten Traktaten geschieht dies durch Aufforderungen wie: „Forsche in der Schrift!"[178] „Lies Gottes Wort!", „Lies besonders das Gesangbuch!",[179] „Genieße oft das Abendmahl!"[180], „Wirf dich auf die Knie ... bete daß Christus Dir dein Herz erneuere,"[181] wobei besonders auf Psalm 51, 12 verwiesen wird.[182] Der Begriff „Sünde" spielt eine große Rolle. Es wird nicht nur festgestellt: „Du hast gesündigt",[183] sondern es wird versucht sogenannte „rechtschaffene Menschen" der Sünde zu überführen. Man bedient sich dabei gern der Antithesen in Mt. 5, 21-48 und versteht diese als Aufforderungen zu außerordentlichen Leistungen.[184] Auch werden Bekehrungsgeschichten einzelner Leute, besonders deren Bußkämpfe bis in alle Details geschildert.[185] Es wird dem „wahren Christen" zur Pflicht gemacht, täglich „Selbstprüfung", einsame „Selbstbetrachtung" und „stille Demütigung" zu

---

175 Wann Arnswaldt begann, Traktate zu sammeln und zu verteilen, ist nicht mehr festzustellen. Sie gehörten bereits 1825 zu dem umfangreichen Lesestoff, von dem er erwartet, daß er an „innerer Erkenntnis" zunehme. Vgl. A. v. A. an L. v. H. 5.5.1823. 1825 schreibt Spitta, daß Deichmann Arnswaldt Traktate schicken wird. Vgl. Brf. orig. Ph. Spitta an A. v. A. 2.11.1825 KlB Loccum. Aus den Briefen Deichmanns ist bekannt, daß dieser ihm Traktate von drei verschiedenen Gesellschaften schickte. Vgl. Brfe. orig. Deichmann an A. v. A. 10.10.1826, 17.12.1826 KlB Loccum.
176 Traktat Nr. 65, Wuppertaler Gesellschaft, S. 21.
177 Traktat Nr. 8 Hannoversche Gesellschaft: Des Christenberufes würdiger Wandel. Hannover 1820, S. 21.
178 Traktat Halle. Die Fülle der Erbauung locket zur Buße. Halle 1824, S. 19.
179 Traktat Nr. 25 Niedersächsische Gesellschaft. Für alle die selig werden wollen. Altona o. J., S. 4 u. 5.
180 Traktat Nr. 27 Verein in Preußischen Staaten. Worte der Liebe an gute Jünglinge. Berlin o. J., S. 4.
181 Traktat Nr. 25 Niedersächsische Gesellschaft, S. 4.
182 Traktat Nr. 45 Niedersächsische Gesellschaft. Der wahre Christ. Hamburg o. J., S. 5. Traktat Nr. 25 Niedersächsische Gesellschaft, S. 6.
183 Traktat Nr. 27 Verein in Preußischen Staaten, S. 2.
184 Traktat Nr. 17 Verein in Preußischen Staaten. Glaubst Du daß Du ein Suchender bist? Berlin 1825, S. 1-18.
185 Traktat Nr. 62/I Wuppertaler Gesellschaft. Nachricht eines würdigen Schulvorstehers in P. Von der Bekehrung seines Bruders. Barmen 1821, S. 3-16. Traktat Nr. 22 Niedersächsische Gesellschaft. Nachricht eines würdigen Schulvorstehers in P. Von der Bekehrung seines Bruders. Hamburg o. J.

üben.[186] Dabei wird ausdrücklich betont, daß „göttliche Wohltaten ... genau nach unserem Fleiß abgemessen werden".[187] Natürlich fehlt fast in keinem Traktat eine Anleitung zu praktischen Übungen, und oft enden die Traktate mit vorformulierten Gebeten[188] oder mit Liedern, die „nachempfunden" werden sollen.[189] So endet z. B. ein Traktat mit einem Lied von 14 Strophen, dessen siebente lautet:

> O! wie bist du Sünde! Sünde!
> Eine Last, die centner-schwer.
> Alles was sich an mir finde.
> Aengstet drückt und kränkt mich sehr.
> Gott! Dein Zorn hat mich erschrecket
> Ach, wer ist der mich bedecket!
> Keine Kreatur kann rathen
> Meinen schweren Missethaten.[190]

In keinem Traktat fehlt die Aufforderung zur „Absonderung von der Welt", wozu man 2. Kor. 6,17 und Eph. 1,16 zitiert.[191] Man ist zwar mit Johann Arndt der Meinung, daß sich die „Welt" selbst von den „wahren Christen" trennt, fordert aber mit Nachdruck von allen denjenigen, denen die „Welt ... gefährlich bleibt", sich so schnell wie möglich von ihr „zurückzuziehen".[192] Als große Vorbilder nennt man neben den Aposteln auch Luther und Zinzendorf.[193] Verbunden mit dem Befehl: „Reiße dich los aus schlechten Verbindungen" ist in der Regel die Aufforderung „Suche wahre Christen auf!"[194] Auch das letztere wird in den Traktaten konkreti-

---

186 Traktat Nr. 45 Niedersächsische Gesellschaft, S. 1 u. 5.
187 Ebd. S. 9.
188 Traktat Nr. 25 Niedersächsische Gesellschaft, S. 5ff.
189 Traktat Nr. 21 Niedersächsische Gesellschaft. Ernsthafte Betrachtungen über die Ewigkeit. Hamburg o. J., S. 10-12.
Traktat Nr. 28 Niedersächsische Gesellschaft. Jesus nimmt die Sünder an. Hamburg o. J., S. 9-12.
190 Traktat Nr. 44 Niedersächsische Gesellschaft. Sünde ist keine Kleinigkeit. Hamburg o. J., S. 5.
191 Traktat Nr. 42 Niedersächsische Gesellschaft. Kurze Beantwortung der vornehmsten Einwürfe und Entschuldigungen wider das wahre Christenthum. Hamburg o. J., S. 14.
192 Traktat Halle. Brüderliche Zusprache an Glaubende aber nicht feste Seelen. 1823. Die „Weltkinder" vergleicht man hier mit „geraubten Prinzen", die von Zigeunern erzogen worden sind, „ihre Abkunft nicht wissen und sich in ihrer Blindheit unter solcher Gesellschaft wohlsein lassen". Ebd. S. 14. Als Zitat von Johann Arndt ist hier angeführt: „So wie das Meer einen Leichnam nicht leidet und ihn ans Ufer wirft, sobald er anfängt in Verwesung überzugehen, ebenso wirft die Welt diejenigen Seelen aus, welche ihr abgestorben sind". Ebd. S. 19.
193 Ebd. S. 13.
Zu Zinzendorfs Leben vgl. Beyreuther, E.: Der junge Zinzendorf. Marburg 1957, bes. S. 132: „Der junge Zinzendorf lehnte den Tanz, die Komödien, die Oper und die Maskeraden als verderblich ab".
194 Traktat Nr. 25 Niedersächsische Gesellschaft, S. 4.

siert, und ein Traktat, das von den „Erfahrungen eines Besuchenden aus der Brüdergemeine" berichtet, endet mit dem Appell: „Komm in die Versammlungen"![195]

Ohne Zweifel wurde Arnswaldt auch durch diese Lektüre geprägt, zumal er 1826 von sich sagt, daß er das meiste „nie durch Menschen direkt"[196] lernen konnte. Gewiß beeindruckte ihn schon aufgrund seiner gesellschaftlichen Stellung das Traktat, das von einer „evangelischen Glaubensregung unter den höheren Ständen" handelt. Gerade dieses sucht nun die „gebildeten Männer" von ihrem „geselligen Leben", das noch „das Gepräge des Leichtsinns, der Ueppigkeit, der Weltgenialität, der Eitelkeit" trägt, abzubringen.[197]

Diese Auswertung der Traktate zeigt, wie weit das verengte Weltverständnis und die moralische Enge des Pietismus in der Erweckungsbewegung aufgenommen und weitergegeben wurde.

## 7. Pietistische Weltabgewandtheit

Auch Arnswaldt[198] wurde von der in manchen Kreisen der Erweckten verbreiteten pietistischen Weltabgewandtheit, die weithin eine Ablehnung alles Kulturellen einschloß, erfaßt.

Hier war es zunächst wieder Friedrich Leopold Stolberg, der auf Arnswaldts Entwicklung direkten Einfluß nahm. Stolberg wandte sich in persönlichen Briefen[199] und in einer großen Abhandlung gegen das gesellschaftliche Schauspiel als eine „Hauptquelle des Verderbens".[200] Doch Arnswaldt hatte sich in dieser Frage nicht nur mit der in jener Zeit bereits 16 Jahre zurückliegenden Kritik Stolbergs, sondern auch mit der 1824 erschienenen Schrift Tholucks: Eine Stimme wider die Theaterlust auseinanderzusetzen.[201]

Tholuck wurde von Elsner zur Abfassung der genannten Schrift veranlaßt. Dieser hatte mit „Besorgnis" beobachtet, daß das Leben der gebildeten Welt vor allem in

---

195 Traktat Nr. 63/I Wuppertaler Gesellschaft. „Merkwürdige Erfahrungen eines Besuchenden aus der Brüdergemeine. Barmen 1821, S. 15-22, bes. S. 19.
196 Brf. orig. A. v. A. an L. v. H. 15.6.1826 StB Berlin.
197 Traktat Halle, S. 5.
198 S. o. S. 62 u. 66ff.
199 Vgl. Brf. abschr. F. L. Stolberg an Therese von Droste-Hülshoff 1808 StB Berlin. Janssen veröffentlichte 1877 Ausschnitte aus diesem Brief. Janssen, J.: Friedrich Leopold Graf zu Stolberg seit seiner Rückkehr zur katholischen Kirche 1800-1819. Freiburg 1877, S. 146-149.
200 Vgl. Janssen, S. 146, 149-158.
201 Tholuck, F. A. G.: Eine Stimme wider die Theaterlust, nebst den Zeugnissen der theuren Männer Gottes dagegen, des seligen Speners und des seligen A. H. Francke. Berlin 1824. Die 46 Seiten starke Schrift ist anonym erschienen. Doch war noch in demselben Jahr Tholuck als Verfasser bekannt. Vgl. Witte, Bd 1 1884, S. 369 u. 374.

Berlin seinen Mittelpunkt im Theater hatte.[202] Tholuck stellt nun mit Entschlossenheit fest: Christsein und den Beruf eines Schauspielers haben ist unmöglich, denn das „Schauspiel *an sich*" ist Sünde. Wenn man dies auch nicht mit solcher Sicherheit vom Kartenspiel und vom Tanzen sagen kann, so steht es, was ein Schauspiel anbetrifft, außer Zweifel. Ein Schauspieler nämlich muß jeden Tag einen anderen Charakter einstudieren und verliert so früher oder später unzweifelhaft seinen eigenen Charakter.[203] Dies konkretisiert Tholuck, indem er feststellt: keiner kann einen lasterhaften Charakter darstellen, ohne daß „sein arges Herz aufs Neue von der Lust entzündet würde die er immerdar in sich herumträgt", und zwar gilt dies von der „Wollust", von der „Verschmitztheit", von der „Tücke" und von der „Arglist". Keiner kann aber auch die „Tugend" auf die Bühne bringen, ohne in den „Tugendstolz" zu verfallen. Ja auch „ächt christliche Stücke" fallen unter das Urteil „Sünde", da sie die Helden zu „Heuchelei" verführen.[204] Ist diese lose Kunst — wie Tholuck das Schauspiel nennt — Sünde, so ist es konsequenterweise auch Sünde, diese zu „befördern", d. h. das Schauspiel zu besuchen.[205] Ein „Christ"[206] soll, besonders als „Anfänger ... jeden Verkehr mit der Welt", der „nicht Pflicht" ist, vermeiden, Deshalb muß er sich auch vom Theater fernhalten, um nicht wieder in die „Versündigung zu stürzen".[207] Was das Lesen gedruckter Schauspiele betrifft, so macht Tholuck von seinen rigoristischen Forderungen gewisse Abstriche, besonders in Bezug auf Shakespeares Dramen. Dies schränkt er jedoch sofort wieder ein, indem er feststellt, daß für „lebhafte und regsame Gemüther" bereits „das Lesen jener Dramen eine gleichgefährliche Anregung ihrer Leidenschaft erzeugt".[208] Dem Einwand, daß gerade Shakespeare zur „Menschen- und Selbsterkenntnis" verhelfen kann, begegnet er mit der Behauptung, daß dies durch „keine künstliche Maschine zu erreichen" ist.[209] Alles, was mit „Kunst" zusammenhängt, ist demnach Sünde.[210] Der Christ dagegen kennt eine „heilige Kunst", nämlich „die Kunst nimmer zu vergessen, daß für die Sünde eine ewige Erlösung erfunden ist".[211]

Knappe 20 Seiten dieser kurzen Schrift füllt Tholuck mit Stimmen aus der Profan-

---

202 Witte, Bd 1 1884, S. 368f.
203 Tholuck, Theater, S. 5-11 u. 38.
204 Ebd. S. 7-10.
205 Ebd. S. 11-15.
206 Ein Christ nach dieser Schrift Tholucks ist: (1) Ein Mensch, der sich als Kind des Zornes erkannt hat. (2) Ein Mensch, „der nach der großen Gnade seines Erbarmers unter dem Kreuze Christi Vergebung seiner Sünden gefunden hat". (3) Ein Mensch, „der berufen ist von Kraft zu Kraft zu gehen". (4) Ein Mensch, „der berufen ist, mächtiglich zu predigen die Tugenden des, der ihn selbst zum Licht geführt hat". Ebd. S. 11.
207 Ebd. S. 14.
208 Ebd. S. 15, 16.
209 Ebd. S. 17.
210 Zu Tholuck vgl. Witte, Bd 1 1884, S. 373.
   Zu Arnswaldt vgl. Huber, V. A. an Huber, Th., Bd 1, S. 251.
211 Tholuck, Theater, S. 40.

und Kirchengeschichte gegen das Theater. Davon bestehen 18 Seiten aus Zitaten Speners und Franckes. Tholuck wählt gerade diese, weil es ihre Parole war: „Rein ab von der Welt und Christo an!"[212]

Bei dieser auch unter den Erweckten weithin üblichen welt- und kulturfeindlichen Haltung ist es erstaunlich, daß Arnswaldt seinen Entschluß, „allen Freuden der Welt zu entsagen",[213] doch fast ein ganzes Jahr hinausschob. Dies mag seinen Grund darin haben, daß er in seinem Freundes- und Bekanntenkreis „ein zum Zielkommen" ohne dieses rigorose Vorgehen erlebte.

## 8. Der Briefwechsel Arnswaldts mit Gustav Schwab und Karl Johann Philipp Spitta

### a) Gustav Schwab

1822 lernte Arnswaldt den schwäbischen Dichter und Mitarbeiter an dem in Stuttgart herausgegebenen „Morgenblatt für gebildete Stände" Gustav Schwab kennen. Arnswaldt hielt sich damals während seiner Bildungsreise eine Woche in Stuttgart auf und traf Gustav Schwab wohl zum ersten Mal bei Therese Huber.[214] 1824 wandte sich dann Arnswaldt an Gustav Schwab mit seinen religiösen Fragen, vielleicht, weil dieser Theologe war, und gewiß, weil er mit ihm viele Neigungen gemeinsam hatte. Gustav Schwab antwortete auf die „wichtige Frage" und den „vertrauensvollen Brief" Arnswaldts mit einer ausführlichen Beschreibung seiner „religiösen Bildungs- und Glaubensgeschichte".[215] Für Arnswaldt wichtig war die Mitteilung Schwabs, daß seinem „lähmenden Unglauben" und seiner „Hoffnungslosigkeit" unmittelbar durch einige Verse aus der Heiligen Schrift ein Ende gesetzt wurden. Die-

---

212 Ebd. S. 20.
213 A. v. A. an L. v. H. 5.2.1825.
214 Brf. orig. Blumenbach, A. an Huber Th. 12.5.1822 StB Berlin. Adele Blumenbach, die Tochter des Göttinger J. F. Blumenbach, gab Arnswaldt eine Empfehlung an Therese Huber.
Brf. orig. Huber Th. an A. v. A. o. D. KlB Loccum: „Da das Wetter die Garten Partie stört erwarte ich Sie in meinem Hause zwischen 6-7. Uhland kommt, Schwab, der Mahler Stieler kommt auch . . ."
Vgl. auch Brf. orig. Huber, Th. an Blumenbach A. 27.6.1822 KlB Loccum: Hier schreibt Therese Huber, daß sie Arnswaldt nicht bewegen konnte, sich in den „Hofzirkel" einführen zu lassen, da er es vorzog, mit Uhland und Schwab zusammenzusein.
215 Brf. orig. Schwab an A. v. A. 26.2.1825 KlB Loccum. Dieser Brief Schwabs ist in Ausschnitten von Nathanael Bonwetsch veröffentlicht. Bonwetsch, Erweckung, S. 42-46. Vom Original her sind an Bonwetschs Text im wesentlichen folgende Korrekturen vorzunehmen: S. 43. nicht: „leider sollte" sondern: „leider wollte die Dogmatik wenig Einfluß .. äußern". – S. 45. nicht: „Schrey des Geistes und . . . Anläufe des Gewissens", sondern: „Schrey des Gewissens und . . . Anläufe des Willens". – S. 46. nicht: „ratiopolitisch", sondern: „rationalistisch".

sen Worten schreibt er es auch zu, daß er nun erfüllt ist „mit einem Glauben an den lebendigen Gott, einer Kraft und Freudigkeit zum Guten, einem Abscheu vor der Sünde, der nicht mehr lästig ist, mit einer Heiterkeit, Fröhlichkeit, einer Hoffnung, daß ich nicht vergebens lebe und handle, einer Lust zur Pflichterfüllung aller Art, einer Nächstenliebe, einer Fähigkeit zu leben, ohne von der Welt zu sein".[216]

All das waren die Ziele Arnswaldts. Schwab hatte sie erreicht, und zwar „ohne dogmatisch ... zu klügeln". Sein „dogmatisches Christenthum" trat immer mehr in den Hintergrund. Er legte bei den einzelnen Lehren der Bibel keinen Wert auf „dogmatische Schärfe", sondern verstand sie von Christus, dem „Centrum von dem alles ausgeht und zu dem es zurückgeht" her. Er wendet sich, was die Interpretation der Dogmen betraf, einerseits gegen die „stolze verketzernde fleischliche positive Ansicht mancher Orthodoxer", andererseits „haßte" er aber auch alles „unverschämte rationalistische vornehme Bestreiten und Verwerfen derselben". Er weiß — so bekennt er Arnswaldt — um die bittere Erfahrung der Erbsünde und lebt in der Gewißheit der Erlösung und Sündenvergebung, „ohne an den Spielereyen und Bildern unserer Herrnhuter und Pietisten Geschmack finden zu können, die in ihrer gnostischen Verachtung des geselligen Lebens, der Kunst und Wissenschaft in diesen sinnlichen Tändeleyen ein Surrogat für die Sinnlichkeit finden, die sie mit Stumpf und Stiel in sich ausgerottet glauben". „Mir ist genug", so schreibt er weiter, „daß ich an Ihn glaube in Ihm den Herrn der Welt und für mich den Weg die Wahrheit und das Leben sehe, *daß er lebt,* daß er viel wahrhafter existiert, als Alles, was mich umgibt, und daß nur die wahrhaft leben, die in ihm leben, ihn lieben, mit ihm und durch ihn mit dem Vater umgehen, die Heil und Unsterblichkeit nur in ihm und durch ihn hoffen".[217]

Gustav Schwab hatte zu einer eigenen Position gefunden, die ihn unabhängig machte von den theologischen Strömungen seiner Zeit.[218] Als z. B. in den dreißiger Jahren Bengels Prophezeiung des Weltuntergangs die Gemüter erregte, bezeichnete er diese kurzerhand als „Gespensterglaube".[219] Zwei Monate nach dem ersten Brief von Schwab erhielt Arnswaldt eine zweite „ausführliche religiöse Bildungs- und Glaubensgeschichte". Diesmal von Karl Johann Philipp Spitta.

### b) Karl Johann Philipp Spitta

Arnswaldt kannte Philipp Spitta, den Bruder seines Freundes Heinrich, schon vor dessen Theologiestudium.[220] Von Philipps „Veränderung"[221] am Schluß seiner

---

216 Ebd.
217 Ebd.
218 Er arbeitete auch weiter wissenschaftlich. 1826 berichtete er Arnswaldt von seiner „histor. topogr. poetischen Beschreibung des Bodensees", die ihn ganz in Anspruch nehme. Brf. orig. Schwab, G. an A. v. A. 26.6.1826 KlB Loccum.
219 Brf. orig. Schwab, G. an A. v. A. 22.1.1831 KlB Loccum.
220 Brf. orig. Spitta, H. an A. v. A. 25.1.1821 KlB Loccum.
221 Vgl. Münkel, S. 36. Zu Spitta als einem Vertreter der Erweckungsbewegung vgl. Schmidt,

Studienzeit hörte er ebenfalls von Heinrich. Dieser gab ihm 1824 die Briefe seines Bruders Philipp aus Lüne zu lesen. Nach der Lektüre dieser Briefe schreibt Arnswaldt von Philipp Spitta, daß er eine „herrliche, unverdorbene und fromme Seele" sei und spricht hier auch die Hoffnung aus, mit ihm bald in Hannover zusammen zu sein.[222] Zu einer solchen Begegnung muß es auch gekommen sein, denn in seinem ersten Brief an Arnswaldt knüpft Philipp Spitta daran an, daß er ihm schon früher von Deichmann erzählt habe. Als Grund, warum Philipp Spitta unaufgefordert an Arnswaldt schreibt, nennt er die „Forderung seines Herzens", einem „einsam an den Wassern zu Babel" Sitzenden zu schreiben.[223] Der äußere Anlaß seines Schreibens mag jedoch darin zu sehen sein, daß die Verbindung Philipp Spittas mit Arnswaldt über seinen Bruder Heinrich abgebrochen war. Heinrich Spitta hatte nämlich nach seiner Heirat im März 1825 eine Stelle als Mediziner in Rostock angetreten.[224] Zuvor jedoch machte er mit seiner Frau eine Reise nach Bremen. Hier wurde er durch Mallet[225] veranlaßt, „Christum ernstlicher zu suchen".[226] Darüber schreibt er auch ganz offen an seinen Jugendfreund Arnswaldt, daß er sich mit ihm „eins in der Reue" fühle und auch noch weit vom Ziel entfernt.[227]

Philipp Spitta fühlte sich nun sowohl für seinen Bruder als auch für Arnswaldt verantwortlich. Nicht zuletzt deshalb schreibt er ausführlich und sorgfältig das nieder, was man mit Schwabs Wendung Spittas religiöse Bildungs- und Glaubensgeschichte nennen kann.[228] Philipp Spitta schreibt diese Geschichte, nachdem sie für ihn bereits zu einem gewissen Abschluß gekommen war. Er betrachtet sie nachträglich unter den drei Begriffen, die nach Luther einen Theologen ausmachen: „meditatio, oratio und tentatio". Dabei kommt es ihm vor allem darauf an, alle drei Begriffe in ihrem Zusammenwirken zu sehen. Denn fehlt die oratio, dann wird die meditatio zur tentatio. Dies geschieht überall da, wo die meditatio reines „Spindisieren" und „Grübeln" wird, das erforschen will, wie Glauben und Seligkeit des Menschen und der Verdienst

---

M.: Rationalismus und Erweckungsbewegung am Beispiel der Kirchengemeinde Hameln (Weser). JGNKG 63 1965, S. 302-308.

222  A. v. A. an L. v. H. 7.8.1824.
223  Brf. orig. Spitta Ph. an A. v. A. 16.4.1825 KlB Loccum. Dies ist zugleich eine Weiterführung und Berichtigung Bendixens. Dieser meint, daß man nichts mehr über den Beginn der Freundschaft zwischen Arnswaldt und Philipp Spitta sagen könne, und läßt auch den Briefwechsel bereits 1824 beginnen. (Vgl. Bendixen, S. 428). Auch Münkel weiß nichts über den Beginn der Freundschaft. Dies liegt daran, daß bisher die Briefe Heinrich Spittas an Arnswaldt unbekannt waren. Zu den von Münkel in Ausschnitten veröffentlichten Briefen Philipp Spittas an Arnswaldt vgl. Münkel, S. 52f., 73-77, 85-93, 105f., 110f., 127 u. 130.
224  Brf. orig. A. v. A. an L. v. H. 23.3.1825 StB Berlin.
225  Münkel, S. 114.
      Brf. orig. A. v. A. an L. v. H. 1.1.1826 StB Berlin.
226  A. v. A. an L. v. H. 19.10.1825.
227  Brf. orig. Spitta, H. an A. v. A. Mai 1825 KlB Loccum.
228  Vgl. Münkel, S. 73-76 u. Bonwetsch, Erweckung, S. 48-51.

Jesu zusammenhängen. Bei solchem „Grübeln" kam Spitta dazu, in der Buße ein Mittel zum Glauben zu sehen, und fand damit den Grund seines Glaubens in sich selbst, in seinen Werken. Erst die oratio half ihm über den Hochmut, der es ihm unmöglich gemacht hatte, „umsonst etwas von Gott zu nehmen", hinweg. Die meditatio in Verbindung mit der oratio ließ ihn erkennen, daß auch der Glaube Gabe ist und daß „wahre Buße nur dem Glauben folgt".[229] Er wendet sich deshalb gegen Tholuck und die vorrangige Bedeutung, die der Buße in dessen Vorstellung von der „Höllenfahrt der Selbsterkenntniß" zukommt,[230] und beruft sich in dieser Frage auf Luthers Aussage: „Es ist eitel verführerisch Heuchelei, daß man Reu bereiten lehrt allein durch Betrachtung der Sünde und ihres Schadens; man soll zuvor Christo in seinen Wunden sehen, und aus denselben seine Liebe gegen uns, und alsdann unsere Undankbarkeit erwägen und also aus herzlicher, gründlicher Gunst zu Christo und Ungunst auf uns selbst die Sünde beweinen".[231]

Das einzige, was nach Spitta der Mensch bei seiner Bekehrung „thun" kann, ist, daß er sich belehren läßt durch Gottes Wort, „daß er ihm [Gott] ein williges Ohr gönnt.[232] Diese Einsicht, daß meditatio, oratio und tentatio notwendig zusammengehören, ist nicht auf einmal zu gewinnen, sondern auf verschiedenen Ebenen immer wieder zu erproben. So berichtet er Arnswaldt, daß er durch die Annahme eines reinen genitivus objevtivus bei τὸ ἔργον τοῦ δεοῦ in Joh. 6,29 den Glauben als ein — wenn auch als einziges — „Gott wohlgefälliges Werk" zu erkennen meinte. Die Meditation über diese so interpretierte Stelle richtete dann seine Aufmerksamkeit ganz auf den „ungeheueren Kampf" des Menschen „seiner selbst zu entsagen und zu glauben". Den Glauben sah er damit als „opus operatum als Grund der Begnadigung". Die Folge war eine „peinigende Unruhe" und die Ungewißheit und jeder Zweifel darüber, ob er den Kampf mit dem Unglauben je bestehen könne. Seine Lage wurde „unbeschreiblich trostlos". Erst die oratio, die ihn in diesem eigenen „Thun tief, tief demütigte", ließ ihn dann erkennen, daß der besagte genitivus objectivus zugleich ein genitivus subjectivus ist. Es stand für ihn nun fest, daß es kein Werk gibt, „ohne daß Gott dabei die causa ex qua und das objectum in quod" sei.[233]

---

229  Spitta, Ph. an A. v. A. 16.4.1825.
230  Vgl. Tholuck, F. A. G.: Die Lehre von der Sünde und vom Versöhner, oder die wahre Weihe des Zweiflers. Hamburg 1823 (anonym); 2. Aufl. 1825 (anonym); 3. Aufl. 1830 (unter Tholucks Namen).
231  Vgl. WA 7, S. 360, 1-6.
232  Spitta, Ph. an A. v. A. 16.4.1825. Unter Hinweis auf Jer. 31, 18f. sagt Spitta in diesem Zusammenhang: „So fängt die wahre Buße an nicht als ein Thun (activa contritio), sondern als ein Leiden (passiva contritio)."
233  Ebd. Die Bestätigung dieser Erkenntnis fand er in Melanchthons Definition der Rechtfertigung: „Coram deo justi reputamur videlicet non, quia sit opus per sese dignum, sed quia accipit promissionem, qua Deus policitus est, *quod propter Christum* velit propitius esse credentibus". Vgl. AC IV, 86 BSLK, S. 178.

Man spürt in dieser Entfaltung Spittas ganz deutlich seine Absicht, Arnswaldt aus seinem „Grübeln" und „eigenen Wollen" herauszubringen. Er will auch Arnswaldt Mut machen, sich als ein „Berufener" und „Begnadigter" zu erkennen.[234] Arnswaldt blieb diese Absicht nicht verborgen. In seinem Antwortbrief spricht er dies auch aus. Er zweifelt einfach daran, daß er zur Gemeinde der Auserwählten gehört.[235] Wie kann er sich da wissen als ein „Berufener" und „Begnadigter"? Spitta geht auf diese Zweifel Arnswaldts ein und verweist ihn auf die dahinter stehenden Motive. „Wir wollen gewiß werden der Vollkommenheit unseres Glaubens, u. warum? Weil wir darin unsere Gerechtigkeit und Ruhe suchen, statt auf Christi Gerechtigkeit selbst hinzublicken". Da — so berichtet Spitta weiter — wo auch er von denselben Zweifeln versucht wird, kommt es bei ihm zu dem „Blick auf den Reichthum der göttlichen Gnade ... und der Zweifel hört auf und mir wird leicht ums Herz".[236] Nun kann er predigen und so die Wunder Gottes erzählen, daß ihm die Leute ansehen, wie er dabei gewesen ist, es alles selbst erfahren hat und nicht bloß vom Hörensagen redet.[237] Eine solche optisch zu verifizierende effektive Rechtfertigung wünscht er seinem verzweifelten Freund Arnswaldt.

Aber all diese Ausführungen will Spitta von Arnswaldt nur als eine vorläufige Erklärung verstanden wissen. Er verspricht sich mehr von einem persönlichen Austausch. Dazu sieht er viel Gelegenheit während der 14 Tage, die er sich im Oktober 1825 zu seinem Examen in Hannover aufhalten wird.[238] Der Ausgang dieser Gespräche war wohl für beide Seiten ein unerwarteter. Arnswaldt kam über seine Bußkämpfe nicht hinaus. Sein Herz blieb „schwankend zwischen beengender Angst und unsicherer Hoffnung".[239] Spitta aber begann an seiner Position zu zweifeln. Erst im Juni 1826 gibt er dies Arnswaldt gegenüber zu.[240] Er schreibt, daß er nach dem Besuch bei Arnswaldt zu fragen anfing, ob er sich der Gnade so unkompliziert freuen dürfe, wo dies gerade Arnswaldt nicht gelingen wollte. Auch er glaubte jetzt, „gesetzlich Buße thun" zu müssen, wobei er sich über das erforderliche Quantum im Unklaren blieb. Aber — so schreibt er — „indem ich *mich* recht ins Auge fassen wollte, verlor ich den *Herrn* aus den Augen".[241] Er gesteht Arnswaldt dies deshalb erst so spät, weil er sich nun wieder zu seiner alten Gewißheit durchgerungen hatte. „Der Bußschmerz bereitet uns vor zum Glauben, bringt aber nichts weiter in uns zu Stande als Glaubensbedürftigkeit; Seligkeit und Freude schafft nur der Glaube der den Herrn ergreift, bei welchem ist Freude die Fülle und liebliches Wesen zu seiner Rechten ewiglich".[242]

---

234 Spitta, Ph. an A. v. A. 16.4.1825.
235 Brf. orig. Spitta Ph. an A. v. A. 21.5.1825 KlB Loccum.
236 Ebd.   237 Ebd.
238 Ebd.
    Brf. orig. Ph. Spitta an A. v. A. 12.8.1825 KlB Loccum.
239 A. v. A. an L. v. H. 19.10.1825.
240 Brf. orig. Spitta Ph. an A. v. A. 25.6.1826 KlB Loccum.
241 Ebd.   242 Ebd.

Wenn aber Philipp Spitta auf die Entwicklung Arnswaldts nicht unmittelbar Einfluß nehmen konnte, so hörte er doch nicht auf, „hin- und herzudenken" und nach einem Weg zu suchen, „daß dessen Seele", wie er sich ausdrückte, „zu dem Sabbath eingehen könnte, der ihr so sehr noth thut".[243] Er rät ihm zunächst davon ab, aus Lebensbeschreibungen erweckter Christen Parallelen zu ziehen und darin Analogien zu suchen. Er solle vielmehr damit rechnen, daß Gott tausend Wege habe, um auf den „einen wahren" zu führen.[244] Spitta kann nach diesen Briefen nicht ohne weiteres zu den Erweckten gezählt werden. Er setzt sich sehr scharf von Tholuck ab und beruft sich in Fragen der Rechtfertigung auf Luther und die lutherischen Bekenntnisschriften,[245] d. h. jedoch nicht, daß er sich auch von den Kreisen der Erweckten zurückzog. Er bleibt in diesen Gruppen, weil er sie für einen Teil der „großen Gemeinde der Heiligen unter allem Volk und allen Confessionen" hält. Hier lernt Spitta Schreiber, den Diasporaprediger der Brüdergemeine, kennen.[246] Dieser war für ihn das „Bild eines christlichen Pilgers nach Kanaan". Durch ihn bekam er Einsicht in die Protokolle einer Predigerkonferenz in Herrnhut und lernte dadurch eine „Gemeinschaft" kennen, die er unter den Evangelischen nicht für möglich gehalten hätte. Spitta war davon so beeindruckt, daß er Arnswaldt sowohl die Bekanntschaft mit Schreiber als auch das Lesen der Protokolle wünschte. Das erstere war durch die Reiseroute Schreibers zunächst nicht möglich, und die Protokolle waren nur zur „Privatmitteilung" bestimmt.[247] Durch die Vermittlung Spittas bekam Arnswaldt schließlich doch die Protokolle und gewann darüberhinaus Zugang zu den Herrnhutern in Hannover.[248]

### 9. Die Herrnhuter Brüdergemeine

Schon sehr früh sprach Arnswaldt davon, daß er ohne christliche Gemeinschaft nicht von sich loskommen könne.[249]

Auch gehörte es mit zu den Grundforderungen der Traktate, die Verbindung mit „wahren Christen" zu suchen.[250] Es ist anzunehmen, daß Arnswaldt auch von dem

---

243 Spitta Ph. an A. v. A. 2.11.1825.
244 Brf. orig. Spitta Ph. an A. v. A. 12.12.1825 KlB Loccum.
245 S. o. S. 82 Anm. 230 u. 231.
246 Spitta Ph. an A. v. A. 2.11.1825;
247 Spitta Ph. an A. v. A. 12.12.1825
248 Brf. orig. Schreiber an A. v. A. 1.2.1826 KlB Loccum.
    Brf. orig. Spitta Ph. an A. v. A. 13.2.1826 KlB Loccum. Es ist interessant, darauf hinzuweisen, daß Ph. Spitta in seinem eigenen Kirchspiel Wechold die Versammlungen der Brüdergemeine nicht duldete. Den persönlichen Kontakt mit Schreiber hatte er jedoch nicht abgebrochen (vgl. Münkel, S. 233-235 u. 189, 205).
249 A. v. A. an L. v. H. 5.2.1825.
250 Vgl. Traktat Nr. 25 Niedersächsische Gesellschaft, S. 4, ferner Traktat Nr. 83 Wuppertaler Gesellschaft, S. 15ff.

Kreis der Herrnhuter im Hause des Schuhmachers Brennecke wußte. Doch hier versammelten sich vornehmlich Handwerker.[251] Dazu kam die kritische Stimme Schwabs, die ihn wohl davon abhielt, von sich aus den Kontakt mit diesem Kreis aufzunehmen. Über Spitta und Schreiber kam es schließlich doch zu einer Verbindung Arnswaldts mit den Herrnhutern.[252]

---

251 Tiesmeyer, L.: Die Erweckungsbewegung in Deutschland während des 19. Jahrhunderts. H. 9: Hannover und Tecklenburg, Kassel 1907, S. 64.
252 Brf. orig. Pellens an A. v. A. 1.3.1826 KlB Loccum. Der Brief Pellens läßt den Geist des Kreises, in den Arnswaldt nun eintritt, deutlich erkennen. Er ist zugleich ein charakteristisches Zeugnis von der inneren Verfassung Arnswaldts und soll deshalb in seinem vollen Wortlaut wiedergegeben werden.
Linden d. 1. März 1826.
Lieber Miterlößter aber noch glaubensschwacher Freund im Herrn!
Mein Freund und Mitpfleger Brennecke vertraute mir heute in einer Herzensunterredung, wie er durch die wunderbare Führung unseres lieben treuen Seelenhirten, unseres theuren Gottesbothen, HE. Schreiber, die sehr interessante Bekanntschaft eines hiesigen Mannes von hoher Distinction und Stande, gemacht habe, und dem es von ganzem Herzen ein Ernst sei, durch die von Natur in uns wohnende Finsterniß durch, und zum Selbstständigen Lichtquell der seligmachenden Wahrheit Gottes hindurchzudringen; dem aber noch der Schutt Menschlicher Weisheit den Weg versperre und so nicht hinüber zu kommen wisse nach dem hin der da ruft: *„Kommt her zu mir alle, die ihr voll Mühe und Arbeit seid; ich will euch erquicken; lernet von mir – p.p.!"* Der aber fest enschlossen sei, redlich auch unseren in dem HErrn verborgenen Weg zu prüfen, und deshalb selbst unsere arme Versammlung besuchen wolle.
Den Mann selbst, wolle er aber zur Zeit noch nicht nennen, möchte auch, aus guten Gründen, nicht, daß neugierig nach demselben, bei seinem Erscheinen, gefragt würde. Da hieß es in mir, „das ist Arnswaldt mit dem du schon so lange dich befreundet wünschest, und nicht anzunähern wußtest. Hier öffnet dir der HErr selbst die Thür „denn das ist sein Finger". Gedacht – gesagt; – und es war so!
Da leuchtete es mir vor den Füßen; und ich hatte nicht Ruhe, bis ich mich zum Schreiben setzte.
Lieber Mann, wie durchschaue ich den Zustand Ihres Herzens! O, durch welch ein mächtiges Zweifelheer, habe auch ich mich durchkämpfen müssen!! Wie kleinlaut ward da auch oft meine arme wimmernde Seele! Welch einem himmelhohen Riesen, glich mir zagenden Zwerglein da oft die Macht der Lust und die Scheinwahrheit der sie sophisirenden Sinnenvernunft!–! Und dann wieder die Furienbisse des belogenen Gewissens, wohinter durch dann die offene Hölle – o, schaudervoller Augenblick! – mir hohnlachend anjähnte, und mir da nur mein harrendes Loos verhieß . . . Dahin erst, aber mußte es mit mir Starken kommen, wenn anders mein widerstrebendes Herze, sich in seiner wahren Stellung gegen seinen Gott, d. i. in seinem unergründlichen selbstverschuldeten Naturverderben erkennen sollte . . . Diese mir ewig merkwürdige Enthüllungsgeschichte meines unergründlich bösen Herzens, und seiner gänzlichen Ohnmacht, sich je selbst zu helfen und zu entfesseln, einerseits, und die wunderbare allmälige Lichtsverklärung des ewigerbarmenden Gotteswortes, in meinem zerschlagenen und in seiner Höllennoth himmelschreienden Herzens, andererseits, habe ich nun zum ewigen Andenken und – vielleicht auch zum Nutzen der Frommen manches änlich Hülfsbedürftigen – nach und nach vor dem HErrn niedergeschrieben, und die Quintessenz davon im vorigen Sommer, in einen kleinen Werkchen zusammengestellt. Dann dasselbe einem hocherleuchteten theosophischen Theologen in Frankfurt a. M. zur Prüfung zugesandt, und – darauf vor

Arnswaldt sah in dem „armen Schuster" einen „ehrenwerten Mann", ohne „separatistische und schwärmerische Züge".[253] Der Besuch der „Versammlungen der Frommen" zeigte ihm, daß diese „bis zur Einseitigkeit" an einer Erfahrung orientiert waren, die ihm immer noch fehlte. In der Sprache Zinzendorfs nennt auch Arnswaldt diese nun „die Erfahrung der Kraft und des Blutes Christi" und erwartet als Ergebnis seiner Teilnahme an den Versammlungen eine „Wende zum Guten".[254]

Anfang Juni besuchte ihn dann auch der Diasporaprediger Schreiber. Schon vor dem persönlichen Kennenlernen schreibt dieser ihm über „Buße, Räue und Leid über die Sünde".[255] Von dem Besuch selbst jedoch war Arnswaldt enttäuscht. Er fand bei Schreiber die „Eintönigkeit" und „Einseitigkeit", die ihm bei allen in der Versammlung auffiel und die er nun kritisiert: „was sie [die Herrnhuter] von anderen Christen die es nicht bloß dem Namen nach sind, unterscheidet, fühle ich, meiner eigenthümlichen Führung nach, mir nicht vorzugsweise nahe; auch treffen ihre Reden den Fleck nicht scharf, auf den ich von Gott zunächst gewiesen bin".[256] Dennoch hat Arnswaldt den Kontakt mit den Herrnhutern nicht abgebrochen.[257] Vor allem wird er durch diese mehr und mehr für die Mission interessiert.[258] Er gibt seinen Missions-

---

einigen Wochen nebst Rücksendung ein hochanerkennendes Urtheil erhalten; jedoch mit der tiefschauenden Warnung, mit diesem mir anvertrauten Geheimnissen Gottes, ja ein weiser Haushalter zu sein. Diese mir hochtheure Zuschrift erfolgt nun hiebei zu Ihrer geneigten Ansicht; und finden Sie sich dadurch freudig angeregt, daß darin beurtheilte Werkchen selbst mal zu durchlesen; so werde ich nach einigen Tagen deshalb mündlich mit Ihnen Absprache zu nehmen, mir die Freiheit erbitten.
Bis dahin bleibe auch diese Mittheilung, als ein Siegel des Zutrauens, unter uns. Meine Gründe werden Ihre Anerkennung finden.
Der Herr sei mit Ihnen!
Ihr herzverwandter Freund                                          Jh. P. Pellens

Bei der von Pellens erwähnten Schrift handelt es sich um: Pellens, J. P.: Rechtfertigung meines und der Meinigen Uebergang aus der römisch-katholischen in die allgemeine evangelische Christengemeinschaft. Hannover 1827.
Es ist nach Kayser die einzige Veröffentlichung Pellens'. Vgl. Kayser, Chr. G.: Index Locupletissimum Librorum. Vollständiges Bücherlexikon. Teil 1-6 (1750-1832) Bd 1 Leipzig 1834/35, S. 315.

253 Brf. orig. A. v. A. an L. v. H. April 1826 StB Berlin.
254 Ebd. In diesem Brief nennt er auch die Begegnung mit Brennecke eine „Fügung und Absicht des liebreichen Vaters im Himmel".
255 Brf. orig. Schreiber an A. v. A. 31.3.1826 KlB Loccum.
256 A. v. A. an L. v. H. 15.6.1826.
257 Brennecke besuchte ihn weiter in gewissen Abständen. Ebd.
Schreiber schickt ihm die Losungen. Vgl. Schreiber an A. v. A. 1.7.1826.
258 Bereits 1825 hatte ihm Spitta über den Hamburger Missionsverein, über die Baseler Mission und über Jänickes Ausbildungsstätte in Berlin berichtet. Vgl. Spitta, Ph. an A. v. A. 12.8.1825.
Seit 1827 bezog Arnswaldt die seit 1817 von Samuel Elsner herausgegebene Zeitschrift: Neueste Nachrichten aus dem Reiche Gottes. In seinem Nachlaß fanden sich von 1824 H. 4, 5, 8, 12 und von 1830 H. 2, 4, 6-9 u. 11.

beitrag[259] und hat damit teil an dem in dieser Gemeinschaft „herrschenden Missionssinn".[260]

Sein eigentliches Ziel aber hat er nicht erreicht. Bei all seinen „selbsterwählten Quälereien"[261] blieb sein Streben darauf gerichtet, sich selbst immer mehr zu vernichten, um „Raum" zu schaffen, wo der Herr wohnen könne.[262]

Auch Spitta klagt er weiter sein Leid, und dieser vergleicht Arnswaldts Zustand mit einem „geistigen Fasten wo einen hungert nach der himmlischen Speise und doch die Glaubenshand sie zu ergreifen verdorret ist".[263] Arnswaldt beschäftigt sich weiter und intensiver mit der Rechtfertigungs- und Heiligungslehre. Als er sie einmal Spitta vorträgt, konnte dieser Arnswaldts Gedankengänge nicht verstehen.[264] Im April ließ dann Arnswaldt Spitta mitteilen, daß er nun wieder so weit sei, wie Spitta ihn vor dreieinhalb Jahren gesehen habe,[265] d. h. Arnswaldt war wieder auf der Stufe der Bußkämpfe von 1824/25 angelangt. Spitta versuchte, wie in seinem ersten Brief, Arnswaldts Augenmerk von sich selbst abzulenken. Er nennt als Grund dafür, daß Arnswaldt nun klagt, er habe „weder Lebenskraft" noch „Lebenssaft" dessen eigenes „Selbstwirken" und „Selbstheiligen". Dabei vergleicht er Arnswaldts „große Noth" mit einer „evangelischen Kinderkrankheit . . . die keine Krankheit zum Tode sei". Er stellt dann in Anlehnung an dieses Bild zu Arnswaldts Genesung in rezeptartiger Folge Trostworte der Bibel zusammen.[266] Arnswaldt jedoch antwortet auf diesen Trostbrief Spittas mit der Frage: „. . . soll ich nicht vielmehr anfangen einmal *wahrhaft* Buße zu thun?"[267]

Mitten in diese neuen Bußkämpfe, die diesmal auch seiner Schwester Luise nicht verborgen blieben,[268] fällt der Tod seiner Mutter.[269] Es war wohl ursprünglich ge-

---
259  Brf. orig. Schreiber an A. v. A. 29.7.1831 KlB Loccum.
260  Graeve, O.: Die Herrnhuter. HM Nr. 62 1842, S. 501.
Die Herrnhuter Brüdergemeine nennt Gensichen „das zweite große Missionswerk im weiten Bereich des Pietismus". Vgl. Gensichen, S. 18.
Beyreuther weist darauf hin, daß Zinzendorf im Gegensatz zur Halleschen Mission als Missionsgebiet die ganze Welt ins Auge faßte. Beyreuther, E. Mission und Kirche. Studien zur Theologie Zinzendorfs. Neukirchen 1962, S. 14.
261  Brf. orig. A. v. A. an L. v. H. 13.5.1826 StB Berlin.
262  A. v. A. an L. v. H. 5.10.1826.
263  Brf. orig. Spitta, Ph. an A. v. A. 13.3.1827 KlB Loccum.
264  Brf. orig. Spitta, Ph. an A. v. A. 10.3.1828 KlB Loccum.
265  Brf. orig. Spitta, Ph. an A. v. A. 26.4.1828 KlB Loccum.
266  Ebd.
267  Brf. orig. Spitta, Ph. an A. v. A. 19.4.1828 KlB Loccum.
268  Brf. orig. L. v. A. an L. v. H. 20.3.1829 StB Berlin:
„O hätten Sie ihn vorigen Sommer gesehen, wie er monatelang innerlich gefoltert und von Seelenangst umhergetrieben wurde, wie da die Hoffnung auf die Wiederkehr auf die lichten Momente nicht einmal vermögend war ihn in etwas aufzuraffen, weil er auch diese für falsch hielt, wie er da so gar nichts mehr fand an das er sich in der Noth hätte klammern können."
269  Brf. orig. A. v. A. an Elvers 10.8.1828 StB Berlin.

plant, daß sie ihren Mann im Winter nach Italien begleiten sollte. Diesem war ein solcher Aufenthalt von ärztlicher Seite verordnet, und er wollte deshalb auch nicht darauf verzichten. Da er aber nicht allein reisen wollte, bestimmte er August zu seinem Begleiter. Mit diesem Entschluß verband er wohl die Hoffnung, daß das Erleben Italiens seinen Sohn von dessen „melancholischer Einbildung"[270] befreien könne. August konnte sich für diese Reise nicht begeistern[271] und freute sich nur darauf, Tholuck in Rom zu treffen.[272]

## 10. Die Capitolinische Kirchengemeinschaft

Als 1818 der damalige Gesandte Niebuhr Bunsen als Legationssekretär gewann, gab es in Rom noch keine evangelische Gemeinde.[273] Bald nach seinem Amtsantritt jedoch erreichte Bunsen mit der Zustimmung Niebuhrs, daß in der Gesandtschaft evangelische Gottesdienste gehalten wurden.[274] Die Gemeinde nannte er „Capitolinische Kirchengemeinschaft".[275] Der erste Gesandtschaftsprediger war H. E. Schmieder.[276] Ihm folgte 1824 Richard Rothe.[277] Im Herbst 1827 gelang es Bunsen, Tholuck für die Predigtstelle in Rom zu gewinnen.[278] Vom April 1828 an betreute Tholuck für ein Jahr die Gemeinde in Rom.[279] Tholucks Predigten waren, wie bereits erwähnt, der Grund, warum sich Arnswaldt mit der Italienreise abfand. Doch führte die Reise der Arnswaldts nicht direkt nach Rom. Drei Wochen verbrachten sie in Florenz mit dem Besuch der verschiedenen Galerien. Während dieser Zeit erwachte in August von Arnswaldt wieder „seine alte Vorliebe für die

---

270 So bezeichnet K. F. A. v. A. das, was er während der inneren Entwicklung seines Sohnes an diesem beobachtete. Er hätte ihn am liebsten in „gänzlicher Unbekanntschaft mit allem geistlichen Leben gesehen". Vgl. Brf. orig. A. v. A. an L. v. H. 12.2.1826 StB Berlin.
271 A. v. A. an Elvers 10.8.1828.
272 Umbreit, Erinnerungen, S. 31.
273 Kamphausen, A.: Bunsen, Chr. K. J. In: RE 1. Aufl. Bd 19 1865, S. 279f.
274 Schmidt-Clausen, K.: Vorweggenommene Einheit. Die Grundlegung des Bistums Jerusalems im Jahre 1841. Arbeiten zur Geschichte und Theologie des Luthertums Bd 15, Berlin/Hamburg 1965, S. 25.
275 Vgl. die Widmung: „Seinem theuren Freunde August v. Arnswaldt zum Andenken an die Capitolinische Kirchengemeinschaft und zur Erinnerung an ernste und innige Stunden. Rom 10 Mai 1829 Bunsen". eingetragen in Arnswaldts Exemplar: Liturgie wie sie als Nachtrag zur Kirchen Agende des Jahres 1822 zum Gebrauch für die Königlich Preußische evangelische Gesandtschaftskapelle zu Rom bewilligt worden ist. 1828. Diese Liturgie wurde bearbeitet von Bunsen und Richard Rothe. Vgl. Kupisch, K.: Bunsen, K. Jos. In: RGG Bd 1 1957, Sp. 1525.
276 Kamphausen, S. 280.
277 Kupisch, Bunsen, Sp. 1525.
278 Witte, Bd 2 1886, S. 90-107.
279 Ebd. S. 95-146.

christliche Kunst".[280] Er begann erneut, sich über die einzelnen Gemälde ausführliche Aufzeichnungen zu machen.[281] Hinzu kam, daß er in Florenz Aubel wiedertraf und durch ihn eine Reihe anderer Künstler kennenlernte. Die ganze Zeit in Florenz hörte er „wenig mehr als von Kunst". Sonst schreibt er von sich nur, daß er, was sein „dürres u. erstorbenes Herz" betreffe, „hin- und hergeworfen" sei zwischen den „Eindrücken der Kreatur und den Mahnungen Gottes".[282]

Auch in den ersten Tagen in Rom, wo er mit seinem Vater Ende Oktober eintraf, galt seine ganze Aufmerksamkeit den Kunstschätzen und Altertümern dieser Stadt. Auf einer Ausstellung traf er die Künstler Thorvaldsen, Rebenitz und Overbeck.[283] Das Einleben fiel den Arnswaldts in Rom nicht schwer, denn um alle äußeren Dinge bemühte sich der hannoversche Legationsrat Kestner[284] und der Geheime Rat Rehberg, der 1828/29 in Italien lebte.[285]

Bald nach seinem Eintreffen in Rom suchte Arnswaldt auch den dortigen Kanonisten der Preußischen Gesandtschaft Röstell auf.[286] Diesen kannte er aus Göttingen. Noch

---

280 Brf. orig. L. v. A. an L. v. H. 22.9.1828 StB Berlin. Die Briefe Arnswaldts an Ludowine aus den Jahren 1827-1829 sind nicht mehr auffindbar. Doch sind die Briefe Luise von Arnswaldts an Ludowine erhalten. Hier schrieb Luise auf ausdrückliches Bitten Ludowines ganze Teile aus Arnswaldts Briefen ab. Vgl.
L. v. H. an L. v. A. 6.9.1828.
Br. orig. L. v. A. an L. v. H. 25.9.1828. StB Berlin.
281 Vgl. oben S. 27f., ferner Bibliographie S. 252.
282 Brf. orig. L. v. A. an L. v. H. 22.11.1828 StB Berlin. Von den Künstlern, die Arnswaldt in Florenz traf, ist hier besonders I. C. Baese, von dem K. F. A. v. Arnswaldt eine Kopie der Madonna del Granduca kaufte, zu erwähnen. August von Arnswaldt gab dann von Rom aus Baese den Auftrag, für ihn zwei Gemälde aus einer dortigen Galerie zu kopieren. Es war der Johannes von Andrea del Sarto und die Madonna von Sassoferrato. Vgl. Brf. orig. Baese an A. v. A. 20.10.1829 KlB Loccum.
Die Gemälde erhielt Arnswaldt dann im Herbst 1829. Brfe. orig. Baese an A. v. A. 6.3.1829 u. 9.11.1829 KlB Loccum.
283 L. v. A. an L. v. H. 22.11.1828.
284 August Kestner war seit 1825 Legationsrat am päpstlichen Hof. Seine Mutter war die durch ihre Jugendfreundschaft mit Goethe bekannte Charlotte Buff. Vgl. Rothert, W.: Allgemeine hannoversche Biographie. Bd 2. Im alten Königreich Hannover 1814-1866. Hannover 1914, S. 274-289, bes. S. 275 u. 281. Vgl. ferner Mejer, O.: Kestner, A.: In: ADB Bd 15 1882, S. 660ff.
Kestner sorgte auch während der Neapelreise der Arnswaldts für die Zustellung der Briefe nach und von Hannover. Vgl. Brfe. orig. Kestner an A. v. A. 26.2.1829, 19.3.1829, 9.4.1829, 21.4.1829 KlB Loccum.
285 Zu August Wilhelm Rehberg, der 1820 durch Intrigen zum Rücktritt genötigt wurde und danach neben vielen Reisen sich ganz der schriftstellerischen Tätigkeit widmete, vgl. Rothert, Biographie Bd 2, S. 398-411 und Frensdorf: Rehberg, A. W. In: ADB Bd 27 1888, S. 571-583.
Mit Rehberg besuchte Arnswaldt im November 1828 eine musikalische Darbietung in der Capella Sixtina. Brf. orig. Rehberg an A. v. A. 6.11.1829 KlB Loccum.
286 Röstell, W. war neben Platner, Bunsen und Gerhard Mitherausgeber der Beschreibung

an dem ersten Tag seines Zusammentreffens mit Röstell machte ihn dieser mit Tholuck bekannt. Nach der ersten Begegnung mit Tholuck schrieb er an seine Schwester: „ . . . mit diesem werde ich wohl viel seyn, ich habe einen sehr freundlichen Eindruck von ihm".[287] Es ist — dies war ja vor Arnswaldts Italienreise sein Hauptziel — anzunehmen, daß er regelmäßig Tholucks Predigten besuchte. Gewiß gehörte er auch zu den Hörern der Mittwochabendvorträge Tholucks über die CA.[288] Da die Gemeinde in Rom sehr klein war,[289] lernte Arnswaldt im Hause Bunsens[290] sehr bald alle Mitglieder kennen. Auch durch den Bunsenschen Kreis wurde Arnswaldts Interesse immer wieder auf die Kunst gelenkt, und zwar von einer Seite aus, von der er es nicht erwartet hatte.[291] Daneben aber nutzte er die Zeit zu persönlichen Gesprächen mit Tholuck.[292] Mit diesem unterhielt er sich über seine Begeisterung für die katholischen Erbauungsschriften. Er lieh Tholuck den Scupuli und das Leben Sales.[293] Tholuck fand in diesen Schriften jedoch alles andere als „Erbauung". Sie enthielten für ihn zu viel „Verschönerung", zu viel „Panegryphisches" und eine zu pauschale Verketzerung der Protestanten. Er empfiehlt dagegen Arnswaldt Cansteins Leben Speners und

---

       der Stadt Rom. Vgl. Index Locupletissimum Librorum 1750-1832 von Kayser, Chr. J. Bd 1 1834, S. 239.

287  L. v. A. an L. v. H. 22.11.1828.

288  Witte, Bd 2 1886, S. 117.

289  Tholuck hatte bei seiner Antrittspredigt sechs Hörer. Auch später klagt er über „mangelndes geistliches Interesse". Ebd. S. 117, 133f.

290  Zu den Gesellschaften in Bunsens Haus vgl. ebd. S. 124, 138.

291  Nach seinem Romaufenthalt stand Arnswaldt Bunsen näher als Tholuck. Vgl. A. v. A. an Elvers 2.8.1829.
Auch Bunsen begegnete Arnswaldt mit großer Sympathie. Vor Arnswaldts Neapelreise schreibt er diesem, daß er sich an seine Abwesenheit erst gewöhnen müsse. Brf. orig. Bunsen an A. v. A. 7.3.1829 KlB Loccum.
Besonders nahm Arnswaldt an Bunsens Bearbeitung eines neuen Gebet- und Gesangbuches teil. Er lieh ihm dazu seine Ausgabe der Liedersammlung Johann Arnold Kannes. Vgl. Brf. orig. Röstell an A. v. A. 26.2.1829 StB Berlin.
Zur Verbindung mit Bunsen nach Arnswaldts Romaufenthalt Brfe. orig. Bunsen an A. v. A. 31.3.1830, 12.8.1833, 1.7.1834 KlB Loccum.
Röstell berichtete Arnswaldt weiter über Bunsens Ergehen. Vgl. Brfe. orig. Röstell an A. v. A. 22.3.1833, 6.10.1833 KlB Loccum.

292  7 Brfe. orig. Tholuck an A. v. A. Nur einer dieser Briefe, der den Zeitpunkt für ein Treffen festlegt, ist datiert. (7.11.1828) KlB Loccum.

293  Ludowine veranlaßte 1826 Arnswaldt, sich die gesammelten Werke Scupulis anzuschaffen. Vgl. A. v. A. an L. v. H. April 1826.
Scupuli ruft in allen seinen Werken zu einem anhaltenden Ringen nach christlicher Vollkommenheit auf. Scupuli, L.: Der geistliche Kampf. Leitsterne auf der Bahn des Heils. Bd 4 Wien 1822, S. XIX – XXXVIII.
Der geistliche Kampf — der erste Teil des unter dem gleichnamigen Titel veröffentlichten Sammelwerkes — fand bereits zur Zeit der Gegenreformation großen Anklang. Vgl. Heiler, F.: Erbauungsliteratur. In: RGG 3. Aufl. Bd 2 1958, Sp. 543.
Für Franz von Sales (1567-1622) war „Der geistliche Kampf" das Erbauungsbuch schlechthin. Er hatte es 18 Jahre hindurch ständig bei sich und las täglich ein Kapitel daraus. Vgl. Scupuli, S. VII-XI.

Guerikes Leben Franckes. Das eigentliche Thema ihrer Gespräche zeigt folgende Stelle aus den Briefen Tholucks: „Unsere letzten Gespräche haben mich recht innig berührt, glauben Sie, ich verstehe Sie, ich weiß was Sie suchen, ich habe gefühlt was Sie fühlen, aber felsenfest weiß ich – die kath. Kirche giebt's nicht, es kommt nur auf jenem alten schlichten Wege den die Apostel beschreiben. Er dünkt uns aber oft *zu schlicht*, u. weil unsere Füße träg sind, schelten wir *den Weg,* so ist es *mir* ergangen, aber von Andern weiß ichs nicht".[294] Diese wenigen Zeilen zeigen, wie ernst Tholuck den jungen Arnswaldt nahm. Er las die Bücher, die Arnswaldt ihm geliehen hatte, um den Grund seiner Sympathien für den Katholizismus kennenzulernen.[295] Nachdrücklich verweist er ihn darauf, daß er das, was er sucht, in der katholischen Kirche nicht finden kann.[296] Die Rede Tholucks von dem „alten schlichten Weg", den die Apostel beschritten haben, muß Arnswaldt an Tholucks Argumentation in seiner Schrift wider das Theater erinnert haben.[297]

Tholuck war jedoch inzwischen ein anderer geworden. Er selbst sagt von sich, daß er in seiner Romzeit die „engen pietistischen Anschauungen ... abgestreift" habe und daß es bei ihm zu einer „freieren inneren Entwicklung" gekommen sei.[298] Tholuck war über das hinausgewachsen, was Arnswaldt für das Wesentliche „auf dem Weg zum Heil" hielt, und war so imstande, auch Arnswaldt an diesem Punkte weiterzuführen.[299]

Zusammenfassend ist zu sagen: Arnswaldt gewinnt durch den Aufenthalt in Rom einen neuen freien Zugang zur Kunst und sieht diese nun als legitimen Ausdruck des schöpferischen Menschen, den er auch als Christ ganz bejahen kann. Er überwindet

---

294   Auch Bonwetsch veröffentlichte diesen Brief. (Vgl. Bonwetsch, Erweckung, S. 41). Statt „beschrieben" bei Bonwetsch muß es „beschreiben" heißen.
295   Die Aussage Tholucks, daß sein Verhältnis zu Arnswaldt ein „besonders nahes" sei, ist durchaus wörtlich zu verstehen. Vgl. Witte, Bd 2 1886, S. 133. Er vergleicht Arnswaldt mit Overbeck (ebd. S. 138). Für diesen bedeutet seine 1813 erfolgte Konversion die erste lebendige Beziehung zum Christentum (ebd. S. 119). Es ist anzunehmen, daß Tholuck auch von dem Austausch Arnswaldts mit Overbeck wußte. 1831 schrieb Overbeck, daß er sehr beeindruckt gewesen sei von Arnswaldts Ernst und von seinem „redlichen Suchen nach der Wahrheit". Vgl. Brf. orig. Overbeck an A. v. A. 11.8.1831 KlB Loccum.
296   Dabei war Tholuck gerade Arnswaldt gegenüber gewiß nicht zurückhaltend mit seinen scharfen antikatholischen Äußerungen. Vgl. Witte, Bd 2 1886, S. 123, 127, 137-139.
297   S. o. S. 77ff.
298   Witte, Bd 2 1886, S. 142.
      1836 widmete Tholuck Bunsen seinen Hebräerbrief-Kommentar. In der persönlichen Zueignung heißt es: „Was dort [in Rom] der äußere und innere Mensch erfahren hat, hat mannigfache Frucht ausgetragen und den größten Theil des Dankes bin ich Ihnen und Ihrem Hause schuldig". Vgl. Tholuck, F. A. G.: Kommentar zum Briefe an die Hebräer. Hamburg 1836, S. IV.
299   Von den Gesprächen mit Tholuck berichtet Arnswaldt, daß er durch sie „viele innere Erfahrungen" gewonnen habe. Brf. orig. L. v. A. an L. v. H. 6.3.1829 StB Berlin.

seine „engen pietistischen Ansichten" und ist in der Folgezeit dem Auf und Ab der Bußkämpfe nicht mehr ausgeliefert.

Sein Leben ist bestimmt von einer „sehr gleichen Stimmung".[300] An Elvers schreibt er: „Der Herr ist treu, der uns berufen hat; — das habe ich auch in den letzten Jahren vielfach und immer aufs neue erfahren . . . Ich will es auf den wagen, der sich auch an mir als Den (sic!) bewiesen hat, der Er ist".[301] Mit denselben Worten muß er bereits aus Rom an Spitta geschrieben haben, denn dieser beginnt seinen Brief an Arnswaldt vom 30.3.1829 mit: „Gott sei gelobt für die Treue, die er Ihnen . . . so reichlich bewiesen hat".[302] Daß Arnswaldt Spitta als einem der ersten von diesen seinen „Erfahrungen" in Rom berichtete, ist naheliegend. Denn Spitta war es schließlich, der seit 1825 Arnswaldt das zu erklären versuchte, was er jetzt selbst an sich „erlebt" hatte. Auch Arnswaldt sieht nun nicht mehr zuerst auf das, was er zu tun hat, sondern auf den, der an ihm handelt.[303]

Der Anfang in Hannover fiel Arnswaldt nach diesem bewegten Aufenthalt in Rom nicht leicht. Er klagt, daß in ihm durch „das sich wieder Hierfinden viele traurige Erinnerungen geweckt" wurden.[304] Doch war „diese trübe Ansicht" nur vorübergehend.[305] Wesentlich trugen dazu die Predigten bei, die er zum Teil hörte, zum Teil aber auch nur las.

## 11. Die Predigten Eduard Friedrich Niemanns und Gerhard Friedrich Abraham Strauß'

### a) Eduard Friedrich Niemann

Trotz seiner Jugend erhielt Niemann 1829 die Pfarrstelle an der Aegidienkirche zugesprochen.[306] Seine Wahlpredigt stellte der Gemeinde einen Theologen vor, der es

---

300 Brf. orig. L. v. A. an L. v. H. 13.9.1829 StB Berlin.
301 A. v. A. an Elvers 2.8.1829.
302 Brf. orig. Spitta Ph. an A. v. A. 30.3.1829 KlB Loccum.
303 Umbreits Annahme, daß es zu dem „Wandel" in Rom gekommen sei, weil er hier „mehr wie je" die Heilige Schrift studiert und ferner „in den geistesgewaltigen Dom der Werke Luthers geschaut" habe, ist aus den Quellen nicht zu belegen. Vgl. Umbreit, Erinnerungen, S. 32.
Völlig unbegründet erwies sich die Vorstellung Bendixens. Dieser nimmt einen zweijährigen Romaufenthalt Arnswaldts an und meint, daß Arnswaldt „durch den Anblick der ewigen Stadt, aus der ja doch die alte Kirche zu uns redet mit ihren Basiliken und Katakomben . . ." zu einem „Kirchenmann" geworden sei. Vgl. Bendixen, S. 430.
304 Brf. orig. L. v. A. an L. v. H. 5.7.1829 StB Berlin.
305 Brf. orig. L. v. A. an L. v. H. 25.7.1829 StB Berlin.
306 Zur Erinnerung an den Oberkonsistorialrat Dr. Niemann. Hannoversche Pastoralkorrespondenz 12 1884 Nr. 19, S. 245. Vgl. Steinmetz, : Die Generalsuperintendenten von Calenberg, S. 241-255.
Ferner, Meyer, J.: Kirchengeschichte Niedersachsens. Göttingen 1939, S. 195.

verstand, durch das Niveau seiner Predigten auch die der Kirche Fernstehenden anzuziehen.[307] Dabei setzte er sich gleich von seiner ersten Predigt an ab von dem damals verbreiteten Rationalismus. Er war der „erste Zeuge des wiedererwachenden Glaubenslebens in Hannover"[308] oder, wie es Meyer formuliert, „der erste Prediger des neuen Geistes".[309] Er ließ sich auch nicht durch Verleumdungen und Gerüchte davon zurückhalten, die Versammlungen der Herrnhuter zu besuchen.[310] Engen Kontakt hatte er mit Weibezahn, den er bereits aus Göttingen kannte und der nun ganz in seiner Nähe wohnte.[311]

Überhaupt versuchte Niemann mit all seinen Gemeindegliedern in persönlichen Kontakt zu kommen. Er ging zwar wenig in Gesellschaften, machte aber desto mehr Besuche.[312] So wird er auch August von Arnswaldt kennengelernt haben, der seit der Rückkehr aus Rom zu seinen Predigthörern zählte. Begeistert schreibt Arnswaldt über Niemanns Predigten sowohl an seine Braut[313] als auch an seinen Freund Elvers.[314]

Über den Inhalt dieser Predigten findet sich in Arnswaldts Aufzeichnungen leider nichts. Doch kann eine in Niemanns Predigtsammlung von 1837 abgedruckte Predigt, die er bereits 1831 hielt, einen Einblick in seine Predigtweise geben. Er überschreibt die Predigt über Eph. 4, 1-6: „Christus muß unseren Herzen Frieden geben, damit wir Frieden halten können untereinander".[315]

Noch bevor er den Text der Gemeinde verliest, spricht Niemann von dem „Reich der Gnade", das gestiftet ist mitten in einer „von Neid und Zwietracht vielfach zerrissenen Menschheit".[316] Nach der Textverlesung weist er darauf hin, „daß die Apo-

---

307 Zur Erinnerung, S. 245, vgl. ferner: Mejer, S. 11.
308 Zur Erinnerung, S. 245f.
309 Meyer, J.: Kirchengeschichte, S. 195.
310 Zur Erinnerung, S. 247.
311 Schäfer, W.: Carl Friedrich August Weibezahn. Der Osnabrücker Erweckungsprediger. Osnabrück 1955, S. 12.
    1830 gab Weibezahn seine Stelle als Hauslehrer beim Grafen Platen-Hallermunde in Hannover auf. Er war zum dritten Prediger an der Katherinen-Kirche in Osnabrück gewählt worden. Schäfer, W.: Effigies Pastorum. Die Pastoren an St. Katherinen. 400 Jahre Osnabrücker Kirchengeschichte in Bildern und Urkunden aus den Quellen. Osnabrück 1960, S. 143f.
312 A. v. A. an A. v. H. 22.9.1830.
313 Ebd.: „Eben habe ich eine gute Predigt von Niemann gehört, die erste wieder seit drei Monaten ... über das Evangelium vom Jüngling zu Nain das er geistlich anwandte auf den inneren Tod und die Auferstehung aus der Sünde ..."
314 Brf. orig. A. v. A. an Elvers 31.10.1830 StB Berlin: „Er [Niemann] macht wie es scheint reißende Fortschritte in der christlichen Erkenntniß und hat uns besonders in der letzten Zeit ein Paar herrliche Predigten gehalten über „Trachtet am ersten nach dem Reich Gottes" und „Mein Sohn deine Sünden sind dir vergeben ..." Wenn es so fortgeht, haben wir eine erfreuliche Aussicht".
315 Niemann, E.: Predigten. Hannover 1837, S. 335-354.
316 Ebd. S. 336f.

stel, ehe sie den Christen deren Obliegenheiten in den verschiedenen Verhältnissen des Lebens vor Augen legen und überhaupt zu einer christlichen Tugendübung sie auffordern, die köstlichen Güter hervorheben, die ihnen durch Christus geschenkt sind, und es ihnen dadurch zum Bewußtsein zu bringen suchen, welche Kraft sie stärken soll, ihrem Ziel glücklich nachzustreben; wogegen sie aber ohne dieses Bewußtsein bei den Hörern alle Ermahnungen für erfolglos halten".[317] Mit solchen und ähnlichen Satzperioden trägt Niemann seinen Hörern das Verhältnis von Indikativ und Imperativ vor. Bis ins einzelne zeigt er auf, wie jede Forderung an den Menschen in dem, was zuerst für den Menschen geschah, gegründet ist.[318] Im letzten Teil seiner Predigt fehlt dann auch nicht der Trost für die, die dennoch in ihrem Bemühen, die apostolischen Forderungen zu erfüllen, versagt haben: „Auch wenn der glückliche Erfolg lange verziehet . . . hält die aus dem inneren Frieden eines durch Christus versöhnten Herzens erzeugte Liebe bis an's Ende aus . . ."[319]

Niemann war jedoch der einzige Prediger in Hannover, der Arnswaldt damals ansprach. Enttäuscht war er über eine noch 1829 gehörte Predigt Ludwig Adolf Petris. Auf dem Weg von der Kirche sollen zwischen ihm und seinem Freund August Meyer[320] die Worte gefallen sein: „Ach es ist *wieder* nichts, zu *dem* wollen wir nicht wieder hingehen".[321] Neben Niemanns Predigten las Arnswaldt damals die gedruckten Predigten von Gerhard Friedrich Abraham Strauß.

### b) Gerhard Friedrich Abraham Strauß

Der Berliner Hofprediger und praktische Theologe Strauß hatte auf viele Vertreter der Erweckungsbewegung einen entscheidenden Einfluß.[322] Arnswaldt lernte ihn in Kassel bei Ludwig Hassenpflug kennen. Noch 1835 erinnert sich Strauß gern an die dort geführten theologischen Gespräche mit Arnswaldt.[323] Nach jenem Treffen in Kassel nahm Arnswaldt alle ihm zugänglichen Predigten von Friedrich Strauß in

---

317 Ebd. S. 339.
318 Ebd. S. 338, 339.
319 Ebd. S. 348, 349.
320 Zu August Meyer vgl. Rothert, Biographie, Bd 2 1914, S. 559.
Arnswaldt war seit 1827 mit Meyer befreundet. Im Herbst 1827 berichtete Arnswaldt Ph. Spitta über Meyers „ERweckung". Spitta schreibt darüber: „Daß der Freund Ihrer Seele Ihnen in A. M. einen Freund zugeführt hat, . . . das . . . stärke uns alle im Glauben an ihn". Vgl. Brf. orig. Spitta, Ph. an A. v. A. 26.10.1827 KlB Loccum. August Meyer besuchte zusammen mit Arnswaldt die Versammlungen der Herrnhuter Brüdergemeine. Vgl. Brf. orig. Schreiber an A. v. A. 10.8.1828 KlB Loccum.
321 Vgl. Petri, E.: D. Ludwig Adolf Petri. Ein Lebensbild. Bd 1. Hannover 1888, S. 47.
322 Vgl. Schmidt, M.: Christentum, S. 457f. und Wendland, W.: Siebenhundert Jahre Kirchengeschichte Berlins, Leipzig 1830, S. 231ff. Zu dem Einfluß Friedrich Strauß' auf Wilhelm Löhe vgl. Deinzer, J.: Wilhelm Löhes Leben. Aus seinem schriftlichen Nachlaß zusammengestellt. Bd 1, 3. Aufl. Gütersloh 1901, S. 64, 73-77.
323 Brf. orig. Röstell an A. v. A. 24.12.1835 KlB Loccum.

die Sammlung der Schriften auf, die er zu seiner persönlichen Erbauung immer wieder las.[324]

Die erste Predigt, die er von Strauß besaß, hatte dieser am 5.10.1828 gehalten. Im Druck erschienen, trug sie die Überschrift: „Lot und sein Weib".[325] In der Form einer Homilie geht Strauß in dieser Predigt den Text Gen. 19, 15-26 entlang. Lebendig schildert er Lots Auszug und in grellen Farben den Untergang von Sodom und Gomorra. Dabei verflicht er die Applikatio mit der Explikatio. So sagt er im Anschluß an die Entfaltung, daß Lot schließlich zur Flucht gezwungen werden mußte: „Was dünket euch, th. Z.: hat es auch Zeiten in eurem Leben gegeben wo man euch zu eurem Heilande zwingen und durch die Macht der Umstände aus der Gemeinschaft der Bösen herausreißen müssen? "[326] Oder im Anschluß an den Einwand Lots, er könne auf dem Berge, wohin er sich retten soll, umkommen, stellt er fest: „es fehlt ihm an Glauben. Das ist die zweite Schwachheit des menschlichen Herzens. Zuerst hindert uns die Liebe zur Welt, dann die Schwachheit unseres Glaubens".[327] Der Zielpunkt der Predigt ist das Geschehen mit Lots Weib. Hier erwägt Strauß einige Gründe, die sie zu ihrem Ungehorsam veranlaßt haben könnten. Der Schreck konnte es nicht sein, denn „sie soll ja nur erschrecken um zu glauben und der Glaube gibt Kraft". Es bleiben als Gründe ein falsches Mitleid, Neugierde oder die Absicht zurückzugehen, um noch dies oder jenes zu retten. Auf jeden Fall sieht sie zurück: „Da rauscht das Verderben heran, es stürzt über sie, sie kann nicht entfliehen und wird zur Salzsäule". Die Applikatio lautet dann: „Wahrlich es ist nicht genug, der Sünde zu entsagen, und auf dem Weg des Heils sich zu befinden. Vorwärts sollen wir streben, daß wir das Ende, der Seelen Rettung, davontragen. Wir sollen eilen beim Ausgange, eilen beim Anblicke des Zieles, eilen im Fortgang! Nie sollen wir stehen; nie zurückblicken; immerdar ungesäumt das Werk unseres Heils fördern, bis es vollendet ist".[328]

Abschließend kann gesagt werden: In den Jahren 1820 - 1830 begegnete Arnswaldt immer von neuem der Erweckungsbewegung in ihrer ganzen Vielschichtigkeit. Mehr als andere wurde er durch Umwelt, Lektüre, Freundschaft und geistliche Vorbilder bestimmt. Trotz dieser in seinem Charakter angelegten Passivität war er einerseits von früh auf kritisch, andererseits in selbstverständlicher und nobler Weise hilfs-

---

324 Arnswaldt zählte in seiner Sammlung 44 Predigten von Strauß. 36 fanden sich noch in seinem Nachlaß. Sie wurden alle in den Jahren 1825-1830 veröffentlicht. Zu den Veröffentlichungen Friedrich Strauß' vgl. Index Locupletissimum Librorum 1750-1832 von Kayser Chr. J. Teil 5 Leipzig 1835, S. 350. Ferner: Novus Index Locupletissimum Librorum 1833-1840 von Kayser, Chr. J. Teil 2 1842, S. 414.
325 Strauß, F.: Lot und sein Weib. Predigt in der Königlichen Hof- und Domkirche am 18-ten Sonntag nach Trinitatis. Berlin 1828.
326 Ebd. S. 7.
327 Ebd. S. 10.
328 Ebd. S. 15 u. 16.

bereit. Gerade in diesen beiden letztgenannten Charakterzügen bestand sein positiver Anteil an der Erweckungsbewegung.

### III. Arnswaldts Kritik an der Erweckungsbewegung und sein praktischer Beitrag

#### 1. Seine Kritik

Im Kapitel über Arnswaldts Begegnung mit der Erweckungsbewegung — man kann es im Vergleich mit der Beschreibung seiner Kindheit und Jugend die Geschichte seiner inneren Entwicklung nennen — wurde deutlich, daß er in vielen Phasen typisch pietistischen Einflüssen ausgesetzt war.[329]

Durch seinen Briefwechsel mit Schwab und Spitta, vor allem aber durch die gemeinsame Zeit mit dem „veränderten" Tholuck in Rom sowie durch die Predigten Niemanns und Strauß' erkannte und überwand Arnswaldt bald alles geistige und geistliche „Festgelegtsein" sowie alle Kulturfeindlichkeit. Schon früh störten ihn an den Erweckten die typisch pietistischen Züge. Durch seine Kritik an den übernommenen Elementen aus dem Pietismus und durch seinen Lebensstil trug er — allerdings mehr unbewußt — entscheidend dazu bei, daß die überall aufbrechende Erweckung nicht in einer bloßen Repristination endete, sondern zu einer Bewegung sui generis wurde.

a) Kritik an der pietistischen Enge

Das Klischee Pietismus bot sich überall da als Schimpfwort an, wo das neue Leben aus den altpietistischen Kreisen hervorgegangen ist. Obwohl in Hannover die Anfänge der Erweckungsbewegung in den kirchlichen Gemeinden liegen, blieben die Erweckten vor dem herabsetzenden Urteil „Pietisten" auch hier nicht verschont. Der Grund dafür kann nur darin liegen, daß einerseits die Erweckten die Versammlungen der Altpietisten besuchten, andererseits aber Herrnhuter und Mitglieder anderer altpietistischer Gruppen zu den regelmäßigsten Predigthörern der erweckten Pastoren gehörten.

In der Stadt Hannover trafen sich viele Erweckte in den Versammlungen der Herrnhuter Brüdergemeine im Hause des Schuhmachers Brennecke.[330] Gegen Angriffe und Beschimpfungen — man wollte wissen, daß es hier bei den Versammlungen zu Geißelungen und Kasteiungen kam —[331] wurden die Herrnhuter 1842 sogar im

---

329 Nach Geiger (S. 439) gab es keinen namhaften Vertreter der Erweckungsbewegung, der nicht solche Einflüße aufzuweisen hätte.
330 Haccius, Bd 1, S. 112-122.
331 Zur Erinnerung, S. 247.

Hannoverschen Magazin verteidigt.[332] Wenn auch diesen Kreisen eine größere Wirkung versagt blieb, so darf ihr Einfluß auf einzelne Vertreter und Führer der Erweckungsbewegung — der kleine Kreis in der Stadt Hannover prägte neben Arnswaldt August Meyer und Eduard Niemann — nicht unterschätzt werden. Außerdem übermittelten diese Kreise die gesamte pietistische Erbauungsliteratur und aktivierten den Missionsgedanken.[333]

Die Erweckten grenzten sich jedoch bald inhaltlich sehr klar von den Altpietisten ab und trennten sich von ihnen. Sie wehrten sich — wie es der spätere militante Lutheraner Johann Gottfried Scheibel ausdrückte — gegen das „allgemeine Schmähen auf Pietismus" und erwarteten von ihren Verleumdern ein differenzierteres Urteil. Scheibel rief dazu auf, klar zu unterscheiden zwischen einem Pseudopietismus und einem biblischen Pietismus. Unter letzterem verstand er die von Johann Arndt und Philipp Jakob Spener geprägte „Geistesrichtung". „Falscher Pietismus" aber äußert sich in „schroffem Pharisäismus", in „stolzem Schmähen auf Weltmenschen", im „Verachten anderer" sowie im „Stolz auf Buße".[334]

Im Hannoverschen war es vor allem Köhler, der sich im Kirchenfreund u. a. mit dem herabsetzenden Urteil „Pietismus" auseinandersetzte. Er stellte zunächst fest, daß man mit „Pietismus" weithin nichts anderes meinte, als das „lebendige und thätige Christenthum".[335] In einem geschichtlichen Überblick wies er seine Leser auf die Entartungen im Pietismus hin. Man setzte weithin die pietistischen Hauptgrundsätze: Erbsünde, Erlösung durch Jesus, Wiedergeburt und Glaubensgewißheit so ins Leben um, daß es Hochmut, separatistische Tendenzen und die pauschale Bezeichnung „Sünde" für alle „Mitteldinge" mit sich brachte. Von einem solchen „unreinen Pietismus" wollten sich die Erweckten bewußt distanzieren.

Grundsätzlich hatte er gegen die Bezeichnung „Pietisten" nichts einzuwenden, wenn darunter der „reine Pietismus" — ein Pietismus, der sich in einem echten Sündenbewußtsein, in einer ausgewogenen Stellung zur Obrigkeit und einer differenzierten Beurteilung der Mitteldinge äußert — verstanden wurde.[336]

In Scheibels und Köhlers Stellungnahmen wurden einerseits das Gemeinsame von

---

332 Graeve, bes. S. 493f., 496f., 501ff. Graeve betont hauptsächlich das Verdienst der Herrnhuter auf pädagogischem und missionarischem Gebiet.
333 Uhlhorns Darstellung wird dieser Tatsache nicht ganz gerecht. Er schreibt: „Die pietistische Zeit ist an Alt-Hannover spurlos vorübergegangen ... Hier und da gab es wohl namentlich im Handwerkerstande, kleine Häuflein, die als „Mystiker', ‚Feine', ‚Pietisten' galten, auch Herrnhuter in geringer Zahl ... Auf die Wiedererweckung des Glaubens haben diese aber keinen oder doch nur einen sehr geringen Einfluß ausgeübt". Uhlhorn, G.: Hannoversche Kirchengeschichte in übersichtlicher Darstellung. Stuttgart 1902, S. 130ff.
334 Scheibel, J. G.: Was ist Pietismus und Mystizismus? Dresden 1833, S. 4f.
335 Köhler, F.: Wie sollen es die Regierungen mit dem Pietismus halten? Der Kirchenfreund. 1835 H. 10, S. 149.
336 Köhler, F.: Über den Pietismus. Der Kirchenfreund. 1835 H. 13, S. 199-205.

Pietismus und Erweckungsbewegung, andererseits aber auch der Wille zur eigenständigen Formung der vom Pietismus ausgehenden Impulse sichtbar. Deutlich wurde beides bereits in der Entfaltung der Grundkonzeption Gustav Schwabs und Philipp Spittas. Einen „strengen Pietismus" konnte Spitta nie zum Maßstab seines Handelns nehmen. Er wies die „Herrnhutische Ansicht vom Christenleben", die „Kunst und Wissenschaft verachtet", entschieden ab.[337]

Arnswaldt muß, wie aus einem späteren Brief an den Hebraisten Bialloblotzky[338] zu ersehen ist, früh über seine negativen pietistischen Erfahrungen mit seinen Freunden gesprochen haben. 1835 schreibt Bialloblotzky: „Ich überzeuge mich immer mehr davon, daß das Gerede der frommen Welt, als ob Christus es nur mit dem Herzen, nicht aber mit dem Verstande zu tun habe, seine Erlösung entstellt und zum Pharisäismus führt. Auch befestigt man eine zu große Kluft zwischen Rechtfertigung und Heiligung. Daher sind viele der lautesten Bekenner des Evangelii so unzuverlässig. Entdeckungen dieser Art hatten Sie längst gemacht als wir uns zuletzt sahen [1833]. Es scheint mir Christenpflicht den falschen Brüdern kräftiger zu widerstehen als denen die draußen sind".[339]

Tholuck, der typische „Erweckungstheologe"[340] faßt die in diesem Abschnitt ausgeführten Bedenken nicht ungeschickt in folgende Reime:

> „Was ist ein *Pietist*? — Meinst Du was sie so *nennen*? —
> Das ist ein ächter Christ, der durch ein frei Bekennen
> Und ernste Geisteszucht der Welt zum Anstoß ist. —
>
> Doch wer er würklich ist? nicht bloß, wen sie so *heißen:*
> Das ist der Hülsenmann, der hinter frommem Gleißen
> Das öde Herz verbirgt, es ist — der *Formalist*".[341]

b) Kritik am Obskurantismus[342]

Seit seiner Romreise war der Lebensstil Arnswaldts wieder ein anderer. Er öffnete

---

337 Münkel, S. 39 u. 71.
338 Christoph Heinrich Friedrich Bialloblotzky war von 1822-1827 Pastor an St. Jakobi und Privatdozent der Theologie in Göttingen und mußte aus seiner Stellung ausscheiden, weil er einen privaten Erbauungskreis leitete. Vgl. Knoke, Fr.: Bialloblotzky und die Göttinger Gemeinschaftsbewegung. Evangelische Wahrheit 1919/20, S. 214ff, bes. S. 216 und Meyer, J.: Geschichte der Göttinger theologischen Fakultät. ZGNKG 42 1937, S. 50ff. u. 88.
339 Brf. orig. Bialloblotzky an A. v. A. 13.9.1835 KlB Loccum.
340 Barth, K.: Die protestantische Theologie des 19. Jahrhunderts. Ihre Vorgeschichte und ihre Geschichte. 3. Aufl. Zürich 1960. Vgl. bes. S. 460, 462.
341 Tholuck, F. A. G.: Stunden christlicher Andacht. Ein Erbauungsbuch. Hamburg.1840, S. 255.
342 Friedrich Köhler — Mitherausgeber des „Kirchenfreundes" — versteht unter Obskurantismus eine Bewegung, die sich der „freien Entfaltung" der „Ideen des Schönen, des Wahren und des Guten ... in der Kirche — in der Kunst — in der Wissenschaft und im Staate ... widersetzt". Köhler, F.: Obskurantismus. Der Kirchenfreund. 1835 H. 4, S. 52.

sich erneut der Kunst und Literatur und nahm teil am gesellschaftlichen und kulturellen Leben seiner Stadt. Die Phase, in der sein Leben bestimmt war von dem vielen pietistischen Kreisen eigenen Obskurantismus, war vorüber.

Auch hier war er nicht der einzige, der den Vorwurf zurückwies, die Erweckten seien bestrebt, „dem Licht den Zugang zu verwehren".

Köhler meinte, einen ausgesprochenen Obskurantismus gebe es nur in einem falsch verstandenen Supranaturalismus, in einem entarteten Katholizismus und in einem einseitigen Rationalismus.[343] Unter dem ersteren verstand Köhler einen Pietismus, der „einströmendes Licht" nur dort haben will, wo es als „Kraft Gottes in seinem Wort und in seiner Kirche" wirksam wird. Wer darüber hinaus etwa in Kunst und Wissenschaft göttliches Licht zu erkennen glaubte, wurde „verdammt und verketzert". „Wer die evangelische Wahrheit auch wissenschaftlich zu begreifen und zu gestalten sucht, der hat schon keinen Glauben mehr".[344] Im Katholizismus sah Köhler die besagte „Verfinsterungssucht" nur dort, wo es dem Laien verwehrt wurde, durch die Lektüre der Bibel und vieler auf dem Index stehender Bücher „zur ursprünglichen Quelle des Lichts" hindurchzudringen.[345] Der einseitige Rationalismus war überzeugt, die göttliche Wahrheit könne mit der Vernunft erfaßt werden. Jeden anderen Durchbruch des Lichts hielt man hier für „Schwärmerei, Selbsttäuschung und Unklarheit".[346] Die Vorwürfe des Obskurantismus träfen aber, so betonte Köhler, in keinem Fall die kirchliche Bewegung, die die Wiedergeburt zum Zentrum ihrer Lehren machte. Gerade hier glaubt er, einen umfassenden Durchbruch des Lichtes annehmen zu können. Als Strahlen dieses Lichtes nennt Köhler die „Kraft Gottes", die in ihrer „ganzen Fülle unmittelbar unser ganzes Innerstes berührt und die Ideen des Schönen, des Wahren und des Guten". Von diesen Strahlen sagt er: „Sie müssen unser ganzes Wesen durchdringen, wenn wir vollkommene Menschen, Menschen Gottes werden wollen. Man muß sie also auch in den Organen, die sich gebildet haben, frei wirken lassen – in der Kirche – in der Kunst – in der Wissenschaft und im Staate".[347]

c) Kritik an den katholisierenden Tendenzen

Zu der Kritik „Katholizismus"[348] kam es durch die katholische Erbauungsliteratur, die auch in protestantischen erweckten Kreisen zirkulierte, und darüberhinaus durch die persönlichen Kontakte.

---

343  Ebd. S. 52-55.
344  Ebd. S. 53.
345  Ebd. S. 52.
346  Ebd. S. 54.
347  Ebd. S. 52.
348  Der Vorwurf, die Vertreter der Erweckungsbewegung würden mit dem Katholizismus sympathisieren, ist gleich im Vorwort zum ersten Heft des Kirchenfreundes genannt. „An die Leser". Der Kirchenfreund. 1835 H 1, S. 4.

Arnswaldt hielt die Imitatio Christi — das meist verbreitete katholische Erbauungsbuch[349] — trotz der nicht einfachen Gedankenführung für die „Einfältigen geeignet" und nannte es eine „reiche Quelle des Trostes und der Erweckung".[350]

Man las in allen erweckten Kreisen neben Johann Arndt, Johann Georg Hamann und Gotthilf Heinrich Schubert Thomas a Kempis und Fénelon.[351] Es gab sogar unter den Erweckten ganze Gruppen, die direkte „Anhänger Fénelons" genannt wurden.[352] Denkt man noch an das für manche selbstverständlich gewordene Überschreiten der Konfessionsgrenzen[353] und an einige Konversionen,[354] so sind die Verdächtigungen verständlich, die den Erweckten römisch katholisierende Tendenzen vorwarfen. Diese tatsächlich vorhandenen Tendenzen wurden jedoch in Kreisen der Erweckten erkannt und abgelehnt. Auch hier kann Arnswaldt genannt werden, trotz seiner bekannten Offenheit der römischen Kirche gegenüber.[355]

d) Kritik am falschen Mystizismus

Das abfällige Urteil „Mystiker" gehört von Anfang an zum Schimpfwortkatalog, mit dem man glaubte, die Erweckungsbewegung abtun zu können.

1818 bediente sich auch Arnswaldt der allgemein umlaufenden Tadelsbezeichnung „Mystiker", womit man die Erweckten beschimpfen und charakterisieren wollte.[356] Er sah damals im Mystizismus eine Gefahr für die lutherische Kirche.[357] Nachdem er sich aber selbst zu den Erweckten zählte, lag ihm viel an einer Differenzierung des Begriffs „Mystiker". Er begrüßte alle Abhandlungen, die für eine exakte Definition eintraten. „Mystiker" sollten — nach dem Urteil des Elzer Superintendenten Bauer[358] — nur noch die „einseitigen Gefühlsgläubigen" genannt werden, ferner die die über der Schrift im inneren Licht eine unmittelbare Offenbarungsquelle haben und die, die für jeden erkennbar sind an ihrem geistlichen Hochmut, an ihrer Intoleranz und moralischen Willkür sowie an separatistischen Tendenzen.[359] Die Disskussion des Begriffes „Mystizismus" wurde zum Thema vieler Veröffentlichungen. In einer ausführlichen Rezension der drei im hannoverschen Raum erschienenen

---

349 Heiler, F.: RGG 3. Aufl. Bd 2, Sp. 543.
350 A. v. A. an L. v. H. 19.10.1825.
351 Auch die erste Begegnung des jungen Wichern mit der Erweckungsbewegung geschah mit dieser Literatur. Vgl. Wichern, J. H.: Briefe und Tagebücher. Gesammelte Schriften. Hg. von J. Wichern. Bd 1 Hamburg 1901, S. 9.
352 Lütgert, W.: Die Religion des deutschen Idealismus und ihr Ende. Bd 2. Gütersloh 1923, S. 54.
353 S. o. S. 68f.
354 S. o. S. 69.
355 S. u. S. 149f., vgl. o. S. 66–71.
356 Arnswaldt, A. v.: Rezensionen, S. 92.
357 Ebd. vgl. das Zitat o. c. 1. Anm. 178.
358 Bauer, C. W.: Ueber das Wesen des Mystizismus. Vierteljährliche Nachrichten von Kirchen- und Schulsachen 1831, S. 1-8. bes. S. 2.
359 Ebd. S. 3-13.

Schriften stellt August Lührs fest, daß es letztlich nicht gelungen ist, einen „richtigen Begriff von Mystizismus zu geben und alsdann das reine biblische Christenthum gegen die Verlästerungen welchen es unter dem Namen Mystizismus preisgegeben ist in Schutz zu nehmen".[360]

Köhler bemüht sich deshalb in einem nicht ganz schlüssigen Aufsatz, zwischen Mystikern und Mystizismus zu unterscheiden.[361] Nach ihm geht sowohl der Mystiker als auch der Mystizist davon aus, daß die göttlichen Mysterien keine ewigen Geheimnisse bleiben, sondern durch „Erfahrung" zur Erkenntnis werden. Mystik und Mystizismus sind danach „Richtungen", denen es um die „Tiefen der christlichen Erfahrung" geht.[362]

Sie unterscheiden sich jedoch in der Art der Vertiefung. Köhler spricht nicht ohne Polemik von einer „abnormen Vertiefung" im Quietismus, in der Theosophie und im Fanatismus,[363] während der wahre Mystiker die außer ihm liegenden Mysterien durch das Medium des Glaubens „erfährt". Diese Erfahrung führt zu klaren deutlichen Erkenntnissen, die ein abnormes Vertieftbleiben mit allen seinen Folgen ausschließen. So definiert ist Mystik eine „Beschäftigung mit Mysterien", die „eine Hingebung der Seele auch an die Kräfte und Wirkungen des Himmels oder der ewigen und unendlichen Oberwelt" vollzieht. In dieser „Hingebung" wird Gott in seinem Gottsein als Vater, Sohn und Geist, in seiner Offenbarung durch das inspirierte Wort, durch Weissagungen und Wunder und durch sein Handeln am Menschen in der Rechtfertigung, Wiedergeburt und Vereinigung mit ihm „erlebt".[364]

So beschrieben, wollten die Erweckten Mystiker sein. Es ist nicht übertrieben, in diesem Zusammenhang sogar von einem allgemeinen „Drang zur Mystik"[365] zu sprechen. Dieser führte zur entstehenden Erfahrungstheologie der Erweckungsbewegung. Von allem entarteten Mystizismus aber distanzierten sich die Erweckten genau wie von aller pietistischen Enge, vom Obskurantismus und von den übertriebenen katholisierenden Tendenzen.

## 2. Arnswaldts Beitrag zur Verbreitung des erwecklichen Lebens

Durch sein Elternhaus und durch seinen Beruf stand Arnswaldt in der Reihe der einflußreichen Persönlichkeiten in Hannover. Auch verfügte er schon früh aufgrund des

---
360 Lührs, A.: Literarische Anzeige. Der Kirchenfreund 1836 H. 8, S. 94-108 vgl. bes. S. 100.
361 Köhler, F.: Ueber den Mystizismus. Der Kirchenfreund 1835 H. 3, S. 42 u. 43.
362 Ebd. S. 36-41.
363 Ebd. S. 41, 42.
364 Ebd. S. 36-41.
365 Vgl. Beyreuther, RGG 3. Aufl. Bd 2 1958, Sp. 623.

Reichtums seiner Eltern und der Einnahmen aus seinem eigenen Beruf[366] über umfangreiche Mittel, mit denen er u. a. eine umfassende Bibliothek anlegte.[367]

Diese Position ermöglichte ihm eine Aktivität großen Umfangs. Wie ein roter Faden durchzieht sie sein ganzes Leben. Die Erweckten waren dabei mit die ersten, denen Arnswaldts Hilfe zuteil wurde. Da er damit direkt die Erweckungsbewegung förderte, soll an dieser Stelle die gesamte auf seiner Position gründende Aktivität Arnswaldts entfaltet werden, wenn auch vieles über die Zeit hinausreicht, in der er ausschließlich zu den Erweckten zu zählen ist.

a) Seine Interventionen

Bereits in Gotha baten Arnswaldts Mitschüler für ihre Anträge auf einen Freitisch oder ein Stipendium an ihrem künftigen Studienort Göttingen um Arnswaldts Vermittlung. Dieser gab solche Bitten nicht ohne den nötigen Nachdruck an seinen Vater weiter.[368] Für seine Kommilitonen Christian Friedrich Elvers,[369] Johann Georg Hülsemann[370] und Heinrich Spitta[371] ist er während seiner Studienzeit auf ähnliche Weise eingetreten.

Schon bald nach seiner ersten Berührung mit den Erweckten suchten auch diese den Rat Arnswaldts und baten ihn, seinen Einfluß geltend zu machen. Der Göttinger Privatdozent Friedrich Bialloblotzky wandte sich 1826 an ihn. Bialloblotzky[372] war sich im unklaren darüber, ob es ihm als „Docent der Theologie" gestattet sein könnte, „Glaubenslehre" zu lesen. Bevor er deshalb eine solche Vorlesung ankündigte, bittet er Arnswaldt um genaue Auskunft über die rechtlichen Befugnisse eines Privatdozenten.[373] Auch für die Erlaubnis des Englandaufenthaltes im Rahmen seiner Studien wird Arnswaldt zwischen Bialloblotzky und seinem Vater, dem Kurator, vermittelt haben. Auf jeden Fall soll Arnswaldt Bialloblotzky bei seinem Vater entschuldigen wegen des verlängerten Aufenthalts in London.[374]

---

366 Brf. orig. A. v. A. an L. v. A. 18.8.1825 StB Berlin. Hier berichtet er Luise, daß er nach einer Gehaltserhöhung nun ein Jahreseinkommen von 800 Rth. habe.
367 Vgl. Die Kataloge des Antiquariats von Otto Harrassowitz. Nr. 137-145, Leipzig 1887 u. 1888.
368 Brf. orig. A. v. A. an K. F. A. v. A. 8.10.1814 StB Berlin.
369 Der Anstellung Elvers an der juristischen Fakultät Göttingen gehen persönliche Gespräche Arnswaldts mit seinem Vater und mit Hoppenstedt voraus. Vgl. Brf. orig. A. v. A. an Elvers 4.4.1821 StB Berlin.
370 Hülsemann bittet Arnswaldt, ihm über seinen Vater zu einer Einstellung in der Administration zu verhelfen. Vgl. Brfe. orig. Hülsemann an A. v. A. 22.2.1822, 11.3.1822 KlB Loccum. Zu J. G. Hülsemann vgl. Hülsemann-Bundesblatt. 7. Jg. Nr. 7. Arnstadt 1934.
371 Heinrich Spitta verdankt sein Stipendium für seinen Parisaufenthalt August von Arnswaldt. Vgl. Spitta, H.: an A. v. A. 25.1.1821.
372 Zu Bialloblotzky vgl. o. S. 98.
373 Brf. orig. Bialloblotzky an A. v. A. 16.8.1826 KlB Loccum.
374 Brf. orig. Bialloblotzky an A. v. A. o. D. KlB Loccum.

Auch Reck bittet wiederholt um Fürsprache.[375] Obwohl es nicht bekannt ist, daß Reck sich zu den Mystikern in Göttingen hielt, versäumt er es nicht, Arnswaldt einen Menschen zu nennen, der in „religiöser Hinsicht" und als „Liebender" über dieser Welt steht.[376]

Mit der Bitte, auf die Bewilligung eines Stipendiums einzuwirken, wandte sich Hemsen an Arnswaldt,[377] und der Hamburger Senator Hudtwalker bat um einen Freitisch für Johann Hinrich Wichern.[378]

Nach dem frühen Tod Hemsens versuchte der Göttinger Professor Carl Ottfried Müller mit Arnswaldts Hilfe eine ständige außerordentliche Pension zu erreichen.[379] Auch Carl Ottfried Müllers Bruder Julius verdankt Arnswaldt seine Anstellung als Nachfolger Hemsens.[380] Vor allem unterstützte Arnswaldt die Herrnhuter. Zum Beispiel bietet er sich Schreiber und dem Bremer Diaspora-Prediger an, ihre Gesuche um Besuchserlaubnis in den Gemeinden im Königreich Hannover dem Königlichen Kabinettsministerium einzureichen. Schreiber nimmt dieses Angebot Arnswaldts an und bittet diesen, bei den entsprechenden Stellen „ein Vorwort für diese Angelegenheiten einzulegen u. solche bestens zu empfehlen, um dadurch zum Bau des Reiches Gottes mitzuwirken".[381] Im folgenden Jahr bittet Schreiber Arnswaldt, ein ähnliches Gesuch für seinen Nachfolger Schippang weiterzuleiten.[382] Dieses Gesuch — es war von dem Lüneburger Juristen Wallis[383] ausgearbeitet — sollte Arnswaldt

---

    Nach seinem Englandaufenthalt wurde Bialloblotzky seine Vorlesungstätigkeit verboten, da er angeblich als „Agent der Britischen und Ausländischen Bibelgesellschaft" arbeitete. Vgl. Scharpff, P.: Geschichte der Evangelisation. 300 Jahre Evangelisation in Deutschland, Großbritannien und USA. Basel 1964, S. 162.
    Als er dennoch seine Vorlesungstätigkeit fortsetzte, wurde er des Landes verwiesen. Vgl. Tiesmeyer, S. 71.
    1828 traf er Arnswaldt in Rom. Vgl. Brf. orig. Bialloblotzky an A. v. A. 1.10.1828 KlB Loccum.
    1830 arbeitete Bialloblotzky in Alexandrien. Brfe. orig. Heimburg an A. v. A. 18.4.1830, 6.8.1830 KlB Loccum.
    Seit 1833 war er dann endültig in England. Vgl. Brf. orig. Bialloblotzky an A. v. A. 13. 9. 1835 KlB Loccum.
375  Brfe. orig. Reck an A. v. A. 29.11.1826, 3.3.1832, o. D. KlB Loccum.
376  Reck an A. v. A. 29.11.1826.
377  Brf. orig. Hemsen an A. v. A. 17.5.1828 KlB Loccum. Arnswaldt kennt Hemsen seit 1821. Vgl. Brf. orig. A. v. A. an Elvers 4.1.1829 StB Berlin.
378  Hudtwalker schildert Arnswaldt in diesem Brief, daß Wichern mit seiner Bitte um ein Stipendium von verschiedenen Hamburger Geistlichen abgewiesen wurde, da sie ihn für einen Mystiker hielten. Vgl. Brf. orig. Hudtwalker an A. v. A. 20.8.1820 KlB Loccum.
379  Brf. orig. Müller, C. O. an A. v. A. 18.5.1830 KlB Loccum.
    Über das Verhältnis Carl Ottfried Müllers zu Arnswaldt vgl. Umbreit, Erinnerungen, S. 27f.
380  Brfe. orig. Müller, J. an A. v. A. 7.9.1830, 22.10.1830 KlB Loccum.
381  Schreiber an A. v. A. 29.7.1831.
382  Brf. orig. Schreiber an A. v. A. 30.1.1832 KlB Loccum.
383  Von der Bekehrung des Dr. Wallis und seiner Mitarbeit im Kreis um Deichmann hörte

nach eventuellen Abänderungen dem Referenten des Königlichen Ministeriums vorlegen.[384]

Mit dem Ausscheiden aus seinem Beruf 1834 war Arnswaldt nun nicht mehr direkt am Geschehen des öffentlichen Lebens beteiligt. Sein Entschluß, künftig nur noch „in dulci otio" zu leben,[385] wurde von seinen Freunden und Bekannten teilweise hart kritisiert.[386] Doch schied Arnswaldt nicht aus dem Staatsdienst aufgrund einer vielen Romantikern eigenen „Abneigung gegen jede berufliche Bindung".[387] Auch liegt kein Grund vor anzunehmen, daß er die Freude an seiner Tätigkeit als Jurist verloren hätte.[388] Vielmehr erweisen die Quellen die Richtigkeit von Huschkes Annahme, daß „dauernde Krankheit" und nicht zuletzt die damit zusammenhängende „ängstliche Gewissenhaftigkeit seinen amtlichen Pflichten nicht mehr genügen zu können" ihn veranlaßten, sich 1834 in das Privatleben zurückzuziehen.[389] Er über-

---

Arnswaldt von Philipp Spitta, Vgl. Brf. orig. Spitta, Ph. an A. v. A. 3.2.1827 KlB Loccum.
1828 machte Wallis Pläne für einen Verein zur Mission unter den Griechen und rechnete in Hannover mit Arnswaldts Hilfe. Vgl. Brf.orig. Spitta, Ph. An A. v. A. 3.1.1828 KlB Loccum.

[384] Schreiber an A. v. A. 30.1.1832.

[385] Brf. orig. Kielmannsegge an A. v. A. 9.10.1834 KlB Loccum.

[386] Brf. orig. Havemann an A. v. A. 30.9.1834 KlB Loccum: „Daß Sie Ihr Amt niedergelegt tadelt er [Tholuck]..." Vgl. JGNKG 56 1958, S. 195.

[387] Schnabel, Bd 1, S. 253.

[388] Vgl. Bendixen, S. 428: „Seine [Arnswaldts] praktischen Arbeiten und diplomatischen Aktenstücken wurden von Kennern als trefflich gepriesen".
Brf. orig. A. v. A. an Elvers 23.1.1835 StB Berlin: „Wie freut es mich, daß Ihr Beruf [Elvers war ebenfalls Jurist] Ihnen mehr und mehr lieb geworden; er ist auch schön, wie ich nie bezweifelt".

[389] Seit 1832 war Arnswaldt in ständiger ärztlicher Behandlung. Vgl. Brf. orig. A. v. A. an Hodenberg 4.4.1874 Prb. Er hatte Asthma und suchte in den verschiedensten Bädern Heilung (1832 in Warnemünde, 1836 in Salzbrunn, 1841 in Ems, 1842 in Driburg, 1843, 44, 45 in Eilsen, 1849/50 in Schweizer Bädern und 1853 in Wildbad). Allerdings war bei der Wahl des Badeortes nicht nur der ärztliche Rat ausschlaggebend, sondern – wie das damals weithin üblich war – auch die Frage, ob zu dieser Zeit sich gerade an demselben Orte Freunde oder Bekannte aufhielten. Vgl. Brf. orig. Wagner R. an A. v. A. 23.8.1852 KlB Loccum. Vgl. JGNKG 55 1957, S. 115f.
Außerdem litt er – wie schon viele in seiner Familie – an Podagra. Vgl. Brf. orig. A. v. A. an Elvers 10.2.1841 StB Berlin. Zur Krankheit K. F. A. v. Arnswaldts vgl. Brfe. orig. Anna v. A. an A. v. A. 19.5.1836, 24.6.1844 StB Berlin. W. C. von Arnswaldt will sogar in dem Beinamen „Geylvuz" (Schwellfuß) eines Vorfahren Arnswaldts (Ulrich II. 1350-1375) die ersten Spuren des Arnswaldtschen „Erbübels", das nach seiner Darstellung bis ins 20. Jahrhundert fortlebte, erkennen. Vgl. Arnswaldt W. C.: Die Herren, H. 1, S. 40.
In späteren Jahren verband man mit Arnswaldt weit hin das Bild des Kranken. Vgl. Brf. Stüve an Detmold 4.11.1849: „Ich kam aber darüber [über das Schreiben] hinweg, weil ich bei dem kranken Arnswaldt hängenblieb". Stüve, I. C. B. Briefwechsel mit Detmold, H. in den Jahren 1848-1850. Hg. von Gustav Stüve. Quellen und Darstellungen zur Geschichte Niedersachsens Bd 13. Hannover/Leipzig 1903, S. 308.

wand auch diesen Einschnitt in seinem Leben,[390] als 36 jähriger nun schon ohne Beruf zu sein, nie ganz.[391] Noch 1851 klagte er Wagner, daß er keinen Beruf habe, der ihn über sich selbst „hinausführen" könnte, „um ihn von der Unruhe des Alleinseins mit dem eigenen Ich zu bewahren".[392]

Was jedoch seine Stellung innerhalb der Gesellschaft betrifft, so ergaben sich trotz des Verlustes der Möglichkeit, unmittelbar an „höchster Stelle" zu intervenieren, keine wesentlichen Veränderungen. Den höchsten Staatsbeamten war er nun einmal persönlich bekannt, so daß ein Vorsprechen in irgendeiner Angelegenheit auch weiterhin nicht ohne den erwünschten Erfolg blieb.[393] Auch überall da, wo es um die Neubesetzung von Verwalterstellen seiner Güter ging oder um die Pfarrstellen, über deren Besetzung er im Namen seiner Verwandten zu entscheiden hatte, bevorzugte Arnswaldt die Erweckten.[394] Darüber hinaus nahm sein Einfluß durch seinen wachsenden Freundes- und Bekanntenkreis zu.[395]

Zu denen, die bei Arnswaldt am beharrlichsten um Hilfe suchten, gehörte die völlig verarmte Künstlerfamilie Beesemann aus dem Kreis der Mystiker in Göttingen.[396]

---

390 Vgl. Brf. orig. A. v. A. an Elvers 21.12.1834 KlB Loccum. „Wenn ich auf den Lauf dieses Jahres, eines der wichtigsten in meinem Leben zurückblicke! . . . wieviel habe ich mich anzuklagen! . . ."

391 Vgl. Brf. orig. Umbreit an Meyer, A. 20.6.1855 Prb. „. . . wenn er öfters klagte, daß er keinen Beruf habe, so verkannte er hier die größte Mission zu der er berufen war und die er redlich erfüllt hatte".

392 Brf. A. v. A. an Wagner, R. 6.11.1851. JGNKG 58 1960, S. 164.

393 Vgl. die Intervention Arnswaldts in einer Angelegenheit seines Studienfreundes, des Tübinger Juristen Michaelis bei dem Kabinettsminister v. Falke. Brf. orig. Michaelis an A. v. A. 3.3.1846 Prb. Ferner Brf. orig. Falke an A. v. A. 10.3.1846 Prb.
Auch in Stipendienfragen wurde weiter seine Vermittlung in Anspruch genommen. Vgl. Brf. orig. Catenhusen an A. v. A. 25.1.1845 KlB Loccum.

394 Brfe. orig. Catenhusen an A. v. A. 20.11.1839, 20.12.1839 KlB Loccum, ferner Spitta, Ph. an A. v. A. 29.2.1846.
1831 erhielt Catenhusen, der Lüneburg wegen einer Kontroverse mit seinem Vorgesetzten Wegscheider verlassen mußte, durch Arnswaldts Vermittlung die Pfarrstelle in Uetersen. Vgl. Brfe. orig. Havemann an A. v. A. Frühjahr 1831, 30.9.1834 KlB Loccum. Vgl. JGNKG 56 1958, S. 189, 195. Zu Catenhusen vgl.: Vor-Erinnerung zum Rundschreiben des Herrn Superintendenten Catenhusen in Ratzeburg an die Prediger des Herzogthums Lauenburg. Der Kirchenfreund 1836 H. 19, S. 289-294.
Für Basbeck wählte er auf Empfehlung Hanfstengels den „entschiedenen gläubigen Gehülfsprediger" Gustav Bredenkamp. Vgl. Brfe. orig. Hanfstengel an A. v. A. 7.1.1841, 8.1.1841 KlB Loccum.

395 Scheibel wußte diese Stellung Arnswaldts auszunützen und bat wiederholt um Weiterempfehlungen seiner Zeitschrift und Bücher. Vgl. Brfe. orig. Scheibel an A. v. A. Nov. 1836, 7.2.1837, 23.4.1839, 17.10.1839 KlB Loccum.
Den badischen Lutheranern kam Arnswaldts Freundschaft mit Umbreit und seine Bekanntschaft mit Ullmann zugute. Vgl. Brfe. orig. Eichhorn an A. v. A. 12.4.1853, 19.9. 1853, 2.10.1853 KlB Loccum.

396 Tiesmeyer, S. 70.

Von 1832-1852 war es Beesemanns beständige Bitte an Arnswaldt, entweder ihm selbst oder seiner Frau zu einer festen Anstellung zu verhelfen.[397] Dazwischen begannen diese einen selbständigen Papier- und Kunsthandel, später eine Steindruckerei und baten Arnswaldt wiederholt um Fürsprache beim hannoverschen Ministerium um eine finanzielle Unterstützung. Hier blieben aber sogar seine Bemühungen erfolglos.[398] Er versäumte es jedoch nicht, der verarmten Familie in regelmäßigen Abständen größere Geldbeträge zu senden.[399]

b) Seine finanziellen Möglichkeiten

Bereits vor 1824 half Arnswaldt den Erweckten in finanzieller Hinsicht. Rooseboom, Lehrer in Itterbecke, erhielt von ihm eine größere Summe. Er will es Arnswaldt durch treue Fürbitte lohnen und hofft, daß dieser „viel von der Liebe des Heilandes erfahren möge".[400]

Seit 1825 schickt Arnswaldt Ludowine einen Betrag für Arme und Kranke in Bökendorf.[401] Auch muß er damals schon um seiner Freigebigkeit willen bekannt gewesen sein, so daß Comperl die Pastorenwitwe Fabel auch zu ihm wies.[402] Diese hatte mit Hilfe ihres eigenen Vermögens eine Armenanstalt gegründet und reiste dann zu Fuß durch das ganze nördliche Deutschland. Ihr Ziel war es, neben Beiträgen für ihre Anstalt in den „menschenleeren Ländern", zu denen damals Niedersachsen gerechnet wurde, Wohnsitze für ihre Armen zu finden. Auf Arnswaldt machte sie einen „außerordentlich angenehmen" Eindruck, und er gibt ihr auch eine Empfehlung an die Haxthausens in Bökendorf.[403]

Neben der Unterstützung einzelner beteiligte sich Arnswaldt aktiv an Sammlungen in größerem Umfang. Seit 1825 führten die griechischen Freiheitskriege zu einem ausgesprochenen Vernichtungskampf, der weithin verbunden war mit einem großen Mangel an Lebensmitteln.[404] Arnswaldt verfolgte, wie die Gebildeten aller westeuropäischen Länder, diesen Freiheitskampf mit großer Anteilnahme und regte 1826 eine Sammlung für Griechenland an. In kurzer Zeit brachte er 1 300 Rth. zusammen.[405]

Auch Wetterkatastrophen im eigenen Land waren für ihn ein Anlaß zum Helfen. Im

---

397  Brfe. orig. Beesemann an A. v. A. 28.4.1832, 27.5.1843, 8.8.1844, 29.1.1855 KlB Loccum.
398  Brfe. orig. Beesemann an A. v. A. 25.2.1834, 21.1.1835 KlB Loccum.
399  Brfe. orig. Beesemann an A. v. A. 12.3.1834, 6.11.1834, 25.2.1836, 25.8.1844, 4.4.1853 KlB Loccum.
400  Brf. orig. Rooseboom an A. v. A. 25.1.1824 KlB Loccum.
401  A. v. A. an L. v. H. 19.10.1825, April 1826. Brf. orig. A. v. A. an L. v. H. 30.11.1825 StB Berlin.
402  Brf. orig. Comperl an A. v. A. 16.8.1826 KlB Loccum.
403  A. v. A. an L. v. H. 5.10.1826.
404  Havemann, W.: Handbuch der neueren Geschichte. Teil 3 Handbuch der Weltgeschichte von Friedrich Straß, fortgesetzt von W. Havemann. Teil 6 Jena 1844, S. 565f.
405  A. v. A. an L. v. H. 5.10.1826.

September 1830 führte er eine Sammlung durch für die vom Unwetter Geschädigten in der Gegend von Eckerde.[406]

Natürlich galt sein Einsatz für größere Sammlungen auch religiösen Projekten. 1827 fühlte er sich mitverantwortlich für das nordamerikanische Seminar. Von der Entstehung der lutherischen Kirche in Nordamerika, von dem Plan eines theologischen Seminares und von dessen Grundverfassung wußte Arnswaldt aus der Lektüre der 1826 erschienenen Schrift Twestens.[407] Das Ziel dieser Informationsschrift war es, in den lutherischen Kirchen Europas, besonders in Deutschland, Pastor Kurz einzuführen, der abgesandt war, um Beiträge und Bücher für das Seminar zu sammeln. Dieser reiste bis zum Herbst 1827 durch alle großen Städte Deutschlands. Twestens Ziel war es darüber hinaus, in den einzelnen Städten schon vor dem Eintreffen des angekündigten Besuches Freunde zu finden, die „in ihren Kreisen Beyträge an Geld oder an Bücher sammeln".[408]

Für Hannover, Göttingen und Lüneburg fühlte sich Arnswaldt verantwortlich. Bereits im April 1827 schickte er Elvers zum zweiten Mal mehrere Anzeigen mit der Bitte, auch dort Spender zu gewinnen.[409] Im Juni trug er dasselbe Anliegen Deichmann vor. Dieser versprach Arnswaldt, alles für eine „Beysteuer für die Glaubensbrüder jenseits des Ozeans zu thun".[410]

Die Unterstützung einzelner jedoch hörte auch während solcher Sammelaktionen nicht auf. Einen jährlichen kleineren Betrag steuerte Arnswaldt zur theologischen Ausbildung des ehemaligen Juden Rosenthal bei.[411]

Wie sehr Arnswaldt an einer einmal übernommenen Verantwortung festhält, zeigt seine Beziehung zu Johannes Claudius, einem Sohn des Wandsbecker Boten.[412] Johannes Claudius, ohnehin auf eine nichteinträgliche Pfarrstelle in Sahms verschlagen,[413] – in der Landwirtschaft fehlte es ihm an Tüchtigkeit,[414] seine theolo-

---

406 Brf. orig. Heimburg an A. v. A. 22.10.1830 KlB Loccum.
407 Twesten, A. D. Ch.: Nachricht von dem zu Gettysburg in Pennsylvanien zu errichtenden theologischen Seminar der Evangelischen-Lutherischen Kirche in den Nordamerikanischen Freystaaten nebst einer Übersetzung seiner Statuten. Hamburg 1826.
408 Ebd. S. 71, 72.
409 Brf. orig. A. v. A. an Elvers 6.7.1827 StB Berlin.
410 Brf. orig. Deichmann an A. v. A. 25.6.1827 KlB Loccum.
411 Brfe. orig. Spitta, Ph. an A. v. A. 21.2.1828, 10.3.1828 KlB Loccum. Rosenthal hatte bei Zurhelle Unterricht und wurde von ihm „durch die Taufe zum Heiland geführt". Taufzeugen waren Claudius, Deichmann und Catenhusen. Spitta, Ph. an A. v. A. 16.4.1825.
412 An ihn ist der später berühmt gewordene Brief „An meinen Sohn Johannes" gerichtet. Dem Zug der Zeit folgend, veröffentlichte Matthias Claudius diesen Brief bereits 1802. Vgl. Claudius, M.: Asmus omnia sua secum portans oder sämmtliche Werke des Wandsbecker Bothen. Teil 7 Hamburg 1803, S. 53-56. Vgl. S. VI.
413 Z. B. hatte er 1853 „nur 19 Getaufte, 12 Confirmierte, 6 Copulierte, 9 Todte und 1110 Confitenten". Vgl. Brf. orig. Claudius, J. an A. v. A. 9.1.1854 KlB Loccum.
414 Brf. orig. Zurhelle an Deichmann 7.3.1838 KlB Loccum.

gischen Arbeiten wurden sowohl von Tholuck wie von Ullmann zurückgesandt —[415] geriet in eine nahezu ausweglose Lage, als ihn seine Kinder zu immer größeren Ausgaben zwangen.[416] Die Verse des isländischen Dichters Thorlaksson,[417] die sich in einem Brief an Arnswaldt finden, schienen wie für ihn bestimmt.[418] Sie beschreiben in der Tat sein ganzes Leben:

> Fàtæ ktin er mín Fylgikona,
> Frá pví eg kom í pennann Heim.
> Við höfum lafað saman svona,
> Sjötíu Vetur fátt í tveim;
> Enn hvört við skilíumz héðan af,
> Hann veit er ockur saman gaf.[419]

Seine Freunde bemühten sich schon früh, ihm zu helfen. Bereits 1836 sammelt Deichmann für Claudius und bittet Arnswaldt, sich daran zu beteiligen.[420] 1838 geht die Initiative von Zurhelle aus, der Deichmann einen Bittbrief schickt, um der Not seines Kollegen in Sahms abzuhelfen.[421] Auch diesen Brief leitet Deichmann an Arnswaldt weiter.[422] Noch einmal 1854 bat Arndt Arnswaldt, Claudius zu helfen.[423] Claudius selbst fiel es zunächst sehr schwer, solche Hilfe anzunehmen.[424]

---

415 Brf. orig. Claudius J. an A. v. A. 10.3.1839 KlB Loccum.
416 Zwei seiner Söhne studierten Theologie. Einer wurde Apotheker und einer Buchbinder. Für letzteren besorgte Arnswaldt eine Stelle in Hannover. Vgl. Brf. orig. Claudius, J. an A. v. A. 14.10.1851 KlB Loccum.; Brf. orig. A. v. A. an Claudius, J. 26.10. 1851 StB Berlin; Brf. orig. Claudius, J. an A. v. A. 29.10.1851 KlB Loccum.
Seine Tochter Mathilde mußte sich krankheitshalber mehrere Jahre an der Ostsee aufhalten. Vgl. Brfe. orig. J. Claudius an A. v. A. 4.6.1848, 8.4.1849, 17.1.1851 KlB Loccum.
Drei seiner Töchter bekamen ein uneheliches Kind. Nur durch öffentliche Demütigungen vor versammelter Gemeinde in Sahms blieb Claudius seine Pfarrstelle erhalten. Vgl. Brfe. orig. Claudius, J. an A. v. A. 14.2.1837, 22.7.1847, 10.10.1849 KlB Loccum.
417 Jon Thorlaksson (1744-1819) wurde bekannt durch seine Übersetzung von Miltons 'Paradise lost' und von Klopstocks Messias. Da die Einkünfte aus seinem Kirchspiel sehr gering waren, lebte er in großer Armut. Rask, E. Ch. Die Verslehre der Islaender. Verdeutscht von Mohnike, G. Ch. F. Berlin 1830, S. 76-81.
418 Claudius, J. an A. v. A. 10.3.1839.
419 Armut ist mit mir verbunden
Als ich kam in diese Welt.
Siebzig Winter sind verschwunden,
Seit sie mich im Arme hält
Der uns einte, er nur kennt,
ob wir werden je getrennt.
Armut ist meine Gefährtin (Gattin), seitdem ich in diese Welt kam. Wir beide haben innig zusammengehangen siebzig Winter weniger zwein. Doch ob wir (beide) hienieden von einander geschieden werden, weiß der, welcher uns beide zusammengab. Vgl. Rask, S. 81f.
420 Brf. orig. Deichmann an A. v. A. 19.12.1836 KlB Loccum.
421 Zurhelle an Deichmann 7.3.1838.
422 Brf. orig. Deichmann an A. v. A. 12.3.1838 KlB Loccum.
423 Brf. orig. Arndt an A. v. A. 17.8.1854 KlB Loccum.

Von Arnswaldt dazu ermuntert,[425] legte er diesem als erstem seine „finanzielle Not" dar. In den folgenden Jahren machte es dann Arnswaldts noble und menschliche Art sogar dem scheuen Claudius möglich, regelmäßig Arnswaldts Hilfe in Anspruch zu nehmen.[426]

Neben den Erweckten[427] galt in späteren Jahren Arnswaldts finanzielle Hilfe vornehmlich den verfolgten Lutheranern Schlesiens[428] und Badens[429] sowie der lutherischen Diasporaarbeit.[430]

Für die Kreuzkirche, in der Arnswaldt in späteren Jahren, so oft es ihm seine Gesundheit erlaubte, Petris Predigten besuchte, stiftete er das Altarbild. Es war eine Darstellung der Kreuzigung Christi, die Gonna nach Julius Schnorr von Caroslfeld gemalt hatte.[431]

Auch da, wo man sich bemühte, der sozialen Not zu begegnen, war Arnswaldt immer bereit zu geben. Wiederholt schickte er Johann Hinrich Wichern Vervielfältigungen von Bildern Overbecks, deren Erlös für die Waisenanstalt und für das Rauhe Haus bestimmt war.[432]

Ein anschauliches Bild seiner Bereitschaft zu geben und zu helfen, vermittelt der Zusatz zu seinem Testament.[433] Hier denkt er nicht nur an seine Angehörigen und Patenkinder, sondern auch an die Bediensteten des Arnswaldtschen Hauses. Bis an ihr Lebensende sollen z. B. der Kammerdiener seines Vaters, die Kammerjungfer

---

424 Brf. orig. Zurhelle an A. v. A. 6.4.1834 KlB Loccum.
425 Brf. orig. A. v. A. an Claudius, J. 15.12.1848 KlB Loccum: „Sie wissen wie gern ich Ihnen auf allerlei Art erweisen möchte daß ich Sie lieb habe ... — Wozu sind wir Christen? sollten wir nicht auch in die Seele des andern hineinglauben können wo wir nicht sehen? ... — darum können Sie sich ohne alle Scheu aussprechen".
426 Brfe. orig. Claudius, an A. v. A. 25.12.1848, 6.1.1849, 23.10.1849, 25.1.1852, 2.2.1852 KlB Loccum. Brf. orig. A. v. A. an Claudius, J. 23.2.1852 StB Berlin.
427 Zu dem Kreis der Erweckten gehört auch der Wundarzt Fischer aus Groß Munzel. Er klagte Arnswaldt, daß er seit seiner Bekehrung von all seinen Freunden und Bekannten als Mystizist und Pietist bezeichnet und gemieden wurde und so in finanzielle Not geriet. Arnswaldt unterstützte ihn durch Jahre hindurch, vgl. Brfe. orig. Fischer an A. v. A. 1.2.1839, 14.2.1839, 6.3.1842, 7.3.1842, 7.4.1843, 1.2.1844, 7.8.1844, 13.3.1846, 1.5.1847 KlB Loccum.
428 Scheibel, J. G. an A. v. A. Nov. 1836, 7.2.1837, 23.4.1839, 17.10.1839.
429 Eichhorn an A. v. A. 12.4.1853, 19.9.1853, 2.10.1853.
430 Brf. orig. Scheibel an A. v. A. 10.2.1840 KlB Loccum. Hier bittet Scheibel Arnswaldt um Unterstützung der lutherischen Gemeinde in Brüssel.
431 Möller, G.: Zum 590 jährigen Bestehen der Kreuzkirche. Hannoversche Landeszeitung April 1923.
432 Vgl. Brfe. abschr. Wichern an A. v. A. 4.8.1840, 9.8.1840, 31.12.1842. In der Klosterbibliothek Loccum befinden sich nur Abschriften dieser Briefe mit dem Vermerk, daß die Originale ins Rauhe Haus gegeben wurden.
Zur Unterstützung Fliedners und Wolkenhaars Vgl. oben S. 59.
433 A. v. A. Codicill StB Berlin.

seiner Schwester und sein Kutscher jährliche Pensionen erhalten. Große Summen bestimmt er für die lutherische Diasporaarbeit[434] und für soziale Einrichtungen.[435] Selbst in seinem Testament vergißt er die einzelnen Notleidenden nicht. Er veranlaßt daß 2000 Thaler in Gold als Kapitalvermögen angelegt werden, dessen Zinsen bereitstehen sollen für „hülflose und bedürftige Personen in besonderen Unglücksfällen".[436]

Überblickt man Arnswaldts selbstloses und großzügiges Einsetzen seiner finaziellen Mittel, so ist es fast selbstverständlich, daß sein Geben nach seinem Tod in mannigfachen Reimen im Stil der Zeit besungen wurde. Die folgenden Zeilen z. B. stammen aus einem Kondolenzbrief J. M. Keinz an Anna von Arnswaldt:

> „Wie hat er hier mit christlichem Erbarmen
> So oft gelindert namenlose Noth
> Er half voll Freundlichkeit in Lieb den Armen
> Zu Wohnung und zu Kleidung und zu Brod.
> Kein Bettler hat ihn je umsonst gebethen
> Man sah ihn überall mit Freuden retten
> Er war der Liebe seines Heilands voll
> So daß sein Herz davon stets überquoll".[437]

d) Seine Bibliothek

Arnswaldts Bibliothek enthielt eine erstaunliche Sammlung niederländischer Handschriften aus dem 15. Jahrhundert. Neben einer niederländischen Übersetzung des Jesaja und Jeremia mit den Prologen des Hieronymus, eines Werkes von Albertus Magnus und verschiedenen Abschriften aus Augustins Werken, umfaßten die Handschriften vor allem Teile bekannter Mystiker, z. B. von Richard von St. Viktor, von Johannes Rusbroek, von Heinrich Seuse und von Johannes Tauler.[438]

Aus dieser Handschriftensammlung gab Arnswaldt vier Schriften Johann Rusbroeks heraus.[439] Bereits 1846 sollte die „Schrift Johann Ruysbroechs von der geistlichen Hochzeit" erscheinen.[440] Während der Textbearbeitung bot sich Arnswaldt die Gelegenheit, eine ganze Reihe niederländischer Handschriften aus dem früheren

---

434  Petri bekommt für den lutherischen Gotteskasten 1000 Thaler in Gold. Ebd.
435  Für die hannoversche Pestalozzistiftung bestimmte Arnswaldt ebenfalls 1000 Thaler in Gold und für den hannoverschen Frauenverein für Armen- und Krankenpflege 500 Thaler in Gold. Ebd.
436  Ebd. Vgl. hierzu die vier Reden seines Lehrers Sextro „Über die Pflicht der Wohlthätigkeit nach dem Tode", Rupstein, S. 127-140, bes. S. 130f.
437  Brf. orig. Keinz an A. v. A. o. D. (1855) Prb.
438  Reifferscheid, A.: Beschreibung der Handschriftensammlung des Freiherrn August von Arnswaldt in Hannover. Sonderdruck aus dem Jahrbuch des Vereins für niederdeutsche Sprachforschung IX-XI. Norden o. J.
439  Rusbroek, J.: Vier Schriften in niederdeutscher Sprache. Hg. von August v. Arnswaldt mit einer Vorrede von C. Ullmann. Hannover 1848.
440  Arnswaldt, A. v.: Nachricht über die Herausgabe der Schriften Johann van Ruysbroechs von der geistlichen Hochzeit. ThStKr. 1846 H. 2, S. 724-726.

Nonnenkloster Nazareth bei Geldern aufzukaufen. Diese bildeten dann den Grundstock seiner 1848 erschienenen Auswahl aus den Werken Rusbroeks.[441]

Zur Schreibung des Namens „Rusbroek" entschloß er sich nach vielen Quellenvergleichen und sprachgeschichtlichen Überlegungen. Ein brieflicher[442] und persönlicher[443] Austausch mit Jakob Grimm bestätigte ihn in dieser Entscheidung. Auch alle Rezensenten der von Arnswaldt vorgelegten Arbeit akzeptierten diese Schreibweise.[444]

Nur Julius trat in einem Brief an Arnswaldt für „Ruysbroek" wegen des gleichnamigen belgischen Dorfes westlich von Brüssel ein.[445] Der erwähnte Ortsname ist wohl auch der Grund, warum man heute wieder zu Ruysbroek zurückgekehrt ist.[446]

In seiner Bemühung um eine diplomatisch getreue Textwiedergabe fand Arnswaldt neben Jakob Grimm vor allem Hilfe bei dem Straßburger Experten für mystische Literatur des Mittelalters Carl Schmidt,[447] der auch nicht versäumte, seine Hilfe in der von ihm verfaßten Rezension zu erwähnen.[448] Die Rusbroekausgabe Arnswaldts fand allgemeine Anerkennung und wurde vor allem von seinen Freunden begrüßt und geschätzt.[449]

Für den Leihverkehr kamen jedoch nicht die wertvollen Handschriften, sondern aktuelle theologische Werke in Frage.[450] Besonders häufig ausgeliehen wurden Werke von Fénelon,[451] Kanne,[452] Tholuck,[453] Olshausen,[454] aber auch von Neander und

---

441 Vgl. die Einleitung Arnswaldts zu Rusbroek, S. XII - XXX.
442 2 Brfe. entw. A. v. A. an Grimm, J.: o. D. StB Berlin.
443 Brf. orig. Grimm, J. an A. v. A. o. D. StB Berlin.
444 Schmidt, C.: Rezension. Neue Jenaische Allgemeine Literaturzeitung. 7. Jg. Nr. 290 1848, S. 1157, 1158.
Rezension. Literarische Zeitung Nr. 39. Berlin 1848, Sp. 609, 610.
Zwei Rezensionen ohne Verfasserangabe. Sie fanden sich auf losen Blättern im Arnswaldtschen Nachlaß. Die Zeitschriften, in denen sie veröffentlich wurden, konnten nicht mehr festgestellt werden.
445 Brf. orig. Julius an A. v. A. 10.5.1848 StB Berlin.
446 Stupperich, R.: Jan van Ruysbroek. In: RGG 3. Aufl. Bd 3 1959, Sp. 529f.
447 9 Brfe. entw. A. v. A. an Schmidt o. D. StB Berlin.
448 Schmidt, C.: Rezension, S. 1158.
449 Brf. orig. Claudius, J. an A. v. A. 16.3.1848 KlB Loccum.
Brf. orig. Havemann an A. v. A. 9.4.1848 KlB Loccum. Vgl. JGNKG 56 1958, S. 211.
Julius an A. v. A. 10.5.1848.
Brf. orig. Lappenberg an A. v. A. 30.3.1843 KlB Loccum.
Brf. orig. Pauli an A. v. A. 13.8.1848 KlB Loccum.
Brf. orig. Strauß-Torney an A. v. A. 22.3.1848 KlB Loccum. Vgl. StKGN 12, S. 87f.
Brf. orig. Wagner, R. an A. v. A. 22.4.1848 KlB Loccum. Vgl. JGNKG 55 1957, S. 103.
450 Harrassowitz übernahm etwa 25.000 Bde aus der Arnswaldtschen Bibliothek. Vgl. Antiquarischer Katalog 138/II Leipzig 1887. Notiz auf der Umschlagseite. Ein Restbestand der von Arnswaldtschen Bibliothek findet sich bei Herrn von der Decken in Böhme und wurde freundlicherweise für die Arbeit zur Verfügung gestellt.
451 A. v. A. an L. v. H. 5.10.1826.

Schleiermacher.[455] Seit 1829 stellte Arnswaldt auch die von ihm abonnierte Evangelische Kirchenzeitung anderen zur Verfügung.[456] In den folgenden Jahren wurde Arnswaldt immer wieder um Bücher und Beiträge aus seiner Bibliothek gebeten, vor allem zur Abfassung von Biographien. Kohlrausch erhält von Arnswaldt Hinweise für seine deutsche Kaiserbiographie,[457] und Lappenberg bittet Arnswaldt um Literatur über Fräulein von Klettenberg.[458] Natürlich wandte man sich auch weiter nicht ohne Erfolg in theologischen Fragen an ihn. So liefert er z. B. Material zu Brauns Scriver- und Zinzendorfbiographie.[459] Auch Huschke,[460] Philipp Spitta[461] und Messerschmidt[462] erbitten sich theologische Werke aus Arnswaldts Bibliothek.

Langsam kristallisiert sich neben der Mystik ein weiteres Spezialgebiet heraus, auf dem Arnswaldt als kompetent gilt: die Hymnologie. Havemann und seine Ilfelder Kollegen Ahrens und Lüdecking beraten immer wieder über die Zusammenstellung eines Schulgesangbuches mit August von Arnswaldt.[463] Auch zur Neuauflage des Bunsenschen Gesangbuches gibt Arnswaldt eine Reihe von Hinweisen.[464] Viktor von Strauß und Torney, der sich über lange Zeit hinweg um eine Revision des Gesangbuches bemühte und an einer „Hymnik" arbeitete, diskutiert seine Gedanken und gewonnenen Maßstäbe immer neu mit Arnswaldt und erbittet sich verschiedene Sammlungen aus dessen Bibliothek.[465]

Aber auch Männer wie Karl Gödecke und Philipp Wackernagel suchten in Arnswaldts

---

452 Brf. orig. Bunsen an A. v. A. 31.3.1830 KIB Loccum. Brf. orig. Röstell an A. v. A. 26.2.1829 KIB Loccum.
453 Brfe. orig. Weidner an A. v. A. 8.3.1827, 15.3.1827 KIB Loccum.
454 Brf. orig. Goldmann an A. v. A. 6.2.1825 KIB Loccum.
Bialloblotzky an A. v. A. 31.12.1826 KIB Loccum.
455 Brfe. orig. Goldmann an A. v. A. 31.3.1824, 11.5.1824 KIB Loccum.
456 Brfe. orig. Heimburg an A. v. A. 20.11.1829, 2.5.1830, 28.12.1832, 21.12.1833 KIB Loccum.
457 Brf. orig. Kohlrausch an A. v. A. 10.2.1847 KIB Loccum.
458 Brf. orig. Lappenberg an A. v. A. 15.4.1846 KIB Loccum.
459 Brfe. orig. Brauns an A. v. A. 1.4.1845, 28.2.1847, 15.1.1850 KIB Loccum.
460 Brf. orig. Huschke an A. v. A. 2.11.1838, o. D. KIB Loccum.
461 Brf. orig. Spitta Ph. an A. v. A. 30.6.1848 KIB Loccum.
462 Brf. orig. Messerschmidt an A. v. A. 22.7.1848 KIB Loccum.
463 Brfe. orig. Havemann an A. v. A. 21.7.1833, 2.9.1834, 19.10.1834, 31.3.1835 KIB Loccum. Vgl. JGNKG 56 1958, S. 191-197.
Brf. orig. Ahrens an A. v. A. 8.4.1834 KIB Loccum.
464 Brfe. orig. Perthes an A. v. A. 31.5.1834, 16.2.1835 KIB Loccum.
465 Brfe. orig. Strauß - Torney an A. v. A. 3.11.1843, 12.11.1843, 7.1.1844, 12.7.1844, 24.4.1846, 27.7.1846, 10.3.1848, 24.11.1849 KIB Loccum. Vgl. StKGN 12, S. 10-20, 23ff., 64-72, 77ff., 97-100. Vgl. ferner die Antwortbriefe Arnswaldts. Brfe. orig. A. v. A. an Strauß - Torney 10.11.1843, 2.12.1849 Prb. Vgl. JGNKG 62 1964, S. 70f., 90f.
Zu Strauß-Torney und seinen Bemühungen um die Verbesserungen des Gesangbuches vgl. Berneburg, E. Die Briefe von Viktor Strauß und Torney an August von Arnswaldt. Ein Blick in theologisches Leben der Erweckungszeit. JGNKG 58 1960, S. 177f.

Bibliothek seltene Literatur. Gödecke, bekannt durch seinen „Grundriß zur Geschichte der deutschen Dichtung" (1859-1881), arbeitete in den 40er Jahren an einer umfassenden Ausgabe deutscher Dichtung von 1500 bis zur Gegenwart. Er bittet Arnswaldt, in dessen Bibliothek alle „alten hymnologischen Werke" einsehen zu können, vor allem das Valentin Babstsche Gesangbuch von 1545 und das Gesangbuch der Böhmischen Brüder von 1531. Auch beabsichtigte er, in Arnswaldts Handschriftensammlung zu arbeiten.[466] Als Wackernagel 1847 mit der zweiten Auflage seines „deutschen Kirchenliedes"[467] beschäftigt war, hofft er, auf Arnswaldts Bibliothek seine Materialien vervollständigen zu können.[468]

In seinem Antwortbrief würdigt Arnswaldt Wackernagels sorgfältig ausgewählte Sammlung und meint, aus seiner Bibliothek nicht wesentlich Neues beitragen zu können. Er schickt ihm jedoch Abschriften von einem unveröffentlichten, vorreformatorischen, niederdeutschen und von fünf plattdeutschen Liedern. Die letzteren waren von einem Küster aus Wettbergen 1557 handschriftlich in Arnswaldts Exemplar der Calenbergischen Kirchenordnung eingetragen worden.[469]

Zusammenfassend ist zu sagen, daß Arnswaldt neben den Erweckten, denen er seine Hilfe nie versagte, in den späteren Jahren vor allem die Lutheraner unterstützte. Auf seinen Einsatz für die Lutheraner, die sich im Kampf um die Union als Streiter für ein „wahres Lutherthum" – sei es in der Separation, sei es in der Union – hervorgetan haben und infolgedessen verfolgt wurden, ist Arnswaldts Zuordnung zu den Lutheranern in der Sekundärliteratur zurückzuführen. Hier sind es im wesentlichen zwei Begriffe, die immer wieder auftauchen. Sie wurden schon bald nach Arnswaldts Tod von zwei Theologen, die ihn persönlich kannten, aufgenommen bzw. geprägt. Umbreit nennt Arnswaldt – nach dessen eigenen Worten – einen „katholischen Lutheraner"[470] und Münkel nennt ihn einen „Kirchenmann".[471]

---

466 Brf. orig. Gödecke an A. v. A. 11.2.1846 KlB Loccum. Zu Gödecke vgl. Mehlem, Niederdeutsche Quellen, S. 49ff.
467 Wackernagel, K. E. Ph.: Das deutsche Kirchenlied von Martin Luther bis auf Nicolaus Hermann und Ambrosius Blaurer. Stuttgart 1841.
468 Brf. orig. Wackernagel an A. v. A. 6.4.1847 KlB Loccum.
469 Brf. entw. A. v. A. an Wackernagel o. D. StB Berlin.
470 Umbreit. Erinnerungen, S. 4.                                                        1857
    Im Anschluß an Umbreit wird Arnswaldt „katholischer Lutheraner"
    genannt bei
    (1) Arnswaldt A. v. In: NCL Bd 2 S. 671                                              1859
    (2) Bendixen, S. 425                                                                  1888
    (3) Bilder aus der Erweckungsbewegung des religiös kirchlichen Lebens in
        Deutschland in diesem Jahrhundert XVII 2. Reihe 6. Philipp Spitta.
        Allgemeine Evangelisch-lutherische Kirchenzeitung Nr. 39, Sp. 920                1896
    (4) Bonwetsch, S. 38                                                                  1923
    (5) Meyer, J.: Kirchengeschichte, S. 195                                              1939
    (6) Kantzenbach, Erweckung S. 162                                                     1957
    (7) Holze, S. 38                                                                      1966
471 Münkel. S. 241                                                                        1861

Seit Tschackert,[472] Meyer[473] und Uhlhorn[474] ist man der Überzeugung, daß der „hochkirchliche Zug" der „konfessionell lutherischen Frömmigkeit in Hannover" auf Arnswaldt zurückzuführen ist.[475] Man sieht in ihm den typischen Lutheraner.[476]

Huschke, den Umbreit Arnswaldts kirchlichen Freund nennt, beurteilt dessen Stellung zur Kirche folgendermaßen: „Sein Lutherthum war nicht blos überkommenes Gut oder ein zufälliges Kleid für seine Gemeinschaft mit dem HErrn. Es war die Frucht eines langen aufrichtigen Forschens und Ringens nach Wahrheit in einer Seele welche sich auch für ihr kirchliches Bekenntniß dem HErrn verantwortlich wußte". Für ihn gab es „keine gesunde Verbindung des einzelnen Christen mit dem Haupte Christo welche nicht zugleich zu einem lebendigen Gliede am Leibe Christi macht...", auch hielt er ein „gesundes Bekenntniß zum HErrn, welches nicht in dem Bekenntniß der Kirche des Bekennenden seine volle Befriedigung findet", für ausgeschlossen.[477]

Wohl im Anschluß an Huschke spricht Waitz davon, daß sich Arnswaldt „einer immer strengeren lutherischen Richtung" zuwandte.[478] Rothert — er beruft sich auf Waitz — sieht den Einfluß auf Petri und andere lutherische Theologen in Arnswaldts konsequentem Eintreten für die lutherische Kirche.[479] Rohde, der zuletzt im Arnswaldtschen Nachlaß arbeitete, sah, daß Arnswaldt sowohl Erweckter als auch strenger Lutheraner war. Er verzichtete deshalb auf eine einseitige Zuordnung Arnswaldts zu einer der genannten Gruppen.[480]

| | |
|---|---:|
| (1) Bendixen, S. 425 | 1888 |
| (2) Petri, Bd 2, S. 279 | 1896 |
| (3) Bilder aus der Erweckungsgeschichte, Sp. 919 | 1896 |
| (4) Rothert, Innere Mission, S. 23 | 1909 |
| (5) Meyer, J.: Kirchengeschichte, S. 195 | 1939 |

472 Tschackert, P.: Die Epochen der niedersächsischen Kirchengeschichte. ZGNKG 1 1896 S. 15.
473 Meyer, J.: Kirchengeschichte, S. 15.
474 Uhlhorn, S. 134.
475 Vgl. (1) Rothert, Innere Mission S. 23.
    (2) Krumwiede, H. W.: Hannover, In: EKL Bd 2 1958, Sp. 18.
    (3) Krumwiede, H. W.: Münchmeyer. In: RGG 3. Aufl. Bd 4 1960, Sp. 1177.
476 Vgl. (1) Meyer, Ph. Hannover, In: RGG 3. Aufl. Bd 3 1959, Sp. 70.
    (2) Schmidt, M.: Petri, L. A. In: RGG 3. Aufl. Bd 5 1961, Sp. 245f.
    (3) EKL Registerband, Sp. 492.
    (4) Beyreuther, Erweckung, S. 42.
477 Huschke, Andenken, S. 210 u. 212.
478 Waitz, G.: Arnswaldt A. v. In: ADB Bd 1 1875, S. 598.
479 Rothert, Biographie. S. 519.
480 Rohde, E.: Freiherr August von Arnswaldt. Ein Gedenkblatt zu seinem 100. Todestag. Hannoversches Pfarrerblatt. Februar 1956, S. 8-11.
    Rohde, E.: Freiherr August von Arnswaldt, Freund und Mitarbeiter Petris. Die Botschaft. Hannoversches Sonntagsblatt, 11. Jg. Nr. 6.
    Rohde, E.: Einleitung zu den Briefen August von Arnswaldts an Victor von Strauß und Torney. JGNKG 62 1964, S. 66-69.

KAPITEL 3

# Arnswaldt als Lutheraner

## I. *Über die Anfänge des Neuluthertums*

Die Frage nach der Entstehung des spezifisch „lutherisch" bestimmten Neokonfessionalismus im 19. Jahrhundert ist gerade in jüngerer Zeit mehrfach in verschiedenen kirchengeschichtlichen und systematischen Untersuchungen aufgegriffen worden.[1] Die Antworten sind nur zum Teil das Ergebnis gründlicher Quellenstudien, zum Teil aber bloße Thesen aufgrund von zufälligen Einzelbeobachtungen. Im wesentlichen geben sie folgende Motive für die Anfänge des Neuluthertums an.

### 1. Die geschichtliche Neubesinnung

Charakteristisch für die gesamte Philosophie der Aufklärung ist ein allgemeiner Mangel an historischem Verständnis. Der „lutherische" Gegenschlag zur Aufklärung und deren „geschichtliche Verständnislosigkeit"[2] erfolgt zunächst von Johann Georg Hamann und wird dann von Herder weitergeführt.

Hamann stand seit seiner Bekehrung (1758) im Gegensatz zur Aufklärung.[3] Er wollte gegenüber Aufklärung, Pietismus und Orthodoxie den „Propheten" Luther wieder lebendig machen. „Element und Aliment" wurden für ihn die Bibel. Die beiden Kommentare des göttlichen Wortes fand er in Natur und Geschichte. Im Gegensatz zur Flucht der Aufklärung in die abstrakte Geistigkeit war für ihn Geschichte „die beste und einzige Philosophie".[4]

---

1  Zuletzt von Kantzenbach, F. W.: Zur Genesis des Neuluthertums. Jahrbuch für schlesische Kirchengeschichte NF Bd 48 1969, S. 73-87.
2  Vgl. Barth, Protestantische Theologie, S. 289.
3  Vgl. die 1828 in den „Jahrbüchern für wissenschaftliche Kritik" erschienene Rezension Hegels: „Über Hamanns Schriften..." Dort heißt es: „Hamann steht der Berliner Aufklärung zunächst durch den Tiefsinn seiner christlichen Orthodoxie gegenüber, aber so, daß seine Denkweise nicht das Festhalten der verholzten orthodoxen Theologie seiner Zeit ist, sondern sich zur Gegenwart und Besitz des Geistes versubjektiviert" (208). Und an anderer Stelle: „Dieses Christenthum mit ebenso tiefer Innigkeit als glänzender geistreicher Energie ausgesprochen und gegen die Aufklärung behauptet macht den gediegenen Inhalt der Hamannschen Schriften aus" (244). Zitiert nach Gründer, S. 25.
4  Stephan/Schmidt, S. 20ff. Vgl. Ferner Kantzenbach, F. W.: Vom Lebensgedanken zum Entwicklungsdenken in der Theologie der Neuzeit. ZRGG Bd XV 1963 H. 1, S. 63-67.

Zu den bedeutendsten Überwindern der Aufklärung gehört neben Hamann vor allem dessen persönlicher Schüler Johann Gottfried Herder. Auch Herders Aufklärungskritik geht eine intensive Beschäftigung mit der Bibel, mit der Geschichte der Reformation und mit den Schriften Luthers voraus.[5] Mehr noch als bei Hamann stand die Geschichte im Mittelpunkt seines Interesses. Sie bedeutete für ihn vornehmlich das „Prinzip der Individualisierung".[6] Mit seinem Begriff der Individualität gehört Herder zu den Begründern des Historismus. Die von ihm entwickelte Form des Historismus wurde von Leopold von Ranke übernommen.[7] Der ebenfalls von Luther ergriffene von Ranke brachte die individualisierende Geschichtsbetrachtung zur Reife.[8]

Die geschichtliche Neubesinnung wurde auch für die Hermeneutik der Zeit wesentlich. Ausgangspunkt aller hermeneutischen Untersuchungen war die „grammatisch historische Erklärungsart".[9] Man bemüht sich nach dem Vorbild der „heiligen Schriftsteller" um ein „unbedingtes gänzliches Annehmen des nächsten historischen Wortsinnes".[10] Erst wo dieser ermittelt war, wollte man mit Hilfe zuverlässiger philologischer Methoden zu dem hinter dem „geschichtlichen Sinn" liegenden „tieferen Sinn" vorstoßen.[11]

5    Zur Bedeutung der Bibel in Herders Denken vgl. Stephan/Schmidt, S. 23 bes. Anm. 1. Zu Herders Beziehung auf Luther und das „altgläubige Luthertum" vgl. Schöffler, H.: Johann Gottfried Herder aus Mohrungen. Deutscher Geist im 18. Jahrhundert. Essays zur Geistes- und Religionsgeschichte. Hg. von Götz von Selle. Göttingen 1956, S. 69, 71, 73f. und Maurer, W.: Aufklärung, Idealismus und Restauration. Studien zur Kirchen- und Geistesgeschichte in besonderer Beziehung auf Kurhessen 1780 - 1850. Bd 1 Gießen 1930, S. 87.
6    Barth, Protestantische Theologie, S. 289.
7    Gadamer, H.-G.: Historismus. In: RGG 3. Aufl. Bd 3, S. 369.
8    Zu Rankes Lutherbild vgl. Schweitzer, E.: Rankes Luther-Fragment. Diss. München 1926, S. 78-82 (abgedruckt in: Paul Joachimsens Neuausgabe von Rankes Deutscher Geschichte im Zeitalter der Reformation. Akademie-Ausgabe VI, S. 311-399. Hier S. 382-386). Zu Rankes individualisierender Geschichtsbetrachtung ebd. S. 16, 77 (S. 320-381). Vgl. ferner: Mayer-Kuhlenkampff, J.: Rankes Lutherverständnis. Dargestellt nach dem Lutherfragment von 1817. HZ Bd 172 1951, S. 65-99.
9    Stark, W.: Das oberste Prinzip der wahren Interpretation. Beyträge zur Vervollkommnung der Hermeneutik, insbesondere des Neuen Testamentes. Jena 1817, S. 7. Stark bemüht sich in der genannten Habilitationsschrift um eine Weiterführung der ebenfalls von diesem Ansatz ausgehenden Arbeiten Steins und Keils (vgl. bes. S. 18ff.) und kommt zu dem Ergebnis: „Um den Hauptzweck der Interpretation vollkommen zu erreichen (Entwicklung des Sinnes nämlich, den der Schriftsteller mit seinen Worten verbunden haben will) muß man vor Allem *sich bestreben: sich so weit als möglich ist auf denselben Standpunkt zu versetzen den der Redende in erkennender sowie empfindender, in moralischer, sowie in intellectueller Hinsicht, in Hinsicht seiner Ansichten, Absichten, Erkenntnisse, Empfindungen überhaupt, und bey den besonderen Beziehungen und Verhältnissen unter denen er redet, dem Augenblicke der Rede hatte"* (S. 37). Vgl. in demselben Band auch Stark, W.: Hauptsätze der richtigen Erklärung des Neuen Testamentes. Jena 1818.
10   Olshausen, H.: Ein Wort über den tieferen Schriftsinn. Königsberg 1824, S. 71f.
11   Ebd. S. 72ff.

## 2. Der Organismusgedanke

Das Prinzip des Organischen, das sich zu Anfang des 19. Jahrhunderts in Spätromantik und Historischer Schule entwickelte, fand in Schellings „Vorlesungen über die Methode des akademischen Studiums" seine erste philosophische Ausprägung. Der von Schelling geprägte Organismusgedanke bestimmte nicht nur Philosophie und Geschichtswissenschaft des 19. Jahrhunderts, sondern auch das christliche Geschichtsverständnis.[12] Er spielte bei allen Vertretern des Neuluthertums eine entscheidende Rolle[13] und führte in dieser theologischen Richtung zu folgenden Überlegungen:

(1) Im Rahmen der Organismusvorstellung war ein Zurückgreifen auf die Vergangenheit nicht mehr eine bloße Repristination. So wie im Samenkorn alle Entwicklungsmöglichkeiten keimhaft angelegt sind, doch erst durch Wachstum und Reife erscheinen, so gehörten auch im theologischen und kirchlichen Schaffen „Altes" und „Neues" organisch zusammen.[14]

(2) Während im Rationalismus die Kirche atomistisch und individualistisch gesehen wurde, wird sie nun als ein einziger riesiger Organismus begriffen.[15] Viele „strenge Lutheraner" wurden durch diese Konzeption vor der Separation bewahrt. Innerhalb dieses Denkschemas konnten sie nicht mehr „die lutherische Konfessionskirche als eine abgeschlossene institutionelle Heilsanstalt isoliert sehen".[16]

(3) Nur durch die Organismusvorstellung wurde es bei aller Vielgestaltigkeit der empirischen Kirchen möglich, zugleich an dem Gedanken der Einheit der Kirche festzuhalten. Das organische Denken kennt auch in der Einheit die Vielheit und Verschiedenartigkeit der einzelnen Glieder.[17]

---

12 Vgl. hierzu besonders Maurer, W.: Der Organismusgedanke bei Schelling und in der Theologie der Tübinger Schule. KuD 8 1962, S. 202-216 und ders.: Das Prinzip des Organischen in der evangelischen Kirchengeschichtsschreibung des 19. Jahrhunderts. Ebd. S. 265-296. Zur Geschichte der Organismusidee im allgemeinen vgl. Fahlbusch, E.: Organismus (Begriff und Idee). In: EKL Bd 2 1958, Sp. 1720-1725.
13 Fagerberg, H.: Bekenntnis, Kirche und Amt in der deutschen konfessionellen Theologie des 19. Jahrhunderts. Uppsala Universitets Årsskrift 9. 1952, S. 18ff. Zur kritischen Beurteilung der Aufnahme des organischen Prinzips vgl. Wolf, E.: Sanctorum communio. Erwägungen zum Problem der Romantisierung des Kirchenbegriffs. Peregrinatio. Studien zur reformatorischen Theologie und zum Kirchenproblem. München 1954, S. 279-301, bes. S. 292ff., und Schneemelcher, W.: Conf. Aug. VII im Luthertum des 19. Jahrhunderts. EvTh 9 1949/50, S. 308-333, bes. 318-332.
14 Fagerberg, S. 21.
15 Ebd. S. 14ff. Vgl. auch Weigelt, S. 25.
16 Beckmann, K. M.: Unitas Ecclesiae. Eine systematische Studie zur Theologiegeschichte des 19. Jahrhunderts. Gütersloh 1967, S. 195.
17 Ebd. S. 15.

## 3. Die Frage nach der Verbindlichkeit der lutherischen Bekenntnisschriften

In den bisher vorgelegten Arbeiten wird nicht genügend deutlich, daß es gerade die ungeklärte konfessionelle Situation bei allen Einigungsbestrebungen des 19. Jahrhunderts war, die die Konsolidierung des Neuluthertums vorantrieb. „Indifferentismus" wurde weithin zum Schlüsselbegriff, um den theologischen und kirchengeschichtlichen Standort eines Menschen zu bestimmen.[18] War in der ersten Hälfte des 19. Jahrhunderts ein „grenzenloser Indifferentismus" überhaupt bezeichnend für „viele Angehörige des höheren Bürgertums",[19] so war innerhalb der Konfessionen eine „Indifferenz gegenüber Lehrfragen"[20] allgemein verbreitet.[21] Bereits die Theologie der Aufklärungszeit und die unter pietistischem speziell herrnhutischem Einfluß stehende Verkündigung hatte kein Interesse an konfessionellen Differenzen.[22] Ganz ähnliche Tendenzen finden sich bei den rationalistischen Theologen und bei den Vertretern der Erweckungsbewegung. Die Erweckten engagierten sich nicht nur in Bibelgesellschaften und Missionsvereinen, sondern auch in der unter dem Druck der Industrienot entstandenen charitativen Genossenschaften.[23] Es bildeten sich immer mehr Zusammenschlüsse in der für das 19. Jahrhundert charakteristischen Organisationsform des Vereins.[24] Die konfessionellen Unterschiede traten in den freien Vereinen immer mehr hinter den drängenden Aufgaben zurück, so daß Liebestätigkeit und Mission in einem gewissen Sinne Unionscharakter bekamen.[25] Als Gegenpol zu den freien evangelischen Vereinen und der von ihnen ausgehenden Unionswirkung[26] entstanden die streng konfessionellen Vereinigungen.[27]

---

18  Anknüpfend an Buddeus, unterschied man zwischen dem Indifferentismus universalis und particularis, d. h. zwischen einer gleichgültigen Haltung gegenüber allen Religionen und der Gleichgültigkeit gegenüber den Lehrunterschieden innerhalb der christlichen Konfessionen. Vgl. die Diskussion der verschiedenen Abhandlungen über den Indifferentismus bei Lange, J. P.: Indifferentismus. In: RE 1. Aufl. Bd 6 1856, S. 657-660. In der RGG 3. Aufl. hat dieser Begriff keinen Artikel.
19  Schnabel, Bd 4, S. 570ff.
20  Fagerberg, S. 1.
21  Unter Indifferentismus innerhalb der Konfessionen verstand man die „religiös scheinende Nichtunterscheidung dessen, welches zu unterscheiden zum Wesen des Glaubens gehört", und machte daraus einen Vorwurf, der Wahrheits- und Bekenntnisfrage auszuweichen. Lange, S. 658, vgl. auch Beckmann, S. 28.
22  Vgl. Fagerberg, S. 1-4. Zu Zinzendorfs Verständnis der Gemeinde vgl. Schuster, K.: Gruppe, Gemeinschaft, Kirche. Gruppenbildung bei Zinzendorf. Th Ex Heute NF H. 85 1960, und Beyreuther, E.: Bruderschaft und neue Schau der Gemeinde. Studien zur Theologie Zinzendorfs. Neukirchen 1962, S. 172-200. S. auch Burkhard, G.: Zinzendorf In: RE 1. Aufl. Bd 18 1864, S. 544f.
23  Schnabel, Bd 2, S. 210.
24  Ders., Bd 3, S. 137, 311.
25  Ders., Bd 4, S. 411, 187.
26  Krumwiede, H. W.: Die Unionswirkung der freien evangelischen Vereine und Werke als

So gab es im 19. Jahrhundert immer neue Einigungsversuche konfessioneller und überkonfessioneller Art. Es ist hier zu denken an die Unionen zwischen Lutheranern und Reformierten, an die Missionsgesellschaften und Diasporavereine, an die Hannoversche Pfingstkonferenz und an die Kirchentage.

a) Die Unionen

Die Union als Zusammenschluß von protestantischen Kirchen kann zunächst als eine der vielen durch die geschichtliche Entwicklung vorbereiteten Einigungsbestrebungen verstanden werden.[28] In ihrer praktischen Durchführung wurden die ursprünglich gegensätzlichen Positionen notwendig – wenn auch in differenzierter Weise – eingeebnet.

In Preußen z. B. war nach der Kabinettsorder vom 29.7.1817 eine Konsensusunion geplant.[29] „Vehikel" der Union[30] und ihr „wirksamstes Förderungsmittel"[31] war die neue Agende. 1816 zuerst in den Garnisonskirchen in Potsdam und Berlin, 1821 in der Hof- und Domkirche in Berlin eingeführt, wurde sie seit 1822 auf Anordnung Altensteins in der Provinz verbreitet. Am Tag des Augustana-Jubiläums 1830 sollte durch die zur Pflicht gemachte Einführung der Agende das „heilsame Werk der Union der Vollendung nähergeführt" werden.[32] In Schlesien war damit das Signal zur Separation gegeben.[33] Nicht zuletzt um diese Entwicklung aufzuhalten, verzichtete man 1834 auf einen Konsensus in Lehrfragen. Die verschiedenen Bekenntnisse sollten nebeneinander bestehen bleiben, und die preußische Union war damit rechtlich eine „föderative Verwaltungsunion".[34] Doch 1846 sollte es auf der evangelischen Generalsynode[35] durch die Neuformulierung der Ordinationsverpflichtung und die Aufstellung eines Lehrkonsensus zur „vollen Einheit" kommen.[36] Die Ver-

---

    soziales Phänomen des 19. Jahrhunderts. In: Um evangelische Einheit. Beiträge zum Unionsproblem. Hg. von Karl Herbert. Herborn 1967, S. 147-184.
27 Schrey, H. H.: Einigungsbestrebungen (IV) 1800-1920 In: RGG 3. Aufl. Bd 2 1958, Sp. 393.
28 Schnabel, Bd 4, S. 326ff.
29 Vgl. den Wortlaut der Kabinettsorder. Abgedruckt bei Hermelink, S. 311f.
30 Vehikel der Union nannte Altenstein die Agende. Vgl. Foerster, E.: Die Entstehung der preußischen Landeskirche unter der Regierung Friedrich Wilhelm III. nach den Quellen erzählt. Bd 2 Tübingen 1907, S. 238.
31 Diese Formulierung stammt von Bischof Eylert. Vgl. Nagel, G.: Der Kampf um die lutherische Kirche in Preußen. Breslau 1930, S. 113 Anm. 16.
32 Vgl. die Kabinettsorder vom 4.4.1830, zitiert nach Wangemann, H. Th.: Sieben Bücher preußischer Kirchengeschichte. Berlin 1859, S. 89.
33 Vgl. Blüher, M. A.: Neueste kirchliche Ereignisse in Schlesien. Geschichte der lutherischen Parochien Hönigern und Kaulwitz. Nürnberg 1835.
34 Beckmann, J.: Union. Ev. Kirche der. In: RGG 3. Aufl, Bd 6 1962, Sp. 1138.
35 Vgl. Müller, J.: Die erste Generalsynode der evangelischen Landeskirche Preußens und die kirchlichen Bekenntnisse. Breslau 1847.
36 Adam, A.: Unionen im Protestantismus. In: RGG 3. Aufl. Bd 6 1962, Sp. 1140f.

wirklichung der Beschlüsse der Generalsynode scheiterten letztlich an König Friedrich Wilhelm IV.[37]

Wie in Preußen, so stieß das Streben nach Union auch in den übrigen Ländern auf die Frage nach einem gemeinsamen Bekenntnis.[38] Damit aber traten die alten Gegensätze erneut ins Bewußtsein, und es kam notwendig zu Gegenbewegungen.

b) Die Missionsgesellschaften

1836 bekamen die Missionsvereine im norddeutschen Raum zwei eigene Zentren der Missionsarbeit. Hamburg wurde zum Sitz einer interkonfessionellen, Dresden einer lutherischen Missionsgesellschaft.[39]

Die Norddeutsche Missionsgesellschaft wollte von Hamburg aus alle Missionare aus dem Königreich Hannover, den Hansestädten, Schleswig-Holstein und aus Mecklenburg aussenden. In Dresden beschränkte man sich nicht auf den sächsischen Raum, sondern suchte gleich Kontakt mit allen „Lutherischen Missionsvereinen". Dieses Nebeneinander der beiden so verschieden strukturierten Missionsgesellschaften, aber auch schon die Geschichte der Norddeutschen Missionsgesellschaft selbst zeigten, daß es nun nicht mehr wie in Basel, Berlin und Barmen möglich war, einer Gesellschaft ohne Schwierigkeit ein überkonfessionelles Gepräge zu geben. Auf der Gründungsversammlung der Norddeutschen Missionsgesellschaft wurde zum ersten Mal in der Geschichte der Mission eine Bekenntnisschrift, in diesem Fall die CA, in die Gründungsstatuten aufgenommen, „um aller Willkür in der Lehre der Boten vorzubeugen und das Unevangelische bei ihnen fernzuhalten".[40] Auf der Stader Generalversammlung erstrebte man dann einen Lehrkonsensus. In sechs Punkten formulierte man das Gemeinsame in der reformierten und lutherischen Abendmahlslehre, worin Guerike einen ersten Versuch für „eine Union auf dem Wege eines Lehrgespräches" sah.[41]

---

37 Heintze, J.: Die erste Preußische Generalsynode 1846. Jahrbuch für Berlin-Brandenburgische Kirchengeschichte 41 1966, bes. S. 139.
38 Zur Literatur vgl. Foltz, M.: Bibliographie zu den Kirchen-Unionen zwischen Lutheranern und Reformierten in Deutschland. Kirche und Staat im 19. und 20. Jahrhundert. Neustadt 1968, S. 184-194.
39 Zur Entstehung und zum Selbstverständnis der beiden Missionsgesellschaften vgl. vor allem Aagaard, Bd 1, S. 245ff. u. 328ff. Bd 2, S. 401ff. Außerdem:
Müller: Die Nordeutsche Missionsgesellschaft und ihre Bitte an die Missionsvereine in Hannover. Der Kirchenfreund 1836 H. 1, S. 3-15.
Haccius, Bd 1, S. 364-386.
Fleisch, P.: Hundert Jahre lutherische Mission. Leipzig 1836 u.
Holze, S. 59-71.
40 Müller: Missionsgesellschaft, S. 6. Zur Frühgeschichte der Norddeutschen Missionsgesellschaft vgl. bes. Schmidt, R.: Ludwig Harms bricht mit der Norddeutschen Mission. JGNKG 48 1950, S. 120ff.
41 Zit. nach Holze, S. 66.

Die Norddeutsche Missionsgesellschaft war so in der Tat „eine Art von Union".[42] Damit begann man auch in diesem Rahmen, über die alten Gegensätze nachzudenken.

1843 versucht Saxer, diese Gegensätze — allerdings mit dem Ziel, die Notwendigkeit einer Zusammenarbeit aufzuzeigen — herauszuarbeiten. Die „Recht*gläubigkeit*" soll über der „*Recht*gläubigkeit" stehen.[43] Von den strengen Lutheranern wurde er in seiner Argumentation nicht akzeptiert.

c) Die Diasporavereine

Die Unterstützung „lutherischer, reformierter und unierter Kirchengemeinden" in der katholischen Diaspora nahm erst konkretere Gestalt an, als 1842 die schon zehn Jahre alte „Gustav-Adolf-Stiftung" durch die Initiative Zimmermanns in den „Evangelischen Verein der Gustav-Adolf-Stiftung" umgewandelt wurde.[44] Noch in demselben Jahr bewilligte der hannoversche König die Gründung von Haupt- und Hilfsvereinen in Hannover, und bald darauf entstanden in fast allen großen Städten Gustav-Adolf-Vereine.[45]

Die lutherischen Kreise begegneten dieser Arbeit von vornherein mit großem Mißtrauen. Man glaubte, aus den Grundstatuten eine „prinzipiell unierte" Einstellung herauslesen zu können.[46] Deshalb begann man noch im gleichen Jahr mit einer eigenständigen „lutherischen Diasporaarbeit.[47] Als es dann innerhalb des Gustav-Adolf-Vereins zu antirömischen Äußerungen kam, traten viele Lutheraner für den

---

42   Uhlhorn, S. 135.
43   Saxer, J. A.: Ueber den wiedererwachten Confessions Streit mit besonderer Beziehung auf die Angelegenheiten der norddeutschen Missions-Gesellschaft. Stade 1843. Vgl. bes. S. 47f.
44   Zimmermann, K.: Gustav Adolf Stiftung, Gustav Adolf Verein. In: RE 1. Aufl. Bd 5 1856, S. 419-424.
45   Vgl.
     Bödeker, H. W.: Der evangelische Verein der Gustav-Adolf-Stiftung zu Dresden, Leipzig und Darmstadt. HM 1843 Nr. 20, S. 159f.
     König: Wesen und Zweck des evangelischen Vereins der Gustav-Adolf-Stiftung. HM 1843 Nr. 88, S. 697-701.
     Wachsmuth: Die Entwicklung der hannoverschen Gustav-Adolf-Vereine. ZGNKG 19 1924, S. 231-240.
46   Gustav-Adolf-Verein und Gotteskasten. Hannoversche Pastoralkorrespondenz 12 1884 Nr. 11, S. 134.
     Amelung: Vom Gustav-Adolf-Verein. Evangelisch Lutherisches Zeitblatt 22, Mai 1930, S. 19.
     Wachsmuth, Gustav-Adolf-Verein, S. 238.
47   Ulmer: Vom Lutherischen Hilfswerk der verbündeten Gotteskastenvereine. Evangelisch Lutherisches Zeitblatt 21, März 1929, S. 15.
     Schmidt, M.: Wort Gottes und Fremdlingschaft. Die Kirche vor dem Auswanderungsproblem des 19. Jahrhunderts. Rothenburg o. T. 1953, S. 101-103.

Katholizismus ein. Man wandte sich gleichzeitig gegen das Prinzip, Gemeinden nur deshalb zu unterstützen, weil sie „protestantisch waren". Einen solchen Protestantismus nennt Guerike „veräußerlicht" und „leer". Während er bei aller auch im Katholizismus verbreiteten „Veräußerlichung" diesen doch als „gehaltreich" beurteilt.[48] Auch Spitta, der 1828 Arnswaldt tadelt wegen seines Hangs zum „katholischen Wesen",[49] soll bezüglich des Gustav-Adolf-Vereins gesagt haben: „ich will lieber die Katholiken unterstützen als mitzuhelfen daß schlechte rationalistische Gesangbücher verbreitet, ungläubige Pastoren und Sektierer unterstützt werden".[50]

d) Die Hannoversche Pfingskonferenz

1842 trafen sich in Hannover 52 Pastoren und Kandidaten zu einer hannoverschen Pastoralkonferenz. Der Initiator dieser Konferenz, Ludwig Adolf Petri, hatte bereits Ende der 30-er Jahre beabsichtigt, eine „größere Versammlung von Geistlichen" anzuregen. Von Anfang an sollten nur die Geistlichen eingeladen werden, die „auf dem gemeinsamen Bekenntnis in wesentlichen Dingen einig sind". Petri begründete diese Position in einem Brief an Lührs folgendermaßen: „eine Gemeinschaft ist keine und wirkt nichts, wenn sie in Principien auseinandergeht ... und hätte sie noch so viel tragende Liebe, ich mißtraue der Liebe, welche ein Kleister über die Kluft divergierender Grundprincipe ist und finde sie gewöhnlich beim Indifferentismus".[51]

Die Kirchenbehörde stand dieser neuen Konferenz, da zu ihr nur Personen „gleicher theologischer Richtung" geladen waren, kritisch gegenüber und verbot Petri, weitere Einladungen auszusprechen. Unter dem Vorwand, daß die Pastoren „aus eigenem Triebe kämen, um sich miteinander zu besprechen", wurde die Pfingstkonferenz zu einer ständigen Einrichtung. Die Teilnehmerzahlen stiegen von Jahr zu Jahr. Seit 1848 nahmen auch Laien an der Konferenz teil. Durch ihr literarisches Organ, das seit Juli 1848 erscheinende „Zeitblatt für die Angelegenheiten der lutherischen Kirche", wurde die Pfingstkonferenz weit über den hannoverschen Raum hinaus bekannt.[52]

---

48  Guerike, H. E. F.: Der Calvinismus. Unionsvehikel und Kirchenkrücke. Eine aphoristische freundliche Erwiderung auf den Neujahrsgruß der Evangelischen Kirchenzeitung für 1844 an die Gemeine. Leipzig 1844, S. 6.
49  Vgl. Brf. Spitta, Ph. an Meyer, A. 18.10.1828 abgedruckt bei Münkel, S. 93.
50  Gustav-Adolf-Verein und Gotteskasten, S. 132f.
51  Brf. Petri, L. A. an Lührs, A. 22.3.1838, veröffentlicht von Petri, E. Bd 1 1888, S. 257f.
52  Das von 1848-1855 von Petri herausgegebene Zeitblatt für Angelegenheiten der lutherischen Kirche, das ab 1856 von Münkel als „Neues Zeitblatt" weitergeführt wurde, brachte jährlich einen ausführlichen Konferenzbericht. Über die Geschichte der Pfingstkonferenz bis 1848 ist nur wenigstens aus verschiedenen persönlichen Briefen Petris an einzelne Teilnehmer der Pfingstkonferenz bekannt. Eine ausführliche Geschichte der Pfingstkonferenzen legte 1949 Paul Fleisch vor. Fleisch, P.: 100 Jahre hannoversche Kirchengeschichte im Spiegel der Pfingstkonferenzen. JGNKG 47 1949, S. 65-101.

e) Die Kirchentage

In den 40-er Jahren wurde dem wachsenden Verlangen nach nationaler Einigung entsprechend, vielfach der Gedanke einer „evangelischen Nationalkirche" erörtert.[53] „Einigung" war das Thema auf verschiedenen, von einander weithin unabhängigen Konferenzen. In der von Philipp Wackernagel geleiteten „Sandhofskonferenz" und in der gleichzeitig unter der Leitung Stahls tagenden Berliner Konferenz formulierte man das Ziel dieser Bestrebungen: „Nicht Union, sondern Konföderation".[54]

Unüberhörbar sprachen aus dieser Formulierung die negativen Erfahrungen der vorausgegangenen Einigungsbestrebungen. Die konfessionellen Unterschiede sollten künftig nicht mehr verwischt werden. Innerhalb eines „Kirchenbundes" sollte jede Gliedkirche an ihren Bekenntnisschriften festhalten können. Gleichzeitig mußte sie aber bereit sein, die Bekenntnisse des anderen Partners zu respektieren. Die Verwirklichung einer solchen Konföderation erhoffte man sich von einem „allgemeinen Kirchentag". Auf keinem der seit 1848 stattfindenden Kirchentage gelang es aber, den geplanten „Kirchenbund" zu schaffen. Dafür kam es jedoch gleich auf dem ersten Kirchentag zu einer sachgebundenen überkonfessionellen Vereinigung. Nach der Rede Johann Hinrich Wicherns wurde ein für das ganze protestantische Deutschland zuständiger „Zentralausschuß der inneren Mission" gegründet. Die Kirchentage zerfielen von nun an in zwei Abteilungen: „In die Versammlung für Gründung eines deutschen evangelischen Kirchenbundes und in den Kongreß für die innere Mission der deutschen evangelischen Kirche".[55]

Die „strengen Lutheraner" übten von Anfang an Kritik an den „jährlich gehaltenen Versammlungen treuer Freunde der evangelischen Kirche mit gleicher Berechtigung der Lutheraner, der Reformierten und der auf dem consensus der beiden Bekenntnisse stehenden Unierten".[56] Vor allem stießen sie sich an der „Unbestimmtheit" in Fragen des Bekenntnisses.[57] Man verweigerte dem Kirchentag sogar das Recht, sich *Kirchentag* zu nennen, und sprach von einer „Versammlung"[58] oder, wie Petri von einer „Operation, NB. unter Verschieden-Gläubigen".[59] Eine Beteiligung hielt man für völlig ausgeschlossen.

---

53 Vgl. dazu das ausführliche Referat der Schriften Dorners und Bethmann-Hollwegs bei Petri, E. Bd 2 1896, S. 100-106. Zu Bethmann-Hollweg vgl. bes. Fischer, F.: Moritz August von Bethmann-Hollweg und der Protestantismus. Diss. Berlin 1938.
54 Zitiert nach Petri, E. Bd 2 1896, S. 110.
55 Die Versammlung in Stuttgart. Zeitblatt für Angelegenheiten der lutherischen Kirche 1851 Nr. 16, S. 133ff. u. Nr. 18, 19, S. 145-148.
56 Vgl. Pelt, L.: Kirchentag, der deutsche evangelische. In: RE 1. Aufl. Bd 7 1857, S. 681.
57 Die Frage nach einem gemeinsamen Bekenntnis wurde erst in Bremen 1853 aufgegriffen. Einstimmig entschied man sich für die CA. Die Interpretation blieb den einzelnen Kirchen überlassen. Auch sollte jede Konfession an ihren sonstigen Bekenntnisschriften festhalten. Ebd. S. 684.
58 Die Versammlung in Stuttgart, S. 133.
59 Brf. Petri, L. A. an Kliefoth 14.7.1848, zitiert nach Petri, E. Bd 2 1896, S. 108.

Diese ungeklärte konfessionelle Situation bei nahezu allen Einigungsbestrebungen wurde für viele Theologen und Laien der Anlaß, sich auf die spezifisch „lutherische" Position zu besinnen und diese zu formulieren.[60]

Auch Arnswaldts Abhandlungen entstanden in dieser Auseinandersetzung. Seine Schrift über das Abendmahl schrieb er als Beitrag zum Kampf der schlesischen Lutheraner gegen die preußische Union.[61] Da es für ihn eine Vereinigung nur auf der Basis eines Lehrkonsensus denkbar war,[62] versuchte er in seiner Deutschen Laientheologie, das Unaufgebbare der lutherischen Position herauszuarbeiten.

## II. Arnswaldts Studien über das Abendmahl

Nach den Beiträgen in der Wünschelruthe veröffentlichte Arnswaldt lange Zeit nichts mehr. Er war in den 20-er Jahren, der Zeit, in der er vornehmlich unter dem Einfluß der Erweckungsbewegung stand, zu sehr mit sich selbst beschäftigt und war deshalb nicht im Stande, sich mit wissenschaftlichen oder theologischen Abhandlungen produktiv an der Diskussion zu beteiligen. Nachdem er aber einen eigenen Standpunkt gewonnen und auch durch die Aufgabe seines Berufes mehr Muße zu Privatstudien hatte – er begann damals sogar, Hebräisch zu lernen[63] – schrieb er in kurzer Zeit seine Schrift über das Abendmahl.[64] Der unmittelbare Anlaß dazu war seine grundsätzliche theologische Übereinstimmung mit den schlesischen Lutheranern. Unter diesen war es aber auch in den 30er Jahren im Kampf gegen die Union bis zu militanten Exzessen gekommen, die allerdings durch das Aufmarschieren des preußischen Militärs provoziert waren.[65] Mit Sorge sah Arnswaldt ferner eine sich immer deut-

---

60 Vgl. die Haltung Huschkes. Brf. orig. Strauß-Torney an A. v. A. 10.12.1848 KlB Loccum. Vgl. StKGN 12, S. 96.
61 Arnswaldt will mit seiner Abendmahlsschrift „sein Scherflein" beitragen zur „Verständigung" zwischen verschiedenen wissenschaftlichen Erörterungen und innerkirchlichen Kämpfen. Vgl. Arnswaldt, A. v.: Die Gegenwart des Leibes und Blutes Christi im Sacrament des heiligen Abendmahls. Hamburg 1834, S. V. Vgl. ferner unten S. 215 und die Anmerkungen 70-74.
62 Die einzig „ächte Vereinigung" ist für ihn nur als „Vereinigung in Rücksicht des Dogmas" möglich. Arnswaldt, A. v.: Rezensionen, S. 188.
63 Sein Lehrer war der damalige cand. theol. Münchmeyer. Vgl. A. v. A. an Elvers 23.1. 1835. Nach Münchmeyers Aussagen hatte ihn sein Schüler bald überflügelt und ihn danach in Chaldäisch, das dieser autodidaktisch erlernt hatte, unterwiesen. Vgl. Brf. orig. Münchmeyer an Anna v. A. 2.10.1855 Prb. Ein unmittelbar theologischer Einfluß Arnswaldts auf Münchmeyer ist aus den Quellen nicht nachzuweisen.
64 Brf. orig. A. v. A. an Elvers 30.6.1834 StB Berlin.
65 Vgl. den Widerstand der Gemeinde zu Hönigern und die Weihnachten 1834 durch eine militärische Exekution erfolgte Öffnung der Dorfkirche zum unionistischen Gottesdienst. Der unierte Theologe H. Reuter nannte später „die Hönigersche Dragonade" einen „unauslöschlichen Schandfleck preußischer Kirchenpolitik und preußischer Kirchengeschichte." Zitiert nach Schnieber, A.: G. Ph. E. Huschke, ein Lebensbild. Breslau 1927, S. 37.

licher abzeichnende endgültige Separation voraus. Die Frage, an der sich alles entschied, war die Bejahung einer Interkommunion ohne Lehrübereinstimmung. Die von der preußischen Union erstrebte Kirchengemeinschaft war notwendig Abendmahlsgemeinschaft. Ihr prominentester Theologe Schleiermacher trat mit Nachdruck dafür ein, daß für gemeinsame Abendmahlsfeiern die Übereinstimmung im Bekenntnis nicht Voraussetzung sei.[66]

Bereits 1817 hatte Arnswaldt erkannt, daß in Fragen der Union das „heilige Abendmahl" der „Punkt" ist, „auf welchen es besonders ankommt".[67] Eine Interkommunion ohne einheitliches Bekenntnis blieb für ihn undenkbar. Er bemühte sich deshalb in seiner Abendmahlsschrift, die Unvereinbarkeit des reformierten und lutherischen Bekenntnisses darzulegen, ferner jeden in der Union angelegten Indifferentismus zurückzuweisen und schließlich die unnachgiebige Haltung der Lutheraner zu rechtfertigen. Zugleich hoffte er aber dadurch auch, einer Separation entgegenzuwirken. Mit dem Titel „Die Gegenwart des Leibes und Blutes Christi im Sacrament des heiligen Abendmahls" nennt Arnswaldt das Thema, über das er schreiben will. Er glaubt damit, den „Kern" der Abendmahlslehre zu treffen, der weithin „auch unter denen die an Christus glauben" in Vergessenheit geraten ist.[68] Die Schrift selbst läßt er anonym erscheinen[69] und widmet sie seinem Freund Elvers und dem Führer der schlesischen Lutheraner Huschke.[70] Verlegt wurde sie durch Vermittlung Niemanns bei Friedrich Perthes.[71]

Arnswaldt hofft, daß viele durch sein Buch die von ihm herausgestellte „Kernwahrheit" neu erkennen.[72] Die schlesischen Lutheraner verstanden auch seine Schrift als „glaubensstärkenden tröstlichen Zuspruch",[73] und Elvers sah in ihr „ein Wort zur rechten Zeit".[74] Arnswaldt, der diese Hoffnung teilte, erwartete viel von dem Urteil Tholucks, dem er sein Buch zusammen mit einigen Fragen sandte.[75] Merkwürdigerweise antwortete Tholuck nicht direkt, sondern mit einer anonym erschienenen Kritik in dem von ihm redigierten „Litterarischen Anzeiger".[76]

---

66 Vgl. Beckmann, S. 48.
67 Arnswaldt, A. v.: Rezensionen, S. 92. Vgl. dagegen Müller, J. (1854): „Union ist Zusammenschluß zu Einem kirchlichen Organismus innerhalb dessen unbeschränkte Abendmahlsgemeinschaft der Vereinigung das heiligste Siegel aufdrückt". Zitiert nach Beckmann, S. 89.
68 A. v. A. an Elvers 30.6.1824.
69 Dies ist wohl noch ein Überrest aus seiner Wünschelruthenzeit. Seine Metakritik im Scheibelschen Archiv (1841) zeichnet er wie seine Abhandlung über das Theater (1818) mit „A".
70 A. v. A. an Elvers, 30.6.1824, 21.12.1834.
71 Br. orig. Perthes an A. v. A. 14.5.1834 StB Berlin.
72 A. v. A. an Elvers, 30.6.1824.
73 Huschke, Andenken, S. 211.
74 Brf. orig. A. v. A. an Anna v. A. 21.-27.7.1834 StB Berlin.
75 Havemann an A. v. A. Frühjahr 1831, 30.9.1834.
76 Rezension über: Die Gegenwart des Leibes und Blutes Christi im Sacrament des

Die Rezension — der Verfasser blieb auch Arnswaldt unbekannt[77] — ist im wesentlichen ein ausführliches und genaues Referat, mit Hilfe dessen sich der Leser selbst ein Urteil bilden soll. Die sich jeweils anschließende Kritik geht keinesfalls dem Gedankengang Arnswaldts nach, sondern setzt wahllos an einigen Punkten ein und behauptet stereotyp, die von Arnswaldt entfaltete Position sei nur eine der möglichen Deutungen.[78] Abschließend wird Arnswaldt — „der unbekannte Verfasser" — aufgefordert, sich noch einmal über den Gegenstand in einer ausführlichen Darstellung auszusprechen.[79] Dies nahm sich Arnswaldt auch unmittelbar nach der Lektüre der Rezension vor, doch entschloß er sich bald, nichts mehr über die nach seinem jetzigen Urteil „ungeschickt abgefaßte und schon beinahe vergessene Schrift" zu schreiben. Huschke aber bewegte ihn dazu, noch in demselben Jahr die Entgegnung zu verfassen.[80] Sie wurde Scheibel zur Veröffentlichung übersandt, konnte jedoch erst 1841 erscheinen, da gegen Scheibel ein Druckverbot bestand.[81] Das verzögerte Erscheinen der Metakritik, aber auch die anspruchsvolle Gedankenführung der Schrift selbst, waren offensichtlich die Gründe für den geringen Absatz.[82] Arnswaldts Freunde nahmen sie selbstverständlich mit großem Interesse auf. Philipp Spitta las Arnswaldts Arbeit mehrmals[83] und schreibt 1839, daß er sie nun besser verstehe.[84] In den 40er Jahren waren es Victor von Strauß und Torney[85] und zehn Jahre später Ludwig Friedrich Schoeberlein,[86] die sich ausführlich damit beschäftigten.

---

    heiligen Abendmahls. Hamburg 1834. Litterarischer Anzeiger für christliche Theologie und Wissenschaft überhaupt. 1835 Nr. 16-19, Sp. 121-148.

77  Aus einem Brief Scheibels an August von Arnwaldt ist nur zu ersehen, daß Arnswaldt nicht an Tholuck als Verfasser dachte. Brf. orig. Scheibel an A. v. A. 15.3.1836 KlB Loccum.

78  Rezension, Litterarischer Anzeiger, Sp. 122, 127, 132f., 135.

79  Ebd. Sp. 148.

80  Arnswaldt, A. v.: Schreiben an E. H. [Eduard Huschke] über die Gegenwart des Leibes und Blutes Christi im Sacrament des heiligen Abendmahls, in Beziehung auf die davon handelnde 1834 erschienene kleine Schrift und deren Beurtheilung in Tholucks litterarischem Anzeiger. 1835 Nr. 16-19. Archiv für historische Entwicklung und neueste Geschichte der Lutherischen Kirche. 1841 H. 1 u. 2, S. 15-48.

81  Brfe. orig. Scheibel an A. v. A. 7.2.1837, 4.8.1838, 21.11.1838 KlB Loccum.

82  Für Perthes wurde das Verlegen ein Verlustgeschäft. Brf. orig. Perthes an A. v. A. 20.4.1839 StB Berlin.

83  Bendixen, S. 424.

84  Brf. Spitta, Ph. an Meyer A. 10.1.1839, abgedruckt bei Münkel, S. 242f.

85  Brfe. orig. Strauß-Torney an A. v. A. 3.1.1843, 12.11.1843, 29.11.1843 KlB Loccum. Vgl. StKGN 12, S. 10f., 15-17.
    Brf. orig. A. v. A. an Strauß-Torney 10.11.1843 Prb. Vgl. JGNKG 62 1964, S. 61.

86  Zu Schoeberlein vgl. Trillhaas, W.: Abt Ludwig Schoeberlein als Systematiker. JGNKG 63 1965, S. 198-212. Aus der Korrespondenz Arnswaldts mit Schoeberlein sind nur ein Brief Schoeberleins von 1853 und ein Briefkonzept Arnswaldts ohne Datum erhalten. Im April 1853 beginnt Schoeberlein den Briefwechsel mit Arnswaldt. Umbreit hatte Schoeberlein berichtet, daß Arnswaldt dessen Abhandlungen: „Ueber die christliche Versöhnungslehre" (ThStKr 1845 H. 2, S. 267-313) und: „Ueber das Verhältnis der persön-

Die Schrift selbst ist keine Arbeit über die Abendmahlslehre im engeren Sinne. Sie will weder theologische Probleme entfalten noch den seit der Reformationszeit entbrannten Abendmahlsstreit aufrollen. Arnswaldt stellt vielmehr die selbstverständlich gewordenen Voraussetzungen bewußt in Frage, um sie danach grundsätzlich zu entfalten. Er will „das Allgemeine, dessen Anwendung im Besonderen früherhin mit etwas mehr Sicherheit einem unbewußten Tact überlassen bleiben konnte, zu klarem Bewußtsein bringen".[87] Deshalb behandelt er, ohne die Abendmahlsfrage aus dem Blick zu verlieren, das „innere Wesen der Tropen" sowie „*das Verhältnis der Leiblichkeit zur Materie* und das *Verhältnis des Erlösers zu dem menschlichen Geschlecht*".[88]

### 1. Das aus der Tropenlehre gewonnene hermeneutische Prinzip

Arnswaldt setzt ein mit einer Kritik an der „uneigentlichen" Auslegung der Spendenformel in den Einsetzungsworten und lehnt eine Auslegung „mittels eines Tropus" ab.[89]

Der Gebrauch des Begriffes Tropus bei Arnswaldt sowie die Unterteilung im Metonymie und Metapher zeigen, daß Arnswaldt die Zentralbegriffe der Abendmahlslehre Zwinglis vertraut waren. In Arnswaldts Bibliothek fand sich neben den 1581 herausgegebenen Opera Zwinglis die in Zürich 1828 ff. erschienene erste vollständige Ausgabe der lateinischen und deutschen Schriften Zwinglis.[90] Mit den Werken Osianders, Oekolampads und der Reformationsgeschichte Bullingers[91] — in ihr findet sich ein Bericht, der auf den Begleiter Zwinglis zum Marburger Religionsgespräch, Rudolf

---

lichen Gemeinschaft mit Christo" (ThStKr 1847 H. 1, S. 7-69) mit viel Interesse gelesen habe. Schoeberlein entschloß sich deshalb, Arnswaldt auch seinen Aufsatz: „Confession und Union" (ThStKr 1853 H. 3, S. 537-623) zu senden. Vgl. Brf. orig. Schoeberlein an A. v. A. 11.4.1853 StB Berlin.

Arnswaldts Brief an Schoeberlein ist mit großer Wahrscheinlichkeit aus dem Jahr 1855, denn Arnswaldt hofft Schoeberlein in Göttingen zu treffen, wohin dieser 1855 berufen wurde. Schoeberlein legte, wie aus dem Antwortschreiben Arnswaldts hervorgeht, Arnswald ganz konkrete Fragen vor, die sich auf dessen Abendmahlsschrift von 1834 bezogen. Vgl. Brf. entw. A. v. A. an Schoeberlein 1855 (?) KlB Loccum.

87 Arnswaldt, A. v.: Gegenwart, S. 8.
88 Ebd. S. 8 u. 27.
89 Ebd. S. 7.
90 Vgl. Antiquarischer Katalog des Antiquariats Harrassowitz 138 II. Die Arnswaldtsche Bibliothek in Hannover, S. 63f., 1421-1424.
91 Osiander, A.: Was zu Marpurgk vom Abendmahl etc. vergleicht sey worden. o. O. o. J.
Oecolampadius, J.: Das Testament Jhesu Christi . . . Zwickau 1523.
Ders.: De eucharistia dialogos. Amb. 1609.
J. Oecolampadii et H. Zwinglii Epistolae. Basil. 1536.
Bullinger, H.: Reformationsgeschichte. . . hg. Hottinger. Frauenfeld 1838ff.
Ders.: Summa christlicher Religion . . . Zürich 1558.
Vgl. Harrassowitz, 138 II, S. 9 Nr. 180ff., S. 44 Nr. 978, 980ff., S. 45 Nr. 998.

Collin, zurückgeht –[92] waren Arnswaldt die wichtigsten Quellen über den Verlauf des Marburger Religionsgespräches in seiner eigenen Bibliothek zugänglich.

Arnswaldt kannte jedoch nicht nur die reformatorische Diskussion der Tropuslehre,[93] sondern er ging bei der Entfaltung seines Verständnisses der Tropen zurück bis auf Quintilian, den Zwingli in der Amica exegesis als eine der Quellen seiner Tropuslehre nennt.[94] Quintilian – sein hier in Frage kommendes Werk „Institutio Oratoria" war Arnswaldt schon aus der Lektüre der Maaßschen Philosophie bekannt[95] – scheidet die Tropen von den Figuren.

Tropus ist für Quintilian der engere Begriff, der sich nur auf die uneigentliche Bedeutung von Worten und Redewendungen bezieht, während als Figur jede Formung der Rede bezeichnet wird, die vom gewöhnlichen und nächstliegenden Gebrauch abweicht. Figura wird in der Zeit nach Quintilian weithin zum Oberbegriff, der den Tropus mit einschließt.[96]

Arnswaldt nimmt es mit dieser begrifflichen Unterscheidung sehr genau. Er vermeidet im Zusammenhang der Interpretation von Leib und Blut in der Spendeformel den Begriff Figura ganz[97] und redet nur von den zur Diskussion stehenden Tropen. Bevor er aber eine Entscheidung darüber fällt, ob Begriffe aus den Deuteworten „tropisch" ausgelegt werden können, will er das Wesen der Tropen betrachten.

Er geht davon aus, daß für die Tropen als besondere Form der Aussage dieselben Beobachtungen wie für die Sprache überhaupt gelten. Das „innere Wesen der Sprache" aber zeigt sich nach Arnswaldt in der Betrachtung des „Verhältnisses des Ausdrucks zu dem Ausgedrückten".[98]

92 Vgl. Köhler, W.: Das Marburger Religionsgespräch 1529. Versuch einer Rekonstruktion. SVRG 48 H. 1. Leipzig 1929, S. 2ff.
93 Zum Ganzen vgl. das große Werk Walter Köhlers: Zwingli und Luther. Ihr Streit über das Abendmahl nach seinen politischen und religiösen Beziehungen QFRG Bd VI u. VII. Leipzig 1924/Gütersloh 1953.
94 Vgl. Rückert, H.: Das Eindringen der Tropuslehre in die schweizerische Auffassung vom Abendmahl. ARG 37 1940 H. 2/3, S. 202 Anm. 3. Zum Einfluß Quintilians auf Zwingli vgl. ebd. S. 203-213.
95 Maaß, J. G. E.: Versuch über die Einbildungskraft. Halle 1792, S. 338ff.
96 Auerbach, E.: Figura. Archivum Romanicum. Vol. XXII 1938, S. 447f.
97 Vgl. dagegen:
Reinhard, F. V.: Vorlesungen über die Dogmatik, hg. von Berger, J. G. I. Sulzbach 1812, S. 595.
Planck, G. J.: Geschichte der Entstehung, der Veränderung und der Bildung unsers protestantischen Lehrbegriffs. Bd 2, 1. Aufl. Leipzig 1783, S. 490 u. 492.
Beide Werke, speziell die ausführlichen Referate Plancks über die Abendmahlsstreitigkeiten der Reformationszeit, gehören zu Arnswaldts Lektüre vor der Abfassung seiner Abendmahlsschrift. Zur Beurteilung der biblischen Beispiele für Tropen benutzt Arnswaldt das Werk: d. Sal Glassius, philologia sacra 1626 (Arnswaldt, v. A.: Gegenwart, S. 11 Anm.), in dem besonderer Wert auf die Grammatik und Rhetorik gelegt ist. Vgl. Landerer: Hermeneutik. In: RE 1. Aufl. Bd 5 1856, S. 805.
98 Arnswaldt, A. v.: Gegenwart, S. 9.

Unter „Ausdruck" ist hier Aussage zu verstehen als die in eine fixierte Form gegossene Gestalt menschlichen Redens. Das „Ausgedrückte" ist dann das durch die Aussage Umrissene. Zwischen der Aussage und dem, was eigentlich ausgesagt werden soll, konstatiert Arnswaldt eine „Verschiedenheit", die aber in der Regel „nur als ein Mehr oder Weniger, nur als eine weitere oder geringere Ausdehnung dieser oder jener Form aufgefaßt werden kann und darf".[99]

Für die Aussageform der Metonymie – dem Tropus, bei dem ein Begriff für einen anderen steht – und der Metapher – dem Gebrauch eines Wortes in uneigentlicher übertragender Bedeutung – heißt dies, daß zwischen der Aussage – dem „Zeichen" – und dem, was ausgesagt werden soll – dem „Bezeichneten" – eine „wahrhafte Beziehung" besteht. Solche „Beziehungen" oder „Verbindungen" kann der Geist des Menschen in dreifacher Weise erkennen. Sie sind denkbar als Beziehungen „zwischen verschiedenen Ideen unter sich oder zwischen Ideen und Gegenständen der Erscheinung oder zwischen den letzteren unter sich".[100] Die Ideen sind für Arnswaldt das hinter den Dingen stehende eigentlich Wirkliche, und unter den Gegenständen der Erscheinung versteht er das Wahrnehmbare, das anschaulich Gegebene und nennt es das „im gewöhnlichen Sinn des Wortes Concrete" oder das „Reale".[101]

Da nun die Ideen ihre „Äußerung" in der „realen Erscheinung" erfahren, besteht außerdem zwischen Idee und Erscheinung eine solche Verbindung, daß das, was von der Idee erkannt wird, auf die Erscheinung übertragen werden kann und umgekehrt. Zu bestimmen ist nun noch, ob diese Verbindung eine „ideale" oder eine „reale" ist. Eine „ideale Verbindung" gründet auf der „Aehnlichkeit der Ideen oder der Realisierung einer und derselben Idee an mehreren sonst verschiedenen Erscheinungen". Die „reale" dagegen geht hervor aus dem „Zusammentreffen mehrerer Erscheinungen welche zusammen wieder eine Erscheinung bilden".[102]

Nach Arnswaldt liegt nun der Metonymie eine „reale", der Metapher eine „ideale" Verbindungsweise zugrunde.[103] Bei der Metonymie nimmt er einen inneren Zusammenhang zwischen Erscheinung und Erscheinung an. Erst von den Erscheinungen aus kann dann auf die Ideen, die sich in den Erscheinungen ausdrücken, geschlossen werden. „Real" ist diese Beziehung zwischen dem Zeichen und dem Bezeichneten aber nur dann, „wenn das Symbol [Zeichen] zugleich als *Folge* der dasselbe *Veranlassenden,* oder als *Zeugnis* der dasselbe *begleitenden* (oder auch damit als *wirklich zukünftig* gesetzten) symbolisierten Erscheinung zu betrachten ist".[104]

---

99  Ebd. S. 9.
100  Ebd. S. 9f.
101  Ebd. S. 9f.
102  Ebd. S. 11.
103  Ebd. S. 12, 15.
104  Ebd. S. 12, 13.

Als echte Metonymie nennt Arnswaldt das auch von Zwingli angeführte typische Beispiel einer Metonymie: Passah für Passahlamm.[105] Hier ist in der Tat im Zeichen (Passah) das „Bezeichnete [Passahlamm] auf eine reale Weise mit betroffen".[106] Die Voraussetzung für eine Metapher ist im Gegensatz zur Metonymie eine ideale Verknüpfung der Begriffe. Es geht hier also um die „Ähnlichkeit oder Verwandtschaft der Ideen". Eine Metapher ist dann nur da gegeben, wo eine „Idee oder auch eine Erscheinung, insofern sich eine Idee in ihr ausdrückt, mit der Idee, welche sich in einer anderen Erscheinung offenbart, ihrer relativen Identität oder Verwandtschaft nach – oder, was diesem gleich gilt, dem beiden gemeinsamen Insichbegreifen einer dritten Idee nach –" zusammengestellt wird.[107] Demnach ist es ein und dieselbe Idee, die im Zeichen und in dem, wofür das Zeichen steht, zum Ausdruck kommt. So kann man Zeichen auch nicht einfach „erfinden", sondern nur „finden".[108]

Für die Beurteilung der Metapher ist das wichtigste, daß der das Zeichen enthaltende Gegenstand nie ein „Concretes" im genannten Sinne sein kann. „Der Gegenstand, der das Bild [Zeichen] enthält kann . . . nur der Idee nach gedacht sein".[109] Als Beispiel verweist Arnswaldt auf 1. Joh. 1,5: „Gott ist Licht". Diese Metapher will sagen, daß die im „Lichte realisierte Idee im Wesen Gottes liegt". Das Licht repräsentiert Gott, und es kann nicht gesagt werden, daß Gott ein „concretes" Licht ist, das wir mit den Augen sehen.[110] Was er von der Metapher allgemein sagt, weitet er auch auf die Parabeln und Allegorien aus. Wenn auch in der Gleichnis – und in der Bildrede die Idee in einer „concreten Form" erscheint, so bleibt diese „concrete Form" doch ein „Unwirkliches". Der Same z. B. ist nicht als „concreter Samen" das Wort Gottes, und Hagar und Sarah sind nicht „ihrer concreten Erscheinung, sondern der Idee nach" das, was Gen. 4, 24-27 von ihnen aussagt.[111]

Nachdem Arnswaldt in dieser Weise „das innere Wesen der Tropen" bestimmt hatte, fragt er direkt nach der Möglichkeit, Begriffe aus der Deuteformel tropisch zu verstehen, und stellt fest, daß dies weder metonymisch noch metaphorisch geschehen kann. Nimmt man eine Metonymie an, müßte die Spendeformel heißen: „das ist die Opferung meines Leibes und Blutes für euch". – Hier wäre zwischen der zeichenhaften Handlung und dem Bezeichneten eine echte Beziehung. In der Aussage Jesu: „das ist mein Leib, das ist mein Blut" fehlt aber eine offenkundige Beziehung und damit eine „reale Verbindung". Deshalb „muß" in diesem Fall „das Bezeichnete, an dessen Stelle das Zeichen tritt, eigentlich ausgedrückt werden".[112]

---

105 Vgl. Köhler, W.: Religionsgespräch, S. 70, 113.
106 Arnswaldt, A. v.: Gegenwart, S. 13.
107 Ebd. S. 15, 16.
108 Ebd. S. 16.
109 Ebd. S. 16, 17.
110 Ebd. S. 16, 17.
111 Ebd. S. 19.
112 Ebd. S. 14.

Nimmt man eine Metapher an, ist die Folgerung aus der prinzipiellen Bestimmung der Tropen noch einfacher. „Mein Leib — mein Blut" nennt er: „in das Auge springende *Concreta*". Es muß ihm deshalb „räthselhaft" bleiben, wie man bei „Leib" und „Blut" von Metaphern reden kann, wo doch der im Zeichen enthaltene Gegenstand nie ein „Concretes" ist.[113]

Es fällt auf, daß Arnswaldt auf das ἐστίν, an dem hauptsächlich der Abendmahlsstreit entbrannte, nicht einging. Er tat dies absichtlich nicht und nennt dafür folgende Gründe:

(1) ἐστίν einmal mit „bedeutet" oder „stellt dar" und dann wieder mit „seyn" zu übersetzen, ist eine „Fiktion wie deren freilich viele in manchen Wörterbüchern vorkommen".

(2) Wo ἐστίν wirklich einmal „bedeutet" oder „stellt dar" umschrieben werden kann, „liegt der Grund immer in dem Subject oder Prädicat".

(3) Für sich betrachtet, gibt es keinen Begriff in der Sprache, „der sich weniger zu Tropen hergiebt als der Begriff des Seyns".[114]

Danach gibt es innerhalb der Spendeformel keinen Anhaltspunkt für eine „uneigentliche Auslegung". Sowohl Subjekt als auch Prädikatsnomen sind im Arnswaldtschen Sinne „Concreta" und können somit nicht bildlich verstanden werden. Es muß daher ohne jede Einschränkung bei dem „eigentlichen" Wortsinn geblieben werden. Eine Deutung „mittels eines Tropus" hält Arnswaldt deshalb für völlig ausgeschlossen.

Dieses rigorose Ablehnen jeglichen bildlichen Verständnisses ist für den Rezensenten das Hauptärgernis. Da dieser — wie bereits erwähnt — verschiedene Deutungsmöglichkeiten offen lassen will, ist ihm viel daran gelegen, Argumente für die Möglichkeit einer bildlichen Auslegung zu bringen. Dabei geht er keineswegs auf das von Arnswaldt entfaltete „innere Wesen der Tropen" ein, was ihm Arnswaldt in seiner Metakritik mit Recht zum Vorwurf macht.[115] Gleich sein erstes Argument jedoch ist in seinem Ansatz nicht ohne Bedeutung. Im Gegensatz zu Arnswaldt geht er von dem ganzen Deutewort 1, Kor. 15, 24: τοῦτο μού ἐστιν τὸ σῶμα τὸ ὑπὲρ ὑμῶν κλώμενον aus.[116]

---

113  Ebd. S. 17. Vgl. Arnswaldt, A. v.: Schreiben, S. 19.: „Hiernach kann dieser der Idee nach gedachte Gegenstand nur dann in einer concreten Form erscheinen, wenn ... der Gegenstand auf seine Idee zurückgeführt werden soll. Dieser Fall tritt bei den Abendmahlsworten in welchen sowohl Subject als Prädicat concreta sind, *nicht ein,* folglich können sie nicht bildlich verstanden werden".
114  Arnswaldt, A. v.: Gegenwart, S. 24.
115  Arnswaldt, A. v.: Schreiben, S. 17. Vgl. Rezension. Litterarischer Anzeiger, Sp. 214: „Hier glaubt der Referent, das Wort nehmen zu müssen indem er das, was der Verfasser gegen die Annahme einer Metonymie in den Abendmahlsworten sagt dahingestellt seyn läßt".
116  Er erklärt das κλώμενον gegen Lachmann für „ächt". (Rezension. Litterarischer Anzeiger, Sp. 217 Anm.). Es findet sich auch in den damals vielbenutzten Textausgaben des

Er verweist darauf, daß das Deutewort in sich eine Ganzheit ist, und kritisiert so Arnswaldts Vorgehen.

Arnswaldt trägt in dem grundsätzlichen Teil seiner Arbeit in einer bis heute beachtlichen Weise philologische und sprachphilosophische Beobachtungen über die Aussage und die Tropen als besondere Formen der Aussage zusammen. In der Anwendung jedoch läßt er dann unberücksichtigt, daß jede Aussage komplex ist. Er beachtet nicht, daß die Aussage das, was sie ist, nur im Kontext ist, sondern zerlegt sie in ihre verschiedenen Einzelelemente. Auf solche einzelnen Bestandteile der Aussage, auf solche einzelnen die Aussage konstituierenden Begriffe, überträgt er die Ergebnisse seiner Tropenlehre. Das umfassende Ganze verliert er dabei aus den Augen. Er beschäftigt sich also, wie es weithin im Abendmahlsstreit überhaupt üblich ist, nur noch mit einzelnen Begriffen der Deuteworte. Auf solche einzelnen Begriffe bezogen, sind seine Folgerungen exakt und richtig. Auf die Aussage in ihrer Ganzheit jedoch können sie nicht ohne weiteres angewandt werden.

Wenn nun sein Kritiker unvermittelt von der Deuteformel in ihrer Ganzheit ausgeht, so trifft er zufällig und intuitiv die schwache Stelle in Arnswaldts Argumentation. Daß dies unbewußt geschieht, kann aus dem Fortgang seiner Kritik abgelesen werden. Auch er beschränkt sich nämlich in der Diskussion dann auf einen einzigen Begriff, auf das κλώμενον. Dieses bezieht er sowohl auf das Brot als auch auf den Leib[117] und kann dann in dem Vorgang des Brotbrechens mit Recht eine Metapher für das Brechen des Leibes am Kreuze sehen. Abgesehen von der grammatischen Unebenheit,[118] verliert auch er die Ganzheit der Aussage aus dem Blickfeld. Sein beabsichtigtes Ziel, mit Hilfe der Metapher des Brotbrechens nachzuweisen, daß das gesamte Deutewort bildlich aufgefaßt werden kann,[119] ist damit nicht erreicht. Interessant ist, daß er selbst nicht die bildliche „Auslegung für die richtige hält". Er will regelrecht dem „es muß so verstanden werden" Arnswaldts ein „es kann so verstanden werden" entgegensetzen.[120] Arnswaldt tritt diesem „es möchte wohl" und „es könnte aber doch wohl" entgegen, indem er noch einmal seine Tropenlehre

---

Erasmus von Rotterdam, Tittmannus' und Griesbachs. Nach dem heutigen Stand der Textkritik ist die sich in ℵ³ FGK und in den meisten altlateinischen und syrischen Übersetzungen findende Textvariante ein sekundärer Zusatz. Vgl. Jeremias, J.: Die Abendmahlsworte Jesu. 3. Aufl. Göttingen 1960, S. 160 Anm. 4.

117 Rezension. Litterarischer Anzeiger, Sp. 127,
118 ἄρτος ist mask., σῶμα ist neutr.
119 Rezension. Litterarischer Anzeiger, Sp. 127.
120 Ebd. Sp. 133: „Jedoch glauben wir eines Theils, daß ihnen [den Jüngern] der Herr durch das, was wir Joh. 6 lesen, Anlaß und Anleitung genug gegeben hatte, eine tiefere Bedeutung der Einsetzungsworte zu ahnen, dann aber erscheint es auch uns allerdings *unwahrscheinlich* daß Christus sich nicht anders ausgedrückt haben sollte, wenn er bloß hatte sagen wollen, daß das gebrochene Brot ein Bild seines Leibes der am Kreuz gebrochen werden sollte seyn solle oder daß er nicht etwas Erläuterndes hinzugesetzt haben sollte, nur das können wir nicht zugeben, daß er überhaupt nicht so habe reden können, wenn er sagen wollte, das gebrochene Brot bilde seinen Leib ab".

entfaltet und auf das durch diese gewonnene „feste Prinzip" hinweist.[121] Dieses „feste" oder „wahre Prinzip" ist für Arnswaldt letztlich nichts anderes als ein hermeneutisches Prinzip, mit dem er gegen jedes Wahrscheinlichkeitsurteil kämpft. Für ihn gibt es nicht verschiedene nebeneinander stehende Auslegungsmöglichkeiten, unter denen dann jeder planlos und willkürlich wählen kann. Er stellt einem solchen Vorgehen fest umrissene hermeneutische Regeln entgegen, die in manchen Stücken an Luthers Hermeneutik erinnern. Anders als seine Zeitgenossen — auch sie berufen sich immer wieder auf Luther und nehmen in ihre Abhandlungen umfangreiche Zitate auf — entfaltet Arnswaldt im Rahmen seiner Argumentation weithin dieselben Vorstellungen wie Luther, z. B. in seiner Schrift wider Latomus.[122] Luther wendet sich hier mit Nachdruck gegen eine Vielzahl von Auslegungsmöglichkeiten, da nach seinem Urteil die Heilige Schrift nur eindeutige Aussagen macht. Jedes Wort hat eine Bedeutung („una et simplex significatio").[123] Dabei verfolgt er den Grundsatz von der Eindeutigkeit eines Wortes bis hinein ins Lexikalische.[124] An diese hermeneutischen Regeln erinnert Arnswaldts unerbittliche Zurückweisung des Gedankens, ἐστίν einmal mit „seyn", das andere Mal mit „bedeutet" oder „stellt dar" wiederzugeben. Noch deutlicher ist die Parallele in Arnswaldts und Luthers hermeneutischen Regeln bei der Behauptung, daß es für einen Ausleger keine ungewissen, sondern nur ganz sichere Aussagen geben darf. Jede exegetische Aussage muß assertorisch sein, keine darf in der Schwebe bleiben („in medio suspensa").[125] Wie Luther Latomus, so setzt Arnswaldt seinem Rezensenten das „debeat intellegere" dem „potest ..... intellegere" entgegen.[126] Luther, aber auch in abgewandelter Weise Arnswaldt, richten sich nach dem hermeneutischen Grundsatz: „certis enim pugnandum est".[127]

Während, wie oben deutlich wurde, Arnswaldt bei einer philosophischen Aussage von ihrer Komplexität absieht und sie aus ihrem Kontext herauslöst, legt er beim Zitieren von Bibelstellen — als Belege für dogmatische Aussagen — besonderen Wert auf den Textzusammenhang.[128] Hier bemüht er sich ausdrücklich darum, daß jede exegetische Aussage mit der Schrift als ganzer übereinstimmen muß. Belege, die nur aus herausgelösten Einzelaussagen bestehen, haben für ihn keine Geltung.[129]

---

121 Arnswaldt, A. v.: Schreiben, S. 17-22.
122 Vgl. WA 8, S. 39-128.
123 Ebd. S. 84, 19-24.
124 Vgl. Holl, K.: Luthers Bedeutung für den Fortschritt der Auslegungskunst. Gesammelte Aufsätze zur Kirchengeschichte. Bd 1 Tübingen 1921, S. 422.
    Zur Hermeneutik Luthers vgl. bes. Ebeling, G.: Evangelische Evangelienauslegung. Eine Untersuchung zu Luthers Hermeneutik. 2. Aufl. Darmstadt 1962.
125 WA 8. S. 59, 18f.
126 WA 8. S. 64, 17-20.
127 WA 8, S. 59, 18f.
128 Vgl. Luthers Betonung der „circumstantia verborum". WA 8, S. 64, 10f.
129 WA 8, S. 61, 9f.

Noch einmal an einer anderen Stelle versucht der Rezensent im Litterarischen Anzeiger, mit Argumenten aus der Hermeneutik Arnswaldts in sich geschlossene Darstellung zu durchbrechen. Er setzt ein mit dem Satz: „Wenn nun aber auch bewiesen ist, daß die Einsetzungsworte nicht [un-] eigentlich[130] verstanden werden können so sind wir ja doch damit immer noch nicht bei der lutherischen Erklärung angekommen".[131] Hiermit will er die Diskussion auf die bekannte Frage ausgeweitet wissen, wie sich Leib und Blut und Brot und Wein im Abendmahl zu einander verhalten. Natürlich weist er nachdrücklich darauf hin, daß Luther bei seiner Erklärung eine Synekdoche annimmt, was er auch mit umfangreichen Zitaten belegen kann.[132] Er will damit die von Arnswaldt vertretene rigorose Ablehnung eines Tropus zur Erklärung der Abendmahlsworte in Frage stellen. In seiner Metakritik beruft sich Arnswaldt auf den Titel seiner Schrift, der ihn in keiner Weise verpflichtet, „die lutherische Auffassung in Beziehung auf das Verhältnis des Leibes und Blutes zu den sinnlichen Elementen des Sacraments zu begründen".[133] Das Thema stellt ihm nur die Aufgabe, über die wirkliche Gegenwart des Leibes und Blutes Christi im Abendmahl zu handeln. Die Annahme einer Synekdoche durch Luther erklärt er für „statthaft". Sie widerspricht deshalb nicht seiner Tropenlehre, da Luther regelrecht eine „grammatische Synecdoche" annimmt, die ihrer Form nach kein Tropus ist.[134]

Auch wenn Luthers Beispiele für die Synekdoche eher grammatische Konstruktionen sind,[135] so kann doch auch bei Luther die Synekdoche nicht ausschließlich eine grammatische genannt werden. Prinzipiell rechnet Luther, ebenso wie Quintilian, die Synekdoche zu den Tropen.[136] Eine Eingrenzung der Synekdoche in eine rein grammatische Konstruktion ist schon in der reformatorischen Diskussion über die christologischen Voraussetzungen der Gegenwart Christi im Sakrament nicht mehr möglich. Luther entscheidet sich hier – es ist kaum vorstellbar, daß Arnswaldt dies nicht wußte[137] – gegen Zwinglis Erklärung der „communicatio idiomatum" als eine Alloiosis für die Annahme einer Synekdoche,[138] d. h. Luther gebraucht und versteht die Synekdoche als eine bestimmte Tropusform, die er gleichrangig einer anderen Art von Tropus entgegensetzen kann. Er will mit der Synekdoche er-

---

130 Durch einen Druckfehler steht im Text: „nicht eigentlich" vgl. dazu Arnswaldt, A. v. Schreiben, S. 25.
131 Rezension. Litterarischer Anzeiger, Sp. 134
132 Ebd. Sp. 134f.
133 Arnswaldt, A. v.: Schreiben, S. 25.
134 Ebd. S. 25.
135 Zum Gebrauch der Synekdoche bei Luther vgl. Peters, A.: Realpräsenz. Luthers Zeugnis von Christi Gegenwart im Abendmahl. Arbeiten zur Geschichte und Theologie des Luthertums. Bd. 5. Berlin 1960, S. 70 Anm. 13.
136 Zu Luther vgl. Peters, S. 70; zu Quintilian Auerbach, S. 447f.
137 Arnswaldt kannte zumindest Plancks Darstellung. Planck, S. 492.
138 Vgl. Sasse, H.: This is my body. Minneapolis 1959, S. 150f.

klären, wie aus zwei unterschiedlichen Wesen ein neues wird, obgleich jedes für sich sein eigenes behält.[139]

Aufs ganze gesehen will Arnswaldt mit seiner Schrift die „lutherische Kirchenlehre" verteidigen. Er ist davon überzeugt, daß er dieses Ziel erreicht hat. Den Vorwurf, „unlutherisch" zu sein, da er in seiner Abendmahlsschrift von der communicatio idiomatum absehe und die Beziehung des Abendmahlsgenusses auf die Rechtfertigung und die Vergebung der Sünden nicht deutlich genug herausstelle, weist er aufs schärfste zurück: „Daß es aber da keine lutherische Kirchenlehre gebe, wo man, ungeachtet der Uebereinstimmung mit derselben in den Artikeln von der Person Christi und von dessen wirklicher Gegenwart im Sacrament, die letztere nicht mit der Lehre von der communicatio idiomatum in unmittelbare Verbindung setzt, das ist mir in der That etwas ganz Neues gewesen, dem aber die Kirchengeschichte der letzten drei Jahrhunderte laut genug zu widersprechen scheint".[140]

Zwanzig Jahre später gesteht er Schoeberlein seine Prämissen. Er war der Überzeugung, „daß man der Lehre von der Idiomencommunication für die Ableitung der Lehre von der realen Präsenz nicht bedürfe, sondern nur an deren Schluß auf sie hingeleitet werde". Er nennt diese Voraussetzung nun „falsch und unsachgemäß für eine historische Darstellung". Auch bekennt er in demselben Briefentwurf, daß er in den 30-er Jahren nicht frei war von Gedanken Osianders, die er jetzt ablehnt. Er ließ sich in jener Zeit noch leiten von dem Satz: etiamsi homo non peccasset filius Dei incarnatus esset.[141] Nach diesem Brief ist es deutlich, daß Arnswaldt bewußt die communicatio idiomatum umgangen hat. Er wollte die Fragen, in denen er mit Luther nicht übereinstimmte, undiskutiert lassen und ohne diese Faktoren zu der lutherischen Lehre von der Realpräsenz kommen. Dabei war er bemüht, von speziellen „theosophischen Theorien" freizubleiben.[142] Hinsichtlich der Philosophie aber sagte er: „Ich habe es gewagt eine der christlichen Philosophie angehörende Grundidee, welche dem Innersten nach [mich] mit tiefer Gewißheit erfaßt, mich nicht erst seit gestern bewegt, eine freilich nicht adäquate Form zu geben".[143] Mit der hier angesprochenen Grundidee meinte Arnswaldt die Unterscheidung zwischen äußerem Leib und innerem Leib. In der Begründung dieser Unterscheidung gelang ihm aber das beabsichtigte Freibleiben von theosophischen Theorien nicht. Er lebte dafür zu stark in den Schriften Jakob Böhmes[144] und Friedrich Christoph Oetingers.[145]

---

139 Vgl. WA 26 S. 442, 29-444, 39, bes. 444, 1ff.
140 Arnswaldt, A. v.: Schreiben, S. 26.
141 A. v. A. an Schoeberlein 1855 (?).
142 Dies betont er vor allem in den Briefen an Strauß-Torney, nachdem dieser ihm – angeregt durch die Abendmahlsschrift – seine eigenen Gedanken sowohl über die ideale Leiblichkeit vor der Schöpfung als auch vor dem Sündenfall mitgeteilt hatte. Vgl. Brf. orig. Strauß-Torney an A. v. A. und A. v. A. an Strauß-Torney 3.1.1843, 10.11.1843, 12.11.1843, 29.11.1843.
143 Arnswaldt, A. v.: Schreiben, S. 27.
144 Jakob Böhme war das große Vorbild aller Mitglieder der poetischen Schusterinnung.

Schließlich waren ihm auch durch Schelling, der sehr stark unter dem Einfluß Böhmes und besonders Oetingers stand,[146] die theosophischen Gedanken vertraut.

So war gerade seine Grundidee aus der „christlichen Philosophie" – unter der letzteren verstand er die Naturphilosophie, besonders Schubertscher Prägung – mehr von theosophischen Gedanken durchsetzt, als ihm dies selbst bewußt war. Arnswaldt war die theosophische und naturphilosophische Tradition wohl bekannt. Und nur auf diesem Hintergrund sind seine Aussagen über die reale Gegenwart des Leibes Christi beim Abendmahl zu verstehen. Scheibel erkannte dies bereits 1836. Er kritisierte an Arnswaldts Lehre „vom verklärten Leib", daß diese rein philosophisch „deduziert" sei, und entschuldigt dies mit Arnswaldts Fachstudium, das eben zuerst und vornehmlich ein philosophisches war.[147]

## 2. Die Abendmahlslehre auf dem Hintergrund der naturphilosophisch-theosophischen Scheidung von Leib und Leib

Mit Hilfe der Unterscheidung von „geistlichem Leib" und „sinnlichem Leib" will Arnswaldt die Möglichkeit, ja sogar die Notwendigkeit der Gegenwart des geistlichen Leibes Christi beim Abendmahl nachweisen. Ohne sich in seiner Ausgangsposition auf irgenwelche Theologen bzw. Philosophen zu berufen, zeigt er in einer in sich geschlossenen Argumentation, warum zwangsläufig so zwischen Leib und Leib geschieden werden muß. Dies gelingt ihm, indem er theosophische und philosophische Gedanken neben Glaubensaussagen stellt und beide miteinander zu vereinen sucht. Aus der Philosophie übernimmt er – er zitiert Kant und Hegel – folgenden Satz als „ausgemachtes Ergebnis": „Die Materie kann ohne Raum und Zeit nicht als wirklich gedacht werden".[148] Der Glaube aber weiß den „Erlöser" schon jetzt in einem „unsterblichen Leib" und bekennt für den Menschen „die Auferstehung des Fleisches und ein ewiges Leben", d. h. der Glaube hält fest an der „Existenz von Leibern, die nicht untergehen", und damit an einer „Leiblichkeit", die nicht von der Materie im philosophischen Sinne abhängig ist. Dabei hält er den Glaubenden im Denken für so geschult, daß er sich die Ewigkeit nicht „als eine ins Unendliche fortlaufende Zeit" vorstellt.[149]

---

Vgl. Grauheer, A. v. H. in Göttingen, S. 13. Vgl. auch das von Jakob Böhme stammende „Symbolum" der Gilde. Ebd. S. 6.
In seiner Abhandlung über altdeutsche Gemälde geht Arnswaldt in einem grundsätzlichen Teil auf Jakob Böhme ein. (Vgl. Arnswaldt, A. v.: Gemälde, S. 202).

145  1832 bemüht sich Arnswaldt die ihm noch fehlenden Werke Oetingers zu erwerben. Brf. orig. Hänel an A. v. A. 18.5.1832 KlB Loccum.
146  Vgl. Schulze, W. A.: Oetingers Beitrag zur Schellingschen Freiheitslehre. ZThK 54 1957, S. 213-225.
147  Brf. orig. Scheibel an A. v. A. 16.1.1836, 2.6.1836 KlB Loccum.
148  Arnswaldt, A. v.: Gegenwart, S. 28.
149  Ebd. S. 28f.

Im Gespräch zwischen Philosophie und Glaube kommt es von daher zu einem Gegensatz. Für einen Philosophen gibt es letztlich nur eine Leiblichkeit, für die „überall Grenze, überall Relation" ist, während der Christ eine „Leiblichkeit" glaubt, von der er sagen kann: sie ist das „Schrankenlose", das „Absolute".[150] Eine Synthese findet Arnswaldt in dem Pauluswort 1. Kor. 15, 44. Dabei übersetzt er σῶμα πνευματικόν mit „geistlichem Leib" und σῶμα ψυχικόν mit „sinnlichem Leib". Der „geistliche Leib" ist in seiner Argumentation: „der Natur des Geistes gemäß, also immateriell, für anderes von gleicher Natur durchdringlich,[151] unzerstörbar und folglich außer Raum und Zeit".[152] Der „sinnliche Leib" ist der „an die Formen des Raumes und Zeit gebundene" Leib.[153]

Zu der Übersetzung „sinnlicher Leib" inspirierte ihn wohl Johann Michael Sailer. Dieser spricht in seiner Abendmahlslehre davon, daß der „sinnliche Mensch ein sinnliches Zeichen des Unsinnlichen bedarf".[154] Der Terminus „geistlicher Leib" in Bezug auf den beim Abendmahl dargereichten Leib Christi findet sich in der gesamten Abendmahlsdiskussion. Zwingli hat, wie Arnswaldt mit Zitaten aus „De vera et falsa religione" belegt, unter „geistlichem Leib" nur die Kirche verstehen wollen. Nach 1, Kor. 15 – so betont Arnswaldt – ist aber der „geistliche Leib" der „Auferstehungsleib" des Menschen „von gleicher Gestalt . . . wie der verklärte oder herrliche Leib Christi".[155]

Es bleibt danach die Aufgabe zu bestimmen, wie ein und derselbe einen „sinnlichen" und einen „geistlichen Leib" haben kann. Für Arnswaldt bestehen diese „zwei Leiber" nicht, wie es ihm sein Rezensent vorwirft, nebeneinander, sondern er sagt bereits in seiner ersten Schrift, daß der „geistliche und sinnliche Leib derselbe ist nur in verschiedenen Modis der Existenz nämlich sofern er in reinem Daseyn oder in einem vom Nichtseyn afficirten Daseyn ist".[156] Dies führt er in seiner Metakritik noch deutlicher aus. Er sagt hier, daß der Mensch *„in dieser Zeit"* den geistlichen Leib noch nicht hat, sondern daß dieser für den Menschen jetzt „rein zukünftig" ist. Der Mensch trägt allerdings in sich den „Keim des Auferstehungsleibes".[157]

Bei Christus ist die Bestimmung des Verhältnisses von Leib und Leib anders. Bei ihm ist der geistliche Leib der dominierende. Er ist der „herrliche" oder „verklärte" Leib, den er in Ewigkeit hat, d. h. dieser wurde nie – etwa bei der Verklärung – geschaffen. Bei der Verklärung aber wurde er „offenbar". Darüber hinaus konnte

---

150 Ebd. S. 34.
151 Diese zweite Erklärung fehlt in einem erhaltenen Teilmanuskript der Abendmahlsschrift StB Berlin.
152 Arnswaldt, A. v.: Gegenwart, S. 36.
153 Arnswaldt, A. v.: Schreiben, S. 38.
154 Sailer, Grundlehren, S. 238.
155 Arnswaldt, A. v.: Gegenwart, S. 37.
156 Ebd. S. 38.
157 Arnswaldt, A. v.: Schreiben, S. 39.

„der Herr" das Sein seines „geistlichen Leibes nicht herrlicher beweisen als damit, daß er, noch in der zerbrechlichen Form lebend und ihrer grauenvollen Zersprengung entgegenharrend, diesen seinen wahrhaftigen Leib und das heilige Blut, in welchem dieses Leibes Leben ist, den Jüngern zu essen und zu trinken darreichte",[158] d. h. schon vor der Auferstehung und Erhöhung, also in der Zeit, als er noch in seinem „sinnlichen Leib" sichtbar war, konnte Jesus seinen Jüngern Anteil geben an seinem „geistlichen Leib". Diese Aussage ist nur möglich, wenn damit Ernst gemacht wird, daß der „geistliche Leib" ein „Leib außer Raum und Zeit" ist.[159]

Für das Abendmahl selbst heißt dies, daß der gereichte Leib Christi nicht sein „äußerer", sein „sinnlicher Leib" ist, sondern ausschließlich der „geistliche Leib". Da „was geistlich ist, *als solches* unseren Sinnen nicht erscheinen kann", empfangen ihn die Jünger in einer „materiellen Hülle". In Hostie und Wein begegnet so der Herr als „geistlicher Leib". Da nun Leib und Blut geistlich sind, werden sie auch „geistlich" genossen.[160] Das heißt aber, so betont Arnswaldt im Anschluß an die reformatorische Diskussion, nicht — und hier wendet er sich speziell gegen Calvin — daß Leib und Blut „mit dem Geist oder mittels des Geistes" empfangen werden.[161] Vielmehr handelt es sich beim Abendmahl um die Mitteilung des „geistlichen Leibes" Christi an den „geistlichen Leib" des Menschen, „daß derselbe sich geistlich nähre und an geistlichen Kräften wachse auf den Tag der Auferstehung".[162] Nur dadurch, daß der Mensch den Keim des „geistlichen Leibes" in sich hat, kann er den „geistlichen Leib Christi" empfangen,[163] und dies, so ist aus dem Obigen zu folgern, bedeutet für ihn zugleich ein Gestaltetwerden für die Ewigkeit.

Nach dem Ausgeführten sind vier Punkte für Arnswaldts Abendmahlslehre charakteristisch.

(1) Der im Abendmahl gereichte Leib Christi ist ausschließlich sein „geistlicher Leib".

(2) Beim Abendmahl ist Christus nur als „geistlicher Leib" gegenwärtig.

(3) Der „geistliche Leib Christi" kann nur vom „geistlichen Leib des Menschen" empfangen werden und wird auch unmittelbar von diesem empfangen.

(4) Der „geistliche Leib des Menschen" erfährt dadurch ein Wachstum, d. h. „der Auferstehungsleib" nimmt bereits in der Zeit konkrete Form an.

---

158 Arnswaldt, A. v.: Gegenwart, S. 43.
159 Ebd. S. 42.
160 Ebd. S. 43, 44.
161 Ebd. S. 44, 45.
162 Ebd. S. 51.
163 Ebd. S. 55: „Der Mensch mit seinem Leibe, wenn dieser nicht auch geistlich wäre und darum schon hier den Keim der Auferstehung in sich trüge, könnte unmöglich das Fleisch und Blut Christi empfangen, denn was seinem Wesen nach vergänglich ist kann nicht mit unvergänglichem gespeist und getränkt werden".

Das Gesamtergebnis der Arnswaldtschen Arbeit ist folgendes: Arnswaldt gewinnt durch seine philologischen und sprachphilosophischen Untersuchungen ein hermeneutisches Prinzip, das die Auslegung einzelner Begriffe der Deuteformel mittels eines Tropus ausschließt.

Die durch die Naturphilosophie und Theosophie inspirierte Scheidung von „geistlichem" und „sinnlichem" Leib ermöglichen ihm die Entfaltung einer gedanklich nachvollziehbaren Lehre von der realen Gegenwart Christi. Christi „geistlicher Leib" ist von der Einsetzung des Abendmahls an in Brot und Wein gegenwärtig. Da der Mensch den „Keim des Auferstehungleibes" („den geistlichen Leib") in sich trägt, ist sowohl für die Versöhnung[164] als auch für die „Bereitung des Menschen zur Ewigkeit" das Empfangen des wahren Leibes Christi im Sakrament des Abendmahls „notwendig".[165]

Diese Auffassung von Abendmahl macht Arnswaldt zugleich zur Grundlage seines Kirchenbegriffs. „Wie aber" — so schreibt er — „soll anders die Kirche *werden* als durch die Theilnahme Aller an dem Einen *als Einen,* mithin an dem verklärten Leibe des Herrn?"[166]

### III. Arnswaldts Kirchenbegriff

Die „Millionen Leiber", die im Abendmahl den „geistlichen Leib Christi empfangen", können schon aufgrund dieser Gemeinschaft nicht mehr als isolierte Einzelne betrachtet werden.[167] Sie gehören zu der Kirche, die als riesiger Organismus begriffen wird. Diese Kirche nennt Arnswaldt den „einzig wahren mystischen Leib",[168] einen Leib, der nicht an Raum und Zeit gebunden ist. Auch wenn jedes Glied „nur in einzelnen Zeitmomenten und einzeln an seinem Ort ... das Dargereichte empfangen kann",[169] gehört er jetzt schon hinein in eine Einheit, die einmal in Raum- und Zeitlosigkeit ihre Vollendung finden wird.[170] Diese Kirche Christi nimmt aber bereits in dieser Welt konkrete Gestalt an. Sie vereinigt in sich eine Vielzahl Glieder mit

---

164 Ebd. S. 42: „Nirgends wird die Versöhnung uns völliger angeeignet als eben im Sacrament des heiligen Abendmahls".
165 Arnswaldt, A. v.: Schreiben, S. 42ff.
166 Arnswaldt, A. v.: Gegenwart, S. 59.
167 Arnswaldt, A. v.: Gegenwart, S. 58f.: „Millionen Leiber sind darin und doch ist es wahrhaft nur Ein Leib, wie es Ein Brod ist, von dem wir Alle am Altare essen, und Ein Kelch, aus dem wir Alle trinken".
168 Ebd. S. 58.
169 Ebd. S. 57f.
170 Ebd. S. 58: „Derselbe Leib nun, welcher in dem Wesen des Einen, dessen Centrum auch das allgemeine Centrum ist, als Einen, sein verklärter oder herrlicher Leib ist, der *wird* hinieden im Lauf der Zeit, und *ist* da droben eng in den Vielen, in welchen Er ist..." Vgl. ferner S. 59: „Wenn der Bau der Kirche Christi vollendet ist, dann wird die Einheit, in der Alles ist was wahrhaft *ist,* nicht eine armselige öde Einheit seyn".

ganz verschiedenen Eigenheiten und Funktionen. Die Einheit besteht in der durch die Teilnahme am Abendmahl vollzogenen Zuordnung der einzelnen Glieder auf ein gemeinsames Haupt und Zentrum. Damit ist die Kirche ein „Leib, in welchem die einzelnen Glieder *bewußte* Centra haben, die sich alle auf das eine Centrum des ganzen Leibes zurückbeziehen und ihm aus freier Bewegung in allem folgen, was er denkt und will, wie die Glieder des natürlichen Leibes in unfreier Bewegung dem Willen des Centrums in ihm".[171]

Es ist nicht ganz einfach, Arnswaldts Kirchenbegriff genau zu umreißen, da er ihn nie systematisch entfaltete. Als Elvers von ihm ein Buch über die Kirche wünschte, lehnt er es ab. Er hatte erfahren, wie wenig Zustimmung in den 30er Jahren seine Gedanken fanden.[172] In vielen Gesprächen und Briefen mit führenden Vertretern des Neuluthertums jedoch wird dieses Thema immer wieder aufgegriffen. Dabei spielt es bei Arnswaldt eine bedeutende Rolle, daß er nicht nur seine Vorstellung von der Kirche diskutierte, sondern auch versuchte, diese zu leben. Es ist hier zu denken an seine Mischehe und an seine ungetrübten Freundschaften mit konfessionell Andersdenkenden. Typisch für seinen „gelebten Kirchenbegriff" ist folgende Stelle aus einem Brief an Umbreit: „Unsere Einigkeit soll sich an dem stärken und zu klarem Bewußtsein bringen lassen, was unsere Verschiedenheit und durch die Verschiedenheit der Wege Gottes mit uns begründet ist, so will es seine Ordnung im Bau des Leibes Christi, welches ist die Gemeinde".[173]

Arnswaldt hält an zweierlei fest, an den trennenden Unterschieden und an der Einheit in aller Verschiedenheit. Zwischen diesen beiden Polen bewegt sich alles, was er in seinen Briefen über die Kirche schreibt. Im folgenden soll nun auf die Stellen aus seiner Korrespondenz eingegangen werden, die seinen Kirchenbegriff erkennen lassen. Der Begriff Indifferentismus[174] ist dabei so etwas wie eine Richtlinie.

### 1. Arnswaldts Beurteilung der Einigungsbestrebungen

#### a) Die preußische Union und die schlesischen Lutheraner

Grundsätzlich war, wie deutlich wurde, mit jeder Form der Union die Frage nach dem Bekenntnis gestellt. Dies erkannte Arnswaldt gleich beim Entstehen der ersten

---

171 Ebd. S. 58.
172 Brf. orig. A. v. A. an Elvers 1.11.1839 StB Berlin: „Sie wollen ein Buch von mir, liebster Freund, und noch dazu eines über die Kirche, wozu ich mich aus nahmhaften inneren Gründen gar nicht entschließen kann; es würde doch in weiter Welt verlorener Fremdling seyn, da es keinem recht machte als etwa den Zweien oder Dreien, die schon im Voraus meiner Meinung seyn möchten. Glauben Sie mir, ich habe davon aus so vielfachen Gesprächen allzu sichere Erfahrung".
173 Brf. orig. A. v. A. an Umbreit 6.5.1848 StB Berlin.: Dieser Passus fehlt in der Veröffentlichung des Briefes. Vgl. Umbreit, Erinnerungen, S. 37-40.
174 S. o. S. 118, bes. Anm. 18, 19.

Unionen. In seiner ausführlich besprochenen Kritik an der 1818 in Hanau zustandegekommenen Konsensusunion trat er dafür ein, daß im Zusammenhang mit der Union die Beschuldigung des Indifferentismus nicht einfach beiseite geschoben werden dürfe.[175] Er konnte in der Union niemals nur eine Vereinigung sehen, in der es um die „äußere Form" ging, sondern er bangte von Anfang an um die „zentralen Wahrheiten" der lutherischen Kirche. Da es sich bei Arnswaldt am Verständnis des Abendmahls entscheidet, wo die wahre Kirche ist, muß an dieser Stelle die Diskussion einsetzen. Eine indifferente Haltung in der Abendmahlspraxis war für ihn bereits 1818 mit seinem Kirchenbegriff unvereinbar.[176] Als man ihn dann in der Erwiderung auf das Gebot der Liebe verweist, legt er dar, daß auch die Liebe „wahr" sein müsse. Sie dürfe unter keinen Umständen mit „Bequemlichkeit und Gleichgültigkeit" verwechselt werden.[177] So vertrat Arnswaldt gleich in seinen ersten Äußerungen gegen die Union eine „wichtige und wahre These der konfessionellen Theologie"[178] und verstand sie auch zu formulieren: Einheit und Liebe dürfen nicht über der Wahrheit stehen.[179]

Seit dieser ersten theologischen Auseinandersetzung verfolgte Arnswaldt engagiert die Geschichte der Union und ihrer Theologie. Bereits Anfang der 20er Jahre bemühte er sich, die „preußischen Liturgien" — die verschiedenen Ausgaben der Agende — zu bekommen. Im Februar 1824 schickt ihm Frau von Ompteda die gewünschten Exemplare. Arnswaldt muß sich schon im Zusammenhang mit seiner Bitte kritisch geäußert haben. Deshalb versucht Frau Ompteda, ihrem „jungen wohldenkenden Freund" zu erklären, wie er die „Liturgien" zu lesen habe, um den eigentlichen Sinn nicht zu verfehlen. Ganz selbstverständlich spricht sie davon, daß das große Ziel der Liturgien „die Vereinigung aller christlichen Kirchen" sei.[180] Dieses Zeugnis ist, wie Altensteins und Eylerts Aussagen bestätigen,[181] charakteristisch für die damals weit verbreitete Erwartung. Mit Recht sahen deshalb die Kritiker der Union in der Anweisung, daß die Annahme der Union zwar freiwillig, die Einführung der Agende aber Pflicht sei, keine Alternative.[182] Arnswaldt nannte schon bald die Agende eine „Handhabe der Union".[183] Mit seiner Kritik wandte er

---

175  In der Rezension, die Arnswaldts Kritik auslöste, heißt es: „sichtbarlich aber läßt sich die Beschuldigung des Indifferentismus schon jetzt zurückweisen". Vgl. Wünschelruthe, S. 84.
176  Arnswaldt, A. v.: Rezensionen. Ebd. S. 92.
177  Ebd. S. 188.
178  Beckmann, S. 24.
179  Arnswaldt, A. v.: Rezensionen, S. 92.
180  Brf. orig. Ompteda an A. v. A. 16.2.1824 KlB Loccum.
181  S. oben S. 119, vgl. bes. Anm. 30 u. 31.
182  Ludolphy, I.: Henrich Steffens. Sein Verhältnis zu den Lutheranern und sein Anteil an der Entstehung und Schicksal der altlutherischen Gemeinde in Breslau. ThA XVII. Berlin o. J.
183  Brf. A. v. A. an Strauß, F.: o. D. abgedruckt bei Rocholl, R.: Einsame Wege. Bd. 2 NF Leipzig 1898, S. 251-256. Rocholl vermutet, daß der Brief an Elvers gerichtet ist (Ebd.

sich gegen jegliche Form der Union und trat mit Briefen und finanziellen Mitteln vor allem auf die Seite der schlesischen Lutheraner.

Von dem in Schlesien entbrannten „Kirchenkampf" hatte Arnswaldt interne Kenntnis durch seine Freunde Elvers und Huschke und später durch den Briefwechsel mit Scheibel. Bereits 1832 las er auch die Schriften Huschkes[184] und Scheibels[185] über die Breslauer Vorfälle. Huschkes „theologisches Votum" hatte ihn überzeugt. Im Vorgehen Friedrich Wilhelms III. sah auch er eine Revolution von oben mit dem Ziel, eine „Staatskirche" zu errichten.[186] Er scheute sogar nicht davor zurück, eine solche Kirche mit der „großen Hure Babylon" zu vergleichen.[187] Gegen den Vorwurf des separatistischen Treibens wehrte er sich erbittert. Für ihn und die schlesischen Lutheraner waren die Unionisten die von der „wahren Kirche" Abgefallenen und damit die Separatisten.[188]

Den schlesischen Kirchenkampf nennt er einen „Kampf für das Christenthum".[189]

---

S. 251). Dies ist nach der Kenntnis der Arnswaldt-Elvers Korrespondenz ausgeschlossen. Vom Adressaten sagte der Brief, daß Arnswaldt ihn in Kassel kennenlernte (Ebd. S. 251). Aus einem Brief Röstells (24.12.1835) ist bekannt, daß Arnswaldt Friedrich Strauß zum ersten Mal in Kassel traf. Vom Gesamtinhalt des Briefes her kann Friedrich Strauß ohne weiteres der Empfänger sein.

Da Arnswaldt schreibt, daß er mit Huschke „dem einzigen, mit dem er unter den Streitenden bekannt ist", schon „seit Jahren außer Korrespondenz ist" (Rocholl, Einsame Wege, Bd 2, S. 251), muß der Brief zwischen 1830 und 1834 geschrieben sein. In dieser Zeit korrespondierte Arnswaldt nicht mit Huschke. Vgl. Brfe. orig. A.v. A. an Elvers 8.6.1830, 21.12.1834 StB Berlin.

184 Huschke, E.: Theologisches Votum eines Juristen in Sachen der K. Preuß. Hof- und Domagende. Hg. von J. G. Scheibel, Nürnberg 1832 (Anonym erschienen).
185 Scheibel, J. G.: Geschichte der lutherischen Gemeinde in Breslau 1832.
Ders.: Von der biblischen Kirchenverfassung, Dresden 1832.
186 Brf. orig. A. v. A. an Elvers, 23.9.1832 StB Berlin: „Man fühlt es sich freilich recht naheliegend in H.'s Vorstellungen von der Welthistorischen Bedeutung des Preußischen Staats-Kirchenthums einzustimmen, besonders wenn man die ganze Bedeutung der Sache bedenkt um die es sich handelt. Welch ein Unterschied gegen alles separatistische Treiben".
187 A. v. A. an Strauß, F. (Rocholl, Einsame Wege, B 2, S. 254) und wenn die Form der Union noch zehnmal milder wäre als jetzt in Preußen — würden nicht die jetzt innerlich so Verbundenen (und wahrlichst die Gläubigsten am meisten) noch ganz anders als Scheibel gegen die neue Staatskirche sich erheben? Würde sie ihnen nicht Babylon, die große Hure im Kleinen sein? "
188 A. v. A. an Strauß, F. (Rocholl, Einsame Wege, Bd 2, S. 254) „Nicht Scheibel trägt die Schuld dieses traurigen Riesses, sondern die unbefugten und fleischlichen Unionsmacher tragen sie".
Vgl. Huschke, Votum, S. 35: „Denn eben indem diese neue Kirche nur auf Liebe (ohne Glauben) und nur auf Aeußerem (ohne Inneres) beruhen wollte, erklärte sie sich für eine weltliche, deren Haupt Jesus Christus der That und Wahrheit nach nicht seyn kann (2. Kor. 6, 15) wenn es auch in ihr, wie in anderen abgefallenen Kirchen einzelne Mitglieder der allgemeinen unsichtbaren Kirche giebt".
189 A. v. A. an Elvers 23.9.1832.

Diese Überbewertung der Ereignisse in Schlesien lassen es nun auch besser verstehen, warum Arnswaldt sich so kurzfristig entschloß, mit seiner Abendmahlsschrift direkt in die Diskussion um „die schlesische evangelische Theologie"[190] einzugreifen. Von da an war Arnswaldt an allen mit dieser Bewegung zusammenhängenden Auseinandersetzungen zentral interessiert. Seit 1836 wird er intern von Scheibel über die neueinsetzenden Verfolgungen informiert.[191] Noch in demselben Jahr nimmt er einen Kuraufenthalt in Salzbrunn zum Anlaß, die verfolgten Gemeinden persönlich kennenzulernen.[192] In den lutherischen Kreis in Waldenburg wird er durch die Frau des verfolgten Pastor Reinsch eingeführt.[193] Zusammen mit Huschke und Steffens traf er später auch ihren Mann, der „in steter Flucht vor Polizei und Gendarmen unter den kleinen Gemeinden umherreiste". Über diese Begegnung schreibt er: „Es ist ein *Lebenskreis* in eigentlicher Bedeutung, in den man hier trifft, – treibende Keime, die nicht ohne Verheißung sind ungeachtet so mancher Mängel in allem Einzelnen die ich nicht leicht irgendwo, glaub' ich bei ihrer vollen Anerkenntniß, im Hinblick auf das Ganze besser ertragen könnte".[194]

Doch trotz dieses persönlichen Engagements und trotz aller theologischer Übereinstimmung blieb er auch gegen die sich immer enger schließende altlutherische Bewegung kritisch. Seit 1832 befürchtet er eine endgültige Separation, in die der Kampf ausarten könne.[195] Eine nach außen manifest werdende Separation aber lehnte er ab. Sie ist mit seinem vom Organismusgedanken bestimmten Kirchenbegriff unvereinbar. 1842 schreibt er darüber an Elvers: „Daß mir bei der scharfen und etwas peinlichen Einzäumung die die preußischen Lutheraner laut der veröffentlichten Synodalbeschlüsse ihrer Gemeinschaft gegeben haben, einigermaßen bange ist, kann ich nicht leugnen!"[196] Eine solche Kritik sagt jedoch noch nicht, daß Arnswaldt sich nach der vollzogenen Separation völlig von den preußischen Lutheranern distanziert hätte. 1848 nahm er sogar eine Einladung Huschkes zur dritten Generalversammlung

---

190 Vgl. Scheibel, J. G.: Biblische Belehrungen über lutherischen und reformierten Lehrbegriff und Union beider Confessionen. Dresden 1833, S. 5.
191 Brf. orig. Scheibel an A. v. A. 11.5.1837 KlB Loccum. Vgl. ferner die Briefe Scheibels an A. v. A. 16.1.1836, 15.3.1836, 2.6.1836, 7.2.1837, 4.8.1838.
Über die Verfolgungen berichtet ihm auch Oertzen. Brf. orig. Oertzen an A. v. A. 29.6.1839 KlB Loccum.
192 Brfe. orig. A. v. A. an Anna v. A. 21.8.1836, 28.8.1836, 5.9.1836 StB Berlin.
193 Sie hielt sich zur gleichen Zeit wie Arnswaldt unter ihrem Mädchennamen in Salzbrunn auf. Arnswaldt bewunderte ihre „innere Heiterkeit und vertrauende Ergebenheit", die sie in allen Verfolgungen bewahrt hatte. (Ebd.) Zu den Verfolgungen des Pastor Reinsch vgl. Nagel, E.: Pastor Heinrich Reinsch. Ein Beitrag zur Geschichte der Verfolgungszeit der evangelisch-lutherischen Kirche in Preußen. Altes und Neues aus der lutherischen Kirche Bd 13. Elberfeld 1917, S. 23-72.
194 A. v. A. an Anna v. A. 28.8.1836, 5.9.1836.
195 A. v. A. an Elvers 29.9.1832.
196 Brf. orig. A. v. A. an Elvers 27.8.1842 StB Berlin.

nach Breslau an.[197] Doch wurde er nie „Altlutheraner". Er „gehörte", wie es Huschke nach seinem Tode formulierte, „der Preußischen Lutherischen Kirche äußerlich nicht an, war ihr aber durch Glaube und Liebe desto inniger verbunden".[198]

In der ständigen Auseinandersetzung mit der Union wurde Arnswaldt zu einem sogenannten „strengen Lutheraner". Sein „Luthertum" ist aber nicht ausschließlich eine konservative Reaktion, sondern es ist zum großen Teil das Ergebnis seiner intensiven Studien der Schriften Luthers. Die Reformationsjubiläen — in ihnen wurde bekanntlich weithin ein willkommener Anlaß gesehen, die Union zu feiern — waren für ihn der Anstoß, sich mit den Quellen zu beschäftigen.[199] 1817 arbeitete er in der Altenburger Lutherausgabe.[200] 1830 regten ihn die zahlreichen Veröffentlichungen zum Augustana-Jubiläum[201] zum Studium der lutherischen Bekenntnisschriften an. 1833 lenkte dann die 300-Jahrfeier zur Einführung der Reformation in Hannover[202] erneut seinen Blick auf die Quellen.

Von da an wurde es ihm fast eine Gewohnheit, sich in allen kirchlichen Diskussionen auf die Schriften Luthers und die lutherischen Bekenntnisschriften zu berufen.
So traf ihn der Vorwurf, seine Abendmahlslehre stimme nicht mit der lutherischen überein, besonders hart. Obwohl er diesen Vorwurf zurückwies und seinen Standpunkt als „lutherisch" verteidigte, war er doch unsicher geworden. Er sprach nach der Ab-

---

197 Huschke, Andenken, S. 212. 1848 waren zum ersten Mal auch „auswärtige Glaubensgenossen" zugelassen. Vgl.: Beschlüsse der evangelisch-lutherischen Generalsynode zu Breslau. H. 3 Leipzig 1849. Eingeleitet von E. Huschke, s. bes. S. 146.
198 Vgl. Huschke, Andenken, S. 209.
199 A. v. A. an Umbreit, 6.5.1848: „Luthers Geist ist nicht vergebens seit 1817, seit 1830 — (und jedes Mal genau der Bedeutung der Perioden entsprechend deren Jubelfest wir feierten) — gewaltig umgegangen im deutschen Lande".
200 Arnswaldt, A. v.: Rezensionen, S. 92 Anm. Er besaß später die verschiedensten Lutherausgaben, darunter zahlreiche Erstdrucke aus dem 16. Jahrhundert. Vgl. Antiquarischer Katalog des Antiquariats Harrassowitz Nr. 138 II, S. 35-37.
201 Genannt seien hier nur die in dem von Arnswaldt abonnierten Hannoverschen Magazin erschienenen Aufsätze:
Bödeker, W.: Wie das hundertjährige Andenken der Uebergabe des Augsburgischen Glaubensbekenntnisses in den beiden früheren Jahrhunderten zu Hannover gefeiert worden. HM 1830 Nr. 13, S. 102-104.
Dürr, F.: Aus dem Reformations-Hauptjahre. 1530. HM 1830 Nr. 1, S. 134-136.
Ültzen: Sleidans Geschichte des Reichstags zu Augsburg im Jahre 1530. HM Nr. 33-36, S. 257-282.
Erinnerung an die Jubelfeier welche wegen der am 25. Junius 1530 übergebenen Augsburgischen Confesion im Jahre 1730 in der Provinz Hildesheim statt hatte. HM 1830 Nr. 44-45, S. 345-355.
Beschreibung der in der Stadt Augsburg im Jahre 1730 begangenen zweiten Säcularfeier wegen Uebergabe der Augsburgischen Confession. HM 1830 Nr. 50, S. 396-398.
Cordes: Ueber den Religionszustand der Augsburgischen Konfessions-Verwandten in unserem Vaterlande. HM 1830 Nr. 51, S. 401-408.
202 Vgl.: Das Particular-Reformations-Jubelfest der Stadt Hannover. Vierteljährliche Nachrichten von Kirchen- und Schulsachen. Hannover 1833, S. 137-140.

fassung seiner Metakritik die Befürchtung aus, daß in ihr doch etwas „Unsymbolisches" sein könne. Deshalb bat er Scheibel, vor dem Abdruck den Aufsatz darauf hin zu prüfen.[203] Luther und die Bekenntnisschriften sind für ihn wie für Guerike die einzige „äußere Auctorität".[204] Eine Reunion der Reformierten und Lutheraner ohne „Einheit in der Lehre" ist und bleibt für Arnswaldt undenkbar. Unionen, wie sie zu seiner Zeit entstanden, hält er für ein typisches Zeichen eines „Halbchristenthums".[205] Er vergleicht sie mit einem „Weinberg ohne Zaun"[206] und spricht ihnen sogar das Prädikat „Kirche" ab.[207]

Arnswaldt war in dieser seiner rigorosen Ablehnung der Union ein typischer Lutheraner des 19. Jahrhunderts. Er sah überall „die Wahrheit verlassen", wo man von einem Glaubenssatz abwich, der in der Schriftauslegung Luthers und der lutherischen Bekenntnisschriften gründete. Da er aber, wie bereits erwähnt, schon da die Wahrheit in Gefahr sah, wo es sich zwar nicht „um ein unmittelbares Aufgeben von Glaubensartikeln handelte aber doch um eine Unwesentlichkeitserklärung derselben",[208] war er konsequenterweise kritisch gegen jedes gemeinsame Unternehmen von Reformierten und Lutheranern. Er glaubte, in jedem auch noch so losen Zusammenschluß ein Streben nach ungerechtfertigter Einheit sehen zu müssen. Unter diesem Gesichtspunkt beanstandete er auch das „gemeinschaftliche Misionswerk", zumal es von den „Unionsmachern" als Zeichen für eine schon bestehende Einheit angeführt wurde.[209]

b) Die Norddeutsche und die Dresdener Missionsgesellschaft

Jede Mitarbeit in der Norddeutschen Missionsgesellschaft hätte man als ein Paktieren mit den Reformierten ansehen müssen und als ein Aufgeben der lutherischen Position.[210] Dagegen bestanden von Anfang an Kontakte mit der Dresdner Missionsgesellschaft, die ohne Zweifel auf die Initiative Arnswaldts zurückgehen. Wie intensiv diese Verbindungen waren, zeigt in der Folgezeit – ab 1837 – der Briefwechsel Arnswaldts u. a. mit Löhe, I. E. Naumann, Wehrhahn, Einsiedel, Scheibel und Catenhusen.

---

203 Scheibel an A. v. A. 16.1.1836.
204 Guerike, H. E. F.: Die evangelische Kirchenzeitung und die Lutheraner. Ein Blick auf das Vorwort der Ev. K. Z. zum J. 1835 zum Zeugniß, Leipzig 1836, bes. S. 31ff., 37ff.
205 A. v. A. an Elvers, 23.1.1835.
206 Brf. entw. A. v. A. an Havemann 30.3.1848 StB Berlin.
207 Brf. orig. A. v. A. an Elvers 28.4.1848 StB Berlin.
208 A. v. A. an Strauß, F., Rocholl, Einsame Wege, Bd 2, S. 251-256.
209 Ebd.
210 Zur Beurteilung der Reformierten durch Arnswaldt vgl. A. v. A. an Umbreit 6.5.1848. Die Reformierten haben „nichts gethan als negieren ohne irgendetwas das Reich Gottes eigenthümlich Förderndes zu setzen". Vgl. dazu Brf. orig. Strauß-Torney an A. v. A. 1.4.1844 KlB Loccum (vgl StKGN 12, S. 24): „Nun aber ist, wie mir scheint, wahre Position nur auf der lutherischen Seite, auf der andern aber nur (wenn auch bedingte) Negation".

145

Löhe schrieb im Namen der streng lutherischen Nürnberger Missionsfreunde, die Privatmitglieder der Dresdener Gesellschaft werden wollten. Arnswaldt sollte diese Mitgliedschaft vermitteln.[211] Naumann schickt ihm die Dresdener Missionsblätter zum Verteilen.[212] Wermelskirch, der erste Leiter der Gesellschaft, besuchte Arnswaldt in Hannover,[213] Wehrhahn und Graf von Einsiedel bitten ihn nach dem Rücktritt und nach Naumanns Ablehnung seiner Berufung zum neuen Leiter der Gesellschaft um Vorschläge für die Neubesetzung der Stelle.[214] Scheibel erhofft von Arnswaldts Intervention sogar, daß sie die Verlegung der Mission von Dresden nach Leipzig verhindern könne.[215] Und schließlich gab Catenhusen nach längerem Umgang mit Arnswaldt der Missionstätigkeit im Lauenburgischen eine betont lutherische Ausrichtung.[216]

Diese Belege zeigen, daß Arnswaldt offenbar als Vermittels- und Vertrauensmann der Dresdener Missionsgesellschaft angesehen wurde. Er selbst reist auch wiederholt (1844, 1848, 1851) auf die Missionsfeste nach Dresden und Leipzig.[217]

### c) Der Evangelische Verein der Gustav-Adolf-Stiftung und der Lutherische Gotteskasten

Anders als Petri, der von Anfang an „wenig Herz und Vertrauen" zum Gustav-Adolf-Verein hatte,[218] urteilte Arnswaldt weit differenzierter. Er wollte die Bedeutung des Vereins „nicht verkennen" und bejahte ihn grundsätzlich. Lange hoffte er noch auf eine Verankerung in der lutherischen Kirche. Anfänglich bedauerte er nur die betonte Eingrenzung des Arbeitsgebietes auf die Evangelischen in der katholischen Diaspora, weil dadurch die Lutheraner in reformierter und unierter Umgebung vom Gustav-Adolf-Verein keinerlei Hilfe erwarten konnten. Es blieb nach seinen eigenen Worten das „nächste und eigentliche Fleisch und Blut", die Lutheraner in Nordamerika und Preußen, ohne jegliche Unterstützung. Dagegen, und hier wird seine Kritik

---

211 Brf. orig. Löhe an A. v. A. 14.12.1837 KlB Loccum. Die Gründung eines eigenständigen Missionsvereins war vom bayerischen König noch nicht bewilligt.
212 Brf. orig. Naumann an A. v. A. 30.12.1837 KlB Loccum.
213 Brf. orig. Naumann an A. v. A. 1.9.1838 KlB Loccum.
   Brf. orig. A. v. A. an Elvers 16.1.1839 StB Berlin.
214 Brf. orig. Wehrhahn an A. v. A. 11.3.1842 KlB Loccum.
   Brf. orig. Einsiedel an A. v. A. 23.8.1842 KlB Loccum.
215 Brf orig. Scheibel an A. v. A. 12.1.1842 KlB Loccum.
216 Brfe. orig. Catenhusen an A. v. A. 12.7.1844, 23.8.1844 KlB Loccum. Ferner Catenhusen an A. v. A. 25.1.1855.
217 Brf. orig. A. v. A. an Elvers 21.10.1845. StB Berlin.
   Brf. orig. A. v. A. an Anna v. A. 30.8.1848, 26.8.1851 StB Berlin.
   „Die Misssionsfeier heute Morgen war herrlich, wie ich noch keine erlebte, die Predigt von Nagel aus Trieglaff für mich und viele Andere ganz hinreißend, voll Geist und Leben, und unter den schönsten Formen doch so wie es einem Pastor geziemt, der das Kreuz der Verfolgung mitgetragen hat".
218 A. v. A. an Elvers 21.10.1845.

stärker, fließen die Mittel Gruppen wie z. B. den durch Czerski gegründeten „christlich-apostolisch-katholischen Gemeinden" zu, die ohnehin „keine Zukunft haben".[219] Als aber Arnswaldt erkannte, daß der Gustav-Adolf-Verein überhaupt nicht darauf angelegt ist, auch die wegen ihrer Bekenntnistreue verfolgten Lutheraner zu unterstützen, änderte er seine Meinung radikal. Die „Einseitigkeit" des Gustav-Adolf-Vereins bringt er nun in Verbindung mit dem in ihm angelegten „Streben nach Allgemeinheit" und sieht darin eine Parallele zur Union. Selbstverständlich fühlt Arnswaldt sich nun berufen, mit seiner bekannten Argumentation „auf den Plan zu treten". Er wünscht in „Uebereinstimmung mit Petri und Anderen, daß bald ohne Feindseligkeit gegen den Verein, aber außerhalb seiner etwas seinem Zwecke Verwandtes von seiten derer geschehen könnte, die sich mit seiner allgemeinen Richtung nie völlig vertragen werden, nur daß es sich dahin wenden müßte, wohin er noch nicht reichen kann oder reichen mag".[220] Der Wunsch Petris, ein „lutherisches Gegenstück" zum Gustav-Adolf-Verein zu schaffen, fand immer mehr Zustimmung, besonders während der Zeit des Ruppschen Streites.[221] Diese innere Zerrissenheit des Gustav-Adolf-Vereins wurde von seiten der Lutheraner als eine Folge der „Bekenntnislosigkeit" angesehen.[222]

Überhaupt wurde die Kritik am Gustav-Adolf-Verein immer stärker. Hengstenberg nannte ihn in der Evangelischen Kirchenzeitung sogar „eine große Lüge" und ein beachtlicher Teil der Pfarrerschaft sprach dem Verein ab, daß er unter dem „Segen Gottes stehe".[223] Der dann 1853 durch eine letzte Anregung Münchmeyers gegründete Gotteskasten für bedrängte Glaubensgenossen fand in Hannover schnell

---

219 Ebd.
220 Ebd.
221 Der zu den „Protestantischen Freunden" (Lichtfreunde) gehörige Divisionspfarrer Dr. Julius Rupp geriet wegen seiner Kritik am Athanasianum in einen Symbolstreit mit seiner Landeskirche, der seine Absetzung zur Folge hatte. (Zur Entstehung und Entwicklung der Lichtfreundebewegung vgl. den Exkurs bei Wenig, O.: Rationalismus und Erweckungsbewegung in Bremen. Bonn 1966, S. 437-444.) Auf der 5. Hauptversammlung des Gustav-Adolf-Vereins 1846 in Berlin wurde Rupp als Abgeordneter nicht anerkannt, „weil er des Amtes entsetzt und im Dienst einer durch ihn entstandenen freien Gemeinde, der evangelischen Kirche nicht mehr angehöre" (Vgl. Wachsmuth, Gustav-Adolf-Verein, S. 240). Rupps Ausschluß aus dem Gustav-Adolf-Verein – man wollte damit den lichtfreundlichen Tendenzen innerhalb des Vereins entgegenwirken – hatte in ganz Deutschland verschiedene Kontroversen zur Folge. Vgl. Lampe, C.: Über die Ausschließung des Doktor Julius Rupp aus dem Evangelischen Vereine der Gustav-Adolf-Stiftung, Leipzig 1846. Wette, W. M. L., de: Die Ausschließung des D. Rupp von der Hauptversammlung des Gustav-Adolf-Vereins zu Berlin am 7. Sept. Ein Versuch unparteiischer Darstellung und Beurteilung. Leipzig 1847.
222 Brf. orig. Strauß-Torney an A. v. A. 28.10.1846 KlB Loccum. Vgl. StKGN 12, S. 76f.
Brf. orig. Strauß-Torney an A. v. A. 10.3.1847 KlB Loccum. Vgl. StKGN 12, S. 78.
Brf. orig. Havemann an A. v. A. 26.1.1847 KlB Loccum Vgl. JGNKG 56 1958, S. 208.
223 Gustav-Adolf-Verein, S. 132.

Eingang.[224] Mit diesem Schritt war letztlich nur vollzogen, was seit zehn Jahren geplant war.

Von dem Augenblick an, als Arnswaldt im Gustav-Adolf-Verein unionistische Tendenzen zu erkennen glaubte, war auch er von der Notwendigkeit eines „lutherischen Gegenstückes" überzeugt. Dem Gustav-Adolf-Verein fehlte eben als entscheidender Faktor die Bindung an die lutherischen Bekenntnisschriften. „Die bloße Negation des Catholizismus bedingt" in der Sicht der strengen Lutheraner „noch lange nicht irgendeine positive protestantische Einheit".[225]

### d) Die Kirchentage und die lutherischen Konferenzen

Wie mit allen kirchlichen Erscheinungen seiner Zeit, so setzte sich Arnswaldt auch mit den Kirchentagen auseinander. Gründlich, wie er nun einmal war, studierte er vor dem Gespräch mit seinen Freunden die authentischen Verhandlungsberichte.[226] Er forderte in der Diskussion, daß man auch die „erfreulichen Symptome" der Kirchentage sehe,[227] und ließ sich z. B. in seiner Kritik an Wicherns Programm nicht zu herabsetzenden Urteilen hinreißen, wie sie von Petri und Münchmeyer bekannt sind.[228] Er will auch hier das Positive anerkennen. Keiner könne, so schreibt er an Rudolf Wagner, gegen das unter dem Namen „innere Mission" zusammengefaßte „Material" Stellung nehmen. Der gesamten von Wichern aufgezählten Not müsse begegnet werden. Unannehmbar erschien jedoch auch ihm der Plan Wicherns in seiner praktischen Durchführung. In der „selbständigen einheitlichen Organisation" des Vereinsnetzes, das bewußt unabhängig von der Kirche respektive dem Pfarramt bleiben will,[229] sieht Arnswaldt eine „eigenwillige und selbstgewählte Seelsorgerei". Er zweifelt daran, daß eine solche Organisation bestehen könne, „ohne an die Stelle des wahren Heilsmittels ein Anderes" zu setzen.[230]

Aufs ganze gesehen lehnt er die Kirchentage mit ihrem äußeren Aufwand[231] und

---

224 Petri, E. Bd 2 1886, S. 139f. Vgl. Schmidt, M.: Fremdlingschaft, S. 102f.
225 Guerike, Calvinismus, S. 6.
226 Arnswaldt besaß die bei Wilhelm Herz in Berlin erschienenen Sitzungsberichte und Protokolle und verlieh diese auch an seine Freunde, vgl. A. v. A. an Claudius, 26.10.1851.
227 Ebd.
228 Petri sah in der Inneren Mission die schlimmste „Phantasterei der Zeit", und Münchmeyer griff in seiner Kritik zu Begriffen wie „Schlinggewächs" und „Afterkirche". Diese und andere Urteile fanden sich im Zeitblatt für Angelegenheiten der lutherischen Kirche 1849. Vgl. Krumwiede, Innere Mission, S. 214.
229 Wichern forderte in seiner vielbeachteten Denkschrift eine vom „Amt und den Kirchenbehörden freie Vereinstätigkeit". Die Prediger sollen in „freier Verbindung" den jeweiligen „Gemeindevereinen" angehören. Vgl. Wichern, J. H.: Die innere Mission der deutschen evangelischen Kirche. Eine Denkschrift an die deutsche Nation. Ausgewählte Schriften. Hg. v. K. Janssen und R. Sieverts, Bd 3, bes. S. 303-318.
230 Brf. A. v. A. an Wagner, R. JGNKG 58 1960, S. 159-161 bes. 160.
231 A. v. A. an Claudius J. 26.10.1851: „Wenn der Kirchentag auch von Gott vor dem

ihren Zielen[232] ab. Dagegen nimmt er 1848 und 1851 teil an den „Konferenzen von Gliedern und Freunden der lutherischen Kirche", zu denen 1848 Harleß zum ersten Mal alle „lutherischen Kreise Deutschlands" nach Leipzig einlud.[233] Das Ziel dieser Konferenzen war „eine deutsche Gesamtkirche Augsburgischer Konfession".[234] Als 1848 die separierten Lutheraner ihren „gegenwärtigen Zustand" einen „provisorischen und definitiv unhaltbaren" nannten und sich bereit erklärten, das geplante „geschlossene lutherische Kirchengemeinwesen" nur in Verbindung und nach Absprache mit den anderen lutherischen Kirchen Deutschlands durchzuführen, sagt er: „Die Kirche ist gerettet".[235] Die Tage in Leipzig erlebt er als „Friedenstage"[236] und ist überzeugt, „daß das dort gethane im Hause Gottes gethan war und, wie es sich ziemt, *für* Gottes Haus".[237] Auch 1851 spricht er anerkennend davon, daß in Leipzig „einzelne das Herz der Kirche gerade bewegende Puncte ohne Abschweifung ruhig und einfach" diskutiert wurden.[238]

Genau so engagiert war Arnswaldt bei den ebenfalls rein lutherischen Hannoverschen Pfingstkonferenzen.[239] Kirchliche Zusammenarbeit gab es für ihn nur innerhalb der Grenzen der lutherischen Kirche.

## 2. Arnswaldts Stellung zur römisch katholischen Kirche

Mehr noch als die Erweckten beschuldigte man die „echten Lutheraner" katholisierender Tendenzen und sprach sogar von einem „heimlichen Catholizismus".[240] In einem falschen Streben nach Einheit — so lautete die Anklage — sei man bereit, die

---

Schicksal des katholischen Vereins in Mainz wo sie aus dem Zuhörergedränge sechs Leichen hervorgetragen haben, bewahrt bleibt, so wird es doch gut seyn sich daran zu erinnern, daß das Reich Gottes nicht mit großem Gepränge kommt . . ."

232  Brf. orig. A. v. A. an Strauß-Torney 14.12.1848 Prb. Vgl. JGNKG 62 1964, S. 87-89: „Was an dem Bunde Wahrheit, ist schon da und braucht nicht erst gemacht zu werden . . ." (S. 88).
233  A. v. A. an Anna v. A. 30.8.1848, 26.8.1851. Vgl. Brf. orig.
A. v. A. an Anna v. A. 1.9.1851 StB Berlin.
234  Vgl. Hopf, W.: August Vilmar. Ein Lebens- und Zeitbild. Marburg 1913, Bd 2, S. 56.
235  Brf. orig. A. v. A. an Claudius, J. 4. 9. 1848 KlB Loccum.
236  Ebd.: „Ich bin mit einem sehr wohlthuenden Eindruck zurückgekehrt, welchen Alle theilen, die ich unter denen die anwesend waren gesprochen habe. Der Geist der Einigkeit und des Friedens, welcher das Ganze beherrschte, wurde kaum auch nur leise getrübt durch ein Paar ganz vorübergehende und schnell vergessene Mißklänge".
237  A. v. A. an Strauß-Torney 14.12.1848.
238  A. v. A. an Claudius, J. 14.10.1851.
239  Da die meisten seiner Briefpartner hierzu nach Hannover kamen, fehlen bis auf wenige Ausnahmen schriftliche Aussagen Arnswaldts. Vgl. aber Brf. A. v. A. an Wagner, R. 21.6. 1851 JGNKG 58 1960, S. 162-164.
240  Elvers, Chr. F.: Das Wesen der ältern und neuern katholischen Kirche. Das Wesen und die Freiheit der christlichen Kirche. Bd 1 Rostock 1832, S. 82.

Irrlehren der römischen Kirche zu übersehen, während man im innerprotestantischen Raum jede Mitarbeit schon aufgrund des verschiedenen Bekenntnisses verweigere.[241]

Über Arnswaldts Stellung zur römischen Kirche hat man — veranlaßt durch die vielzitierte Selbstbezeichnung „katholischer Lutheraner"[242] — manches geschrieben. Man stützte sich dabei auf zufällig überlieferte Aussagen und kam zu entgegengesetzten Behauptungen. Bendixen spricht von einer „Abwehr alles Katholisierenden" und einem hartnäckigen Beharren auf dem evangelischen Prinzip und beruft sich auf „Männer, die mit Arnswaldt in mehrjährigem häuslichen Umgang gestanden haben".[243] Mejer meint, daß sich im Gegensatz zu Arnswaldts unerbittlicher Ablehnung der Reformierten und Unierten „sein Ideenreichtum um Einen Punkt um die Vereinigung der lutherischen und römischen Kirche" gruppierte. Eine Quelle, auf die er sich ohne nähere Angaben beruft, gibt eine Äußerung Arnswaldts so wieder: „es müsse dahin kommen, daß lutherische und katholische Kirche sich vereinen. Die katholische habe Christi wahren Leib oder sei dieser Leib, die lutherische habe dessen Seele; Leib und Seele müßten nicht getrennt bleiben, sondern wieder zusammenkommen".[244]

In den Quellen findet sich noch eine große Zahl Aussagen Arnswaldts über die römische Kirche, die schwer miteinander zu vereinen sind. Bei einer systematischen Auswertung muß deshalb hier noch mehr als an anderen Stellen auf die jeweilige Aussagesituation geachtet werden. Erst ein exaktes Erfassen des jeweiligen Anlasses, des Gegenübers und der Intention der Aussage ermöglichen eine sachgemäße Interpretation.

Arnswaldts römisch-katholische Freunde, sein Aufenthalt in Rom, seine Mischehe und die anhaltenden Bekehrungsversuche Ludowines veranlaßten ihn immer neu, sich über den Katholizismus zu äußern. Er will seinen Freunden, Bekannten und nächsten Verwandten seine theologische Position erklären und seine persönliche Haltung verteidigen.

Schon in der Freundschaft mit Annette von Droste-Hülshoff kam es zu Auseinandersetzungen über die verschiedenen Konfessionen. Annette hatte in Gesprächen mit Arnswaldt und Straube die lutherische Kirche „scharf kritisiert". Sie war nicht bereit, auch nur die geringste „Lebenserscheinung" dieser Kirche anzuerkennen. Im Zusammenhang mit der Trennung von Annette versuchte Arnswaldt in Straube ein konfessionelles Bewußtsein zu wecken. Wiederholt erklärt er ihm, wie der „Streit der Kirche" seine Freundschaft mit Annette belastet habe. Er schlug Straube vor, Annette zu schreiben: „sie möge sich doch in unsere Lage versetzen, die wir ja in unserem Bewußtsein zu unserer Kirche ganz so ständen wie sie zu der ihrigen, u.

---

241 Saxer, 17: „Dieses anscheinend durchaus häßliche Kokettieren — was ist es anders, als eine heiße Sehnsucht, ein heftiges Verlangen nach der wahren Kirche, diese in ihrer Einheit und Ganzheit, in ihrer Integrität, mit Augen zu schauen".
242 S. oben S. 113 bes. Anm. 470.
243 Bendixen, S. 426.
244 Mejer, S. 14. Auf Mejer stützt sich wohl Meyer (Kirchengeschichte, S. 195) mit seiner Aussage: „Arnswaldt hoffte auf eine Vereinigung der Lutheraner mit den Katholiken".

sich einmal fragen, was daraus werden würde, wenn wir uns ebenso gegen sie über die katholische Kirche und ihre Lebenserscheinungen herfallen wollten".[245]
Die Kontroverse mit Annette mag der Grund dafür gewesen sein, daß Arnswaldt erst nach zwei Jahren wagte, mit Ludowine von Haxthausen über Fragen des Glaubens und der Kirche zu sprechen.[246] Ihre Freundschaft gründete dann auf gegenseitigem Anerkennen.[247] Durch Ludowines persönliches Engagement für die katholische Erweckungsbewegung war sie zunächst, wie ihr großes Vorbild Overberg, bereit, über die Konfessionsgrenzen hinauszusehen.[248] Sie machte – wie bereits gezeigt wurde – Arnswaldt mit der katholischen Erbauungs- und Erweckungsliteratur bekannt. Arnswaldt lernte durch Ludowine den Katholizismus von einer Seite kennen, für die er in jener Zeit empfänglich war. Er sah auch in der katholischen Kirche den „überall sich regenden Geist des Herrn" wirksam und kam im Vergleich zu 1817 zu einem völlig anderen Urteil: „Ich kann es Dir nicht vollständig auseinandersetzen, aber ich glaube, Du würdest Dich nicht darüber beklagen, auch mich keiner Art von Indifferentismus beschuldigen wenn ich am Ende jedem Theile Recht gebe, nur in verschiedenen Regionen der geistigen Anschauung und das so streng bis in einzelne Theile hinein, daß ich den Grund dafür lieber Doppelseitigkeit der menschlichen Empfänglichkeit als Sprachverwirrung nennen möchte, wenn man in dieser gar keine Regel anerkennen will".[249]

Bei aller Sympathie für die römische Kirche blieb Arnswaldt streng darauf bedacht, die „Wahrheitsfrage" nicht gleichgültig zu übergehen. Er wollte das die beiden Konfessionen Trennende nicht einebnen, sondern nur das Gute in der römischen Kirche sehen und anerkennen. Er gelangt so zu seiner „positiven Ansicht von der katholischen Kirche", die er glaubt, haben zu müssen, um das „wahre Wesen der evangelischen, desto mehr Vertrauen begegnend, desto eher wirksam und praktisch fruchtbar verfechten zu können".[250]

Von vornherein befürchtete er, hierin von keinem seiner „evangelischen Freunde" verstanden zu werden, und erlebte dies tatsächlich zuerst bei Tholuck. Tholuck deutete bereits Arnswaldts Besuch der Messen in der päpstlichen Kapelle als Neigung zur Konversion.[251] Arnswaldt wollte jedoch auch hier nur kennenlernen, um anzuer-

245  A. v. A. an Straube o. D.
246  Brf. orig. A. v. A. an Elvers 23.2.1828 StB Berlin: „Mit meiner Freundin Ludowine von Haxthausen correspondire ich jetzt, zunächst über das innere Leben, doch dabei, durch einen natürlichen Zusammenhang über das Wesen der Kirche".
247  A. v. A. an L. v. H. 23.12.1822: „Wir sind in unserer beiderseitigen Confession, geliebte Freundin, nicht nur erzogen, sondern auch jeder für die seinige geboren, glaub' ich. – Laß es uns festhalten, daß Eines das Ziel ist, der Weg aber viele und in dieser Anerkennung werden wir uns bald und leicht verstehen ...".
248  S. oben S. 69, vgl. bes. Anm. 120 u. 121.
249  A. v. A. an L. v. H. 15.6.1826.
250  A. v. A. an Elvers 23.2.1828.
251  Brf. orig. L. v. A. an L. v. H. 22.12.1828 StB Berlin. Vgl.
Witte, Bd 2 1886, S. 133: „eine tiefe Seele, ein ganz inwendiger Christ, der aber nichts desto weniger sich so zum Catholizismus gezogen fühlt daß ich fürchte er wird bald catholisch". Vgl. ebd. S. 188.

kennen. Kurz nach seiner Rückkehr aus Rom schreibt er: „Von den (durchaus mehrseitigen) Eindrücken, welche mir der Catholizismus und die Eigenthümlichkeit seiner Gestaltwerdung in Italien gemacht, würde ich Ihnen besser erzählen können, es ist freilich, als könnten die Evangelischen manches dort lernen; — sie müßten nur damit anfangen, es auch im Verborgenen aufzusuchen und dann das Gute auch da anzuerkennen, wo es ihren besonderen Einseitigkeiten entgegensteht".[252]

Die ausführlich zitierten Aussagen Arnswaldts vor und nach seiner Romreise zeigen, daß dieser auch in Rom nicht an eine Konversion dachte. Auch Unterschiede wurden von ihm nicht verwischt, sondern schärfer gesehen und klarer beurteilt. Ganz deutlich wird diese Position in seiner ein Jahr nach seinem Romaufenthalt beginnenden Ehe mit Anna von Haxthausen. Erst nach langen Unterredungen war er mit dem damals üblichen Kompromiß — Erziehung der Söhne in der Konfession des Vaters, der Töchter in der der Mutter[253] — einverstanden.[254] Arnswaldt zögerte deshalb so lange, weil er anfänglich ganz die Meinung Elvers' teilte,[255] „daß ein protestantischer Vater, welcher seine Kinder katholisch werden läßt, die Seligkeit aufs Spiel setzt".[256] Bis zu einem gewissen Grade löste er sich von dieser festen Position. Er wünschte jedoch, daß seine Töchter über die Reformationszeit auch von protestantischer Seite unterrichtet würden und wachte sorgfältig darüber, daß man seine Söhne nicht „unter der Hand katholisch machte".[257] Die Konfession seiner Töchter — Marie und Therese traten erst nach seinem Tode zur lutherischen Kirche über —[258] respektierte er bis zuletzt.

Weit weniger tolerant war die Bökendorfer Verwandtschaft,[259] und unter ihnen besonders Ludowine.[260] Ihre Buchgeschenke für Arnswaldt suchte sie seit seiner

---

252 A. v. A. an Elvers: 2.8.1829.
253 Vgl. Schnabel, Bd 4, S. 121ff.
254 S. o. S. 50.
255 A. v. A. an Elvers 23.2.1828. Arnswaldt schreibt hier Elvers, daß er der einzige sei, mit dem er sich eins wisse in allen Fragen, die die Kirche und die verschiedenen Konfessionen betreffen.
256 Elvers, S. 82f.
257 Als Arnswaldt bemerkte, daß seine Frau, wohl auf Betreiben der Bökendorfer, versuchte, „heimlich" auf ihre Söhne Carl und Werner „einzuwirken", übergab er sie Pastor Göschen in Wunstorf zum Unterricht und zur Erziehung. Vgl. Brf. Annette an Jenny 17.2. 1843.Schulte-Kemminghausen: A. v. Droste-Hülshoff, Die Briefe, Bd 2, S. 140-150.
258 Brfe. orig. Marie v. A. an Therese v. A. 25.1.1856, 16.1.1857 Prb.
259 Als im Juni 1857 Anna nach Bökendorf reiste, schrieb Marie an Therese (16.1.1857): „Ach wäre nur Mutter überhaupt mit heiler Haut wieder bei uns — wir können ja gar nicht wissen was sie alles etwa mit ihr aufstellen werden und ob sie nicht mit Exercitien u. s. w. bearbeitet wird, eine andere Stellung gegen den Stand der Dinge bei mir und Dir einzunehmen".
260 Ludowine übernahm in den 30er Jahren die Leitung des von ihrem Schwager Graf Bocholz-Asseburg gegründdeten Waisenhauses St. Annen. Vgl. Hassenpflug, A.: Marga-

Mischehe unter einem ganz bestimmten Aspekt aus. Sie sollten ihm die Größe ihrer Kirche vor Augen stellen und dazu helfen, ihn zur „römisch katholischen Kirche herüber zu ziehen".[261] Solchen und ähnlichen über zwanzig Jahre währenden Bekehrungsversuchen bereitete Arnswaldt mit einem ausführlichen Brief im Winter 1853/54 ein Ende. Er habe, so schreibt er, kein Recht, sich „über die nun einmal vorhandenen Kirchen zu stellen, und sich darunter *die* auszusuchen die ihm am besten gefällt". Ein solches Handeln mit den Kriterien, hier eine „schönere Verstandeskonsequenz" oder eine mehr zusagende Form des Gottesdienstes zu finden, ist für ihn ein Anbeten „eines selbstgemachten Bildes der Kirche". Auch die übrigen „Bekehrungsargumente" Ludowines können ihn nicht ansprechen, denn „sie setzen vorauß daß man bereits an seiner Kirche irregeworden, ja schon innerlich von ihr abgefallen sei". Hier beginnt er dann seine Position zu entfalten: „mein ganzes Leben in Christo von Gottes Gnaden wurzelt in den innersten Gründen meiner Kirche". Die evangelisch lutherische Kirche nennt er seine „Mutter". In ihr, so sieht er es rückblickend auf die letzten 33 Jahre seines Lebens, „fand ich: Selbsterniedrigung in dem Bewußtsein meiner tiefen Armuth. Sammlung vor meinem Gott und stille und beruhigte Hingebung im Glauben an meinen Heiland. Zerfahrenheit des Geistes, Vergessen meiner Sünden über wohlgefälligen Theoretischen Anschauungen, leichtes Urtheilen über Dinge die mir zu hoch und zu tief und die mir nicht befohlen waren". — Von der römischen Kirche sagt er jetzt: „Ich habe von ihr für *mein* inneres Leben nie einen Tropfen Nahrung empfangen, außer der, welche sie mit der meinigen gemein hat, denn alles was sie in den drei letzten Jahrhunderten geboren hat, ich mußte es erst in meinem Geist in die Anschauungsform meiner Kirche umsetzen und umbilden wenn ich es zur Förderung meines christlichen Lebens sollte genießen können".

Arnswaldt gelang es hiermit, seine Haltung gegenüber der römischen Kirche mit seinem konfessionell lutherischen Bewußtsein in Einklang zu bringen. Die „lutherische Kirche" war seine Kirche, und diese Entscheidung wollte er auch von Ludowine anerkannt wissen.[262]

Aufs ganze gesehen wurde sein Urteil über die römische Kirche vom Ende der 30er Jahre an viel abwägender. Seine idealen Vorstellungen wurden weithin korrigiert durch die sich auch in Deutschland durchsetzende Machtpolitik der Kurie in den Kölner Wirren und in den bayerischen Konfessionskämpfen.[263] Ende der 40er

---

rethe Verflassen. Ein Bild aus der katholischen Kirche. Hannover 1870, S. 94-122, bes. S. 94.
261 Brf. abschr. A. v. A. an L. v. H. Winter 1853/54 StB Berlin.
262 Ebd. Vgl. bes.: „Ach gönne doch auch du mir *meine* Mutter, die ich ja doch nur da erkennen kann, wo sie mir mein Vater selbst durch seine Liebeszüge gezeigt".
263 A. v. A. an Elvers 16.1.1839. Vgl. Schnabel, Bd 4, S. 87f., 128-133, 162-164. Über Bayern war Arnswaldt intern informiert durch Gespräche mit Harleß und dem bayrischen Pfarrer Wagner, dem Bruder des Göttinger Rudolf Wagner. Vor allem das, was von katho-

Jahre kam Arnswaldt im Zusammenhang mit seiner Konzeption eines deutschen Luthertums vorübergehend zu einer extrem antirömischen Haltung.

### 3. Arnswaldts Konzeption eines deutschen Luthertums

In diesem Abschnitt geht es um eine Auswertung von fünf Briefen August von Arnswaldts aus dem Revolutionsjahr 1848.[264]

Unter dem Eindruck der sich überstürzenden Ereignisse des März und April[265] stellt

---

lischer Seite aus in Bayern geschah, schockierte ihn. Vgl. Brf. orig. Harleß an A. v. A. 19.4.1855 KlB Loccum. Brf. orig. A. v. A. an Anna v. A. 13.7.1841 KlB Loccum.

[264] (1) Brf. entw. A. v. A. an W. Havemann 30./31.3.1848 StB Berlin. S. u. S. 231-236.
(2/3) Brfe. A. v. A. an R. Wagner 15.4.1848, 24./25.4.1848. JGNKG 58 1960, S. 153-159.
(4) Brf. orig. A. v. A. an Chr. Fr. Elvers 28.4.1848 StB Berlin. S. u. S. 236-239.
(5) Brf. orig. A. v. A. an F. W. C. Umbreit 6.5.1848 StB Berlin. S. u. S. 240-246. Bereits 1857 veröffentlichte Umbreit Ausschnitte dieses Briefes. (Umbreit, Erinngerungen, S. 37-40). Es fehlen die Seiten 240-241, 29; 242, 20-34; 243, 22-24; 243, 26-244, 33a; 244, 33b-36 und 244, 39-246. Umbreit kürzte den Brief vor allem um die Stücke, in denen Arnswaldt die reformierte und unierte Kirche kritisiert.

[265] Die Dynamik der Revolution von 1848 mit ihren drei Grundströmungen - der nationalen, der politisch-fortschrittlichen und der sozialen Revolution – ist im Gegensatz zur französischen von 1789 zunächst keine christliche und auch keine religiöse. (Vgl. Amelung, E.: Die demokratische Bewegung des Jahres 1848 im Urteil der protestantischen Theologie. Diss. Marburg, 1954, bes. S. 2f., Ferner: Schmidt, M.: Die Bedeutung des Jahres 1848 für die evangelische Kirchengeschichte Deutschlands. Die Zeichen der Zeit. Evangelische Monatsschrift für Mitarbeiter der Kirche 2 1948, S. 307. Meinecke, F.: 1848. Eine Säkularbetrachtung. Berlin 1948).
Doch wenn auch die deutsche Revolution von 1848 keinen religiösen Hintergrund hatte, so offenbarte sie deutlicher als ein kirchenfeindliches Ereignis die fortgeschrittene Säkularisierung des öffentlichen Lebens und die Isolierung der Kirche. (Vgl. Kupisch, K.: Zwischen Idealismus und Massendemokratie. 4. Aufl. Berlin 1963, S. 65. Schmidt, M.: 1848, S. 307). Deshalb fehlte es auch in keiner der verschiedensten theologischen und kirchlichen Richtungen an Persönlichkeiten, die sich mit den Ideen, die die Zeit bewegten, auseinandersetzten und in irgendeiner Form dazu Stellung nahmen. (Vgl. Amelung, S. 9-117, Delius, D.: Die Evangelische Kirche und die Revolution 1848. Kirche in dieser Zeit H. 6/7. Berlin 1948, bes. S. 33ff. Heger, A.: Evangelische Verkündigung und deutsches Nationalbewußtsein. Zur Geschichte der Predigt von 1806-1848. Neue Deutsche Forschungen. Berlin 1939, bes. S. 223ff. Schubert, E.: Die evangelische Predigt im Revolutionsjahr 1848. Studien zur Geschichte des neueren Protestantismus H. 8. Gießen 1913). Arnswaldts Stellung zur Revolution findet sich in den erwähnten Briefen an seine Freunde. Hier berichtet er, daß er der Revolution „ein Stück seiner Freiheit" verdanke. Er zählt sich nicht zur „conservativen Partei". (A. v. A. an Elvers, s. u. S. 237) und will ohne ein „radikaler Republikaner" zu werden, „Demokrat" sein. (Vgl. die Passagen über seine Freude an der Revolution. A. v. A. an Havemann, s. u. S. 232f.; an Wagner, JGNKG 58

Arnswaldt seinen Freunden dar, wie das deutsche Volk Einheit und Freiheit, nach denen es „ringt und sich abarbeitet", erreichen kann.[266] Er überträgt dabei die Erfahrung der „Befreiung" seines Ichs durch das Heilshandeln Christi auf die Befreiung des deutschen Vokes.[267] Ausgangspunkt der Menschheits- und Völkergeschichte ist in Arnswaldts Konzeption das Volk Israel mit Christus, dem „geborenen Juden".[268] Gerade in Christus werden aber die Grenzen des Volkes Israel gesprengt. Christus ist der Menschheit als ganzer zugeordnet und ist unter allen Völkern in seiner Kirche gegenwärtig. „Jedem einzelnen Gliede der Menschheit wird er dargereicht in Wort und Sakrament".[269] Dabei wird die Mannigfaltigkeit der „Völkerindividualitäten" nicht ignoriert. Denn die Kirche Christi besteht nur in Gestalt der einzelnen Völkerkirchen, in die die „Einheit der Menschheitskirche" in einer charismatischen Differenzierung auseinandertrat.

Arnswaldt knüpft hiermit direkt an Herders Ausführungen über die individuelle Differenzierung der Nationalcharaktere und den damit zusammenhängenden Anspruch eines Volkes auf eine Nationalreligion an und fordert: Jedes einzelne Volk muß gemäß „seinen besondern Gaben" und der ihm verliehenen „Pfunde" zu der ihm „von Gott angewiesenen Kirche" finden.[270]

---

    1960, S. 54; an Elvers s. u. S. 237f. und an Umbreit s. u. S. 240 f. Zum Begriff Demokrat im Jahre 1848 vgl. Amelung, S. II).
    Die Revolution selbst ist auch für ihn keine christliche oder religiöse. Er spricht von ihr als der „erhabensten göttlichen Tragödie außerhalb der Historia sacra".
    (A. v. A. an Havemann, s. u. S. 231). „Göttlich" ist die Revolution für ihn deshalb, weil er von dem erschütternden Unglück, das sie mit sich bringt, eine Läuterung und Erneuerung der Kirche erwartet. (A. v. A. an Havemann, s. u. S. 235f.; an Wagner JGNKG 58 1960, S. 157f. und an Umbreit, s. u. S. 244f.). Wie auf den Sündenfall die Erlösung und Rettung des Menschen folgte, so wird am Ende der Revolution – der „neuen Stufe des Sündenfalls" – die Errettung des deutschen Volkes durch Jesus Christus stehen. (A. v. A. an Wagner JGNKG 58 1960, S. 158 und an Umbreit, s. u. S. 244f.).
    Arnswaldt beruft sich in seiner Stellungnahme zur Revolution auf Harleß. (A. v. A. an Wagner JGNKG 58 1960, S. 154 und an Umbreit, s. u. S. 240). Zu Harleß vgl. die systematische Auswertung seiner Revolutionspredigten bei Heger, S. 213-215, 226f., u. 232-239; ferner bei Schubert, S. 47-49, 97-102, 135f. u. 141-143. Neben Harleß erinnert Arnswaldts Argumentation und Gedankenführung an die 1848 gehaltenen Predigten von Ludwig Adolf Petri (vgl. hierzu Schubert, S. 49, 103).

266  A. v. A. an Umbreit u. S. 241.
267  A. v. A. an Umbreit u. S. 241; an Havemann u. S. 234f.; an Wagner JGNKG 58 1960, S. 158 und an Elvers u. S. 237f.
268  A. v. A. an Elvers u. S. 238, an Umbreit u. S. 241.
269  A. v. A. an Umbreit u. S. 241; A. v. A. an Elvers u. S. 238; A. v. A. an Wagner JGNKG 58 1960, S. 157. Zu diesem Gedankenkreis vgl. CA 7 (BLSK, S. 61) und Martin Luther in seinem Bekenntnis 1528, WA 26, S. 506.
270  A. v. A. an Umbreit u. S. 242; an Wagner JGNKG 58 1960, S. 157, und an Elvers u. S. 238. Zu Herder vgl. Doerne, M.: Religion und religiöse Motive in Herders Geschichtsanschauung. Diss. Leipzig 1924, bes. S. 133 f.; Gadamer, H. G.: Volk und Geschichte im Denken Herders. Wissenschaft und Gegenwart Nr. 14. Frankfurt 1942, S. 23; Meinecke,

Im Ringen eines Volkes um eine Nationalkirche spielt der Unterschied von Romanen und Germanen – eines der Hauptmotive der philosophischen, politischen und religiösen Auseinandersetzung der Zeit – eine entscheidende Rolle.[271] Auch für Arnswaldt ist die Kirche der romanischen Völker die römisch katholische, die des Germanentums die „protestantische".[272] Die Freiheit eines Vokes steht und fällt mit der Unabhängigkeit von allem Ausländischen und Fremden, das bedeutet aber auch: ein Volk ist erst dann frei, wenn es neben der politischen Unabhängigkeit zu einer religiösen Individualität gefunden hat und sein Recht auf Nationalreligion wahrnimmt.[273] An diesem Punkt beklagt Arnswaldt das große Versagen Deutschlands. Deutschland will sich nicht „genügen lassen" mit dem, was ihm von Gott beschieden, und wie seit Jahrhunderten auf politischem, so erweist es sich auch auf kirchlichem Gebiet als „Affe des Auslandes".[274]

Deutschland hat weder seine völkische Stellung als „Centrum" des Germanentums noch seine religiöse als Zentrum der abendländischen Kirche erkannt.[275] Es „verliert das ihm nach Gottes Willen Eigenthümliche" an das Fremde und vergißt, daß alle Übel, an denen die Deutschen untergegangen sind, ausländischen Ursprungs waren.[276] Die Deutschen müssen immer über sich hinaus, sie wollen alles andere sein als „ganz einfach bloße *Deutsche*"[277] und vergessen damit, wozu ihr Volk berufen ist. Der Beruf des „von Gott so hochbegnadeten" deutschen Volkes ist für Arnswaldt kein geringerer als „Adam dieser Weltzeit" zu sein. Das heißt: alle Ge-

---

   F.: Die Entstehung des Historismus. Bd 2 Berlin 1936, S. 441-464; Bornkamm, H.: Luther im Spiegel der deutschen Geistesgeschichte. Heidelberg 1955, S. 21 f.
271 Winckler, L.: Martin Luther als Bürger und Patriot. Historische Studien H. 408. Hamburg 1969, S. 54. Den „beredesten Verkünder" dieses Gegensatzes sieht Winckler in E. M. Arndt (ebd.).
272 A. v. A. an Elvers u. S. 238 und an Umbreit u.S. 242f., bes. S. 242.
273 Zu Herders Konzeption der religiösen Individualität vgl. Bornkamm, S. 22.
274 A. v. A. an Umbreit u. S. 242 u. 243; an Wagner JGNKG 58, S. 154. Zu der Bezeichnung der Deutschen als Affen des Auslandes vgl. Luther in den Praelectiones in prophetas minores: „Sicut hodie Germani omnium fere nationum simiae sunt, ut qui omnium nationum more vestiunt, iam Gallice, iam Hispanice etc..." WA 13, S. 485, 29 ff., vgl. auch S. 455, 11.
275 A. v. A. an Umbreit u. S. 242; an Elvers u. S. 239; an Wagner JGNKG 58 1960, S. 54.
276 A. v. A. an Umbreit u. S. 242. Zu den Folgen des „römischen, dem Weltreich entsprossenen, von der römischen Kirche ... geweihten Kaiserthum" vgl. A. v. A. an Havemann u. S. 234; an Umbreit u. S. 242f.; außerdem Marheinecke (vgl. Winckler, S. 58 Anm.). Die reformierte Kirche als Kirche der Welschen macht Arnswaldt verantwortlich für den 30 jährigen Krieg. A. v. A. an Elvers u. S. 238; an Umbreit u. S. 243. Sie hat im übrigen „nichts gethan als negieren, ohne irgend etwas dem Reich Gottes eigenthümlich Förderndes zu setzen". Die Annahme, daß alles Übel ausländischen Ursprungs sei, findet sich bereits bei J. G. Fichte. Vgl. Kramer, R.: Nation und Theologie bei Johann Hinrich Wichern. Arbeiten zur Kirchengeschichte Hamburgs Bd 2. Hamburg 1959, S. 23.
277 A. v. A. an Umbreit u. S. 243.

schlechter, „in denen sich vorzugsweise die Geschicke der neueren Welt vollziehen", haben in Deutschland ihren Ursprung.[278]

Hier spricht Arnswaldt nicht mehr als Lutheraner in der Erweckungsbewegung, sondern als romantischer Patriot. Er nimmt ein Motiv der Publizistik aus der Zeit der Freiheitskämpfe auf, den von Fichte, Arndt und Jahn vertretenen Gedanken des deutschen Volkes als des Urvolkes,[279] und interpretiert ihn religiös, ja biblisch. Dabei geht er über diejenigen weit hinaus, die nur einen Zusammenhang zwischen Altem Testament und deutschem Volk herstellen, denn das deutsche Volk hat bei Arnswaldt nicht nur wie bei August Vilmar die Rolle des jüdischen Volkes als des von Gott erwählten übernommen,[280] sondern „es ist der aus der guten Hand seines Schöpfers hervorgegangene Adam dieser Weltzeit".[281] Die Berufung des deutschen Volkes wurde sichtbar und besiegelt, als Gott sich dem deutschen Volk „ganz in seinem Wort gegeben, da er die Propheten *deutsch* reden ließ durch seines Knechtes Luther Dienst".[282] Den Dienst Luthers kann Arnswaldt gar nicht hoch genug preisen. Das patriotische Lutherbild seiner Zeit findet sich bei ihm in fanatischer Übersteigerung und Einseitigkeit. Luther hat nach Arnswaldts Ansicht „die Meinung vom deutschen Volk als dem Adam unter den Völkern dieser Weltzeit geteilt und daher für dasselbe auch einen allgemeinen Lebensgrund gesucht und diesen in eine Verbindung mit dem allgemeinen Lebensgrunde der Kirche gesetzt".[283]

Luther, der deutsche Reformator, ist für Arnswaldt nicht nur eine Gestalt der geschichtlichen Vergangenheit, sondern auch eine Prophetenstimme der Gegenwart. Sein Geist ist an den Jubelfesten von 1817 und 1830 „gewaltig umgegangen",[284] und Luthers Meinung zu den Ereignissen der 48er Revolution ist für Arnswaldt so deutlich vernehmbar, daß er sie in einer fingierten Lutherrede wiedergeben kann.[285]

---

278  A. v. A. an Havemann u. S. 231.
279  Zu dem Gedanken vom deutschen Volk als dem Urvolk bei Fichte, Ernst Moritz Arndt und Jahn vgl. Adam: Nationalkirche u. Volkskirche im deutschen Protestantismus. Göttingen 1938, S. 32, Heger, S. 30 ff., Kramer, S. 22 f., Holl, K.: Die Bedeutung der großen Kriege für das religiöse und kirchliche Leben innerhalb des deutschen Protestantismus. Tübingen 1917, S. 86 f., Winckler, S. 54.
280  Asendorf, O.: Die europäische Krise und das Amt der Kirche. Voraussetzungen der Theologie von A. v. C. Vilmar. Arbeiten zur Geschichte und Theologie des Luthertums Bd 8. Berlin 1967, S. 119-122. Diese Gedanken sind auch Arnswaldt bekannt. Vgl. A. v. A. an Wagner JGNKG 58 1960, S. 154 f.
281  A. v. A. an Havemann u. S. 231. Zu diesem Gedankenkreis vgl. Preuß, H.: Martin Luther. Der Deutsche. Gütersloh 1934, bes. S. 62ff.
282  A. v. A. an Elvers u. S. 239.
283  A. v. A. an Havemann u. S. 233f.
284  A. v. A. an Umbreit u. S. 245.
285  A. v. A. an Havemann u. S. 234f. Vgl. dazu die erstaunlichen Parallelen in der in diesem Jahrhundert von H. Preuß zusammengestellten Lutherrede. Preuß, H.: Luther an die Deutschen von 1946. Eine Erneuerung seiner Botschaft vierhundert Jahre nach seinem Tode. München 1946.

In dieser Rede, die in ihrem vollem Wortlaut im Anhang abgedruckt ist und so für sich selbst sprechen kann, will Arnswaldt die Zusammenhänge zwischen Reformation, Nationalreligion und nationaler Einheit, zwischen Luther, deutschem Wesen und deutscher Sprache aufzeigen. Wie zahlreiche seiner Zeitgenossen betont er die Leistung und Bedeutung der Reformation für die Entwicklung der nationalen Unabhängigkeit des deutschen Volkes und für die Entstehung der deutschen Kirche.[286] Im deutschen Volk ist Christus „nirgend als in der deutschen Kirche" zu finden.[287] Die echte, „wahre" „eigentliche" deutsche Kirche, „das Haus, in welchem unser Herr Christus seinem deutschen Volk seine wahre Einheit und Freiheit zu geben beschlossen hat", ist aber die lutherische Kirche.[288] Sie ist die einzige Kirche, die seit dreihundert Jahren in allen ihren Phasen das eigentümliche Leben des deutschen Volkes mit ihm durchlebte und jede Stufe seiner Lebensentwicklung heiligte.[289] Die lutherische Kirche hat „mit dem deutschen Volk dreihundert Jahr gelebt, geliebt, gesungen, gedacht, sich gefreut und gelitten".[290] Sie gab dem deutschen Volk die deutsche Bibel und die deutschen Gesangbücher. Für jeden „deutschen Christen" ist die lutherische Kirche die „Mutter, die ihn an ihren Brüsten säugte".[291] Die „bescheidene aber unaussprechlich selige Stelle" der lutherischen Kirche als deutscher Kirche ist es, „Herz der abendländischen Heidenkirche" zu sein.[292] Deutschland nimmt „unter den abendländischen Völkern eine centrale Stellung ein" und die deutsche lutherische Kirche „ist die vollkommenste Glaubensform unter denen der abendländischen Kirchen".[293] Für Arnswaldt gibt es auf diesem Hintergrund keine ehrenvollere Bezeichnung als „Lutheraner". Er nennt sich selbst einen „Stocklutheraner" oder „schwarz-rot-goldenen Patriotisten im lutherischen Chorrock"[294] und schließt seinen Brief an Havemann mit den Worten: „Mein Herz ist voll und meine Seele jauchzt, daß ich ein Deutscher und ein Lutheraner bin, d. h. daß ich die zwei Centra, aus denen es in dieser Weltzeit in Natur und Geist durch alle Lande ausgerufen wird, daß Gott allein gut ist und vor ihm kein Fleisch sich rühmen kann meine Wiege sind und mein Altar".[295]

---

286   neben den Gesamtdarstellungen von Hegert und Schuster vgl. bes. Winckler, S. 55-59.
287   A. v. A. an Elvers u. S. 238.
288   A. v. A. an Umbreit u. S. 240 u. 242; an Wagner JGNKG 58 1960, S. 157; an Havemann u. S. 234f.
289   A. v. A. an Wagner JGNKG 58 1960, S. 157.
290   A. v. A. an Umbreit u. S. 243; an Elvers u. S. 238.
291   A. v. A. an Umbreit u. S. 244.
292   A. v. A. an Elvers u. S. 239; an Wagner JGNKG 58 1960, S. 154.
293   A. v. A. an Umbreit u. S. 244.
294   A. v. A. an Umbreit u. S. 240; an Wagner JGNKG 58 1960, S. 156.
295   A. v. A. an Havemann u. S. 235.

## 4. Arnswaldts Gedanken über die Einheit der Kirche

Schon früh kritisiert Arnswaldt den Kirchenbegriff der Erweckten. Er verwirft die „sich in hundert Fratzen äußernde" Tendenz, „das was seiner Natur nach ein unsichtbares Band ist, mit Gewalt zum sichtbaren [zu] machen und darüber das von ihm zum sichtbaren Band Seiner Kirche gesetzte [zu] verkennen".[296] Unsichtbar aber „*da*" ist für ihn die „wahre Einheit" der Kirche.[297] Alle kirchlichen Bestrebungen, eine auch nach außen sichtbare Einigkeit zu erwirken, lehnt Arnswaldt deshalb ab. Einheit auf kirchlicher Basis gibt es höchstens da, wo der geistliche „Leib Christi" empfangen wird. Die Versammlung, in der Christus real gegenwärtig ist, deutet im „Bild" die letzte Einheit an. Eine alle Kirchen umfassende Einheit ist in dieser Zeit nicht möglich. Zwar ist sie in seinen Ausführungen nach 1834 nicht mehr wie 1817 ganz ins Jenseitige verbannt,[298] bleibt aber, wo sie sichtbar wird, nur ein „Abbild" des ewigen „Urbildes".[299]

Um diesen Sachverhalt auszudrücken, spricht Arnswaldt von einer „verhüllten und doch gewissen Einheit".[300] Die „eine Kirche" ist nicht mehr eine „gespensterhafte spirituelle",[301] ganz in der Zukunft liegende Größe, sondern sie zeichnet sich, wenn auch verhüllt, bereits in dieser Zeit ab.[302] Diese „verhüllte Einheit" aber ist bei Arnswaldt keineswegs gleichzusetzen mit dem, was die Theologie des Neuluthertums im 19. Jahrhundert unter der „unsichtbaren Kirche" verstand.[303] Arnswaldt kannte den unmittelbar mit der Frage nach der Einheit der Kirche zusammenhängenden Problemkomplex der sichtbaren und unsichtbaren Kirche und bemühte sich sogar darum, festzustellen, wer diese Terminologie zuerst benutzte.[304] Es war ihm bestimmt bekannt, daß beide Termini in den lutherischen Bekenntnisschriften fehlen.[305] Aber abgesehen davon hinderte ihn seine Kritik am Kirchenbegriff der

---

296 A. v. A. an Elvers 23.1.1835.
297 Vgl. A. v. A. an Strauß-Torney 14.12.1848: „Was an dem Bund Wahrheit ist ist schon da und braucht nicht erst gemacht zu werden".
298 Arnswaldt, A. v.: Rezensionen, S. 188: „Wir gestehen, daß wir auch eine allgemeine Vereinigung in Rücksicht des Dogma's, die einzig ächte, im höchsten Sinne nie für in dieser Zeit möglich gehalten haben".
299 Arnswaldt, A. v.: Gegenwart, S. 58.
300 Brf. orig. A. v. A. an Elvers 12.8.1839 StB Berlin.
301 Brf. orig. Keller an A. v. A. 29.8.1839 KlB Loccum. Keller wendet sich gegen einen solchen Kirchenbegriff und will Arnswaldt bewegen, im „Lutherischen Pilger" mit ihm um das Bestehen der lutherischen Kirche zu ringen und „bis in den Tod das göttliche Recht des wahren Amtes, leibhafte Gemeinden zu binden u. zu lösen vertheidigen".
302 Arnswaldt erkannte offenbar, daß jede Verbannung der Einheit ins Jenseitige eine Spiritualisierung des Kirchenbegriffes mit sich bringt. Vgl. Beckmann, S. 174.
303 Vgl. Fagerberg, S. 127-131.
304 Brf. orig. Münchmeyer an A. v. A. 27.1.1854 KlB Loccum.
305 Schlink, E.: Theologie der lutherischen Bekenntnisschriften. 3. Aufl. München 1948, S. 300.

Erweckten[306] daran, mit dem Begriffspaar sichtbar – unsichtbar zu operieren. Da wo Einheit nur in der „Unsichtbarkeit" angenommen wird, bewegen sich die Gedanken ausschließlich in der „Sphäre ideeller Jenseitigkeit".[307] Für Arnswaldt ist die Einheit in abgestufter Weise sichtbar. Eine Form ist dabei das geschlossene System der römischen Kirche.[308] Eine andere die „Früchte des Geistes", die im Handeln aller Christen sichtbar werden. Die letztere nennt er die „höhere Einheit, die in den Früchten des Geistes unter allen wahren Kindern Gottes auf Erden sichtbar wird". Diese „höhere Einheit" ist also gerade nicht „ausschließliches Eigenthum" einer Kirche, z. B. der römischen. Gerade sie kann darauf keinen Anspruch erheben, „solange sie auch nur *ein* wahres Kind Gottes äußerlich deshalb von sich ausschließt, weil es die Wahrheit in der protestantischen Form hat". In der lutherischen Kirche jedoch meint Arnswaldt „Ein Centrum" dieser Einheit zu finden, weil man hier bereit sei, „die Wahrheit auch in einer anderen Form anzuerkennen".[309]

Hier scheint Arnswaldt in den Raum der lutherischen Kirche allerdings etwas einzutragen, was durch seine individuelle Lebensführung gegeben ist. Sein romantisches Lebensgefühl läßt ihn alle Erscheinungen und Umstände des Lebens als organisch gewachsen und deshalb sinnvoll betrachten. So werden sie von ihm nicht nur passiv hingenommen, sondern durch bewußte Reflexion bejaht und in sein Leben als Christ integriert. Daß diese Konzeption abgeleitet ist, wird da auch deutlich, wo es sich um theologische Grundsatzprobleme handelt. Diese werden von der „höheren Einheit" nicht umfaßt. Hier ist nur eine gegenseitige Anerkennung möglich. Aber auch diese ruht letztlich im romantischen Lebensgefühl.

Wo Arnswaldt die Anerkennung in seinen grundsätzlichen theologischen Entscheidungen versagt blieb, brach er jeden Kontakt ab, z. B. mit Ludowine und mit Münkel. Zum Bruch mit Münkel kam es, als dieser Arnswaldts Schriftauslegung in dessen Abendmahlslehre kritisierte.[310]

---

306 In dem vorschnellen Reden der „Mystiker" von einer „allgemeinen unsichtbaren Kirche" sahen auch andere ein Nivellieren der Konfessionsgrenzen. Vgl. Graul, K.: Die Unterscheidungslehren der verschiedenen christlichen Bekenntnisse im Lichte des göttlichen Worts. Leipzig 1846, S. 133 f.
307 Vgl. Schlink, S. 300 f. Ferner A. v. A. an L. v. H. Winter 1853/54: „Ich glaube so gut als Du eine wahre, und eine nicht in dem Nebel einer unsichtbaren Kirche, wie man dies gewöhnlich versteht, verschwimmenden Einheit der Kirche".
308 Ebd.: „ . . . so ist es mir freilich unmöglich der röm. kath. Kirche eine noch höhere Allgemeinheit zuzugestehen als in dem ich, das von Gott ihr anvertraute Pfund, welches ihr niemals geraubt werden kann die repräsentative Darstellung der Einheit der Kirche in der Sichtbarkeit anerkenne und verehre".
309 Ebd.
310 Mejer berichtet darüber: „Arnswaldt fuhr auf: ‚Das hat noch Niemand gesagt!' ‚Nun so sage ich es zuerst', antwortete Münkel. Man versuchte sich zu verständigen, aber Arnswaldt konnte den Vorfall nicht überwinden und Münkel . . . ging nach einiger Zeit nicht mehr hin". Mejer, S. 15.

Anders war es bei seinem Austausch und seinen Freundschaften mit Treviranus,[311] Hugues,[312] Mallet[313] und Umbreit. Jeder erkannte hier die Theologie und die kirchliche Zugehörigkeit des anderen an und konnte deshalb auch das Gemeinsame sehen. Umbreit z. B. schrieb nach Arnswaldts Tode: „Die Freundschaft oder besser Liebe zwischen uns war eine eigenthümlichst persönliche aber wie hätte sie bei ihm eine solche sein können, wenn sie nicht eine in Christo begründete gewesen. Nur eine kirchliche war sie nicht und die Kirche die doch in ihm eine reale Macht der durchgreifendsten Christlichkeit wie selten in einem geworden, hat auch nicht einen Augenblick unser Verhältnis getrübt, dazu stand unsere Herzensunion zu fest. Nein gerade darin hat er der Treue zu mir das Siegel aufgedrückt, daß er mich liebte weil ich nicht sein *wollte* wie er, da ich es um des Gewissens willen nicht sein konnte".[314] Arnswaldt, der gegen jede Union verschiedener Kirchen war, lebte eine „Herzensunion"[315] und sah darin die sichtbar gewordene Einheit der Kirche. Sie war für ihn, wie seine Mischehe zeigt, ein Stück Leben. Der „Friede" in seinem Haus, „in welchem Jeder in seiner Kirche feststeht und den Andern ebensowenig in der seinen irren als geirrt sein will", war für ihn der beste Beweis für die bestehende sichtbare Einheit.[316] Als 1839 die Zwillinge Anna und Hans geboren wurden — Anna wurde römisch katholisch, Hans lutherisch getauft — nimmt er dies als göttliche Bestätigung seiner Vorstellung von der Einheit.[317] Auch seine Freunde sahen Arnswaldts „Beruf" darin, „mitten in einer zerrissenen Zeit die Einheit Seiner Kirche zu erkennen und festzuhalten".[318] Sie ist für Arnswaldt nicht nur eine rein jenseitige eschatolo-

---

311    Die Verbindung Arnswaldts mit Treviranus blieb trotz der Kontroverse in der Abendmahlsfrage erhalten. Vgl. Brf. Treviranus an v. Sengb. Nov. 1836. Abgedruckt bei Schäfer, W.: Georg Gottfried Treviranus, Wicherns Freund. Beitrag zu einem Lebensbild aus der Erweckungszeit. Verden 1963, S. 66: „Dabei ist er [Arnswaldt] in der Abendmahlsfrage ein strenger Lutheraner. Wir sprachen uns darüber aus, und die Liebe blieb dennoch".

312    Von 1836-1851 kam es zwischen Arnswaldt und dem Celler reformierten Pastor Hugues immer wieder zu gegenseitigen Besuchen. Vgl.
Brf. orig. A. v. A. an Anna v. A. 5.5.1836 StB Berlin.
Brfe. orig. Hugues an A. v. A. 20.9.1840, 9.5.1845, 5.3.1851 KlB Loccum.

313    Seit 1830 stand Arnswaldt in persönlichem Kontakt mit Friedrich Mallet. 1843 waren sie beide gleichzeitig zur Kur in Bad Eilsen. Arnswaldt selbst veranlaßte Mallet, in einem Nachbardorf zu predigen und war von seiner Predigt begeistert. Vgl. Brfe. orig. A. v. A. an Anna v. A. 27.7.1843, 30.7.1843, 7.8.1843 StB Berlin.

314    Umbreit an Meyer, A. 20.6.1855.

315    Ebd.

316    A. v. A. an L. v. H. Winter 1853/54.

317    A. v. A. an Elvers 12.8.1839: „Unseres Gottes wunderbares Thun, das er so seltenes gerade da geschehen läßt, wo es eine so besondere Bedeutung hat — wird gewiß auch Sie bewegen; — o liebster Freund! mir erhöht es, unter Sacham und zitternder Freude beim Rückblick auf den durchlaufenen Weg die beseligende Zuversicht daß er es unaussprechlich gnädig mit uns meint! Zu glauben wo ich nicht sehe, an eine verhüllte und doch gewisse Einheit, — darauf bin ich angewiesen, sie an meinem geringen Theile, in dem kleinen Winkel der Welt, wohin mich Gott gestellt hat zu fördern dazu gebe Er mir die Kraft".

318    Brf. orig. Elvers an A. v. A. 19.8.1839 StB Berlin.

gische Größe und eine bloße Idee, sondern sie findet eine durch sein romantisches Lebensgefühl bestimmte Ausformung. Während die Neulutheraner des 19. Jahrhunderts in Fragen der Einheit der Kirche nur bis zur Ablehnung „jeder Verwirklichung [der Einheit] im konkreten Raum der Kirche außerhalb der eigenen Konfession" kommen,[319] geht Arnswaldt über diese sich zunächst auch bei ihm findende Position hinaus. Für ihn wird die Einheit „erfüllte" Wirklichkeit.

## IV. Die Deutsche Laientheologie

Die Laientheologie Arnswaldts blieb ein unveröffentlichtes Fragment. Arnswaldt arbeitete daran mit manchen Unterbrechungen über zehn Jahre.

Im April 1839 hatte er eine Gedichtsammlung abgeschlossen, die er ohne Erfolg Perthes zur Veröffentlichung anbot.[320] Nun versuchte er sich an einer „litterarischen Arbeit über Christologie", wozu er „in dem augenblicklichen Stand der Wissenschaft viel Anregung" fand.[321] Er klagte jedoch bereits damals, daß er zu „lahm zum Schreiben" sei und hielt alles, was er nach mehrmaligem Anlauf niedergeschrieben hatte, für „ganz unbrauchbar".[322] Überhaupt hatte er in den kommenden Jahren wenig Mut, das, was er dachte und nach langem „Grübeln" zu Papier brachte, zu veröffentlichen. Alle von verschiedenen Seiten kommenden Bitten um Beiträge für theologische Zeitschriften schlug er ab.[323]

Nicht umsonst meint Petri im Rückblick auf das Leben seines Freundes, er sei nur deshalb nicht zu einem „der einflußreichsten Charaktere seiner Zeit" geworden, da

---

319 Beckmann, S. 188.
320 Perthes an A. v. A. 20.4.1839: „Gehorsamsten Dank für das gütige Anerbieten des Verlags einer Gedichtsammlung, jedoch muß ich ablehnen. Das Publikum ist zu theilnahmslos für Behandlung von Gegenständen solcher Art in dieser Form".
321 A. v. A. an Elvers 1.11.1839.
322 Ebd. In einem Artikel über Christologie in der von Harleß herausgegebenen Zeitschrift fand er bei allem anderen methodischen Vorgehen viel, was ihm bei seiner Arbeit als „Ziel vorschwebte". Vgl. Brf. orig. A. v. A. an Strauß-Torney 15.3.1845 Prb. Vgl. JGNKG 62 1964, S. 83. Bei dem erwähnten Aufsatz handelt es sich um die wohl von Harleß selbst verfaßte (vgl. JGNKG 62 1964, S. 83) Abhandlung: Ein Beitrag zur kirchlichen Christologie. Zeitschrift für Protestantismus und Kirche NF Bd 9 1845, S. 1-30, 65-110, 218-258.
323 1832 warb Hänel um Arnswaldts Mitarbeit am „Christenboten". Vgl. Hänel an A. v. A. 18.5.1832.
1839 bat Keller für den „Lutherischen Pilger" und Hübbe für das „Evangelisch Lutherische Korrespondenzblatt" Arnswaldt um Artikel. Vgl. Keller an A. v. A. 29.8.1839; Brf. orig. Hübbe an A. v. A. 2.6.1839 KlB Loccum.
Auch Scheibel warb vergeblich um weitere Mitarbeit Arnswaldts. Vgl. Scheibel an A. v. A. 11.5.1837, 4.8.1838. Ferner Brfe. orig. Scheibel an A. v. A. 6.4.1839; 17.10.1839; 18.3.1841 KlB Loccum.

ihm das „praktische Geschick versagt blieb".[324] Wahrscheinlich hätte Arnswaldt auch die Arbeit an seiner Laientheologie bald aufgegeben, wenn Viktor von Strauß und Torney ihn nicht immer wieder dazu aufgefordert („angepurrt") hätte.[325] In den Briefen an Strauß finden sich auch die einzigen Anhaltspunkte über Arnswaldts theologischen Ansatz. Er stellte sich der theologischen Diskussion der damaligen Radikalen Ferdinand Christian Baur[326] und David Friedrich Strauß.[327] Gerade durch das Studium dieser „Feindesläufe" will er zu entgegengesetzten Ergebnissen kommen.[328]

Seine Quellen sind die Konzilsbeschlüsse von Trient, der römische Katechismus, die Werke Luthers und die lutherischen Bekenntnisschriften.[329] Sie waren ihm so vertraut, daß er weithin frei zitieren konnte. Er bezieht und beruft sich deshalb nicht so sehr wörtlich als vielmehr der Sache nach auf seine Quellen.[330]

Der Titel „Deutsche Laientheologie" geht mit großer Wahrscheinlichkeit auf Arnswaldt selbst zurück.[331] Deutsch in Verbindung mit Theologie und Kirche heißt für ihn so

---

324 Brf. abschr. Petri, L. A. an Bernstorff, A. 18.8.1855 Prb.
325 Brfe. orig. Strauß-Torney an A. v. A. 12.7.1844, 22.9.1844, 27.7.1846 KlB Loccum. Vgl. StKGN 12 S. 34, 40, 68.
Soweit aus dem Nachlaß zu ersehen ist, waren Elvers, Strauß-Torney und Umbreit die einzigen seiner Freunde, mit denen Arnswaldt über seine Laientheologie sprach. Zu Umbreit vgl. Umbreit, Erinnerungen. S. 35 f.
326 Baur, F.: Die christliche Lehre von der Versöhnung in ihrer geistesgeschichtlichen Entwicklung von der ältesten bis auf die neueste Zeit. Tübingen 1838.
Baur, F.: Die christliche Lehre von der Dreieinigkeit und Menschwerdung Gottes in ihrer geschichtlichen Entwicklung. 3 Bde. Tübingen 1841-1843.
327 Strauß, D. F.: Die Christliche Glaubenslehre in ihrer geschichtlichen Entwicklung und im Kampfe mit der modernen Wissenschaft. 2 Bde. Tübingen/Stuttgart 1840/41.
328 Brf. orig. A. v. A. an Strauß-Torney 1.1.1844 Prb. Vgl. JGNKG 62 1964, S. 81.
Strauß stellt dieses Vorgehen Arnswaldts unter den Wahlspruch Hamanns: „Et ab hoste consilium" und betont, daß erst aus dem „aus der Verneinung der Negation" gewonnenen Ja der „Inhalt und die Stärke" des „einfach Ja" zu verstehen ist. Brf. orig. Strauß-Torney an A. v. A. 9.12.1844 KlB Loccum, Vgl. StKGN 12, S. 45.
329 Zu den Ausgaben in seiner Bibliothek vgl. Harrasowitz 138 II, S. 1 Nr. 9, S. 5 Nr. 106, S. 13 Nr. 278, S. 14 Nr. 280, S. 19 Nr. 386, S. 35 Nr. 775, S. 38 Nr. 840.
330 Im Kommentar zur Laientheologie wird nach folgenden Quellen zitiert:
Die Bekenntnisschriften der evangelisch-lutherischen Kirche. 4. Aufl. Göttingen 1959.
Enchiridion Symbolorum, Definitionum et Declarationum de rebus fidei et morum. Denzinger/Rahner. 31. Aufl. Freiburg 1958.
Der Glaube der Kirche in den Urkunden der Lehrverkündigung. Hg. von Neuner/Roos. 6. Aufl. Regensburg 1961.
Luther, M.: Werke. Kritische Gesamtausgabe. Weimar 1883 ff.
Luthers Werke in Auswahl. Hg. v. O. Clemen. Bonn/Berlin 1912 ff.
331 Aus den erhaltenen Quellen läßt sich zwar nur belegen, daß Arnswaldt seine Arbeit „Laientheologie" nennt. (Brf. orig. A. v. A. an Strauß-Torney 2.1.1849 Prb. Vgl. JGNKG 62 1964, S. 89) Bei Strauß-Torney findet sich die Abkürzung DLTh. (Brf. orig. Strauß-

viel wie „lutherisch" im Unterschied zu „römisch" oder „wälsch".[332] Unter Deutscher Laientheologie versteht Arnswaldt danach die lutherische Theologie eines Laien. Er stellt sie unter das Motto: „Du hast uns o Herr erschaffen zu Dir, und unser Herz ist unruhig bis es ruhet in Dir". Dieses Zitat aus den Bekenntnissen Augustins (Confessiones I, 1) gehörte zu Arnswaldts Lieblingsworten.[333] Es ist möglich, daß er mit der Wahl des Zitates den Anspruch erheben wollte, auch für die katholische Kirche „Verbindliches" zu sagen. Allerdings muß hinzugefügt werden, daß gerade dieses Augustinzitat in der damaligen Zeit oft als Motto religiöser Abhandlungen erschien.[334] Die Gliederung der Laientheologie kann bis hinein in die Formulierungen aus dem Text selbst erschlossen werden.[335] Es ergeben sich drei Hauptteile, die wieder in sich gegliedert sind.

Methodisch geht Arnswaldt ähnlich vor wie Möhler in seiner Symbolik,[336] Rettberg in seinen christlichen Heilslehren[337] und mit Einschränkung auch Marheinecke im speziellen Teil seines Systems des Katholizismus.[338]

Möhler setzt in seiner Symbolik bewußt nicht bei den kontroverstheologischen Zentrallehren, etwa bei der Rechtfertigung ein, sondern folgt um des besseren Verständnisses willen „dem Faden des natürlichen Fortgangs der Menschengeschichte".[339] Durch diese Methode wird in erstaunlicher Weise deutlich, welche Folgen in allen kontroverstheologischen Fragen „die geringste Verschiebung der Ansichten vom Urstand" mit sich bringen.[340]

In der Bearbeitung seiner Hauptteile stellt Arnswaldt zunächst immer die römische und lutherische Position einander gegenüber und nennt dabei bereits alle Themen, die er im Folgenden systematisch entfalten will.

---

Torney an A. v. A. 22.9.1844 KlB Loccum. Vgl. StKGN 12, S. 40). Umbreit spricht von Arnswaldts „deutscher Laien-Theologie". Umbreit, Erinnerungen, S. 35. Aufgrund des übertriebenen Nationalbewußtseins Arnswaldts Ende der 40er Jahre nannte Arnswaldt sehr wahrscheinlich sein Werk gelegentlich selbst Deutsche Laientheologie.

332 Vgl. A. v. A. an Wagner, R. vom 24.4.1848. JGNKG 58 1960, S. 157: „Die wahre deutsche Kirche, das ist die lutherische Kirche". Ferner A. v. A. an Umbreit 6.5.1848 u. S. 243: „Diese deutsche Volkskirche ist die lutherische Kirche". Und schließlich A. v. A. an Elvers 28.4.1848 u. S. 238: „Die lutherische Kirche, das ist die deutsche Kirche".

333 Vgl. Umbreit, Erinnerungen, S. 44.

334 Traktat Nr. 19 Bremer Verein: Das beste Theil o. J. S. 3.

335 S. u. S. 187 u. 200.

336 Möhler, J. A.: Symbolik oder Darstellung der dogmatischen Gegensätze der Katholiken und Protestanten nach ihren öffentlichen Bekenntnisschriften. Mainz 1832.

337 Rettberg, W.: Die christlichen Heilslehren nach den Grundsätzen der evangelisch-lutherischen Kirche, Leipzig 1838.

338 Marheinecke, Ph.: Christliche Symbolik oder historischkrit. und dogmatischkomparative Darstellung des katholischen, lutherischen, reformirten und socinianischen Lehrbegriffs. 1. Abt. Bd. 3: Das System des Katholicismus. Heidelberg 1813.

339 Möhler, S. 2.

340 Rettberg, S. 5. Vgl. Möhler, S.2.

Das erhaltene und im Anhang der vorliegenden Untersuchung edierte Fragment ist Arnswaldts zweite Bearbeitung. Von der ersten sagt er, daß „kaum ein Satz stehengeblieben" sei.[341] Auch den zweiten Entwurf wollte Arnswaldt nie veröffentlichen.[342]

Nach seinem Tode verwahrte seine Frau das Fragment und gab es weder den eigenen Kindern noch den Freunden ihres Mannes zu lesen. Offenbar fürchtete sie, daß ihre Kinder durch die theologische Arbeit ihres Vaters einseitig protestantisch beeinflußt würden. Dafür spricht auch ihr Zusatz zur Laientheologie: „An meinen Sohn Werner von Arnswaldt zu übergeben. Ich bitte Dich lieber Werner eine einsicht in diese Blätter zu thun und sie dann wohl den Flammen zu übergeben, da ich nicht möchte, daß sie andere Augen, wie die ihrer Geschwister sehen. Schon jetzt im Jahre 1874 würde Mann wohl alles in andrem Licht sehen".

### 1. Die Lehre vom Urstand

#### a) Die Unterscheidung von Natur und Übernatur

In der römischen Lehre vom Urstand geht es zunächst um die qualitativen Besonderheiten des Geschöpfes. Der Mensch hat von Natur aus Vernunft und freien Willen. Zu diesem Vorgegebenen kommt als zusätzliche übernatürliche Gnadengabe (donum supernaturale super additum) die ursprüngliche Gerechtigkeit (iustitia originalis) hinzu. Demnach besteht der Mensch aus „niederen" und „höheren Bestandteilen", wobei die letzteren — die nachträglich verliehene Gerechtigkeit und Heiligkeit — den Menschen „dem Körper nach unsterblich" und die Seele „leidenlos" machen.[343] Erst aufgrund der zusätzlich erhaltenen Gerechtigkeit (iustitia originalis) steht der Mensch auch in Verbindung mit Gott.[344]

#### b) Die Gottebenbildlichkeit

Nach der lutherischen Lehre, die sich im wesentlichen an der Schöpfungsgeschichte orientiert, ist der Mensch Gottes Ebenbild durch seine Gemeinschaft mit Gott. „Güte und Liebe" sind die Impulse zur Schöpfung, und der von der Liebe bestimmte „lebendige Rapport mit Gott" macht das menschliche Leben aus.[345] Die Verbindung mit Gott besteht also nicht aufgrund einer vorfindlichen ursprünglichen Gerechtigkeit, sondern in der personalen Beziehung zwischen Gott und Mensch. Dieser personale Bezug kann nicht als nachträgliches übernatürliches Geschenk gedacht wer-

---

341 A. v. A. an Strauß-Torney 2.1.1849.
342 Umbreit, Erinnerungen, S. 36.
343 Arnswaldt, A. v.: Deutsche Laientheologie, unten S. 184, vgl. bes. Anm. 3.
344 Ebd. S. 192f.
345 Ebd. S. 185f.

den, denn ohne ihn wäre der Mensch „eben kein Mensch" sondern ein „Unding".[346] Eine zeitliche Divergenz zwischen Schöpfung und Beginn der Ebenbildlichkeit ist undenkbar.

Dieser Gegensatz zwischen ontisch Gegebenem und personalem Bezug bestimmt, wie die ausführliche Überleitung[347] erkennen läßt, auch die Themen der folgenden Kapitel.

## 2. Die Lehre von der Sünde

a) Kritische Auseinandersetzung mit dem Decretum super peccatum (Concil. Trid.V)

Arnswaldts Kritik richtet sich gegen folgende Punkte:
(1) Die Formulierung, daß der Mensch durch den Sündenfall an Leib und Seele „zum Schlechtern verändert" wurde (in deterius commutatum), ist Arnswaldt zu wenig konkret.[348]

(2) Die Belegstellen für ein vollständiges Austilgen und Ausreuten der Erbsünde[349] dürfen nicht losgelöst von ihrem Kontext betrachtet werden.[350]

(3) Die „Begierlichkeit" (concupiscentia) ist nicht ein zum Kampf (ad agonem) zurückgelassener „neutraler Zündstoff" (fomes), sondern Sünde.[351]

b) Erbsünde und Sünde nach der lutherischen Lehre

Arnswaldt nimmt die Ergebnisse seiner Betrachtung über den Urstand wieder auf und spricht in Anlehnung an Luther von dem „Verlorengehen" der Ebenbildlichkeit durch den Sündenfall.[352] Die Erbsünde besteht also darin, daß der Mensch mit dem Fall grundsätzlich die Ebenbildlichkeit verliert. Damit hat er nicht mehr die Möglichkeit zur Gemeinschaft mit Gott. Der Mensch ist herausgefallen aus der ursprünglichen Gottesbeziehung, die durch die Schöpfung unmittelbar gesetzt war.[353] Die Erbsünde ist also nicht, wie die römische Dogmatik lehrt, der Verlust bestimmter Qualitäten, auch nicht das Wegbrechen einer Übernatur (iustitia originalis)[354], sondern das Zerbrechen des personalen Verhältnisses des Menschen zu Gott. Es bleiben also

---

346 Ebd. S. 185, vgl. Anm. 4 u. S. 186.
347 Ebd. S. 186f.
348 Ebd. S. 187, vgl. Anm. 18.
349 Ebd. S. 188.
350 Ebd. S. 188f.
351 Ebd. S. 189, vgl. Anm. 23.
352 Ebd. S. 190, vgl. Anm. 28 u. S. 191f.
353 Ebd. S. 190-193.
354 Ebd. S. 191f., vgl. bes. Anm. 31.

nach dem Fall keine intakten Restbestände (Vernunft und freier Wille), sondern der Sündenfall umgreift als ein totales Geschehen den ganzen Menschen.

Da, wo die Erbsünde nicht mehr der Verlust bestimmter Eigenschaften ist, sondern ein Leben in „Rebellion, in Feindschaft wider Gott",[355] sind die dem Menschen verbleibende Vernunft und freier Wille keine neutralen Größen mehr. Die Vernunft ist vielmehr „abgekehrt der Erkenntniß und Gemeinschaft Gottes" und „unfähig Verständniß für göttliche Dinge zu haben".[356]

Der Wille ist nicht mehr „frei" zum Guten. Er findet nach dem Abbruch der Gemeinschaft mit Gott auch nicht zu einer Einheit mit dem göttlichen Willen zurück.[357] An Stellen aus dem Römerbrief zeigt Arnswaldt, daß der „natürliche Mensch nichts von Gottes Geist vernimmt", in keiner Gemeinschaft mit Gott steht und deshalb unfähig zum Guten ist.[358] Nach seinem Verständnis von Eph. 4, 17 ff. entspricht das „Verhalten des natürlichen Menschen" dem der Heiden. Nach dem Fall ist der Mensch Gott so „entfremdet", daß er nicht mehr weiß, was ein „Leben aus Gott" ist.[359] Er ist vielmehr nach Eph. 2, 1-5 einem Toten zu vergleichen, der nur durch ein Auferstehungswunder wieder zum Leben erwachen kann.[360] Erst nach der Wiedergeburt (Joh. 3) bzw. dann, wenn der Mensch durch das erneute Schaffen Gottes in Christus Jesus (Eph. 2,10) Gottes „Werk" geworden ist, ist er wieder „fähig" zu guten Werken.[361] Die eigentlich guten Werke bestehen darin, „Gott zu lieben, fürchten und zu vertrauen".[362] Sie sprengen den innermenschlichen Bereich und führen damit über das hinaus, was der Mensch je aus sich heraus Gutes leisten kann.[363]

Die römische Lehre, nach der der Mensch auch in der Trennung von Gott (sine gratia) zu solchen Werken fähig ist, die vor Gott Gültigkeit haben, lehnt Arnswaldt ab. Es wird deutlich, daß Arnswaldt, wenn er vom „Verlorengehen der Ebenbildlichkeit" und dem damit zusammenhängenden „Verlust" von Vernunft und freiem Willen spricht, darunter nicht ein Verlorengehen von ontischen Gegebenheiten versteht. „Verloren" geht nach Arnswaldts Darlegung, die sehr stark an Luthers Genesisvorlesung erinnert, nur die positive Relation zu Gott. Die Realtion als solche bleibt, wenn auch in „totaler Verderbtheit". „Alle Kräfte menschlicher Natur" bleiben nach dem Fall, aber total „verdorben".[364] Die Vernuft kann sich nur noch auf das

---

355 Ebd. S. 194.
356 Ebd. S. 193.
357 Ebd. S. 193f.
358 Ebd. S. 194f.
359 Ebd. S. 195.
360 Ebd. S. 195.
361 Ebd. S. 196.
362 Ebd.
363 Ebd.
364 Ebd. S. 193. Vgl. hierzu Thielicke, H.: Theologische Ethik. Bd 1, 3. Aufl. Tübingen 1865, § 943: „... die imago Dei ... kann ... nicht verloren gehen. Sie kann nur in den negativen Modus übergehen" (S. 322).

„irdische Wesen", der Wille auf das „Fleischliche" richten.[365] Der Mensch ist ganz
der Feind Gottes. Weil der Tod erst eine Folge der Sünde ist, handelt es sich schon
deshalb bei der Erbsünde nicht um das Wegbrechen einer Übernatur. Der Mensch ist
in der Tiefe seines Personseins getroffen und kann von sich aus die Gemeinschaft
mit Gott nicht wieder beginnen. Auch der Weg über das Gesetz bleibt ein vergebliches
Bemühen. So führt Arnswaldt letztlich hier die These Luthers aus: „Deus
praecipit nobis impossibilia citra gratiam Dei".[366]

Es fällt auf, daß Arnswaldt von der Sünde im Leben des Gerechtfertigten spricht,
noch bevor er — wie es zu erwarten wäre — von der Gnade Gottes redet, d. h. von
der Rechtfertigung, die die Persongemeinschaft des Menschen mit Gott wiederherstellt.
Trotz der wiedergewonnenen Gemeinschaft bleibt die Sünde in der Existenz
des gerechtfertigten Menschen ein echtes peccatum. Erbsünde und Sünde sind für
Arnswaldt Synonyma, ähnlich wie in den lutherischen Bekenntnisschriften.[367]

Die Erbsünde wird in der Taufe eben nicht „ausgereutet und ausgetilgt",[368] sondern
die in der Feindschaft des Menschen zu Gott wurzelnde Sünde „regt" sich
auch in den von Gott Gerechtfertigten immer von neuem.[369]

Nun redet Arnswaldt in diesem Abschnitt zwar nicht von dem Gerechtfertigten, sondern
vom Getauften. Aber da es ihm beim Vorgang der Rechtfertigung allein auf
die göttliche Aktivität ankommt — der Mensch bleibt der passiv Empfangende —
sind der Getaufte und der Gerechtfertigte identisch.[370] Der „Christenstand" nimmt
seinen „Anfang" in der Taufe. Hier wird der Mensch in die „Gemeinschaft mit Gott
eingepflanzt". Dies ist jedoch nur der Anfang einer Bewegung, die nun erst einsetzen
kann, ja einsetzen muß. Es beginnt der „tägliche Kampf des Christen". „Tägliche von
neuem" muß sich der Rechtfertigung des Menschen das Werk der Heiligung und Erneuerung
anschließen.[371] Rechtfertigung ist nicht nur Gabe, sondern zugleich Aufgabe,
d. h. die vom Menschen empfangene Rechtfertigung muß in dessen Existenz
als Glaubender Konsequenzen für sein Leben in dieser Welt haben.[372]

---

365 Arnswaldt, A. v.: Deutsche Laientheologie S. 193f.
366 Ebd. Anm. 37.
367 Vgl. Schlink, S. 72 ff.
368 Arnswaldt, A. v.: Deutsche Laientheologie u. S. 197.
369 Ebd. S. 199.
370 Ebd. S. 197f., vgl. Anm. 39.
371 Zu vergleichen sind hierzu die exegetischen Ausführungen Arnswaldts zu Röm. 6, 11-13.
    Gal. 5, 16 u. 24. Eph. 4, 22-24 und 1. Joh. 13; 3,9; 5, 18. Ebd. S. 198-200; ferner seine
    Forderungen bes. S. 199f. sowie die Berufung Arnswaldts auf das bekannte Lutherwort
    vom Adam, der täglich ersäuft werden muß, S. 199.
372 Zum Verhältnis von Rechtfertigung und Heiligung bei Luther vgl. Joest, W.: Gesetz
    und Freiheit, Göttingen 1951, bes. S. 68 ff. Zur frühen Ausbildung des Problems als
    des tertius usus legis vgl. Krumwiede, H. W.: Gesetz und Evangelium. Zur Begrifflichkeit
    reformatorischer Theologie in niedersächsischen Lehrschriften.

## 3. Die Lehre von der Rechtfertigung

### a) Kontroverstheologischer Überblick

Wenn nun die Erbsünde nicht das Wegbrechen einer Übernatur ist, sondern der totale Abbruch aller positiven Beziehungen des Menschen zu Gott, dann steht auch der freie Wille des Menschen unter dem widergöttlichen Vorzeichen. Der Mensch kann deshalb von selbst nicht in die Gemeinschaft mit Gott zurückfinden. Damit entfällt nun jegliche Mitwirkung des Menschen beim Vorgang der Rechtfertigung.[373] Es liegt nicht einmal im „natürlichen Vermögen" des Menschen, die Gnade anzunehmen,[374] sondern der Gnade voran geht von seiten des Menschen nur Ablehnung, nur Rebellion gegen die Gnade.[375] Nicht nur jede Mitwirkung (cooperatio) des Menschen bei der Rechtfertigung ist ausgeschlossen, sondern auch die Möglichkeit einer Vorbereitung (dispositio) ist ihm verwehrt.[376] Die Rechtfertigung selbst ist nicht eine Wiedererstattung des Verlorenen, d. h. sie geschieht nicht durch die Eingießung (infusio) des „Glaubens mit der Hoffnung und Liebe".[377] In einem solchen Vorgang würden zurückgegebene Qualitäten den Menschen vor Gott gerecht machen und „gleichsam in Folge davon" Vergebung seiner Sünden vermitteln.[378]

Das Wesen der Rechtfertigung besteht vielmehr allein in der Vergebung der Sünden: „Wenn dem Menschen seine Sünden ohne sein Verdienst um Christi willen vergeben werden, so ist das seine Rechtfertigung vor Gott".[379] Es geht also in der Rechtfertigung nicht um die Versetzung des Menschen von einem Zustand in einen anderen, sondern darum, daß Gott ihn mit anderen Augen ansieht. Der Mensch steht nicht mehr ausschließlich unter dem Zorn (sub ira) – ist also nicht mehr nur ein „Gefäß des Zorns" – sondern unter der Gnade (sub gratia).[380] Im folgenden reißt Arnswaldt alle Themen an, die er dann ausführlich behandeln wird:

*Rechtfertigung ist* der Anfang, auf den die *Heiligung* folgen muß.[381]

*Heilsgewißheit* – „der Punkt an dem sich die Konfessionen immerdar scheiden werden" – ist ausschließlich in der Verheißung und Zusage Gottes begründet.[382]

---

373 S. u. S. 200, vgl. Anm. 45.
374 Ebd. S. 200.
375 Ebd. S. 196: „ . . . unser natürlicher Mensch kann nichts als das Werk Gottes in uns hindern und wehren".
376 Ebd. S. 200-203.
377 Ebd. S. 201.
378 Ebd.
379 Ebd.
380 Ebd. S. 201f., vgl. Anm. 51.
381 Ebd. S. 201.
382 Ebd. S. 203. Zur Heilsgewißheit als kontroverstheologisches Problem vgl. Krumwiede, H. W.: Molans Wirken für die Wiedervereinigung der Kirchen. JGNKG 61 1963, S. 101 ff. und Hacker, P.: Das Ich im Glauben bei Martin Luther. Wien 1966, S. 47, 84-96, bes. Anm. 31.

Der *Glaube* hat demnach einen zentralen Inhalt: das Rechtfertigungsgeschehen, in dem Christi Gerechtigkeit „unsere Gerechtigkeit wird".[383]

In seiner *Prädestinationslehre* legte er 1. Tim. 2,4 einseitig aus.[384] Er sieht nur den auf die Erlösung ausgerichteten Willen Gottes,[385] der sich durch die Vermittlung Christi des „ewigen einzigen Mittlers" realisiert.[386]

Jede andere *Mittlerschaft* ist dabei völlig ausgeschlossen.[387]

b) Das Wesen der Rechtfertigung

Die Rechtfertigung ist die „Vergebung der Sünden" (remissio peccatorum), die „Hinwegnahme der Todesschuld und Freisprechung von Strafe".[388] Das Urteil Gottes über den Menschen ist nun ein anderes. Der Mensch ist nicht mehr ein „Kind des Zorns", sondern ein „Kind der Gnade".[389]

Ein solches Urteil stellt nicht einen vorhandenen Tatbestand des Menschen vor Gott fest, der die Vergebung mit einschließt, sondern hier wird etwas zugesprochen, das an nichts im Menschen anknüpfen kann, d. h. das Rechtfertigungsurteil ist nicht ein analytisches, sondern ein synthetisches. Gegründet ist dieses Urteil – es spricht dem Menschen etwas Neues, etwas Fremdes zu – in der Christologie. Im Anschluß an Luther spricht Arnswaldt von dem stellvertretenden Strafleiden Christi.[390] An Christus ist das über die Sünde verhängte „Todesurteil" vollzogen. Die Sünde ist „gesühnt". Nun kann Gott Sünde vergeben, ohne als Richter fragwürdig zu werden.[391] Am Kreuz trug Christus „die Strafe, die Gottes Gerechtigkeit verlangte".[392] Durch einen „richterlichen Akt Gottes" wird dem Menschen die „Gerechtigkeit Christi ... zugerechnet".[393] Der Mensch wird einer fremden Gerechtigkeit „theilhaftig".[394] Mit denselben Termini wiederholt Arnswaldt mehrfach anhand von Stellen aus dem Römer- und 2. Korintherbrief die christologische Begründung dieses synthetischen Urteils, das die Gerechtigkeit Christi (iustitia Christi) und sein stellvertretendes Strafleiden (satisfactio) erklärt.[395] Die so verstandene Rechtfertigung ist etwas Abgeschlossenes, etwas Ganzes und Unüberbietbares, denn da, wo

---

383 Ebd. S. 205.
384 Ebd. S. 206.
385 Ebd.
386 Ebd. S. 206f.
387 Ebd. S. 207-208.
388 Ebd. S. 208.
389 Ebd. S. 209 u. 201f., vgl. Anm. 51.
390 Ebd. S. 209, bes. Anm. 78.
391 Ebd. S. 209f.
392 Ebd. S. 209.
393 Ebd. S. 210.
394 Ebd.
395 Ebd. S. 210f.

Gott Sünden vergibt, kann er nicht noch Strafen verhängen, und seien es auch nur
„zeitliche".[396]

Rechtfertigung als remissio peccatorum[397] bedeutet für den Menschen „Frieden mit
Gott".[398] Kreuz und Trübsal als Sühne für menschliche Schuld verstanden, haben
in diesem Denken keinen Platz.[399]

In einem letzten Abschnitt betont Arnswaldt noch einmal die absolute Passivität
des Menschen im Geschehen der Rechtfertigung. Die Rechtfertigung kann weder
an verdienstlichen Werken[400] noch an das Elend des Menschen „an und für sich"
anknüpfen.[401] Sie ist allein „in Gott selber" begründet. Die Summe des Rechtfertigungsgedankens: allein aus Glauben (sola fide),[402] allein aus Gnade (sola gratia)[403]
ist für Arnswaldt das letztgültige Wort.

c) Rechtfertigung und Heiligung

In der Zusammenschau von Rechtfertigung (iustificatio) und Heiligung (sanctificatio)
in der römischen Dogmatik[404] wird die Heiligung zur Heilsbedingung und somit zur
Begründung der Rechtfertigung.[405]

Die Rechtfertigungslehre Luthers dagegen kennt keinerlei Voraussetzung und Begründung für das Handeln Gottes. Das schließt auch die Heiligung als bedingendes
Faktum aus. Die Rechtfertigung als Vergebung der Sünden ist vielmehr zugleich die
Überwindung der Sündenmacht im Menschen (die Heiligung). Eine Rückkehr des
Menschen in die Gemeinschaft mit Gott kann also nur geschehen, wenn der Mensch
zugleich „geheiligt" wird. Rechtfertigung und Heiligung liegen danach ineinander.
Sie sind zwei verschiedene Aspekte oder, wie es Karl Barth formuliert, „zwei real
*verschiedene* Momente" des einen Heilsgeschehens.[406] Erst als man eine feste Heilsordnung (ordo salutis) aufstellte, wurde die Verschiedenheit von Rechtfertigung und
Heiligung in zeitlicher Aufeinanderfolge gesehen.[407] Man glaubte nun, die Heiligung
als einen der Rechtfertigung nachfolgenden Akt Gottes betrachten zu müssen, um
so der Gefahr am wirksamsten zu begegnen, in der Heiligung eine Bedingung für die
Rechtfertigung zu sehen.[408]

---

396  Ebd. S. 211.  397  Ebd. S. 201.
398  Ebd. S. 211.  399  Ebd. S. 212f., vgl. bes. Anm. 85.
400  Ebd. S. 212.
401  Ebd. S. 213.
402  Ebd. S. 214, vgl. bes. Anm. 87.
403  Ebd. S. 214.
404  Vgl. Klee, H.: Lehrbuch der Dogmengeschichte. 2 Bde Mainz 1837)1838. Bd 2 1838,
     S. 69 ff.
405  S. 208f.
406  Barth, K.: Die krichliche Dogmatik Bd IV, 2 1955, S. 567.
407  Vgl. Fahlbusch, E.: Heilsordnung. In: EKL Bd 2 1958, Sp. 91-94.
408  Vgl. Joest, W.: Heiligung (III) In: RGG 3. Aufl. Bd 3 1959, Sp. 180 f.

Für Arnswaldt ist im Gegensatz zum Katholizismus die Rechtfertigung ein in sich abgeschlossenes Ganzes, das dem Heiligungsgeschehen vorausgeht. Die Rechtfertigung ist das „erste", ja gewissermaßen die notwendige Voraussetzung für das „zweite": Die Heiligung.[409]

Diese aus der kontroverstheologischen Diskussion entstandene Formulierung steht in einer gewissen Spannung zu Luthers Position von der untrennbaren Einheit von Rechtfertigung und Heiligung. Für Luther gibt es nur einen Unterschied in der Betrachtungsweise. Rechtfertigung und Heiligung kann er einmal von Gott her (Rechtfertigung), dann vom Handeln des Menschen her (Heiligung) verstehen. Eine Ausbreitung diese „dialektischen Zugleichs" in die Zeitdimension – sie ist schon für Melanchthon zu belegen – muß aber nicht notwendig im Widerspruch zu Luther stehen.[410] Für Arnswaldts Position sind folgende Punkte charakteristisch:

(1) Er trennt das Wirksamwerden des Geistes in der Rechtfertigung von dem in der Heiligung.[411] Das Letztere nennt er das „Wohnungmachen" des Geistes im Menschen, wie es in der Erbauungsliteratur der Erweckungbewegung üblich ist.[412]

(2) Rechtfertigung und Heiligung versteht Arnswaldt im Sinne einer zeitlichen „Aufeinanderfolge". Der Aspekt der Gleichzeitigkeit, der noch in der Konkordienformel als Klammer wirkt,[413] tritt bei ihm zurück. Die Unterscheidung der Rechtfertigung und Heiligung in einen „ersten" und einen „zweiten" Teil findet sich besonders ausgeprägt in der Traktat- und Erbauungsliteratur der Erweckungsbewegung.[414]

(3) Die Beurteilung des „omne opus bonum est peccatum" erinnert an die Theologie Melanchthons, aus der Major seine These von der Notwendigkeit der guten Werke zur Seligkeit ableitete. Auch Major verstand die guten Werke nicht als menschliche Leistung, die meritorisch die Rechtfertigung und Seligkeit bewirken, sondern als „notwendig zur Bewahrung und Erhaltung des Glaubens".[415]

Trotz mancher Parallelen zur Erweckungsbewegung weicht Arnswaldt jedoch in seinen Aussagen über die Heiligung nicht wesentlich von der lutherischen Lehre ab. Auch in seiner Ausbreitung der Rechtfertigung und Heiligung in die Zeitdimension bleibt die Heiligung untrennbar mit der Rechtfertigung verbunden. Sie ist und

---

409 S. u. S. 214f.
410 Vgl. Mager, I.: Georg Calixts theologische Ethik und ihre Nachwirkungen. StKGN 19. Göttingen 1969, S. 17 ff, 26 f.
411 S. u. S. 215.
412 Ebd. S. 215, vgl. bes. Anm. 91.
413 Vgl. Schlink, S. 167.
414 S. u. S. 216, vgl. bes. Anm. 94.
415 Ebd. S. 219, vgl. bes. Anm. 103.

bleibt ein „erster unvollkommener Anfang".[416] Von einem „erwecklichen Perfektionismus" findet sich bei Arnswaldt keine Spur. Vielmehr gelingt es ihm, die pietistich erwecklichen Motive seinem Luthertum zu subsumieren.

d) Rechtfertigung und Heilsgewißheit.

Der Skopus dieses Abschnittes findet sich in den Aussagen: „auf dieser Versehung und Wahl Gottes steht unsre Gewißheit" und „welche er berufen hat die hat er auch gerecht gemacht – hier ist abermal ein Zeugniß für die Rechtfertigung".[417] Arnswaldt knüpft damit in seinen Ausführungen an den spezifisch lutherischen Aspekt der Erwählungslehre an.[418] Luther sah in der Lehre von der Prädestination die „Bedingungslosigkeit der Rechtfertigung" garantiert.[419] Arnswaldt beruft sich nun aber nicht auf die Lehre von der doppelten Prädestination, wie sie Luther in de servo arbitrio entfaltete, sondern auf die Aussagen Luthers, in denen dieser die resignatio ad infernum nicht mehr vertritt bzw. ausdrücklich zurückweist.[420] Prädestination ist für Arnswaldt die „Wahl Gottes zur ewigen Herrlichkeit",[421] d. h. ihm kommt es besonders im Zusammenhang mit der Heilsgewißheit allein auf den Erlösungswillen Gottes an.[422]

Seine Scheu, von einer Prädestination zur Verdammnis zu reden, erinnert an Oetinger und Schelling. Arnswaldt kannte sowohl Oetingers humanistisch begründetes Nein zur Erwählungslehre[423] als auch Schellings Angst, daß in Luthers de servo arbitrio die „Wurzel der Freiheit" aufgehoben werde.[424] Von hier aus ist es zu verstehen, warum Arnswaldt ohne Begründung die Linie der Prädestination, die zur ewigen Verdammnis führt, ausklammern konnte.[425] Arnswaldt schließt diesen Abschnitt mit der Frage, wie diese Gerechtigkeit zu erlangen sei. Er nimmt eine in AC XII enthaltene Antwort zum Ausgangspunkt für das letzte Thema seiner Laientheologie.[426]

e) Rechtfertigung und Glauben

Glaube im Zusammenhang mit Rechtfertigung ist mehr als ein Fürwahrhalten dessen,

---

416  Ebd. S. 217-219.
417  Ebd. S. 221.
418  Vgl. Weber, O.: Grundlagen der Dogmatik. 2 Bde Neukirchen 1962. Bd 2, S. 477 f.
419  Kähler, E.: Prädestination (III). In: RGG 3. Aufl. Bd 5 1961, Sp. 486.
420  Vgl. Pannenberg, W.: Der Einfluß der Anfechtungserfahrung auf den Prädestinationsbegriff Luthers. KuD 3 1957, S. 109-139, bes. S. 117 f., 125 ff.
421  S. u. S. 221.
422  Ebd. S. 206, 220, 221.
423  Schulze, S. 216.
424  Ebd. S. 218.
425  S. u. S. 221: Der „Vorsatz ist der Rathschluß Gottes von Ewigkeit, den er zur Erlösung über die Sünder gefaßt hat".
426  Ebd. S. 223.

„was von Gott geoffenbart ist".[427] Während er in der kontroverstheologischen Auseinandersetzung zunächst etymologische Beobachtungen anführt,[428] entfaltet er nun „Glauben" systematisch. Sein Ergebnis: Ein Glaube, der alle Daten der Heilsgeschichte für objektiv gegeben annimmt (fides historica) hilft dem Menschen nicht.[429] Auch Heiden, ja selbst „Teufel" (Jak. 2,19) halten die göttliche Offenbarung als Aussagen über eine an und für sich bestehende Tatsache für wahr (fides daemonum).[430] Glaube ist erst da „christlicher Glaube", wo nicht eine Summe von allgemeinen Wahrheiten über Gott für wahr gehalten wird, sondern wo Glaube ein persönliches Vertrauen (fiducia) zu einer Person schafft. Dies führt Arnswaldt anhand von Hebr. 11,1 aus. Er betont hier, daß Glaube nicht etwas Theoretisches ist, nicht „ein Wissen des Verstandes", sondern das existentielle Bekenntnis: „ich glaube, daß Gott sich auch an mir wird bezeugen als einen (sic!) Gott und daß alle Zusagen Gottes auch an mir sich erfüllen werden".[431] Gott ist danach nie ein Gott an und für sich, sondern er ist immer bezogen auf das „Ich" des Glaubenden.[432]

Mit dem Satz: „für *mich:* das sind die zwei Worte die der Glaube sprechen lehrt" faßt Arnswaldt seine Erklärungen des „pro me" im lutherischen Glaubensbegriff zusammen.[433] Da nun die Gemeinschaft mit Gott allein durch den Glauben möglich ist,[434] kann der Glaube nur wie alles, was das Werk unseres Heils betrifft, im ursprünglichen Sinne Gabe, „Werk Gottes" sein.[435] Es bleibt auch „Werk u Geschenk" Gottes[436] und wird nie zu einem festen Besitz. So lange der Mensch lebt, steht er in der Spannung zwischen der „gewissen Zuversicht" und dem „Zweifel". Deshalb definiert Arnswaldt da, wo er von dem „Stand des Glaubens" spricht, den Glauben sofort als ein „Ringen gegen die Zweifel an dem, was wir nicht sehen".[437] Der Glaube ist also kein einmaliges Ereignis, noch ist er ein status fidei im strengen Sinne des Wortes. Der Glaubende ist immer zugleich ein Angefochtener. Sein Glaube wird ihm nur als aktuelle Überwindung der Anfechtung anschaulich. Da Glaube nicht ein Werk ist, sondern „das Band der Seele mit ihrem himmlischen Heilande",[438] kann er nicht qualitativ beurteilt werden. Obwohl er immer eine von Gott gesetzte Beziehung ist, gibt es lebendigen und toten Glauben. Der lebendige Glaube ist der in der Heiligung „wirksame" und „thätige".[439]

---

427  Ebd. S. 202 u. 224.
428  Ebd. S. 203, Anm. 56.
429  Ebd. S. 224.
430  Ebd.
431  Ebd.
432  Ebd. S. 224f.
433  Ebd. S. 225.
434  Ebd. S. 213, Anm. 86.
435  Ebd. S. 226. Um diesen Gedanken zu unterstützen, weist Arnswaldt erneut auf seine reduzierte Prädestinationslehre hin. Vgl. ebd. S. 226.
436  Ebd. S. 228.
437  Ebd. S. 227f.
438  Ebd. S. 228.      439  Ebd. S. 229.

Man erwartet nun einen Abschnitt über das Verhältnis von Glauben und Werken. Die Annahme ist begründet, da für Arnswaldt „wahrer Glaube" ein Glaube ist, der gar nicht anders kann, als in gute Werke auszubrechen. Er weist deshalb wohl darauf hin, daß jeder, der bei sich die Früchte des Glaubens vermißt, „die zur Stärkung des Glaubens verordneten Heilmittel" gebrauchen soll.[440] Mit diesen Hinweisen auf die Heilmittel (Sakramente) schließt das Fragment der Deutschen Laientheologie.

Die Deutsche Laientheologie Arnswaldts ist ein Versuch, in der Form der kontroverstheologischen Diskussion die spezifisch lutherische Rechtfertigunglehre in ihrem inneren Zusammenhang mit der Lehre von der Sünde und vom Urstand herauszuarbeiten. In keinem Fall begnügt er sich dabei mit einem Vergleich einzelner Lehraussagen oder mit gegenseitigen Verketzerungen, sondern verfolgt jeweils die Kontroversen bis auf die ihnen zugrunde liegenden Denkmodelle.

Immer von neuem zeigt er, wie das römische Denken ontologisch, das reformatorische dagegen personalistisch bestimmt ist.[441] Die Eigenschaften des Menschen im Urstand nach dem Fall und dann wieder nach der Rechtfertigung können im Rahmen des ontologischen Denkmodells formal nur als Addition, Subtraktion und erneute Addition verstanden werden.[442] Die natürliche Ausstattung des Menschen wird durch qualitative Besonderheiten ergänzt, die dem Menschen durch den Sündenfall entzogen und in der Rechtfertigung durch die einfließende Gnade erneut inhäriert werden.

Personal denken dagegen heißt, den Menschen vom ersten Augenblick der Schöpfung an in einer personalen Gottesbeziehung aufgehoben zu wissen. Sie ist durch den Sündenfall zwar abgebrochen, zerbrochen und verkehrt, wird jedoch in der Rechtfertigung durch ein allein in der Gnade gründendes Handeln Gottes wieder hergestellt. Arnswaldt erweist sich mit der Deutschen Laientheologie als ein typischer Lutheraner. Wo er in seiner Heiligungs- und Erwählungslehre pietistisch erweckliche Motive aufnimmt, versteht er, diese seinem Luthertum zu subsumieren. Der gleiche Vorgang war auch in seiner Abendmahlslehre zu beobachten.[443] Darüber hinaus zeigt aber schon seine Beschäftigung mit der Abendmahlslehre an sich eine bewußte Hinwendung zu der entstehenden neulutherischen Bewegung. In der Erweckungsbewegung kam ebenso wie im Peitismus der Abendmahlslehre keine besondere Bedeutung zu. Wie die 1827 neu herausgegebene Katechismuserklärung Speners zeigt, übernahm man hier einfach die orthodoxe lutherische Lehre.[444] Dabei achtete man die

---

440 Ebd. S. 229.
441 Thielicke, H.: § 956-959, S. 326 u. 327.
442 Ebd. § 1001, 1008, S. 337 f., 339.
443 Arnswaldt knüpft auch hier an das für die Erweckungstheologie typische theosophische und naturphilosophische Gedankengut Oetingers und Schellings an. Vgl. Kantzenbach, F. W.: Theismus und biblische Überlieferung. Beobachtungen zur Theologie der Erweckung. Arbeiten zur Theologie 1. Reihe H. 20. Stuttgart 1965, bes. S. 28-36.
444 Spener, Ph. J.: Einfache Erklärung der christlichen Lehre nach der Ordnung des Kleinen Katechismus Luthers. Neuer verbesserter Abdruck. Erlangen 1827, S. 418-445.

„Bruderliebe" und das Trachten nach „Gemeinschaft mit allen die den Namen des Herrn anrufen" höher als Lehrunterschiede, die einen gemeinsamen Abendmahlsbesuch unmöglich machen könnten.[445]

Man spricht deshalb von einer „unkonfessionellen Erweckung" oder von einer Theologie und Frömmigkeit, die „wenig Verständnis für konfessionelle Differenzen" hatte.[446]

Mit seiner Abendmahlsschrift löste sich Arnswaldt in diesem Punkt von der Erweckungstheologie. Er war nach Claus Harms einer der ersten, die auf die Bedeutung der realen Gegenwart Christi im Abendmahl hinwiesen.[447] Interessant ist, daß Arnswaldt nicht der einzige blieb, der mit Hilfe der naturphilosophisch-theosophischen Unterscheidung zwischen Leib und Leib seine Abendmahlslehre entfaltete. Die genannten Unterschiede wurden zum Ausgangspunkt, ja zur Grundlage in nahezu allen im Neuluthertum unternommenen Deutungsversuchen des Abendmahls.[448] Arnswaldts Arbeit steht damit theologiegeschichtlich in der Reihe der typischen Deuteversuche des Neuluthertums. Zieht man in Betracht, daß Arnswaldt seine Schrift bereits 1834 veröffentlichte, so ist zumindest rein zeitlich eine literarische Abhängigkeit späterer Arbeiten zu erwägen. Nachzuweisen ist der unmittelbare Einfluß Arnswaldts auf jeden Fall bei Rudolf Rocholl.[449]

Rocholl, der erst nach dem Tode Arnswaldts in dessen Haus verkehrte, spricht in seinen Werken wiederholt von der Bedeutung der Abendmahlsschrift Arnswaldts.[450] Bei einem Vergleich des Werkes Rocholls über die Realpräsenz[451] mit Arnswaldts Abendmahlsschrift ist man versucht anzunehmen, daß Rocholl die einmal den Anfängen der lutherischen Bewegung gewidmete Schrift Arnswaldts in ihren Grundzügen erneuern wollte.[452]

Es ist interessant, daß sich gerade der 1855 aus der badischen Union an die Göttinger theologische Fakultät berufene Ludwig Schoeberlein ausführlich mit Arnswaldts

---

445 Vgl. Beckmann, S. 84.
446 Fagerberg, S. 1 u. 4.
447 Vgl. die 78. These von Claus Harms: „War auf dem Colloquio zu Marburg 1529 Christi Leib und Blut im Brodt und Wein, so ist er noch 1817". Harms, C.: Das sind die 95 theses oder Streitsätze Dr. Luthers, theuren Andenkens. Zum besonderen Abdruck besorgt und mit 95 Sätzen als mit einer Übersetzung aus Ao 1517 in 1817. Kiel 1817, S. 32.
448 Vgl. Peters, S. 12 f.
449 Zu Rocholl vgl. Ueberhorst, K. U.: Die Theologie Rudolf Rocholls. Eine Untersuchung zum Universalismus der göttlichen Heilsveranstaltung. Arbeiten zur Geschichte und Theologie des Luthertums Bd 11. Hamburg 1963.
450 Rocholl, Einsame Wege. Bd 2, S. 251. Ders.: Geschichte der evangelischen Kirche in Deutschland. Leipzig 1897, S. 494 f.
451 Rocholl, R.: Die Realpräsenz. Das Lehrstück von der Gegenwart des Herrn bei den Seinen. Ein Beitrag zur Christologie. Gütersloh 1875.
452 Vgl. den Überblick über die Rochollsche Konzeption der Realpräsenz bei Peters, S. 13-16.

Abendmahlslehre beschäftigte.[453] Arnswaldt schreibt Schoeberlein 1855 nach Göttingen: „Der Gedanke, der mir vor 20 Jahren bei m. kl. Schrift vor Augen stand: Daß man der Lehre von der Idiomencommunication für die Ableitung der Lehre v. d. realen Präsenz an sich nicht bedürfe, sondern nur an deren Schluß auf sie hingeleitet werde, würde, auch wenn er richtig wäre, in e. historische Darstellung nicht gehören; ich will aber auch gern eingestehen, daß ein gewisser Einfluß (unter dem ich damals laborierte) von Anschauungen, die mit dem falschen u. im Grunde authent. Satze etiamsi homo non peccasset filius Dei incarnatus esset im Zusammenhang stehen, dabey theilweise maßgebend gewesen seyn mag. Da sie sich übrigens einmal für eine sonst billig vergessene u. ohne Schaden zu vergessende kleine Schrift interessiert haben, so möchte ich bey dieser Gelegenheit fragen, ob ihnen auch e. Nachtrag dazu der auf e. Rez. in Th's Anz. bezügl. in d. 1. u. einz. Hefte v. Scheibels Archiv f. hist. Entw. u. s. w. Gesch. d. l. Kirche 1841 verspätet abgedruckt worden ist, einmal zu Gesicht gekommen ist, wo nicht so würde es vielleicht für künftige etwaige Gespräche unter uns von einigem Werthe seyn, wenn Sie noch jetzt Notiz davon nehmen wollten. — Zwar glaube ich kaum, daß Ihnen mein Begriff vom geistl. Essen dadurch gewisser deutlich werden wird da gerade diese Seite der Sache am wenigsten darin eingehender erörtert ist; allein ich will das Weitere darüber doch lieber künftig mündl. Unterhaltung vorbehalten, da es hier zu umständlich werden würde, weil die in Ihrem Briefe deshalb gestellte Frage mir nicht ganz klar ist".[454]

Der briefliche und persönliche Austausch Arnswaldts mit Schoeberlein zeigt, daß es mehr als allgemeine Gemeinsamkeiten sind, wenn Schoeberlein in seiner Schrift: „Das Heilige Abendmahl" ganz ähnlich wie Arnswaldt vom Empfangen des verklärten Leibes und in seiner Abhandlung das „Wesen der geistlichen Leiblichkeit" sowohl vom „Teilhaftwerden der geistlichen Natur Christi" im Sakrament als auch von der im Abendmahl angebotenen „geistlichen Nahrung" spricht.[455]

Doch auch andere Laien und Theologen, besonders unter den schlesischen Lutheranern, standen unter dem Einfluß der Arnswaldtschen Abendmahlsschrift. Ohne weiteres könnte man wie für Steffens', Huschkes und Scheibels Abendmahlsauffassung auch für Arnswaldts Arbeit die Formulierung wählen: „Von der Naturphilosophie zum lutherischen Abendmahlsdogma".[456]

Wie ebenfalls deutlich wurde, hängt Arnswaldts Kirchenbegriff eng mit seiner Abendmahlslehre zusammen. Die Kirche ist für ihn eine durch das Abendmahl konstituierte Gemeinschaft. In einer ebenfalls 1834 anonym erschienenen Schrift findet sich der

---

453 S. o. S. 126f., Anm. 86.
454 Brf. entw. A. v. A. an Schoeberlein 1855.
455 Schoeberlein, L.: Das Heilige Abendmahl. Die Geheimnisse des Glaubens. Heidelberg 1872, S. 204 ff. und Ders.: Das Wesen der geistlichen Leiblichkeit. Ebd. S. 360, 363.
456 Vgl. Kantzenbach, F. W.: Gestalten und Typen des Neuluthertums. Beiträge zur Erforschung des Neokonfessionalismus im 19. Jahrhundert. Gütersloh 1968, S. 59.

Gedanke: „Den Leib Christi heißt sie [die Kirche] deßwegen weil sie *wirklich* der Leib des Herrn durch den Genuß seines Leibes geworden ist".[457] Für Arnswaldt ist die Kirche eine objektive Gegebenheit. Er vergleicht sie mit einem lebendigen Organismus, in dem jeder einzelne seinen konkreten Platz einnimmt. Im Hintergrund all dieser Aussagen über die Kirche steht der Organismusgedanke romantischer Prägung. Ein Vergleich mit Steffens zeigt,[458] wie weit Arnswaldt gerade hier von der romantischen Naturphilosophie bestimmt ist.

Es scheint sinnvoll, den Bericht über Arnswaldts Leben mit der Darstellung seiner Deutschen Laientheologie abzuschließen, da die vorhandenen Zeugnisse über die letzten Jahre seines Lebens nicht zahlreich sind und vor allem nicht über das bisher Gesagte hinausführen.

Die Allgemeine Wertschätzung, die er bis zu seinem Lebensende in seinem Freundeskreis erfuhr, mag noch durch ein Zeugnis belegt werden: Er behielt — so sagte Petri an seinem Grabe — bis kurz vor seinem Tode für alles, für „die großen Weltgeschicke und entscheidenden Ereignisse im Leben der Völker, oder die Kämpfe und Siege des Reiches Gottes, oder die Erzeugnisse der Wissenschaften, oder die Werke einer höheren Kunst . . . einen erschlossenen Sinn".[459]

Arnswaldt starb am 27.6.1855, nachdem er von seinen Angehörigen, auch von Ludowine von Haxthausen und von Ludwig Adolf Petri, Abschied genommen und seine Kinder gesegnet hatte.[460]

---

457  Stimme eines Lutheraners an seine Brüder in der Gefangenschaft. Hg. von J. G. Scheibel. Dresden 1834, S. 40 Anm.
458  Ludolphy, S. 47, 86 ff.
459  Petri, L. A.: Am Sarge und Grabe des Legationsraths August von Arnswaldt. Zum Bau des Reiches Gottes. Mannigfaltiges aus dem geistlichen Amte und für dasselbe. Ausgewählt und geordnet von Rudolf Steinmetz. Hannover 1875, S. 134.
460  Vgl. die tagebuchartigen Aufzeichnungen Marie von Arnswaldts über die letzten Lebenstage ihres Vaters. Prb. Hier finden sich folgende Segenssprüche: „Gott segne Dich [Carl] Du mein lieber Erstgeborener, ich segne Dich zum Haupt des Hauses und Deiner Geschwister".
„Du [Werner] bist mir ein lieber treuer Sohn gewesen und hast mir viel Freude gemacht, daß Du Dich, obgleich es so schwer wurde im Lernen nicht hast irremachen lassen, sondern mit Fleiß und Freude weitergearbeitet, bis Dich nun Gott so weit gebracht. Gott wird Dir auch ferner beistehen — Unsere Gedanken können nun nichts weiter tun. Aber Gottes Gedanken werdens tun und der Herr wird auch da, wo es jetzt noch fehlt weiter fördern, heiligen, vollbereiten und stärken". „Gott segne Dich [Marie] mein liebes Kind, Gott hat dein Leben schon mit mancherlei Leiden und Prüfungen heimgesucht und sich darin als ein treuer Heiland an Dir erwiesen. Er wird es auch ferner tun in den Leiden, Prüfungen und Versuchungen die Dir noch kommen werden, wird er mit Dir sein auf dem Wege. Er wird über Dir wachen und Dich auf seinem Wege erhalten bis ans Ende".
„Gott segne Dich mein ehrliches altes Tete [Therese] Der Segen Gottes sei mit Dir wie der Segen Deines Vaters".
„Ich segne Euch auch, meine lieben Kinder [Hans, Anna, Hermann] Ich habe es schon den andern gesagt, der Segen Gottes sei mit Euch wie der Segen Eures Vaters".

KAPITEL 4

## Zusammenfassendes Ergebnis

Mit Hilfe von autobiographischen Daten, persönlichen Dokumenten — vornehmlich Briefe — Akten und sekundären Zeugnissen seiner Angehörigen und Freunde wurde das Leben August von Arnswaldts nachgezeichnet. Das soziale und im weiteren Sinne soziographische und natürliche Milieu[1] — die Welt des wohlhabenden Adels mit seinen Repräsentanten in hohen Staatsämtern — war der äußere Rahmen seines Lebens.

Schon seine frühe Hinneigung zu den Ideen der Romantik — erinnert sei an die epigonenhaften lyrischen Versuche — zeigen seinen geistesgeschichtlichen Standort. Arnswaldt war, um es vereinfachend mit einer der gängigen Kategorien zu sagen, zunächst Romantiker. Sein Leben, besonders in den Jahren zwischen 1815 und 1830, war von Gefühl und Stimmung, von innerer Disharmonie und einem immer neu durchbrechenden Erlösungsbedürfnis bestimmt. Von der spezifischen Bildungsidee der Romantik — ihr Ziel war „eine allgemein menschliche und allseitig harmonische Bildung" — empfing er „die positiv zuversichtliche Einschätzung der Menschennatur und ihrer Lebenskräfte".[2] Sein großes Verantwortungsgefühl, mit dem er persönliche Beziehungen durchhielt, und sein soziales Engagement zeigen seinen Glauben „an das Gute im Menschen". Arnswaldt konnte sich die Intensität dieser Beziehungen allerdings nur deshalb leisten, weil er aus gesundheitlichen Gründen seinen Beruf vorzeitig aufgab. Da er finanziell gesichert war, bestand für ihn nie die Notwendigkeit, sein Dasein durch Leistung behaupten zu müssen. Leistung als „Daseinstechnik" spielte bei ihm keine Rolle. Vielmehr kam seine schwache Gesundheit seiner natürlichen Anlage entgegen, mit dem Dasein durch ein „Ausweichen vor der gegebenen Lage" zurecht zu kommen.[3]

Während er dem beruflichen Zwang zu entgehen wußte, nahm er die Herausforderung der Krankheit an und ernst. Sein Leben als Kranker führte er ohne Selbstmitleid und wurde hierin von seinen Angehörigen, Freunden und von seiner Dienerschaft bewundert.[4]

Zieht man die Sprangerschen Kategorien hinzu,[5] so sind für August von Arnswaldt

1 Vgl. hierzu Romein, S. 136.
2 Vgl. Reble, A.: Geschichte der Pädagogik 4. Aufl. Stuttgart 1959, S. 166-168.
3 Zu den verschiedenen „Techniken der Daseinsbehauptung" vgl. Thomae: Persönlichkeit. 2. Aufl. Bonn 1955, S. 143-147.
4 Vgl. Umbreit, Erinnerungen, S. 23 f.
5 Vgl. die kritische Beurteilung Sprangers bei Rohrbacher, H.: Kleine Charakterkunde. 8. Aufl. Wien/Innsbruck 1959, S. 113-120.

zumindest drei Wertrichtungen bestimmend. Er war sowohl ein „ästhetischer" als auch ein „sozialer" und „religiöser" Mensch. Selbst wenn Arnswaldt für sich den Anspruch erhob, mit seinen Schriften über das Abendmahl und seiner Deutschen Laientheologie fundierte und nachprüfbare Untersuchungen vorzulegen, ist heute deutlich, daß diese nicht unter die Sprangersche Wertrichtung des „Theoretischen" subsumiert werden können. Letztlich ging es Arnswaldt auch in seinen Arbeiten nicht um ein möglichst objektives Erkennen, sondern er wollte seine persönlichen Erkenntnisse, sein Fühlen und Begehren fixieren und für andere überzeugend darlegen. Hierin stand er stark unter dem Einfluß der Erweckungsbewegung, in der Persönliches immer sein Gewicht hat.

Er führte seinen persönlichen Glaubenskampf im engsten Kreis der Erweckten. In seinem Briefwechsel erweist er sich aber von vornherein als selbständiger Gesprächspartner. Er suchte nicht den Seelsorger, sondern den objektiven Grund der Glaubensgewißheit der Erweckten. Die eigene Heilsgewißheit – für ihn von Anfang an das Entscheidende – blieben ihm aber die Erweckten schuldig. Sein angestrengtes, immer neu einsetzendes Suchen nach der Glaubensgewißheit war die reformatorische Dimension in Arnswaldts Bußkämpfen. Er gab sich nicht zufrieden mit Seelenzuständen, mit Hingabe und freudiger Zuversicht, sondern stieß durch die subjektivistischen Züge der erwecklichen Frömmigkeit hindurch zu einer immer stärker werdenden lutherischen Position.[6]

Dabei kam es bei Arnswaldt nie, weder menschlich noch sachlich, zu einer Trennung von der Erweckungsbewegung. Er konnte viele pietistisch erweckliche Motive seinem Luthertum subsumieren. Erweckungsbewegung und Neuluthertum waren für Arnswaldt weder entgegengesetzte noch theologiegeschichtlich einander ablösende Richtungen.[7] Will man ihn einordnen, so muß man sagen, er war der Lutheraner in der Erweckungsbewegung. Dies zeigt sich auch daran, daß seine theologischen Aussagen zur Erweckungsbewegung und zum Neuluthertum in ihrer Grundstruktur viel Gemeinsames haben.[8] Zusammenfassend sind hier folgende Komponenten zu nennen:

(1) *Die subjektive Erfahrung des göttlichen Heilshandelns.* Sowohl bei der Be-

---

6   Eine Vermittlung Tholucks über den Hinweis auf die von diesem in Rom gehaltenen Vorträge über die CA hinaus ist aus den Quellen exegetisch nicht zu fixieren. Zum Einfluß Tholucks auf die „Konfessionalisierung der Erweckungsbewegung" vgl. Aagaard, Bd 2, S. 747, Anm. n.

7   Vgl. Karl von Raumer, bei dem ebenfalls Erweckungbewegung und Neuluthertum nicht als Gegensätze empfunden wurden. (Vgl. Weigelt).

8   Allerdings dürfen diese Beobachtungen nicht vorschnell auf die Relation zwischen Erweckungsbewegung und Neuluthertum überhaupt ausgeweitet werden. Um hier zu verbindlichen Aussagen zu kommen, müßten mehrere Einzelmonographien vorgelegt werden, die bei anderen Personen ansetzen. Zu denken wäre z. B. an die Juristen und Laientheologen Ernst Ludwig von Gerlach und August von Bethmann-Hollweg. Vgl. Kantzenbach, F. W.: Ernst Ludwig von Gerlach und August von Bethmann-Hollweg. Zwei Juristen und Laientheologen in innerer Auseinandersetzung. ZRGG 1957, S. 257-266.

tonung des individuellen Bekehrungs- und Wiedergeburtserlebnisses als auch bei seiner immer neu einsetzenden Besinnung auf Sünde, Gnade und Vergebung geht es Arnswaldt um religiöse Erfahrung. Er will Gott in der Wiedergeburt oder in dem Geschehen der Rechtfertigung „erleben". Sein Leben in der Heiligung ist für ihn Folge und äußeres Zeichen der gewonnenen Gemeinschaft mit Gott. In dieser auf Erfahrung gründenden Theologie sah er, ähnlich wie Krummacher und zahlreiche andere Erweckungstheologen, die „Hauptchance" im Kampf gegen alle rationalistischen Ideen und eine wirksame Waffe gegen die kritischen Argumente Ferdinand Christian Baurs und David Friedrich Strauß'.[9] In seiner Erweckungsfrömmigkeit ist die Erfahrbarkeit der durch Jesus Christus vermittelten Gemeinschaft mit Gott ein Bindeglied zur Theologie des Pietismus. Später, in seiner konfessionell lutherischen Phase, wird diese zum Zentrum seines Glaubens.

(2) *Das „Lebensmotiv".*[10] „Leben" ist bei Arnswaldt ebenso wie in der Sprache des Pietismus[11] eines der immer wiederkehrenden Grundworte. Die mit dem gesamten Wortfeld Leben zusammenhängenden Vorstellungen, Bilder und Symbole ergeben einen Bildkomplex, der nicht nur die „innere Einheit der Erweckungsfrömmigkeit im Übergangsstadium zum luther. Konfessionalismus" konstituiert,[12] sondern den Übergang Arnswaldts von der Erweckungsbewegung zum Neuluthertum ermöglichte. Das „Lebensmotiv" wird für Arnswaldt zu einer Brücke zwischen beiden Bewegungen.

(3) *Die romantische Naturphilosophie.* Die Erkenntnisse der romantischen Naturphilosophie waren für den jungen Arnswaldt eine Art von Gottesbeweis. Mit Hilfe der naturphilosophischen Spekulationen Gotthilf Heinrich Schuberts glaubte er, im Makrokosmos wie im Mikrokosmos Gott erkennen zu können. Arnswaldts Abendmahlsverständnis ist nicht ohne die romantische Naturphilosophie denkbar.

(4) *Die theosophischen Gedanken.* Wie zahlreiche Erweckte des 19. Jahrhunderts[13]

---

9 Vgl. Geiger, S. 443.
10 Der Begriff „Lebensmotiv" im Zusammenhang mit der Erweckungsbewegung geht auf Martin Schmidt zurück. In zwei Arbeiten stellt er die Bedeutung des Lebensmotives für die Erweckungsbewegung heraus.
Schmidt, M.: Die innere Einheit der Erweckungsfrömmigkeit im Übergangsstadium zum luther. Konfessionalismus. ThLZ 74 1949, S. 18-28 u.
Ders.: Wort Gottes, bes. S. 104 ff.
11 Vgl. Langen, S. 1002.
12 Die Beispiele Martin Schmidts in dem unter diesem Titel veröffentlichten Aufsatz zeigen, welche Bedeutung der Begriff Leben und die gesamte damit zusammenhängende Metaphorik in der damaligen Theologie hatte. Zur Bedeutung des Lebensbegriffs in der Theologie überhaupt vgl. Aulén, G.: Die drei Haupttypen des christlichen Versöhnungsgedankens. ZSTh 8 1931, bes. S. 507.
13 Vgl. Kantzenbach, Erweckungsbewegung und Restauration, S. 113.

stand auch Arnswaldt unmittelbar in der theosophischen Tradition, die von Jakob Böhme über St. Martin[14] zu Franz von Baader[15] führte.

Die direkte Abhängigkeit von der Theosophie Christoph Friedrich Oetingers — sein Hauptwerk „Theologia ex idea deducta" (1765) erlebte 1852 „aus den Kräften der Erweckungsbewegung eine Auferstehung"[16] — wird in seiner Abendmahlsschrift besonders deutlich. In den Spekulationen des dem Pietismus nahestehenden Oetinger — er war ein Schüler Johann Albrecht Bengels — über die „Leibhaftigkeit des Lebens" sah Arnswaldt eine echte Analogie zu dem von Luther in seiner Sakramentslehre vertretenen Realismus.[17] Nur mit Hilfe solcher theosophischen Ideen konnte er die Anschauung vertreten und verteidigen, daß Göttliches und Menschliches, Leib und Geist realiter eine höhere Wirklichkeit bilden.

Die romantische Naturphilosophie und die theosophischen Gedanken waren für Arnswaldt aber nicht nur eine Art Brücke zur Erweckungsbewegung, sondern sie wurden zugleich zur Grundlage seines späteren Konfessionalismus. Seinen Kirchenbegriff nämlich leitete Arnswaldt unmittelbar aus seinem Abendmahlsverständnis her. Der geistliche Leib Christi und der geistliche Leib des Menschen werden im Abendmahl eine Einheit. Diese schließt interkonfessionelle Unionen notwendig aus. Damit resultiert die Verschlossenheit der Arnswaldtschen Konfessionalismus nicht aus reformatorischen, sondern aus naturphilosophisch-theosophischen Motiven.

Romantische, besonders durch Herder inaugurierte Denkanstöße ließen Arnswaldt Ende der 40er Jahr eine lutherische morphologische „Konfessionskunde" entwickeln. Die katholische Kirche war für ihn die Kirche der romanischen, die lutherische die der germanischen Völker. Mit der „Mischform" der reformierten Kirche hat Arnswaldt wenig anfangen können. Für ihn gab es streng genommen nur das Gegenüber von Katholizismus und Luthertum.

Die reformierte Theologie spielte auch in seiner Deutschen Laientheologie keine Rolle. Unter dem großen Thema Rechtfertigung und Heiligung behandelte Arnswaldt in einer angemessenen Darstellung den katholisch evangelischen Gegensatz in der Rechtfertigungs- und Heilslehre.

Für die Zeit Arnswaldts bedeutet die Laientheologie ein originaler Beitrag

---

14  Bereits 1819 las Arnswaldt in den Schriften St. Martins. Vgl. Brf. orig. A. v. A. an seine Eltern 25.8.1819 StB Berlin.
15  1836 nahm Arnswaldt in einem Brief an Röstell positiv Stellung zu Franz von Baaders Ideen: Brf. orig. Röstell an A. v. A. 11.6.1838 KlB Loccum.
16  Vgl. Schmidt, M.: Die innere Einheit, Sp. 28.
17  Zur positiven Aufnahme der theosophischen Gedanken in der damaligen Theologie überhaupt vgl.: Die Theosophie und die Kirche. Aus Anlaß von Dr. Auberlen's Schrift: „Die Theosophie Oetinger's" Tübingen 1848. Zeitschrift für Protestantismus und Kirche NF Bd 16 1848, S. 161-176.

zur „Luther-Renaissance", ohne daß eine Abhängigkeit zur „Erlanger Schule" nachzuweisen wäre. Das Bedeutsame der Arnswaldtschen Arbeit ist aber nicht die theologische Leistung, sondern das in der Laientheologie sichtbar werdende Gerinnen der hannoverschen Erweckungsbewegung zum harten Kern der reformatorischen Rechtfertigungslehre mit den Zentren der Heilsgewißheit und Heiligung.

Im ständigen Austausch mit seinen Freunden arbeitete Arnswaldt — so gut wie unbeeinflußt von der Göttinger Theologie — über ein Jahrzehnt an seinem kleinen Werk. Zusammen mit dem uns erhaltenen Briefwechsel ist die Deutsche Laientheologie ein Zeugnis dafür, wie August von Arnswaldt als Laie zum theologischen Lehrer einflußreicher hannoverscher Pastoren wurde.

ANHANG

## I. Edition der Deutschen Laientheologie *

Du hast uns, o Herr, erschaffen zu dir, und unser Herz ist unruhig bis es ruhet in dir.[1]

[1. Die Lehre vom Urstand]

[(a) Die Unterscheidung von Natur und Übernatur]

Die katholische Lehre von dem Urzustande des Menschen vor dem Falle sagt daß er erschaffen in reiner Natürlichkeit ein Geschöpf mit Vernunft und freiem Willen und ihm dann als Gnadengabe die ursprüngliche Gerechtigkeit beigelegt habe,[2] die ihn den Körper nach unsterblich und leidenlos gemacht der Seele nach.[3]

---

\*     Der Text ist in Orthographie und Satzzeichen diplomatisch getreu wiedergegeben. Alle Zusätze des Herausgebers sind – mit Ausnahme der Anmerkungen – durch eckige Klammern gekennzeichnet.

1     Zu dem Augustinzitat aus den Confessiones I, 1 s. oben S. 164.

2     Vgl. Catechism. Rom. ed. Colon 1565, p. 33: „... liberum ei tribuit [Deus] arbitrium: omnes praeterea motus animi atque appetitiones ita in eo temperavit ut rationis imperio nunquam non parerent. Tum originalis justitiae admirabile donum addidit". (Zitiert nach Möhler, S. 3 f. Anm. 1)
Der Streit, ob die iustitia originalis zur Natur des Menschen zu rechnen ist oder als eine zu den natürlichen Anlagen des Menschen hinzukommende Gabe bezeichnet werden muß, wurde zuerst zwischen Petrus Lombardus und Thomas von Aquin ausgetragen. Er wurde bis zum Konzil von Trient fortgeführt, aber auch hier noch nicht endgültig entschieden. (Vgl. Klee, Bd 1 1837, S. 295 f.) Im Decretum super peccato originali heißt es nur: „statim sanctitatem et iustitiam, in qua constitutus fuerat" (Denz. 788). Erst der Catechismus Romanus spricht verbindlich von einem „donum". Ein Jahr später fällt dann im Zusammenhang mit der Verurteilung der 79 Sätze des Michael Bajus die endgültige Entscheidung. Unter dem damnamus steht der Satz: „Integritatis primae creationis non fuit indebita humanae naturae exaltatio, sed naturalis eius conditio". (Denz. 1026).
Der Stand ursprünglicher Gerechtigkeit ist seit jener Zeit für die römische Kirche ein „übernatürlicher" und der „Menschennatur keineswegs geschuldeter" (NR. 211).

3     Zu den mit der iustitia originalis zusammenhängenden „außernatürlichen Gaben" gehören die Unsterblichkeit und die Impassibilität. (Vgl. Klee, Bd 1 1837, S. 297 ff.). Im Catechismus Romanus heißt es: „Sic corpore effectum et constitutum effinxit, ut non quidem naturae ipsius vi, sed divino beneficio immortalis esset et impassibilis". (Zitiert nach Möhler, S. 8, Anm. 1). Gedacht ist dieser Vorgang so, daß die ursprüngliche Beschaffenheit des Menschen („pars inferior") mit der dazugekommenen höheren („pars superior") verknüpft wird. Vgl. Catechism. Rom. über die iustitia originalis: „Qua velut aureo freno pars inferior parti superiori et pars superior Dei subjecta contineretur". (Zitiert nach Marheinecke, S. 12 Anm. c.)

## [ ( b ) Die Gottebenbildlichkeit ]

Wenn Gott überhaupt einen Menschen schaffen wollte[4] (was dieser Mensch sein sollte, liegt ja in den Worten der Schrift ausgesprochen) so muß dieser Mensch doch seiner Natur nach auch so beschaffen sein wie er der Idee von menschlicher Vollkommenheit entsprach.[5] Ein Mensch außer dem Gemeinschaftsleben mit Gott ist aber eben kein Mensch, und darum ist auch jetzt nach dem Falle der Mensch dem [wo=] zu [getilgt: was] Gott ihn schuf durchaus nicht mehr entsprechend: er kann es wohl wieder werden, er *ist* es aber nicht. Gott schuf den Menschen ihm zum Bilde [Gen. 1, 21] er setzte ihn auf die Erde damit er aus Gott in Gott und zu Gott lebte, daß er in solchem Leben in Gott ein Spiegel, Abglanz u Ebenbild Gottes sei was ja ohne die urspr. Gerechtigkeit ein unmögliches Ding gewesen wäre darum haben wir hinter den Worten der Schrift nichts anderes zu suchen und es entstehen nur verwirrte Begriffe wenn man das Eine vom Andren trennen will.[6] An dem ersten Menschen war alles natürlich, oder aber alles übernatürlich –[7] es war *alles* Gnade insofern es überhaupt Gnade Gottes ist daß er eine solche Creatur machte so wie die ganze Natur ja als sein Werk Zeugniß seiner Güte und Liebe ist[8] – so

---

4  Arnswaldt beginnt nun seine Position zu entfalten, die er immer wieder die „lutherische" nennt. Im Manuskript findet sich davor folgender mit Bleistift entworfener und zum Teil getilgter Teil:
„An dem ersten Menschen war aber alles natürlich oder aber alles übernatürlich – darin, daß Gott Menschen schaffen wollte, ein Bild, das ihm gleich sei, [Gen. 1.26] lag ja die Bestimmung des Menschen. Ein Mensch ohne die Heiligkeit und Gerechtigkeit wäre eben kein Mensch gewesen wie er seiner Bestimmung entsprach [getilgt: und man muß wenn man einfach] – es liegt in der Natur der Verhältnisse, daß es nicht möglich ist, aus einer niederen in eine höhere Sphäre zu steigen – nicht so verstehen, daß er das nun in höchster Vollkommenheit . . ."

5  Analog der Idee des „vollkommenen Schöpfers (vgl. Rettberg, S. 8) muß das Geschöpf im Urstand der „Idee von menschlicher Vollkommenheit" entsprechen.

6  Zu dem Gedanken, daß die imago Dei – das Spezifische des Menschen – im Gemeinschaftsleben mit Gott bestehe, vgl. AC II, 16, 17: „Porro iustitia in scripturis continet non tantum secundum tabulam Decalogi, sed primam quoque, quae praecipit de timore Dei, de fide, de amore Dei itaque iustitia originalis habitura erat non solum aequale temperamentum qualitatum corporis sed etiam haec dona: notitiam Dei certiorem, timorem Dei, fiduciam Dei aut certe rectitudinem et vim ista efficiendi" (BSLK, S. 150). Die iustitia orginalis ist danach nicht ein ontisches Intaktsein, sondern eine personale Beziehung zu Gott. Es ist vorausgesetzt, daß diese Gabe von Anfang an verliehen ist, da die Unterscheidung zwischen dona naturalia und dona supernaturalia gar nicht erwähnt wird.
Luther lehnt in seinem Gensiskommentar diese Unterscheidung ausdrücklich ab: „Quin hoc statuamus, iusticiam non fuisse quoddam donum, quod ab extra accederet seperatum a natura hominis: sed fuisse vere naturalem" (WA 42, S. 124, 4 u. 5).

7  Vgl. Luther zu Gen. 3,7: „Porro haec omnia probant originalem justiciam fuisse de natura hominis" (WA 42, S. 125, 21).

8  Obwohl weder bei Luther noch in den Bekenntnisschriften im Zusammenhang der Schöpfung ausdrücklich von „Gnade" gesprochen wird (vgl. Schlink, S. 71) findet sich auch bei Luther dem Inhalt nach dieser Gedanke. Vgl. Kl. Kat. II im Zusammenhang mit der Schöp-

stand der Mensch auch vermöge seines Wesens und seiner Natur im lebendigen Rapport mit Gott: Gott war sein erster und letzter Gedanke. Es war seine Liebe und er liebte nichts außer ihm sondern alle Dinge nur in Ihm[9] ein Mensch ohne dies Alles in reiner Natürlichkeit wäre ein Unding und ganz undenkbar.

Die luth. Lehre sagt im Gegensatz zur kath. Lehre daß wir in der Taufe wiedergeboren und die Erbsünde, das sündl. Verderben, weil der Mensch aus dem Wasser und Geist in uns geboren uns nun nicht mehr verdamme, daß aber gleichwohl dies, sündliche Verderben, so lange wir im Fleische leben, nicht aufhöre, sondern alle Tage uns anficht.[10] Der Spruch: so ist nun nichts Verdammliches an denen die in Christo Jesu sind [Röm. 8, 1], auf welchen sich die kath. Lehre beruft,[11] folgt ja gerade auf das Capitel wo Paulus dargethan hat daß in seinem Fleische (welches er ja noch mit sich herumtrug nicht etwa etwas was er nur vor der Taufe gehabt habe) nichts Gutes wohne [Röm. 7,18] und nachdem er schmerzlich ausgerufen: Ich elender Mensch wer wird mich erlösen von dem Leibe dieses Todes! [Röm. 7,24] fährt er in der Freudigkeit des Glaubens fort: Ich danke Gott durch unseren Herrn Jesum Christ. [Röm. 7,25] u im 8 Cap. So ist nun nichts Verdammliches an d. d. i. Chr. Jes. sind. — [Röm. 8,1] — Dieses Bekenntniß ist freilich ein demütigendes und die Luth. sind gar arme Leute, die die Last des natürlichen Menschen immerdar fühlen;[12] gleichwohl sollen sie ja allerdings nicht um dieser Sünde willen verdammt werden, weil die Sünde im Fleisch in Christus schon verdammt ist und denen *die in Ihm sind,* nicht zur Verdammniß gereicht. —

Von der Erbsünde aber möchte es einem wohl in den Sinn kommen zu fragen warum *wir* denn die Schuld Adams zu tragen haben? Da [getilgt: giebt es] denn die Antwort: du thörichter Mensch wer bist du, daß du mit Gott rechten willst und sagen: warum machst du mich also? [Röm. 9,20] und ein aufrichtiges Gewissen wird auch fühlen daß es nicht geht die Schuld auf Adam zurück zu wälzen, sondern daß seine Sünde wirklich auch unsere Sünde ist, unsere Sünde, die wir lieben hegen u pflegen die Feindschaft wieder Gott die uns unerbittlich verdammt.[13] —

fung: „... und das alles aus lauter väterlicher Güte und Barmherzigkeit, ohn all mein Verdienst und Wirdigkeit" (BSLK, S. 511. Vgl. auch Gr. Kat. II. BSLK, S. 648).

9   Den „lebendigen Rapport mit Gott" beschreibt Luther in seinem Genesiskommentar mit: „diligere Deum, credere Deo, ac cognoscere Deum" und an anderer Stelle: „Hoc tantum vult, ut laudet Deum, ut gratias ei agat, ut laetetur in Domino et ei in hoc obediat..." (WA 42, S. 124, 6; 81, 3 u. 4).

10  Hier zieht nun Arnswaldt die Linie vom Urstand über die Erbsünde bis zur Wiedergeburt durch und erinnert zum ersten Mal an die reformatorische These: „peccatum post baptismum remanet". S. unten S. 197, Anm. 39.

11  Vgl. Concil. Trid. V. (Denz. 792).

12  Vgl. AC IV: „... natura carnalis non desinit malos affectus parere ..." (BSLK, S. 189, 15 f.).

13  Zur Verflechtung von Peccatum und peccatum originale vgl. besonders CA II (BSLK, S. 53). Zum Ganzen s. unten S. 190-200.

Die luth. Lehre sagt nicht daß z. B. ein Dieb, Trunkenbold usw. geboren werde aber sie lehrt daß die Neigung zu allem was Sünde heißt, sie mag Namen haben welchen sie wolle in der menschlichen Natur liegt[14] und sie nennt diese Neigung auch in dem Getauften mit der heil Schrift: *Sünde.*[15] Sie lehrt daß diese Neigung u Lust unter den gegebenen Umständen und ohne die gnädige Bewahrung Gottes notwendig in der That ans Licht treten wird —[16]

[ 2. Die Lehre von der Sünde ]

[(a) Kritische Auseinandersetzung mit dem Decretum super peccato (Concil.Trid.V)]

Nun kommt die Lehre von der Sünde oder von dem Menschen wie er jetzt ist — von dem natürlichen Menschen wie er ohne Gnade, ohne Christum beschaffen ist. In der Schrift kommen vielfach die Ausdrücke natürlicher Mensch im Gegensatz zu geistl. Mensch vor [1. Kor. 2,14] oder: der alte Mensch u: der neue Mensch. [Eph. 4,22-24] Der natürliche Mensch ist das, was vom Fleische geboren ist, der geistl. Mensch was vom heil. Geiste geboren ist, darum auch die Taufe da der geistl. Mensch seinen Anfang nimmt die Wiedergeburt aus dem Wasser und aus dem Geiste genannt wird. [Joh. 3,5-6] — (Die wohl auch vorkommenden Worte inwendiger u auswendiger Mensch [Röm. 7,22] beziehen sich dagegen auf die auswendige oder inwendige Erscheinung des Menschen nach Leib u Seele — Augen Ohren u alle Glieder — Vernunft u alle Sinne — wie der Katech. es ausdrückt). — (? )[17]

Von diesem natürlichen Menschen nun lehrt das Trid. Conz. daß wer nicht glaubt ... usw. daß der Mensch durch die Sünde nicht allein seine urspr. Gerecht. verloren sondern auch überhaupt *zum Schlechtern verändert* sei d. s. i. B.[18] Dieser Satz

---

14 Vgl. Luther zu Gen. 42, 22-24a. Hier sagt er vom „adfectus naturalis": „insitus hominis naturae divinitus" (WA 44, S. 493, 35 u. 36). Vgl. auch eine Predigt über Mt. 5, 27-29: „Denn ich habe offt gesagt das nicht müglich ist inn fleisch und blut on sündliche böse neigung zuleben..." (WA 32, S. 373, 8 u. 9).
Nach AC II stecken dem Menschen die bösen Neigungen „In der Haut" und sind ihm „angeboren" (BSLK, S. 155, 35-37).
15 Bei der Identifizierung der „bösen Neigung und Lust" mit der „Sünde" beruft sich AC II auf Augustinus (BSLK, S. 155, 16-21).
16 Dazu wie sich die „böse Neigungen" konkret äußern, werden in AC II, 42 u. 43 verschiedene Beispiele genannt (BSLK, S. 155 u. 156).
17 S. Kl. Kat. II. BSLK, S. 510, 32-36.
18 S. Concil. Trid. V: „Si quis non confitetur, primum hominem Adam, cum mandatum Dei in paradiso fuisset transgressus, statim sanctitatem et iustitiam, in qua constitutus fuerat, amisisse incurrisseque per offensam praevaricationis huiusmodi iram et indignationem Dei atque ideo mortem, quam antea illi comminatus fuerat Deus, et cum morte captivitatem sub eius potestate, qui mortis deinde habuit imperium, hoc est diaboli, totumque Adam per illam praevaricationis offensam secundum corpus et animam in deterius commutatum fuisse: AS" (Denz. 788).

bleibt von der luth. Kirche unbestritten; sie bekennt ganz dasselbe; daß aber die kath. Lehre sagt: zum Schlechteren verändert (verschlimmert) kann sehr verschieden verstanden werden. Wenn sich einer an einem Dorn ritzt, so ist er ebensowohl verwundet als wenn er unter die Mörder gefallen u zu Tode getroffen ist, und man kann ebenso wohl von dem Menschen der ein wenig Kopfweh hat sagen daß er nicht gesund sei als von dem der tödtlich krank am Fieber liegt, wärend die Dinge doch gar verschieden stehen. –

Nun sagt die kath. Kirche von der Erbsünde nachdem sie hervorgehoben daß die Sünde Adams nicht allein ihm, sondern auch seinen Nachkommen geschadet u daß diese Sünde auch für diese nicht blos ein Uebel sondern auch eine eigentliche Sünde sei, die vor Gott ungerecht mache[19] so fährt sie fort: daß aber alle, welche sagen, daß diese Erbsünde in der heil. Taufe nur vergeben oder nicht zugerechnet werde nicht aber auch wirklich ausgetilgt u ausgereutet der s. i. B.[20] Sie begründet diese Lehre welche die luth. Kirche bestreitet mit folgenden Sprüchen: So ist nun nichts Verdammliches an denen die in Chr. Jes. sind. [Röm. 8,1] Die nicht nach dem Fleisch wandeln sondern nach dem Geist. – u abermal: So sind wir ja mit ihm begraben durch die Taufe in den Tod auf daß gleich wie Christus ist auferwecket von den Todten also *sollen* (oder *werden*) auch wir in einem neuen Leben wandeln. [Röm. 6,4][21] Wenn man unbefangen diese Stelle betrachtet u hinzunimmt was der Apostel als Ermahnung folgen läßt so sieht man wohl wie gezwungen jene Anwendung ist. Denn es ist ja nicht des Apostels Meinung daß die Sünde nicht da sei sondern wie er v. 11 u 12 desselben Cap. sagt: Also auch ihr haltet euch dafür daß ihr der Sünde gestorben seid und lebet Gott in Chr. Jes. unserm Herrn; so lasset nun die Sünde nicht herrschen in eurem sterbl. Leibe ihr Gehorsam zu leisten in seinen Lüsten; da er ja redet von einer Sünde, deren Herrschaft wir zwar durch Gottes Gnade nicht mehr zu dulden brauchen, die aber gleichwohl immer da ist u nicht außer uns sondern in dem sterbl. Leibe u seinen Lüsten ihren Sitz hat. – [getilgt: der 3te Spruch auf den die kath. Lehre sich beruft steht Eph. 4, 22.] So steht auch durchaus nicht daß die Römer als Getaufte wirklich in dem neuen Leben wandeln sondern es heißt *wir sollen* oder *wir werden* was also immer nur ein Bestreben bezeichnet u nur in so fern wahre Begründung hat als wir wirklich in Chr. Jes. sind und in ihm durch den Glauben bleiben. – Noch

---

19  S. Concil. Trid. V. 2: „Si quis Adae praevaricationem sibi soli et non eius propagini asserit nocuisse ... aut inquinatum illum per inoboedientiae peccatum mortem et poenas corporis tantum in omne genus humanum transfudisse, non autem et peccatum quod mors est animae: AS" (Denz. 789).

20  S. Concil. Trid, V, 5: „Si quis per Jesu Christi Domini nostri gratiam, quae in baptismate confertur, reatum originalis peccati remitti negat, aut etiam asserit, non tolli totum id, quod veram et propriam peccati rationem habet, sed illud dicit tantum radi aut non imputari: A.S." (Denz. 792).

21  In Sessio V, 5 werden außer Röm. 6,4 und 8,1 noch Eph. 4,22 ff., Kol. 3,9f., 2 Tim. 2,5 und Röm. 6,12 ff. als dicta probantia genannt. (Vgl. Denz. 792).

schlagender tritt diese willkürliche Anwendung des göttl. Wortes in der 3ten Stelle hervor wo es Eph. 4, 22 u. 24. — Hier redet der Apostel nicht zu Leuten die etwa im Begriff stehen, sich taufen zu lassen und darin ein für allemal den alten Menschen abzulegen u den neuen Menschen anzuziehen, sondern zu den Ephesern die er 3 1/2 Jahr lang gelehrt u unterrichtet hatt u hier aufs Neue sie lehrt; er redet zu Getauften und ermahnt sie den alten Menschen auszuziehen und den neuen anzuziehen. Wenn nun in der Taufe der alte Mensch wirklich so getilgt wäre daß nichts von ihm zurückgeblieben, wie dürfte dann der Apostel in Wahrheit so reden, wie könnte er die Eph. ermahnen etwas abzulegen was sie gar nicht mehr hatten? —[22]

Die kath. Lehre sagt ferner daß zwar auch nach der Taufe noch die (concupiscenz) Begierlichkeit oder der Zunder zurückbleibe daß diese aber nicht der Sünde Art u Wesen an sich haben — es sei vielmehr nur etwas von Gott Zurückgelassenes um den Kampf des Menschen mit der Sünde zu vermitteln. Diese Begierlichkeit werde zwar in der heil. Schrift Sünde genannt, sei es aber nicht, sondern heiße nur dann u wann so weil sie aus der Sünde stamme u zur Sünde neige. —[23] Also etwas was in unserm Fleische ist, ein Gelüsten was von der Sünde stammt, und zur Sünde neigt soll gleichwohl nicht wirklich Sünde sein u der Sünde Art u Wesen an sich haben? Die Begierlichkeit können sie nicht leugnen, denn jeder Augenblick des Lebens sagt es jedem Menschen daß es so mit ihm steht, daß das Fleisch wider den Geist gelüstet, und diese böse Lust in der Abkehr des Willens von Gott besteht — gleichwohl soll diese Abkehr nicht Sünde sein, weil sie in einem Getauften kund wird sondern nur damit der Mensch kämpfen möge. Hiernach giebt es denn freilich für den Kath. keine *Sünde* mehr — er kennt nur noch *Sünden*. Und in solcher Consequenz kann man dann freilich dahin kommen alle einzelnen Thatsünden bei großer Aufmerksamkeit auf sich zu beichten und mit den eigenen Kräften den Kampf aufzunehmen.[24]

Der alte u der neue Mensch sind aber nicht etwa der Zeit nach als auf einander

---

22  Zur Arnswaldts Grundsätzen der Schriftauslegung s. oben S. 133 und Anm. 128, 129.
23  S. Concil. Trid. Sess. V, 5: „Manere autem in baptizatis concupiscentiam vel fomitem, haec sancta Synodus fatetur et sentit; quae cum ad agonem relicta sit, nocere non consentientibus et viriliter per Christi Iesu gratiam repugnantibus non valet. Quin immo qui legitime certaverit, coronabitur. Hanc concupiscentiam, quam aliquando Apostolus peccatum appellat, sancta Synodus declarat, Ecclesiam catholicam nunquam intellexisse, peccatum appellari, quod vere et proprie in renatis peccatum sit, sed quia ex peccato est et ad peccatum inclinat" (Denz. 792).
24  Diese Folgerung ist dann konsequent, wenn man wie Luther den „stam und wurtzel" aller Sünden in der „feindschafft wider Gott" sieht und in dieser Feindschaft den „leidigen Erbschaden von Adam" her erkennt. Von der Erbsünde sagt Luther hier: „Das wo diese nicht da were, da wurde nimmer kein diebstahl, mord, ehebruch ec. geschehen" (WA 46, S. 39, 25-30).

folgend in uns zu betrachten, sondern sie sind ineinander[25] und erst wenn wir das sündliche Fleisch ablegen wird unser neuer Mensch ausgeboren werden zu völliger Freiheit.[26] Der neue Mensch wird allerdings in der Taufe in uns erzeugt, nun aber gilt es daß er wachse u zunehme und des Fleisches Geschäfte tödte, daß der alte Mensch täglich sterbe wie Paulus von sich sagt: ich sterbe täglich.[27] [1. Kor. 15, 31]

[(b) Erbsünde und Sünde nach der lutherischen Lehre]

Die ev. Lehre verwirft die kath. Unterscheidung von einer Natürlichkeit u dem übernatürlichen Gnadengeschenk der urspr- Gerecht. – Indem er den Menschen schuf „ein Bild daß [sic!] ihm gleich sei" mußte er ihm sein Ebenbild gleich anerschaffen; der Mensch wurde geschaffen zur Gemeinschaft mit Gott und stand darum von dem ersten Augenblicke seines Daseins in solcher Gemeinschaft, da ihm Gott Anfang u Ende, sein erster Herzschlag wie sein letzter war, die ganze Natur nur in dieser Gemeinschaft.

Die heilige Schrift sagt von der Erschaffung des Menschen: Gott sprach: Lasset uns Menschen machen, ein Bild das uns gleich sei [Gen. 1,26] – u aberm: Gott schuf den Menschen ihm zum Bilde, zum Bilde Gottes schuf er ihn. [Gen. 1,27] – u v. 31 Gott sahe an alles was er gemacht hatte u siehe es war sehr gut. – An diese Worte der Schrift knüpft die luth. Lehre und folgert daraus daß Gott, indem er den Menschen Ihm zum Bilde erschuf, ein Wesen darin Gottes Heiligkeit Liebe Gerechtigkeit seinen Abdruck finden sollte, und welches zu Seiner Gemeinschaft u dem Leben aus Ihm u zu Ihm geschaffen war auch in diese Gemeinschaft nach Geist u Natur hinein*geschaffen* wurde; daß also die urspr. Gerechtigkeit nicht eine übernatürl. Gnadengabe sein könne, sondern dem Menschen als solchem und seiner Bestimmung u Wesenheit nach eigne; sie verwirft die kath. Auffassung nach welcher der Mensch in reiner Natürlichkeit erschaffen, nur mit der Gnadengabe der urspr. Gerechtigk. gewissermaßen ausgerüstet worden, als einer Kraft um seine Bestimmung zur Gemeinschaft mit Gott zu erreichen, die aber an sich nicht schon zu Art u Wesen des Menschen gehöre. Vielmehr sagt sie daß Gott den Menschen in seine Gemeinschaft hinein erschaffen was ja nur in so fern möglich war, als er wirklich heilig u gerecht war, und daß in solcher Heiligkeit u Gerechtigkeit eben das Ebenbild Gottes bestanden das durch die Sünde verloren ging.[28]

---

25 Vgl. SD II, 7. Bei der Erschaffung des neuen Menschen bleibt – wie mit Augustin belegt wird – „des alten Adams Substanz und Wesen" existent (BSLK, S. 905, 15).
26 Zur „eschatologischen Wirklichkeit des neuen Menschen" vgl. Schlink, S. 228.
27 Zur Tötung des alten Menschen und der Auferstehung des neuen in der Taufe vgl. Gr. Kat. Taufe, 65 (BSLK, S. 704). Dabei ist festgehalten, daß die „Auferstehung" „unser Leben lang" währt. (Ebd.) Es gilt täglich „den alten Menschen zu dämpfen" und im neuen zu „erwachsen". (Gr. Kat. Taufe, 84. BSLK, S. 707, 25 u. 26).
28 Vgl. Luther zu Gen. 1, 31: „An non eum dicemus omnia amisisse, qui ex immortali factus est mortalis, ex iusto peccator, ex a ccepto et grato homine homo damnatus?" (WA 42,

Der Mensch war zum Bilde Gottes erschaffen und diese Bestimmung war ja nur in sofern von ihm erreicht als er auch wirklich das Ebenbild Gottes nach seinem ganzen Menschen, Dichten u Trachten, Wollen u Vermögen wirklich darstellte d. h. in so fern als er aus Gott in Gott u zu Gott lebte. So ist das Ebenbild Gottes denn das, was der Mensch nach Gottes Willen sein sollte und daß er diese Absicht erreichte steht im 31 Verse wo es heißt daß Alles was Gott gemacht hatte sehr gut war. [Gen. 1,31] Die luth. Lehre beruft sich ferner auf die Schrift u deren Sprachgebrauch die das Wort „Gnade" immer nur in dem Sinn als es sich auf den gefallenen Menschen bezieht verwendet.[29] Warum hätte auch Gott nicht den Menschen so *schaffen* sollen wie er ihn haben wollte, da er es doch konnte. Die Ebenbildlichkeit Gottes konnte ja ihren Ausdruck nur in dem Gemeinschaftsleben mit Gott finden denn etwas, was nicht ursprünglich in der Art des Menschen lag hätte sich auch nimmer aus ihm entwickeln können. Darum konnte, ebenso wenig als das Thier je aus seiner Sphäre heraus in die der Menschen hätte kommen können, so auch der Mensch nie zu etwas werden können was nicht dem Wesen nach er schon wirklich war, [getilgt: und sein Fortschreiten konnte darnach immer nur sein wie das Heranwachsen eines Kindes zum Jüngling] Diese luth. Auffassung schließt den Gedanken des Todes, wie man ihn jetzt nennen muß da man ihn eben nur unter solcher Gestalt kennt, nicht geradezu aus; insofern als er eine Veränderung in das *geistliche* bedeutet aber über das Wie solcher Veränderung läßt sich für den jetzigen Begriff nichts anderes feststellen als daß es eben ohne Sünde kein *Tod* gewesen wäre sondern höchstens eine allmähliche Verwandlung wie das Wachsen des Kindes zum Jüngling.[30]

Den Unterschied den die kath. Lehre zwischen „Ebenbild Gottes" u der urspr. Heiligkeit u Gerechtigkeit macht, und das erstere in dem Begriff von Vernunft u freien Willen setzt,[31] das auch nach dem Sündenfall, wiewohl geschwächt geblie-

---

    S. 56, 7-9). Zum „Verlust der Gottebenbildlichkeit" in den Bekenntnisschriften vgl. Schlink, S. 80 f.

29  Hier wendet sich Arnswaldt gegen die „prima gratia", die dem Menschen Hilfe und Anreiz sein soll, Gott zu lieben (habitus dilectionis) und verdienstliche Werke zu tun. Vgl. Schlink, S. 131 f.

30  Vgl. Luther zu Gen. 2, 17: „Nam hoc quoque per peccatum amisimus, quod nunc inter praesentem et futuram vitam tam horribile medium est mors scilicet. In statu innocentiae fuisset id medium iucundissimum, quo ad spiritualem vitam translatus esset Adam ..." (WA 42, S. 84, 15-18). Luther sieht in dieser „Verwandlung" ein „Versetztwerden" aus der kindlichen Unschuld (de innocentia puerili) in eine männliche Unschuld (in innocentiam virilem). Ebd. S. 84, 24 u. 25.

31  Die Aufgliederung der Ebenbildlichkeit in eine „niedere" und eine „höhere" geht zurück auf die altkirchliche Unterscheidung zwischen imago und similitudo (Vgl. die Diskussion bei Klee, Bd 1, S. 280-283 und D. F. Strauß Bd 1, S. 689 ff.) Im 16. Jahrhundert sah man weithin aufgrund dieser Trennung in der Erbsünde nur eine „Entziehung der höheren übernatürlichen Kräfte". Die natürliche Anlage blieb erhalten, „ohne daß die intelligenten und moralischen Vermögen des menschlichen Geistes an sich schon geschwächt und

ben,³² kann ich nur abgelöst von der Heilsordnung verstehen [ getilgt: und ihn also hier bei der ] während es auf die Lehre der Schrift von Sünde u Gnade ohne Bedeutung bleiben muß, denn Vernunft u freier Wille, sie mögen noch so klug sein und noch so eigenwillig auf dies oder jenes, so werden sie doch außer der Gemeinschaft Gottes nichts können u vermögen als was eben außer Ihm ist, und das ist die Sünde. Das Ebenbild Gottes ist verloren gegangen durch die Sünde und es war keine andre Ebenbildlichkeit als eben diese, wozu Gott den Menschen erschuf und zu dieser Ebenbildlichkeit sind wir, trotz Vernunft u freien Willen wie dieser nach menschlichem Maaß gemessen, etwa noch bestehen kann, völlig untüchtig.³³ Nicht

---

mit dem Hange der Sünde belästigt waren" (vgl. Möhler, S. 32f.). Zu vergleichen ist besonders das Zitat von Bellarmin aus de grat. primi hom. c. II 1.1.p.8: „Imaginem ad naturam, similitudinem ad virtutes pertinere, proinde Adamum peccando non imaginem Dei, sed similitudinem perdidisse". Das Tridentinum dagegen schied terminologisch schon nicht mehr zwischen imago und similitudo. Die imago Dei ist hier die iustitia originalis. (Vgl. Möhler, S. 30, und Marheinecke, S. 11). Die Meisten heutigen katholischen Exegeten unterscheiden überhaupt nicht mehr zwischen imago und similitudo. Woran jedoch alle festhalten, ist die Aufteilung der imago Dei bzw. der iustitia originalis in eine „natürliche" und eine „übernatürliche Gottebenbildlichkeit". (Vgl. Söhngen, G.: Die biblische Lehre von der Gottebenbildlichkeit des Menschen. Pro veritate. Festschrift für L. Jaeger und E. Stählin 1963, S. 25 ff., 31 ff.).

32   S. Concil. Trid. VI, 1: „. . . tametsi in eis liberum arbitrium minime extinctum esset, viribus licet attenuatum et inclinatum" (Denz. 793). Vgl. auch Canon 5: „Si quis liberum hominis arbitrium post Adae peccatum amissum et extinctum esse dixerit, aut rem esse de solo titulo, immo titulum sine re, figmentum denique a satana invectum in Ecclesiam: AS" (Denz. 815).

33   Nach Luthers Genesisvorlesung sind nach dem Fall der Wille und die Vernunft ebenfalls noch da, aber „zerrüttet verrückt und geschwächt". (So Walchs Übersetzung des „vitiatus" in WA 42, S. 107, 3. Vgl. D. Martin Luthers Sämtliche Schriften welche er sowol in deutscher, als lateinischer Sprache verfertiget vollständige und in bequemer Ordnung auch mit historischen Vorreden und Einleitungen in vier und zwanzig Theilen herausgegeben von J. G. Walch, Halle 1740-1750. Theil 1. Halle 1740, S. 261).
Im status integritatis hatte der Mensch einen guten und reinen Willen (bona et sana voluntas) und einen gesunden Verstand (ratio seu intellectus sanus) (vgl. WA 42, S. 106, 5 u. 6). Mit der imago Dei verlor auch nach Luther der Mensch seinen erleuchteten Verstand und seinen an Gottes Wort und Willen ausgerichteten Willen (amisimus pulcherrime illuminatam rationem et voluntatem conformem verbo et voluntati Dei). (Ebd. S. 106, 12 u. 13). Jedoch bleibt Luther nicht bei dem Feststellen des Verlustes stehen, sondern folgert weiter: „Sed gravissima iactura in eo est, quod non solum ista amissa sunt, sed aversio quaedam voluntatis a Deo secuta est, ut homo nihil eorum velit aut faciat, quae Deus vult et praecipit. Item, quod nescimus, quid Deus, quid gratia, quid iusticia, denique quid ipsum peccatum sit. Hi sunt profecto horribiles defectus, quos qui non intelligunt nec vident, talpa caeciroes sunt" (WA 42, S. 106, 16-21). Auch nach den Bekenntnisschriften bleiben Vernunft und freier Wille dem Menschen nach dem Fall erhalten. Vgl. AC XVIII, 70: „Denn dieweil nach Adams Fall gleichwohl bleibt die natürliche Vernunft, daß ich Böses und Gutes kenne in den Dingen, die mit Sinnen und Vernunft zu begreifen sein, so ist auch etlichermaß unseres freien Willens Vermögen ehrbar oder annehmbar zu leben" (BSLK, S. 311, 34-40).

also war der Mensch, wie die kath. Lehre sagt, seiner reinen Natürlichkeit nach ein wohlgeordnetes Wesen mit Vernunft u freiem Willen [ getilgt: dessen Begierde nur zwar wenig] und nur nach der übernatürlichen Gnadengabe der Gerechtigkeit zu einer Gemeinschaft mit Gott befähigt,[34] sondern er hatte wirklich diese Gemeinschaft eben in der Gottähnlichkeit. Wenn die Frage nach dem Heil der Seele, nach der Gerechtigkeit und Leben, wirklichen wahren Leben (welches es für den Menschen eben nur in Gott giebt) gestellt wird so kann eine etwaige andre Seite der Ähnlichkeit als welche den Menschen auch selbst nach dem Falle noch über die Thiere erhaben sein läßt in *natürlicher* Vernunft usw. gar nicht zur Ruhe kommen, denn Vernunft sofern sie dem gefallenen Menschen eignet, ist ja der Erkenntniß u Gemeinschaft Gottes abgekehrt u unfähig Verständniß für göttl. Dinge zu haben. Ein Sehen außer in der Kraft und lebendiger Einheit mit dem göttl. Lichte ist ja nun Blindheit und es kann in dem menschl. Vermögen der pura naturalia der Vernunft wenigstens von einer Ebenbildlichkeit Gottes nicht mehr die Rede sein.[35] Ebenso hat auch der Mensch nur in Gott also vor der Sünde einen freien Willen, denn nur in der Einheit mit dem göttl. Willen ist es dem Menschen möglich Gutes zu thun. [getilgt: nicht etwa in allen Thaten usw.] Denn nur Gottes Wille ist gut. Ein von Gott abgekehrter Wille ist eben nicht frei, da er das Gute, die Gerechtigkeit die vor Gott gilt nicht thun u wollen kann, sondern mit Dichten u Trachten unter die Sünde verkauft ist [vgl. Röm. 7,14].[36]

Der Mensch hat nach dem Falle zwar alle natürlichen Beschaffenheiten die zu dem Wesen u Natur des Menschen gehören behalten, jedoch in *totaler Verderbtheit* lehrt die luth. Kirche und will damit sagen: alle Kräfte menschlicher Natur sind zwar vorhanden aber sie sind verdorben; so hat zwar der Mensch, Fleisch vom Fleische geboren, eine Vernunft, aber diese Vernunft ist in der Abkehr von Gott. Er kann mit dieser Vernunft Gott nicht mehr erkennen sondern ist gänzlich blind in Bezug auf göttliche Dinge. Das Auge ist wohl da das ursprünglich geschaffen war ein Spiegel göttl. Herrlichkeit zu sein, aber es kann das nicht mehr sondern ist gänzlich verdorben. Da mag die Vernunft noch so klug sein, sie *kann* sich nicht mehr auf anderes als das irdische Wesen richten. Der Wille ist auch noch da doch

---

34 Vgl. oben: Die Lehre vom Urstand S. 184f.
35 Zu der Beurteilung der Vernunft des gefallenen Menschen vgl. Luther zu Gen. 2, 17: „Sed peccatum originale est vere totus lapsus naturae humanae, quod est intellectus obscuratus, ut non agnoscamus amplius Deum et voluntatem eius, ut non animadvertamus opera Dei..." (WA 42, S. 86, 18-21). Ferner aus den Bekenntnisschriften, bes. AC IV, 34, wo gesagt ist, daß die natürliche Vernunft in Feindschaft wider Gott steht (BSLK, S. 166, 30 ff.).
36 Vom Willen sagt Luther in seiner Genesisvorlesung: „Deinde quod etiam voluntas mire est depravata, ut non fidamus misericordiae Dei, ut non metuamus Deum, sed securi, omisso verbo et voluntate Dei, sequimur concupiscentiam et impetus carnis..."
(WA 42, S. 86, 21-24). In den Bekenntnisschriften ist hier vor allem zu verweisen auf CA und AC XVIII (BSLK, S. 73 f., 311 ff.).

in totaler Verderbtheit denn er kann ja nicht mehr in die Gemeinschaft und Einheit göttlichen Willens kommen, und richtet sich immerdar nur auf das Fleischliche. Der natürliche Mensch ist aber auch unfähig zu allem Guten denn weil er ohne Gott lebt, so ist all sein Dichten und Trachten böse. Was bei ihm edel u groß ist, damit dient er seinem eigenen Hochmut. Für den natürlichen Menschen sind gute Werke eine Unmöglichkeit, denn er lebt ja in der Feindschaft wider Gott.[37] Dies aber beschreibt Paulus nachdem er im 1 Cap d. Br. a d. Röm 18-32 von den Heiden geredet hat nun auch von denen die von Israel waren, also von dem Volke Gottes, gleichwohl also: *Da ist nicht der gerecht sei, auch nicht einer. Da ist nicht der verständig sei* [Röm. 3,10b u. 11a] — nicht will er damit sagen daß der natürliche Verstand fehle, aber das Verständigsein bezieht sich auf Gott und der natürliche Mensch vernimmt nichts vom Geist Gottes [vgl. 2 Kor. 2, 14] — von Gott hat der natürl. Mensch keinen Verstand; *da ist nicht, der nach Gott frage* [Röm. 3, 11b]. Zwar mögen sie wohl fragen nach Gott aus Neugierde u aus Furcht, aber von dem wahren Ver-

---

[37] Ohne wörtlich zu zitieren, wendet sich Arnswaldt hier gegen den 418 auf dem Konzil zu Karthago aufgestellten Satz: Der Mensch kann auch ohne Gnade, wenn auch weniger leicht (non quidem facile) die göttlichen Gebote erfüllen (possimus etiam sine illa [gratia] implere divina mandata) Denz. 105. Die Erfüllung der Gebote und damit „gute Werke" sind danach im römisch-katholischen Raum für den „natürlichen Menschen" möglich.
Diese These widerlegt Arnswaldt anhand von ausführlichen exegetischen Paraphrasen zu verschiedenen Schriftstellen und lehnt sich besonders in seinem Ausgangspunkt wieder sehr stark an Luther an. Zu vergleichen ist zunächst aus einer Predigt Luthers über Gal. 4, 1-7: „Gott ynn der schrifft beschleußt, das alle werck fur der rechtfertigung seyen boß und keyn nutz, will tzuvor die person rechtfertig und gut haben". (WA 10 I, 1, S. 326, 9-11). Grundsätzlich bleibt nach Luther für den Menschen vor der Rechtfertigung jede Erfüllung der Gebote eine Unmöglichkeit. Vom „natürlichen Menschen" aus geurteilt verlangt Gott „impossibilia". Dem nach seinen Angaben auf Hieronymus zurückgehenden Dekret: „Qui dixerit Deum praecepisse impossibilia anathema sit", (WA 8, S. 53, 18) stellt er seine These entgegen: „Deus praecepit nobis impossibilia citra gratiam Dei" (WA 8, S. 53, 11 u. 13; zum Ganzen vgl. S. 53, 11-57, 2). Zu vergleichen ist hier ferner: „Impossibile est itaque, legem impleri sine gratia Dei ullo modo" (WA 1, S. 227, 23) und vor allem seine ausführliche Diskussion innerhalb der Resolutionen zur Leipziger Disputation, die in der Feststellung gipfelt: „ergo opera legis sunt maledicta" (WA 2, S. 407, 16, 17 vgl. ferner ebd. S. 409, 39-410, 18, bes. 410, 16 u. 18. Vgl. außerdem ebd. S. 403, 6-12, 406, 40-407, 3; 408, 1-10, 34-36; 409, 1-12).
Über die Möglichkeit bzw. Unmöglichkeit des „natürlichen Menschen" von sich aus Werke zu tun, die darin bestehen, „Gott zu fürchten, zu lieben und zu vertrauen" (Vgl. Kl. Kat. I BSLK, S. 507-509) handeln die Bekenntnisschriften vornehmlich innerhalb des Artikels über den freien Willen (Vgl. CA u. AC XVIII BSLK, S. 73 f. u. 311 ff.). Vgl. aber auch AC II: „Diese geschwinde Erbseuche, durch welche die ganze Natur verderbt, durch welche wir alle solch Herz, Sinn und Gedanken von Adam ererben, welches stracks wider Gott und das erste höchste Gebot Gottes ist, übergehen die Scholastici und reden davon, als sei die menschliche Natur unverderbet, vermüge Gott groß zu achten, zu lieben über alles, Gebot zu halten etc". (BSLK, S. 149, 21-30.)

langen nach der Gemeinschaft Gottes zu der der Mensch geschaffen war weiß der natürl. Mensch nichts sondern es geht ihm wie Adam der sich da er die Stimme Gottes im Garten hörte vor ihm versteckte [vgl. Gen. 3,8]. *Sie sind alle abgewichen und allesamt untüchtig geworden; da ist nicht der Gutes thue auch nicht Einer* [Röm. 3,12]. Abgewichen sind sie *von Gott* will natürl. der Apostel sagen denn ein anderes Abweichen giebt es ja nicht, was hier gemeint sein könnte, (von der Sünde abweichen sollen wir ja eben) und darum eben sind sie untüchtig geworden unfähig zum Guten sie *können* es nicht mehr was sie sollen, denn das Gute ist ja nur in der Gemeinschaft mit Gott möglich der allein gut ist . . .usw. bis v. 19 *Wir wissen aber daß was das Gesetz sagt das sagt es denen die unter dem Gesetz sind auf daß aller Mund verstopft werde u alle Welt Gott schuldig sei. Der Apostel hat* diese Stellen aus dem alten Testamente genommen [vgl. Ps. 14, 1-3 und Ps. 53, 2-4] um daraus zu beweisen was er vorhin von den Heiden gesagt hat, daß sie allzumal Sünder sind, auch von dem Volke Israel gelte und daß das Gesetz solches bezeuge auf daß aller Mund verstopfet werde nicht etwa jemand rühmen möge daß er doch noch etwas habe damit vor Gott zu bestehen und daß alle Welt Gott schuldig sei.

Und derselbe Apostel sagt im Br. a. d. Eph. 4-17-19. *So sage ich nun u zeuge in dem Herrn daß ihr nicht mehr wandelt wie die andern Heiden wandeln in der Eitelkeit ihres Sinnes, und zeigt* uns damit als in einem Spiegel das Leben u Wesen der Heiden die von Christo nichts wußten: sie wandeln in der Eitelkeit ihres Sinnes: Eitelkeit ist aber alles was keinen wahren wirklichen Bestand hat, was nicht reel ist was leer u hohl in sich selber ist. So sind die Gedanken des natürlichen Menschen von Gott eitel, denn Gott ist nicht so wie er in ihrer Phantasie lebt sondern das ist ein Götze was edel groß u schön bei ihnen ist, das ist es in Wahrheit nicht, denn sie dienen damit ihrem eigenen Hochmuth: ihre Gedanken von Unsterblichkeit seind eitel denn so ist es ja in Wahrheit nicht wie sie es sich träumen. *Welcher Verstand verfinstert ist und sind entfremdet von dem Leben das aus Gott ist durch die Unwissenheit, die in ihnen ist, durch die Blindheit ihres Herzens* – [ Eph. 4,18]. Ihre Weisheit ist Thorheit vor Gott denn sie sind dem Leben aus ihm entfremdet – sie wissen gar nicht mehr was ein Leben aus Gott ist durch die Unwissenheit die in ihnen ist durch die Blindheit ihres Herzens. Ein Auge welches blind ist ist unempfänglich gegen alle Eindrücke des Lichts das von außen scheine – es ist zwar urspr. geschaffen zum Sehen aber es vermag es nicht; so ist das Herz des natürl. Menschen todt und blind; es ist Finsterniß, darum kann es das Licht nicht sehen u merken. Eph. 2, v. 1-5 beschreibt der Apostel abermal den Zustand des natürl. Menschen zuerst den der Heiden unter i [= ihr] auch dann den der Juden unter wir und nennt es daselbst: *Tod* sein durch Übertretung u Sünden – Ein todter Mensch aber ist unfähig zu allem wozu Leben gehört – Solche Todte sind wir nach dem Fleisch. Daß aber dieser Todte, aus sich selber unfähig zu allem Guten doch für den Ruf des allmächtigen Gottes empfänglich wird und sich auf den Ruf Lazare komm heraus [Joh. 11, 43b] aufrichtet u lebt, das ist freilich unserm Verstande unbegreiflich; der Glaube aber giebt die Antwort: das ist eben ein Wunder Gottes, und ohne dies Wunder wäre es unmöglich. In diesem geistlichen Tode liegt aber zugleich das Widerstreben wider Gottes Gnade und ebenso gewiß als er darin aus sich selbst absolut unfähig ist Gutes zu thun d. h. Gott zu fürchten zu lieben u zu vertrauen, so hat er auch eine Feindschaft wider Gott da er vor ihm flieht anstatt ihn zu suchen. Aber auch dies Widerstreben soll überwunden werden und wenn wir abermal fragen: wodurch? so ist dieselbe Antwort: durch ein Wunder der Gnade Gottes, da der Gott der da reich ist an Barmherzigkeit durch seine Große Liebe [vgl. Eph. 2,4] sich zu dem armen Sünder kehrt u sein Widerstreben überwindet: und die Gnade mächtiger wird als die Sünde [Röm. 5,20].

Fragt man aber wie das zugehe [getilgt: und wie es zu ererben] so antwortet der Herr selbst, daß es mit dem Wehen des Geistes gehe wie mit dem natürlichen Winde; du hörest sein Sausen wohl, du weißt aber nicht von wannen er kommt u wohin er fährt [Joh. 3,8]; also ist ein Jeglicher der aus dem Geist geboren ist denn ein andres ist es: geboren werden oder zum Bewußtsein kommen, ein anderes empfangen und ein anderes das Bewußtsein davon haben. Denn wenn wir das Werk Gottes an der Seele merken, so ist es schon längst geschäftig gewesen wie das Kind ja längst lebt ehe es „Ich" sagen lernt.

Wenn dann aber das Bewußtsein in uns erwacht so giebt es freilich ein Widerstreben, das sich nicht überwinden lassen will und ein solches zwingt Gott freilich nicht. Die Gabe nehmen oder geben können wir uns nicht, ebenso wenig mit irgend etwas aus dem Unsern mehren u dazu thun — aber mit der empfangenen Gabe treu oder treulos sein, das können wir, da denn der Treulose die Gabe verliert, der aber treu ist immer mehr aus Gottes Schatz bekommt [vgl. Mt. 13,12]. So ist es denn dem natürlichen Menschen auch unmöglich gute Werke zu üben, denn wiewohl es in jemandes Macht steht das Stehlen oder Tödten zu lassen, mag er dennoch diese Gebote nicht zu erfüllen daß er damit vor Gottes Angesicht bestehen könne:[38] die Sünde ist in ihm und wird je nach Zeit u Umständen und ohne Gottes gnädige Bewahrung ohne alle Frage auch zu den Werken kommen. *Denn wir sind sein Werk geschaffen in Christo Jesu zu guten Werken* [Eph. 2,10a] sagt der Apostel und bezeuget damit deutlich daß erst das „in Christo Jesu geschaffen sein" welches Werk allein Gottes ist zu guten Werken fähig mache — *zu welchen er uns zuvor bereitet hat daß wir darinnen wandeln sollen* [Eph. 2,10b]. Sind wir nun Gottes Werk in Christo Jesu, so sehen wir wohl daß alles was aus diesem Werk kommt nicht unser ist, dem natürlichen Menschen nach und daß unser natürlicher Mensch nichts kann als das Werk Gottes in uns hindern u wehren.

---

38  Vgl. hierzu noch bes. die 66. These in der Disputatio contra scholasticam 1517: „Hypocritarum est iustitia opere et foris non occidere, non mechari ec" (WA 1, S. 227, 21).

Es lehrt aber auch die luth. Kirche daß auch bei den Getauften der Zustand des natürlichen Menschen im Wesentlichen derselbe bleibe: daß also nicht der alte Mensch bei der Geburt des neuen Menschen aus der h. Taufe ausgereutet und ausgetilgt werde, daß vielmehr der neue Mensch als aus Gott geboren nun die Sünde nicht muß herrschen lassen. Jene Begierlichkeit ist aber so gewiß Sünde als sie aus der Sünde stammt und vor dem aufrichtigen Gewissen ihren Ursprung nimmer verleugnen wird. Wer daher seines Verderbens inne wird der wird auch nimmer diese Erfahrung machen ohne zugleich zu fühlen daß er nach seinem natürlichen Menschen der Verdammniß verfallen ist; [ getilgt: aus welchem] daß es auch diesem natürlichen Menschen unmöglich ist Gutes zu thun;[39] [ getilgt: in der Wiedergeburt aber wird ein neues Prinzip in dem Menschen erzeugt und es gilt von diesen, daß sie]. Damit aber kann er sich auch das Verlorensein nicht verhehlen, denn der

---

[39] In AC II, 35-41 heißt es, daß die concupiscentia die „böse Neigung und Lust am Menschen" auch nach der Taufe noch als „Sünde" im Menschen *da* ist (BSLK, S. 153, 51-155, 29). Sie beginnt die Diskussion mit einem freien Zitat aus den Leipziger Thesen Luthers: „Peccatum originis manere post baptismum (BSLK, S. 153, 51, 52).
1521 verteidigt Luther gegen Latomus den Satz: „Peccatum post baptismum remanet" (WA 8, S. 57, 3-31). Bereits 1518 in der Disputatio Heidelbergae habita vertrat er diesen Grundsatz so konsequent, daß er nach einer Exegese von Pred. 7,20 und Röm. 7,19 sagen konnte: „semper peccamus, dum benefacimus" (WA 1, S. 367, 26, vgl. S. 367, 1-368, 3). Auch der Getaufte ist von der Sünde nicht völlig befreit, so daß auch alles was er tut, nicht losgelöst von der Sünde betrachtet werden kann. Vgl.: „Est ergo omne opus bonum vitiosum cuiuscunque hominis in hac vita propter servitutem peccati, qua tenetur ... debitor et peccator maneat ..." (WA 2, S. 412, 34-36). In diesem Sinne konnte Luther auch die These verteidigen: „omne opus bonum in sanctis viatoribus esse peccatum" (WA 8, S. 58, 7 u. 8, vgl. außerdem WA 1, S. 428, 5-29; 608, 4-10 und WA 6, S. 190, 26-191, 9). Zu vergleichen ist noch besonders aus dem Sermon vom Sakrament der Taufe (1519): „Dan die sund horet nit gantz auff, die weyl disser leyb lebt, der ßo gantz yn sunden empfangen ist, das sund seyn natur ist ..." (WA 2, S. 728, 23 u. 24). Es soll nun noch im einzelnen zum Vergleich mit Arnswaldts exegetischen Paraphrasen aufgezeigt werden, wie Luther vom Sündersein vor und nach der Taufe spricht (zu vergleichen ist hierzu besonders WA 8, S. 87, 31-99, 24).
Vor der Taufe ist die Sünde peccatum regnans. Sie herrscht räumlich und zeitlich über alle und immer, in allen Kräften und zu jeder Stunde hat sie das Übergewicht. Sie macht schuldig vor Gott, beunruhigt das Gewissen und treibt als Tyrann von Tag zu Tag in grössere Übel. Sie ist mächtig nach Quantität, Qualität und Aktivität (WA 8, S. 88, 28-38).
Nach der Taufe ist die Sünde peccatum regnatum. Sie ist unterworfen, untergetreten, zerkrümelt bis auf einen Bodensatz (faex) (WA 8, S. 88, 27 u. 38), verurteilt, durch öffentlichen Todesspruch zum Tod geführt, machtlos wie ein auf den Tod wartender Räuber, gefangen, gerichtet, geschwächt. Aber sie ist ihrer Natur nach noch da, wenn auch nur ganz in Passivität. Sie ist verdammt, aber nicht ausgelöscht. Völlig vertilgt wird sie erst bei der Wiederkunft Christ (WA 8, S. 89, 9 f. u. 91, 15-17). Der Mensch hat nun das, was schon verdammt ist, völlig zu töten. Er muß den zerkrümelten Rest austilgen und warten auf die verheißene völlige Austilgung. Hört der Mensch auf, über die Restsünde zu herrschen und stimmt ihr zu, dann übernimmt die Sünde wieder die Herrschaft (WA 8, S. 96, 31 f.).

wahrhaftige u heilige Gott spricht: Verflucht ist, wer nicht alle diese Worte hält
[ Dt. 26, 27] — Gott zürnt und dräuet auch nicht, wie die Menschen thun die wohl
einmal sagen mögen sie würden nie wieder gut mit dem u jenem und es in der
nächsten Stunde dennoch sind, weil sie etwa von dem eignen Gewissen an die
eigne Sünde gemahnt werden — sondern er ist der heilige u gerechte Gott der die
Sünde strafen muß und kein Gericht zu scheuen braucht. — Der Apostel Paulus
in dem Brief an d. Röm. spricht aber also: Also auch ihr haltet euch dafür daß
ihr der Sünde gestorben seid u lebet Gott in Chr. eurem Herrn: So laßt nun d.
Sünde nicht herrschen in eurem sterbl. Leibe, ihr Gehorsam zu leisten in seinen
Lüsten [ Röm. 6,11 u. 12]. Der Ap. redet zu Getauften, zu Christen , und ermahnt
sie die Sünde nicht herrschen zu lassen in ihrem Leibe, ihr Gehorsam zu leisten in
seinen (des Leibes) Lüsten. So sagt er ja offenbar daß die Sünde in dem Leibe des
Menschen ihren Sitz habe, von wo aus sie zur Herrschaft zu kommen suche, nicht
von außen sondern von innen: gleichwohl soll diese Sünde die in des Leibes Lüsten
u Begierden kund wird, nicht wahrhaft der Sünde Art an sich haben? Auch begebet nicht der Sünde eure Glieder zu Waffen der Gerechtigkeit [ Ungerechtigkeit]
sondern begebet euch selbst Gott, als die da aus den Todten lebendig sind, u eure
Glieder Gott zu Waffen der Gerechtigkeit [ Röm. 6,13]. — Die Sünde ist hier als
eine Person gedacht, die unsere Glieder in ihren Dienst haben will.[40] Aber sie
soll nicht herrschen sondern wir, die aus den Todten lebendig sind sollen Gott uns
dargeben u unsre Glieder zu Waffen der Gerechtigkeit denn die Sünde wird nicht
herrschen können über euch — sie ist wohl da, aber weil Gott mit seiner Gnade
auch da ist, so brauchen wir ihr allerdings nicht zu gehorchen — ebenso heißt es
cap. 8 v 12. So sind wir nun Schuldner nicht dem Fleisch, daß *wir nach dem
Fleische leben; denn wo ihr nach dem Fleische lebet so werdet ihr sterben müssen
wo ihr aber nach dem Geist lebet so werdet ihr leben* [ Röm. 8, 12 u. 13]. Auch
hier wird immer von dem Fleische als etwas was des Menschen ist, geredet. Nicht
nach einer Sünde die außer uns ist brauchen wir uns umzusehen wenn wir unsre
Feinde erkennen wollen, sondern das Fleisch ist es, und das ist das Fleisch was wir
erst mit dem Tode ganz ablegen, was uns aber bis dahin immer wieder zu knechten
sucht. Der Geist aber ist nicht der Geist des Menschen sondern der Geist Gottes,
der in uns sein Werk hat. Den Gegensatz von Geist u Fleisch in dem getauften Menschen beschreibet aber noch deutlicher St. Paulus Gal 5 16 u 17 *Ich sage aber: Wandelt im Geist so werdet ihr die Lüste des Fleisches nicht vollbringen. Denn das Fleisch*

---

40    Zur Sünde als „Personsünde", die die Natur des gesamten Menschen umfaßt, vgl. Luther in
       einer Predigt über Luk. 2, 21: „Nu er aber das gelid nympt, das gar keyn werck hatt denn
       das die natur und personlich weßen dadurch kompt, gibt er klerlich zuvorstehen, das es
       an dem gantzen weßen der natur feyle, das yhr gepurt und alles yhr herkommen sey vor-
       derbet und sund, das ist: die erbsund, odder natursund, odder personsund, die rechte
       hewbtsund, wo die nit were ßo were auch kein wircklich sund" (WA 10 I, 1, S. 508,
       14-21). Vgl. außerdem zu Ps. 51: „Sic Iureconsultus loquitur de homine possessore
       et domino suarum rerum, Medicus loquitur de homine sano et aegro, Theologus autem
       disputat de homine PECCATORE" (WA 40 II, S. 327, 19-22).

*gelüstet wider den Geist, u der Geist gelüstet wider das Fleisch. Dieselbigen sind widereinander daß ihr nicht thut was ihr wollt.*[41] Das Fleisch ist das was aus uns wider Gott gelüstet, die Feindschaft Gottes in dem natürlichen Menschen wo diese nun rege wird in dem Getauften — sollte sie dennoch Gott nicht als Sünde u Aufruhr wider ihn hassen u danach verfahren? Wenn das nicht Sünde ist, was uns immerdar treibt u reizet zur Verachtung u Haß Gottes u seiner Gebote, was ist es denn? — Oder mußt du nicht bekennen daß es so wirklich ist? wird nicht deine tägliche Erfahrung alle andre Auffassung als betrüglich niederschlagen u verwerfen vor dieser Stimme des Wortes Gottes u dem Echo in deinem Herzen? *Welche aber Christo angehören die kreuzigen ihr Fleisch sammt den Lüsten u Begierden* [ Gal. 5,24]. Das ist der Christenstand: da ist der Taufe der Missethäter, der natürl Mensch in den Kreuzestod gegeben, und der tägliche Kampf des Christen ist daß er nun in solcher Kreuzigung fortfahre, täglich aufs Neue beginne und sorge, daß dieser Missethäter sich nicht etwa vom Kreuz heruntermache und unversehens die Oberhand gewinne.[42] *So aber sich jemand läßt dünken er sei etwas so er doch nichts ist der betrügt sich selbst* [ Gal. 6,3]. Das ist das Urtheil der heil. Schrift über das was des Menschen ist: sie nennt es: *nichts* — aus Nichts kann aber kein Gutes kommen sondern wenn Gutes kommen soll muß Gott es geben, der allein gut ist. Eph. 4 22 bis 24 ist der Vers da es heißt: Leget nun von euch ab nach dem vorigen Wandel den alten Menschen der durch Lüste in Irrthum sich verderbet. Erneuert euch aber im Geist eures Gemüthes u ziehet den neuen Menschen an der nach Gott geschaffen ist in rechtschaffener Heiligkeit u Gerechtigkeit. — Abermal redet hier Paulus zu getauften Christen und erinnert sie damit ihres Christenstandes dessen Anfang sie in der Taufe genommen. Dem Anfange nach geschieht ja allerdings in der Taufe dies Anlegen des neuen und Ablegen des alten Menschen; wie auch der Katechismus sagt auf die Frage: was bedeutet denn solch Wassertaufen? Es bedeutet daß der alte Adam in uns durch tägliche Reue u Buße soll ersäufet werden u sterben mit allen Sünden u bösen Lüsten u wiederum täglich herauskommen u auferstehen ein neuer Mensch der in Ger. u Reinigk. vor Gott lebt:[43] Das ist das Werk der Taufe daß sie dem Anfange nach in die Gemeinschaft Gottes den Menschen einpflanze [ getilgt: und den Geist gebe der] nicht daß er schon vollkommen sei, sondern daß er nun wachse u zunehme, und täglich von neuem das Werk der Heiligung u Erneuerung beginne. Der alte Mensch aber bleibet, so lange er lebt unfähig zu allem guten Werk und er lebt u wird wieder lebendig sobald [ getilgt: der neue Mensch] das Werk des heil. Geistes, einen Augenblick feiert und mit dem Ablegen des alten und Anlegen des neuen Menschen innehält.

---

41   Zur Auslegung der Stelle Gal. 5, 17 vgl.: „At haec duo manent, quam diu caro manet: ita non faciunt quod volunt. Volunt legem dei servare, ne concupiscant aliquid contra legem dei, sed non faciunt nec implent hoc velle: ideo manent peccatores et non unum saltem opus faciunt, in quo nihil sit debiti aut defectus a lege" (WA 2, S. 413, 4-8).
42   Vgl. außer Anm. (39) Kl. Kat. Taufe, 65, 66, 71, 83 u. 84 (BSLK, S. 704-707).
43   S. Kl. Kat. Taufe Frage 4 (BSLK, S. 516, 30-38).

In der 1 Epistel St. Joh. findet sich ein scheinbarer Widerspruch in folgenden Versen c. 1 v. 8: *So wir sagen wir haben keine Sünde, so verführen wir uns selbst u die Wahrheit ist nicht in uns* u Cap. 3 v. 9: *wer aus Gott geboren ist thut nicht Sünde denn sein Same bleibet bei ihm und kann nicht sündigen denn er ist von Gott geboren* oder 5 v. 18 *Wir wissen daß wer von Gott geboren ist der sündiget nicht sondern wer von Gott geboren ist der bewahret sich u der Arge wird ihn nicht antasten.*[44]

Dies sind Worte ein u desselben Apostels und der Widerspruch ist auch nur ein scheinbarer; denn es ist ja unzweifelhaft u gewiß, daß das was aus Gott geboren ist keine Sünde thut, daß jede Sünde eine Verleugnung dessen was aus Gott geboren ist sein wird und darum niemand zu dem Selbstbetruge führen darf u kann, daß er ohne Sünde sei, denn das was vom Fleisch geboren ist u das was aus dem heil. Geist geboren ist, ist ja eben der beständige Widerstreit in uns, und die heil. Schrift wehret jeder Anmaßung die auf Grund der Wiedergeburt den Kampf liegen lassen wollte.

### [3.] Die Lehre von der Rechtfertigung

[(a) Kontroverstheologischer Überblick]

In der kath. Lehre von der Rechtfertigung sind Gott u der Mensch (der natürl. Mensch) immer miteinander thätig — nicht der Mensch *ohne* Gott, aber doch der Mensch nach seinen *natürlichen* Kräften als *neben* u *außer* Gott wirkend.[45] Die Berufung allein ist das Werk Gottes das der Mensch ohne vorhergegangne Verdienste empfängt;[46] aber nach der Berufung geht die freie Mitwirkung des Menschen an. Daß die kath. Lehre folgert: weil der Mensch die Gnade Gottes verwerfen kann so müsse es umgekehrt auch so sein, und es sei darum seine Freiheit die der berufenden Gnade Folge leiste,[47] ist nicht richtig. Denn allerdings (und dies wird von der luth. Kirche nicht geleugnet): *verwerfen* kann der Mensch die Gnade: das ist eben das Vermögen des Sünders — aber daß er die Gnade annimmt ist nicht sein natürliches Vermögen sondern ein Wunder der Gnade Gottes. Es ist darin ebenso wie mit dem physischen Leben: das kann der Mensch auch wohl tödten, er kann verwahrlosen und dadurch verlieren, aber nun

---

44  Zur Zusammenschau von Joh. 1,8; 3,9 u. 5,18 vgl. ASm C III, 43-45 (BSLK, S. 448 u. 449).

45  Zum Ganzen vgl. die Formulierung aus dem Verzeichnis der päpstlichen Urteile über die Gnadenlehre: „Nos cooperatores sumus gratiae Dei" (Denz. 141).

46  Vgl. Concil. Trid. VI, 5. Hier heißt es von der „vocatio Dei", dem ersten Schritt zur Rechtfertigung, daß die „Erwachsenen" ohne ein eigenes vorliegendes Verdienst berufen werden (Denz. 797).

47  Zur Fähigkeit des Menschen, die Gnade Gottes in Freiheit anzunehmen (recipere) oder sie abzulehnen (abicere) vgl. Concil. Trid. VI, 5 (Denz. 797) sowie die Verteidigung dieser Auffassung bei Möhler, S. 74-85.

u nimmermehr kann er sich lebendig machen wenn er todt ist, oder aus eigenem Wollen fristen wenn Gott ihm sein Ziel gesetzt hat. Es ist vielmehr in jedem Momente eine Gabe: und grade so ist es im geistlichen Leben.[48]

In der kath. Lehre von der Rechtfertigung wird immer das was die luth. Lehre auf Grund der heil. Schrift auseinanderhalten zu müssen glaubt, in eins gefaßt. Es heißt da, daß die Rechtfertigung darin bestehe daß in der Wiedergeburt der Glaube mit der Hoffnung u der Liebe eingegossen werde und daß der Mensch, indem er in Glaube Hoffnung u Liebe Gott wohlgefällig wandle, vor ihm gerecht werde und dann natürlich auch (gleichsam in Folge davon) Vergebung seiner Sünden habe.[49]

Die luth. Lehre dagegen sagt: Wenn dem Menschen seine Sünden ohne sein Verdienst u um Christi willen vergeben werden so ist das seine Rechtfertigung vor Gott. Diese Rechtfertigung erlangt er aber nicht nach der Heiligung sondern es ist das erste:[50] denn wenn Gott Wohlgefallen an dem Sünder haben soll und ihn zu einem Gefäß Seiner Gnaden macht, so muß er ihn erst aus einem Gefäß des Zorns, welches er durch die Sünde ist, neu machen und das geschieht eben in der Vergebung der Sünden u Tilgung der Schuld. Erst dem also aus der Vergebung der Sünden lebenden Menschen kann Gott den Gnadenlohn der Verheißung zuwenden.[51]

---

48   Zu dem Unvermögen des Menschen, die Gnade anzunehmen vgl. Epit. II, 11 und SD II, 79. Hiernach kann der Mensch die Gnade von sich aus weder ergreifen (apprehendere) noch annehmen (amplecti) (BSLK, S. 779, 15 f. u. 904, 13 f.). In allen geistlichen Dingen gibt es für den gefallenen Menschen keinen freien Willen, Hier ist er verschlossen und tot wie eine Salzsäule oder ein Stamm und ein Stein und kann nur durch ein Wunder erweckt werden. Vgl. das Lutherzitat in SD II, 20: „in spiritualibus et divinis rebus, quae ad animae salutem spectant, homo est instar statuae salis, (in quam uxor patriarchae Loth est conversa), imo est similis trunco et lapidi ac statuae vita carenti, quae neque oculorum, oris aut ullorum sensuum cordisve usum habet" (BSLK S. 879, 40-880, 7). Zur Quellenangabe vgl. ebd. Anm. 4. Möhler zitiert dieses Wort fälschlich als eine Auslegung Luthers zu Gen. 19 (Möhler, S. 77).

49   Die Rechtfertigung ist nach dem Tridentinum die Versetzung (translatio) aus dem Stand eines Nachkommens Adams in den Stand der Gnade (status gratiae) die nicht möglich ist ohne das Bad der Wiedergeburt (lavacrum regenerationis) (Denz. 796). Sie ist nicht nur Vergebung der Sünden, sondern zugleich Heiligung und Erneuerung des inwendigen Menschen (sanctificatio et renovatio interioris hominis) (Denz. 799). Vgl. auch in demselben Kapitel: „Unde in ipsa iustificatione cum remissione peccatorum haec omnia simul infusa accipit homo per Iesum Christum, cui inseritur: fidem, spem et caritatem" (Denz. 800).

50   Vgl. SD III, 41: „Dann gute Werke gehen nicht für den Glauben her, auch nicht die Heiligung für der Rechtfertigung, sondern erstlich wird in der Bekehrung durch den Heiligen Geist der Glaub aus dem Gehör des Evangelii in uns angezündet, derselbe ergreift Gottes Gnade in Christo dadurch die Person gerechtfertigt wird" (BSLK, S. 927, 40-928, 4).

51   Zu den Termini Gefäß der Gnade, Gefäß des Zornes vgl. Röm. 9, 22 und SD XI, 79 u. 80 (vasa misericordiae und vasa irae) (BSLK, S. 1086, 12, 14, 19 u. 20).
Zu vergleichen sind besonders die Ausführungen Luthers in seiner Lehre von der Rechtfertigung über die Beurteilung des Menschen sub ira und sub gratia. Vor der

Die Vorbereitung zur Rechtfertigung geht nach kath. Lehre aus von der zuvorkommenden u unterstützenden Gnade,[52] die dem freien Willen des Menschen, der in der Sünde gebunden, so wie *natürlich* ist, nicht *allein* frei werden kann — Diesen schlafenden freien Willen regt die Gnade in der Berufung an daß er sich nun selbst zur Rechtfertigung hinwende.[53] Die Stellen die die kath. Väter zu ihrem Belege anführen sind aus ihrem Zusammenhange gerissen u passen auf dies Verhältniß eigentlich gar nicht, da sie beide von dem auserwählten Volke handeln, welches unmöglich dem natürlichen Menschen wie er ohne die Gnade ist, zum Vorbilde dienen kann. Die zweite Stelle Klagel. 5 21. handelt auch von der Wiederkehr zu dem verlassenen u verwüsteten Zion, und erscheint im Zusammenhange als etwas ganz anderes als die zuvorkommende Gnade die dem in Sünden todten Menschen die Anregung wird, sich aus eigener Freiheit zu Gott zu wenden.[54] Die Vorbereitung selbst, sofern der Mensch dabei selbstthätig ist besteht im Glauben, daß er nämlich das was Gott geoffenbart für wahr hält[55] (daß hier die kath. Lehre nur eine einzige Seite dessen, was sowohl das deutsche als das latein. u griech. Wort Glauben bedeutet, hervorgehoben ist klar; denn glauben ist nicht blos: für wahr halten was Gott geoffenbart sondern es ist: geloben vertrauen — an Gott glauben ist die Annahme u die Zuversicht daß Gott den Gläubigen das sein werde als was er sich geoffenbart: wie wenn man sagen wollte: ich glaube an meinen Freund, so heißt das gewiß nicht

---

Rechtfertigung steht der Mensch von Gott ausgesehen sub ira. Sein Gerecht- und Frommsein, das zwar vor den Menschen und vor seinem Gewissen (coram hominibus et in conscientia) voll als solches anzuerkennen ist, bleibt vor Gott (coram deo) unrein (immundus) vgl. WA 8, S. 67, 8-10, 20-22. Ohne Gnade würde der Mensch immer unter dem Zorn bleiben. Erst wenn Gott durch einen reinen Akt der Gnade den Menschen sub regno misericordiae stellt ( = iustificatio) ist dieser auch zu Taten fähig, die nicht mehr Gottes Gericht herausfordern. (Vgl. Luther über die bonitas personalis und die bonitas efficax und seine Unterscheidung der operarii iustitiae und der factores iustitiae in WA 8, S. 67, 35-68, 5; 74, 23-26).

52  Zu den Begriffen gratia praeveniens und gratia adiuvans vgl. Concil. Trid. VI, 5 (Denz. 797).

53  S. besonders Concil. Trid. VI Canon 4: „Si quis dixerit, liberum hominis arbitrium a Deo motum et exicatum [!] nihil cooperari assentiendo Deo excitanti atque vocanti, quo ab obtinendam iustificationis gratiam se disponat ac praeparet neque posse dissentire, si velit, sed velut inanime quoddam nihil omnino agere mereque passive se habere.: AS." (Denz. 814).

54  Zur Hermeneutik Arnswaldts s. oben S. 133. Die erste Stelle Sach. 1,3 nennt Arnswaldt nicht. Vgl. Concil. Trid. VI, 5, Denz. 797.

55  Vgl. Concil. Trid. VI, 6: „Disponuntur autem ad ipsam iustitiam, dum exitati divina gratia et adiuti, fidem ex auditu concipientes, libere moventur in Deum, credentes, vera esse, quae divinitus revelata et promissa sunt ... (Denz. 798). Vgl. ferner Catechism. Rom ed. Colon 1565 p. 17: „Igitur credendi vox hoc 1oco putare, existimare, opinari, non significat, sed ut docent sacrae literae, certissimae, assensionis vim habet, qua mens Deo, sua mysteria aperienti firme constanterque assentitur ... Deus enim, qui dixit, de tenebris lumen splendescere, ipse illuxit in cordibus nostris, ut non sit nobis opertum Evangelium sicut iis, qui pereunt" (zitiert nach Möhler, S. 113 Anm. 2).

bloß: ich glaube daß wahr ist was er sagt, sondern es heißt ich glaube daß er mein Freund ist es *mit mir* als ein Freund treu meint – u wiederum schließt es das eigne Verhältniß mit ein].[56] Das zweite Stück der Vorbereitung ist daß er anfängt die Sünde zu hassen u Gott zu lieben[57] – 3 der Vorsatz sich taufen zu lassen u ein heiliges Leben zu führen.[58] Dies alles soll der Mensch aus sich selbst vermögen. Siehe die kath. Lehre in den Trid. Beschlüssen – .

Was aber der Ausspruch der kath. Kirche über die Ungewißheit der Rechtfertigung sagt so ist die der Punkt an dem sich die Confessionen immerdar scheiden werden. Denn wenn sie da zuerst sagt, daß nicht wer sich der Vergebung der Sünden rühme, darum auch wirklich Vergebung der Sünden habe,[59] so meint sie damit die luth. Lehre zu treffen, was aber doch nur die Folge eines Mißverstehens oder Mißdeutens. Denn das ist ja nicht luth. Lehre und nie einem Luth. eingefallen zu meinen daß um des willen die Vergebung der Sünden wahr sein müsse weil sich jemand derselben rühmt, vielmehr ist die Zuversicht u Gewißheit allein auf das was Gottes ist gegründet, und steht allein mit der Verheißung u Zusage im Worte Gottes. Wenn aber die kath. Kirche weitersagt daß auch die Wahrhaft Gerechtfertigten nie wissen können ob sie in Wahrheit die Gnade Gottes empfangen haben,[60] so ist dies eine Lehre die die luth. Kirche auf Grund der heil. Schrift verwerfen muß. Denn Gott ist nicht ein solcher Gott daß er sagte: ich will dir wohl gnädig sein – du sollst es aber nie wissen, ob ich es wirklich bin, – sondern dein Leben lang vergeblich nach dem Frieden suchen: – sondern es ist unzähliges Zeugniß der heil. Schrift vorhanden, daß die

---

56    Zur etymologischen Bestimmung des deutschen Wortes glauben vgl. Kluge, F.: Etymologisches Wörterbuch der deutschen Sprache, 20. Auflage, Berlin 1967, S. 260. Als Grundbedeutung wird hier angegeben: „sich etw. lieb, vertraut machen".
Die Grundbedeutung von credere ist „vertrauen, sein Vertrauen schenken" (vgl. Haas, H.-Kienle, R.: Lateinisch-Deutsches Wörterbuch, Heidelberg 1962, S. 122) und von πιστεύω vertrauen, sich verlassen auf (vgl. Bultmann, R.: πιστεύω (A) ThWNTBd.6, S. 177). Zur näheren Bestimmung des Glaubens als fiducia vgl. unten s. S. 224f. und Anm. 67.

57    „... illumque [Deum] tamquam omnis iustitiae fontem diligere incipiunt ac propterea moventur adversus peccata per odium aliquod et detestationem ..." Concil. Trid. VI, 6 (Denz. 798).

58    „... denique dum proponunt suscipere baptismum, inchoare novam vitam et servare divina mandata" ebd.

59    Das 9. Kapitel des tridentinischen Rechtfertigungsdekrets spricht von Ketzern und Abtrünnigen (haeretici und schismatici), die sich der Zuversicht und Gewißheit der Vergebung ihrer Sünden rühmen (fiduciam et certitudinem remissionis peccatorum suorum iactanti) und die nur deshalb beruhigt sind, weil ihre Sünden vergeben werden oder schon vergeben sind. (in ea sola quiescenti peccata dimitti vel dimissa esse) Concil. Trid. VI, 9 (Denz. 802).

60    S. Concil. Trid. VI, 9: „Sed neque illud asserendum est, oportere eos, qui vere iustificati sunt, absque ulla omnino dubitatione apud semetipsos statuere, se esse iustificatos ..." (Denz. 802).

Gläubigen allerdings der Vergebung der Sünden in Christo gewiß sind und Frieden haben.[61]

Für den Kath. aber giebt es hiernach keine ruhige Stunde mehr, sobald er redlich in sich blickt, denn allerdings, wenn die Gewißheit der Rechtfertigung darauf gestellt ist ob er auch wohl genug zur Gnade sich vorbereitet habe u also das genügende Maaß der Gnade empfangen, so ist damit die Rechtfertigung immerdar auf Schrauben gestellt u hat niemals gewissen Grund;. Nicht ohne Grund aber hat die kath. Kirche diese alles göttlichen Grundes endbehrende Lehre aufgestellt. Es ist vielmehr hier das Band zu suchen das die Hierarchie mit der Laienschaft so unauflöslich verknüpft. Denn an der Wirksamkeit der Sacramente zweifeln darf allerdings der Mensch nicht[62] und so ist es natürlich, daß wenn dem ernsten aufrichtigen Christen Zweifel kommen, er sofort zur Beichte geht um wenigstens ein augenblickliches Ausruhen zu erlangen: — die Priester allein haben ja in Händen, was ohne ihre Vermittlung nicht zu den Gläubigen kommen kann,[63] und es steht sogar nach dem Tode noch die Seele in ihrer Macht u Gewalt,[64] wer wird also so thöricht sein, nicht auf das Eifrigste an dieser Priesterherrschaft zu hängen die für den Kath. die einzige Gewähr des ewigen Lebens ist!

---

61  Vgl. Luther in: De servo arbitrio: „Spiritus sanctus non est Scepticus, nec dubia aut opiniones in cordibus nostris scripsit sed assertiones ipsa vita et omni experimenta certiores et firmiores" (WA 18, S. 605, 32-34) oder an anderer Stelle: „Aber der heilige geist ist ein solcher lerer, der gewis ist, gewis macht und so weben und schweben lest" (WA 23, S. 245, 30 u. 31).
Auch die Apologie wendet sich ausdrücklich gegen alle die „die Leute lassen im Zweifel stecken, ungewiß schweben und hangen, ob sie Vergebung der Sunde erlangen oder nicht". AC IV, 120 vgl. AC XII, 89,90 (BSLK, S. 184, 25-30; 270, 26-39) und fordert: „Nu muß aber die Hoffnung des ewigen Lebens gewiß sein. Damit sie nu nicht wanke, sondern gewiß sei, so müssen Wir gläuben, daß wir das ewige Leben haben nicht durch unsere Werke oder Verdienst, sondern aus lauter Gnaden durch den Glauben an Christum" (BSLK, S. 224, 31-34).

62  Vgl. Concil. Trid. VII, 7: „Si quis dixerit, non dari gratiam per huiusmodi sacramenta semper et omnibus, quantum est ex parte Dei, etiamsi rite ea suscipiant, sed aliquando et aliquibus: AS" (Denz. 850).

63  S. Concil. Trid. VII, 10: „Si quis dixerit, Christianos omnes in verbo et omnibus sacramentis administrandis habere potestatum: AS" (Denz. 853). Vgl. als Beispiel Concil. Trid. XIV, 6: „Circa ministrum autem huius sacramenti declarat sancta Synodus, falsas esse et a veritate Evangelii penitus alienas doctrinas omnes, quae ad alios quosvis homines praeter episcopos et sacerdotes clavium ministerium perniciose extendunt . . ." (Denz. 902).

64  Das in der Messe dargebrachte (peragere) sichtbare Opfer ist nicht nur ein wirkliches Sühneopfer (vere propitiatorium) für Lebende, sondern auch für die Toten: „Quare non solum pro fidelium vivorum peccatis, poenis, satisfactionibus et aliis necessitatibus, sed et pro defunctis in Christo, nondum ad plenum purgatis, rite iuxta Apostolorum traditionem offertur". Concil. Trid. XXII, 2 (Denz. 940). Vgl. ferner den 3. Canon de sanctissimo Missae cacrificio (Denz. 950).

Dahin kommt man mit der Consequenz des kath. Systems. Bei der Lehre vom freien Willen und vom Ausgetilgtsein der Erbsünde bei den Getauften hat sie Heilige,[65] wie die luth. Kirche keine in ihrer Mitte rühmt, die aus eignen Kräften mit eigner Gerechtigkeit, Heiligkeit und Unbeflecktheit einherzugehen vermöchten sondern sie sind u bleiben allzumal Sünder u mangeln des Ruhms – Die kath. Kirche aber verdammt die Lehre von der Gewißheit der Seligkeit,[66] die der Luth. steter Trost ist den sie im Worte Gottes und seiner untrüglichen Wahrheit wider alle Anfechtungen festhalten. Bei diesem Cap. haben es die kath. Väter nicht versucht, ihre Meinung mit dem Worte Gottes zu begründen – sie hätten auch schwerlich einen Spruch zu ihrem Belege finden mögen denn Gott Lob! findet sich nichts in der Bibel, was auch nur scheinbar diese (gottlose) Lehre rechtfertigte.

Der Inhalt unseres Glaubens ist nun Jesus Christus – in Ihm haben wir Alles er ist uns gemacht zur Weisheit (alle wahre Erkenntniß u Wahrheit liegt in dem Glauben an den Herrn Jesum) und zur Gerechtigkeit. Da Seine Gerechtigkeit unsere Gerechtigkeit wird – und zur Heiligung und zur Erlösung [ 1. Kor. 1,30] (Erlösung ist hier in dem Sinne in welchem es der Apostel meint wenn er von der endlichen Erlösung von allem Uebel und dem Aushelfen zu Seinem himmlischen Reiche redet] – das ist der Inhalt des Glaubens und indem wir den Herrn im Glauben haben müssen uns alle diese Momente in Eins gehören. –[67] In Ihm haben wir den ganzen Glauben denn natürlich erweitert sich ja von diesem Mittelpunkte aus der Glaube wir können ja nicht an Christum glauben ohne an den zu glauben der ihn gesandt hat: hingegen können wir außer Ihm auch nichts glauben denn ein Gott außer in Christo ist entweder ein Götze oder eine Einbildung.[68] Wer den Gott der sich in Christo geoffenbart, verwirft, der hat gar keinen Gott, denn es ist nur dieser eine. Die Juden beten zwar den Gott Abrahams Isaaks u Jacobs noch an und das ist ja freilich im alten Bunde der, welcher im neuen Bunde der Vater unsres Herrn Jesu Christi heißt – aber sie haben in ihm nur mehr einen halben Gott und darum gar keinen denn indem sie die letzte Offenbarung dieses Gottes verwarfen, wandten sie sich ja von ihm und machten ihn zum Lügner –[69] Er ist der Mittler zwischen

---

65  Zu den Heiligen und der Heiligenverehrung vgl. Concil. Trid. XXV (Denz. 984-988.)

66  Vgl. Concil. Trid. VI, Canon 16: „Si quis magnum illud usque in finem perseverantiae donum se certo habiturum absoluta et infallibili certitudine dixerit, nisi hoc ex speciali revelatione didicerit: A.S." (Denz. 826).

67  Zur Bestimmung des Inhalts des Glaubens mit der von Jesus Christus erwirkten Rechtfertigung vgl. SD III, 6. „Dieser Artikel von der Rechtfertigung des Glaubens ist der ‚fürnehmste der ganzen christlichen Lehre' [zitiert aus AC IV, 4 (BSLK, S. 159, 4f.)] ... wie auch D. Luther geschrieben: wo dieser einiger Artikel rein auf dem Plan bleibet so bleibet die Christenheit auch rein und fein einträchtig oßn alle Rotten. Wo er aber nicht rein bleibet, da ists nicht müglich, daß man einigen Irrtumb oder Rottengeist wehren möge. (Vgl. WA 31 I, S. 255, 5-10 u. BSLK, S. 916, 21-33).

68  Da wo Christus nicht der ist, der die Persongemeinschaft mit Gott herstellt, bleiben nur die eigenen Werke. Dann aber macht der Mensch aus „Gott einen Götzen", vgl. Gr. Kat. I, 22 (BSLK, S. 564 f.).

69  Vgl. Gr. Kat. III, 66. Hier sagt Luther, daß alle, die nicht Christus als Herrn haben „es

Gott u den Menschen und das was Er im Auftrage Gottes für uns gethan ist sein Mittleramt, das in das Hohepriesterliche Prophetische u Königliche Amt gewöhnlich eingetheilt wird. —⁷⁰

Gott will daß allen Menschen geholfen werde u daß alle zur Erkenntniß der Wahrheit kommen [1.Tim. 2,4]. Denn es ist ein Gott und Ein Mittler. Es ist nur *ein* Gott darum hat er auch nur *einen* Willen über alle Menschen denn er ist ja sowohl der Juden als der Heiden Gott, und dieser sein Wille ist, daß alle zur Erkenntniß der Wahrheit kommen [vgl. 1.Tim. 2,5]. In Ihm kann ja nicht Ja u Nein zu gleicher Zeit sein daß er, wie Menschen es wohl von Ihm gelehrt haben, etliche zur Seligkeit, etliche zur Verdamniß verordnet hätte nach reiner Willkür — sondern Sein Wille ist daß *allen* solle geholfen werden. Dazu hat er nun freilich auch den Weg gewiesen indem er in Seinem Sohn den Mittler verordnete, der, eben weil Gott Einer ist, auch nur Einer sein konnte; wer nun diesen Weg verwirft und fehlt, dem ist freilich nicht zu helfen und es ist Gottes Gerechtigkeit daß er nur in Ihm dem verordneten Mittler den einzigen Weg des Heils eröffnet daß also das Verdammungsurtheil nicht Gottes Willkür ist, sondern das Gericht daß die Sünde des Unglaubens schon in sich trägt wer nicht glaubt der ist schon gerichtet in dem, daß er das Heil daß [sic] in Christo *aller* Welt dargeboten wird nicht annimmt sondern verwirft. (siehe Joh. 12 47 u 18) — es soll allen Menschen geholfen werden und alle zur Erkentniß der Wahrheit kommen (in Christo ist die Wahrheit geoffenbart — wer [an] ihm vorbei geht hat keine Erkenntniß der Wahrheit denn in Ihm sind alle Schätze der Erkenntniß [Kol. 2,3] beschlossen das ist der Mensch Christus Jesus, der sich selbst gegeben hat für alle zur Erlösung, daß solches zu seiner Zeit gepredigt würde. [1 Tim 2,6] ⁷¹ Dies Mittleramt Christi⁷² ist aber ein ewiges — Sein Opfer ist ein ewiges und er ist nur in den Himmel aufgefahren auf daß er alles erfüllte. Er sagt von Sich: Ich bin der Weg die Wahrheit u das Leben Niemand kommt zum Vater denn durch

---

      seien Heiden, Türken, Jüden oder falsche Christen und Heuchler, ob sie gleich nur einen wahrhaftigen Gott gläuben und anbeten" unter dem ewigen Zorn und der Verdammnis (in perpetua ira et damnatione) bleiben. (BSLK, S. 661, 5-17).

70  Arnswaldt denkt hier an die in Fortführung altkirchlicher und mittelalterlicher Theologumena entwickelte Lehre vom triplex munus Christi, die Johann Gerhard in die lutherische Dogmatik einführte (vgl. Weber, Bd 2, S. 19 ff.).

71  Zur Reduktion der Lehre von der Prädestination auf die Linie der Prädestination, die „zur ewigen Herrlichkeit führt" vgl. unten S. 221 u. 226.

72  Zum Mittleramt Christi vgl. Aus Luthers Tischreden: „Fur Gott konnen wir nimer mehr an ein mittler, qui est Christus qui est pontifex noster interpellans pro nobis Rom 8; Ebrae 5. Habentes pontificem etc 1 Timo 2" (WATR 2, S. 227 17-19, Nr. 1819). Vgl. ferner aus einer Predigt über Luk. 16, 1-19 (1522) „wie sagst du denn wir söllen die hailigen nit zu mitler vor Got stellen, dann sy künden uns in hymmel nit helfen? So merkt das wir nur einen mitler haben vor Got und das ist Christus . . ., dann so sagt Paulus i. ad Timoth. II'unus deus unus et mediator dei et hominum Jesu Christus'" (WA 10, III S. 280, 15-20). Vgl. auch CA XXI, 2: „Sed scriptura non docet invorcare sanctos seu petere auxilium a sanctis, quia unum Christum nobis proponit mediatorem, propitiatorium, pontificem et intercessorem". (BSLK S. 83b, 8-12).

mich [Joh. 14,6]. In dem „durch" liegt wieder die Vermittlung bezeichnet: so redete er in den Tagen Seines Fleisches weil es aber von Ihm heißt: Jesus Christus, gestern u heute u derselbe auch in Ewigkeit, [Hebr. 13,8] so sind seine Wort von ewiger Bedeutung und wie damals in den Tagen Seines Fleisches nur durch Ihn der Weg ging der zum Vater führte, so heute noch — ja seine Auferstehung u Himmelfahrt macht uns das Heil nur um so gewisser weil ja Sein Mittleramt nicht aufgehört hat sondern er alle Tage für uns bittet, [getilgt: d. h. daß er noch immer] denn er ist zur Rechten Gottes u vertritt uns [Röm. 8,34]. Darum sagt der Apostel: Wer will verdammen? Christus ist hie, der gestorben ist, ja vielmehr der auch auferwecket ist, welcher ist zur Rechten Gottes u vertritt uns [Röm. 8,34]. Von dieser Vermittlung zeugt die Schrift an vielen Orten: 1 Joh. 2.1. — Hebr. 7 24 u 25: Dieser aber darum daß er bleibet hat er ein unvergängliches Priesterthum. Daher er auch selig machen kann immerdar alle, die durch ihn zu Gott kommen und lebet immerdar u bittet für sie. Matth 11,28. Joh. 6,37 — Zu ihm brauchen wir aber keine weitere Vermittlung, sondern dürfen mit vollstem Vertrauen kommen, denn er ist ja die Barmherzigkeit selbst: Er ist ja darum Mensch geworden u hat alle menschlichen Zustände durchgekostet u durchlebt, ist auch versucht allenthalben, wiewohl ohne Sünde daß er Mitleiden habe mit unser Schwachheit [Hebr. 4,15] und daß also der Mensch mit all seinem Jammer vor ihn kommen darf weil er an ihm einen treuen Hohenpriester findet der gar wohl weiß wie dem menschl. Herzen zu Muthe ist — er hat auch verheißen den nicht hinaus zu stoßen der also zu ihm kommt und weil er ja nicht aufgehört hat, derselbe zu sein der er in den Tagen Seines Fleisches war und ein *ewiger* Hoherpriester ist, die Sünde zu versöhnen, wird er auch an uns alle Barmherzigkeit beweisen, die er in Seinem Worte verheißen und womit Er in den Tagen seines Erdenlebens die Mühseligen u Beladenen zu sich lockte. Daß man dahin hat kommen können zu meinen, weil er auch die Welt richten wird, so bedürfe es noch neuer Mittler zu ihm, und die Fürbitte der Heiligen zwischen ihn und die Menschen geschoben hat,[73] ist nur aus der verkehrten Ansicht entsprungen, als habe er aufgehört unser Mittler zu sein. Das ist aber nicht so, sondern so lange als noch Sünder selig zu machen sind, dauert auch dies sein Mittleramt, darum wir Sein Gericht so lange wir als zu unserm Heiland zu Ihm kommen, nicht zu fürchten haben denn Er sagt ja selbst daß er Niemand hinausstoßen will der zu Ihm kommt mit aufrichtigem Herzen. Im Gericht wird das facit der Rechnung gezogen, dann wird offenbar werden, wer unter die Erlösten gehört so lange wir aber hier den Weg zu Ihm noch finden können hält er auch diese Seine Worte u Verheißungen und wir werden täglich an Ihm den Hohenpriester finden der selig machen kann immerdar, die durch ihn zu Gott kommen. Ein andres Motiv der Heiligenverehrung liegt aber auch in der Unlauter-

---

[73] Vgl. Concil. Trid. XXV: „Sanctos, una cum Christo regnantes, orationes suas pro hominibus Deo offerre; bonum atque utile esse, suppliciter eos invocare et ob beneficia impetranda a Deo per Filium eius Iesum Christum Dominum nostrum, qui solus noster Redemptor et Salvator est, ad eorum orationes opem auxiliumque confugere ..." (Denz. 984, vgl. Denz. 941).

keit — die Menschen wollten Mittler haben vor denen sie sich nicht zu schämen brauchten zu denen sie allenfalls mit der Sünde kommen konnten auch ohne daß sie dieselbe abzulegen brauchten und deren Heiligkeit nicht den Ernst der Buße forderte: denn allerdings obwohl der Heiland mitleidig u barmherzig ist, wie nur einer sein kann, so ist doch Heuchelei nicht möglich vor ihm und keiner kann ihm nahmen, der gleichwohl die Sünde zu behalten zu lieben u zu pflegen gedenkt, und nicht in der Hinkehr zu Gott auch aufrichtig die negative Seite, die Abkehr von der Sünde mit meint. Wer da nun zu den Heiligen sich wendet um dem Gericht der Buße vorbei zu kommen, der wird auch des einigen Weges in Christo fehlen.

Es war aber auch nicht des Heilands Wille daß die Heiligen oder Seine Mutter in dem Werk der Erlösung ihre Hand haben sollten: Das ist *sein* Werk in dem die Bande des Fleisches keine Bedeutung haben konnten und es ist eine allzu menschliche Vorstellung daß Maria als die Mutter des Herrn Fürbitte einlegen müsse, wo Sein Herz nicht geneigt wäre und er erst dann als gehorsamer Sohn thue was die Mutter bitte. Er weist sie aber ausdrücklich auf der Hochzeit zu Cana aus Seinem Werk [vgl. Joh. 2, 1-12], und daß in Seinem Reich die Bande des Fleisches keine Bedeutung haben steht ja deutlich u klar Matth. 12, 47-6 [56] wo er Mutter u Geschwister ganz in die Reihe derer stellt, die sein Wort hören u bewahren, und von diesen wiederum sagt daß sie ihm seien als Mutter Bruder oder Schwester.[74]

[(b) Das Wesen der Rechtfertigung]

Der Mensch ist nach der Lehre der Schrift todt in Sünden wie es Eph 2. 1 ff. und an vielen andern Stellen deutlich bezeugt ist — er ist auch aus sich selbst und im Gebrauch natürlicher Kräfte unfähig zu allem Guten. Daß er in diesem Zustande verloren geht, ewig verloren geht, ist klar und es ist daher die wichtigste Frage die ein Mensch thun kann: wie ist eine Rettung möglich? Dazu bedarf es aber zweierlei das erste ist: Hinwegnahme der Todesschuld, und Freisprechung von der Strafe welches geschieht in Vergebung der Sünden — Aber damit ist es dann freilich nicht genug, denn der sündige Mensch, wie er aus sich selbst ist, würde ja im nächsten Augenblick demselben Elend wieder verfallen und es wäre ihm nichts damit gedient, sondern er muß auch zu einem neuen heiligen Leben erneuert werden, was der heil. Geist tut in der Heiligung. Nach der luth. Lehre sind diese zwei Acte völlig unterschieden, und die Vergebung der Sünden ist das erste Stück, die Rechtfertigung,[75] während die kath. Lehre die Rechtfertigung darin bestehen läßt daß Gott den Menschen heilig u gerecht macht, indem ihm die Heiligung in Glaube Hoffnung u Liebe eingegossen wird und er, gleichsam in Folge davon auch Ver-

---

74   Im Enchiridion Symbolorum ist vor dem Rundschreiben Leo XIII. (1891), das über die Gnadenmittlerschaft Marias handelt (vgl. NR 326-328), über das „Amt" Marias als Vermittlerin nicht mehr gesagt als in dem Satz zum Ausdruck kommt: „Maria intercedit apud Deum pro hominibus" (Denz. Index VIII, i, k. Vgl. Denz. 734).
75   Zur Trennung von Rechtfertigung und Heiligung s. unten S. 215f.

gebung der Sünden hat.⁷⁶ Der Mensch ist aber ohne Vergebung ein Kind des
Zorns, darum muß, wenn ihm Gott überhaupt soll Gutes thun können, er zuerst
ein Kind der Gnade werden,⁷⁷ was ohne Vergebung u Hinwegnahme der Sünden
nicht möglich ist.

Die Sünde ist aber wie die heil. Schrift sagt, eine Todesschuld — Gott sprach: welches Tages du davon ißest wirst du des *Todes* sterben — [Gen. 2,17b] u wie der Ap. sagt: *Tod* ist der *Sünde Sold* [Röm. 6,23a]. Gott hatte diese Strafe auf die Sünde gesetzt u seine Wahrhaftigkeit, Gerecht. u Heiligk. fordern die Sühne unbedingt — denn Gott kann ja nicht lügen, er kann nicht, wie der Mensch, der selbst sündig ist, Gnade für Recht ergehen lassen, denn bei dem Menschen wenn dieser eine angedrohte Strafe ungeschehen läßt, ist einestheils die eigne Sünde, die nicht *volle* Gerechtigkeit ausüben darf weil sie selbst Barmherzigkeit begehren muß, andernth. aber auch die Unmöglichkeit, das Vergehen u die Strafe genau gegeneinander abzuwägen. Das sind Ursachen die bei Gott wegfallen, denn er ist der höchste Richter und sein Urtheil ist allezeit recht. Er hatte gesprochen: welches Tages du davon issest — [Gen. 2,17b] — u die Menschheit *hat* gegessen so mußte der Tod geschehen: das ist einmal der leibliche u zeitl. Tod und der geistl. ewige Tod der Seele, wenn nicht eine Erlösung möglich war, die zugleich der Gerecht. Gottes genügt hätte. Da sandte Gott in barmherz. Liebe seinen eingeborenen Sohn und ließ ihn Mensch werden und an diesem Menschen, der , weil er Gott war, die Sünde nicht *eines* Menschen sondern der ganzen Welt tragen konnte, ward das Todesurtheil vollzogen. Das Haupt der Menschheit starb am Kreuz, und an ihm ist die Strafe, die Gottes Gerechtigkeit verlangte, einmal geschehen, in dem Opfer seines Leibes am Kreuz.⁷⁸

Des Leibes Leben ist im Blut [Lev. 17 11], und nur mit Blut konnte die Sünde ge-

---

76   Vgl. Anm. 49.
77   S. Anm. 51.
78   Den Tod Christi versteht Luther als echte Strafe. Er hält auch an dem Begriff satisfactio fest, allerdings versteht er darunter nicht eine Genugtuung gegenüber Gott, sondern gegenüber dem Gesetz. So sagt er z. B.: Christus ist gekommen, damit er dem Gesetz Gottes „gnug thun und es von uns aller Ding hinweg nehmen wollt" (WATR 6, S. 77, 1 u. 2 Nr. 6 610). In anderem Zusammenhang sagt Luther: „Darumb, dieweyl uns das unmuglich war, hatt er eynen für uns an unßer statt vorordnet, der alle straff, die wyr vordienet hatten, auff sich nehme und für uns das gesetz erfullet und alßo gottlich gericht von uns wendet und seynen tzorn versunete" (WA 10 I, 1, S. 470, 22-471, 3).
     In ASm C III, 38 sagt Luther von der Satisfaktion: „satisfactio ... est passio et sanguis immaculati et innocentis agni Dei, qui tollit peccata mundi" (BSLK, S. 447, 33-35).
     Aus den Bekenntnisschriften ist zu vergleichen CA IV, 1 u. 2: „Item docent, quod homines non possint iustificari coram Deo propriis viribus, meritis aut operibus, sed gratis iustificentur propter Christum per fidem, cum credunt se in gratiam recipi et peccata remitti propter Christum, qui sua morte pro nostris peccatis satisfecit" (BSLK S. 56, 1-8).

sühnt werden. Die Strafe liegt auf ihm auf daß wir Frieden hätten Jes. 53 ff. –
Hebr. 10. 10-14 Eph. 1 7 An welchem wir haben die Erlösung durch sein Blut
nämlich die Vergebung der Sünden.

Das ist nun geschehen – aber es muß *uns* dies Opfer Jes. Chr. auch zu Gute kommen; es kann uns nichts helfen daß vor tausend Jahren Christus vor den Thoren
Jerus. einmal gestorben sei – sondern wir müssen wissen, daß wir Theil daran
haben. Das geschieht in der Rechtfertigung und das [sic!] diese nicht darin besteht daß uns die Heiligung eingegossen werde wie die kath. Kirche sagt[79] liegt
einesth. in der Sache selbst: es ist ein richterlicher Act Gottes, ein Urth. der
Freisprechung das der Mensch hört u vor Freuden jauchzt, aber eingegossen kann
ihm dies Urth. nicht werden er kann es nur hören erfahren, u fröhlich frei ausgehen
zweitens aber redet auch die heil Schrift immer nur in diesem Sinne von der
Rechtfertigung daß sie die Vergebung der Sünden darunter versteht die uns
wiederfährt, indem wir der erworbenen Gerechtigkeit Christi theilhaftig werden,
sein Tod uns zu Gute kommt, und die Sünde uns nicht zugerechnet wird um
seinetwillen, dagegen dem Glauben seine Gerechtigkeit zugerechnet wird. –[80]
Daß die heil. Schrift es so, und *nur* so versteht beweisen die Stellen Röm 4 3-8
u 23 u 24 wo es von Abraham heißt daß sein Gl. ihm sei zur Gerecht *gerechnet*
– dann aber auch von uns welchen es soll zugerechtet [sic!] werden so wir
gl. an den der den Herrn Jes. auferweckt hat u Röm 5 6-10 wird von der Versöhnung geredet die wir durch Christi Tod haben. Er ist für uns gestorben da
wir noch Sünder waren – er hat uns versöhnet da wir noch Feinde waren durch
seinen Tod wodurch Gott seine Liebe preiset – hier ist von keiner Vorbereitung
die Rede, die erfordert würde damit die Versöhnung geschehe wie die kath.
Lehre sagt, sondern es ist eben die Liebe Gottes darin gepriesen daß er Gottlose,
Sünder Feinde durch den Tod seines Sohnes versöhnte. – Röm 3. 21 u 26 heißt es
Wir werden ohne Verdienst gerecht usw. ...

Zu einem Gnadenstuhl hat Gott Christum hingestellt [Röm. 3,25] zu dem wir alle
hinankommen sollen und in ihm wird die Gerechtigkeit dargeboten *in dem daß er
Sünde vergibt* – auf daß er allein gerecht sei u gerecht mache den welcher ist des
Glaubens an Jesu – das ist die Gerechtigkeit die vor ihm gilt, die dem Glauben *zugerechnet* wird. – So heißt es auch 2 Cor. 5, 19-21 *Gott war in Christo u versöhnte*

---

79  S. Anm. 49.
80  Vgl. Hierzu besonders: „Igitur per fidem in Christum fit iusticia Christi nostra
    iusticia et omnia quae sunt ipsius, immo ipsemet noster fit. Ideo appelat eam
    [nostram iustitiam] Apostolus iusticiam dei ad Ro: 1. [Röm 1, 17]" (WA 2, S. 146,
    8-10).
    Von der Mitteilung (communicare, donare) der fremden Gerechtigkeit (iustitia aliena)
    bzw. der Gerechtigkeit Christi spricht AC IV, 184 u. XIV, 12 (BSLK, S. 219, 44, 45,
    352, 25 f.). Von der Zurechnung (imputare) der Gerechtigkeit Christi handelt vor
    allem die Konkordienformel. Vgl. Epit. III, 4, 21 u. SD. III, 17, 23 (BSLK, S. 782,
    38 f., 786, 2,3; 919, 28 f.; 922, 13).

*die Welt mit ihm selber und rechnete ihnen ihre Sünde nicht zu u hat aufgerichtet unter uns das Wort von der Versöhnung* usw. (das ist die Predigt u der Inhalt alles Evangeliums:[81] die Botschaft von der Versöhnung das Wort vom Kreuz — die mündliche Predigt wie sie davon in der Kirche im Schwange gehet u die thatsächliche Predigt in dem aufgerichteten Kreuze auf Golgatha: lasset euch versöhnen mit Gott! *Denn er hat den, der von keiner Sünde wußte für uns zur Sünde gemacht, auf daß wir würden in Ihm die Gerechtigkeit die vor Gott gilt* [2. Kor. 5,21].— Zur Sünde gemacht d. h. nicht daß er den Schmutz der Sünde, die bösen Lüste Begierden usw. in sein Fleisch gelegt hätte, sondern es heißt daß er die Sünde an ihm gestraft u heimgesucht hat es würde dem Sinne nach etwa heißen Gott hat den — — für uns zum *Sünder* gemacht, d. h. er hat ihn als Sünder behandelt, wie einen Sünder gestraft auf daß wir würden in ihm die Gerechtigkeit die vor Gott gilt — ebenso wie vorhin: daß wir würden Gerechte vor ihm, was der Apostel nur in seiner Art besonders stark hat ausdrücken wollen. Indem wir eins werden mit ihm, wird unsre Sünde des [sic!] Sühne seines Todes theilhaftig und Gott kann unsre Sünde nicht mehr an uns strafen, denn Christi Gerechtigkeit sind wir ja geworden. Daraus aber folgt dann daß in der Versöhnung wie alle Schuld, so auch alle Strafe hinweg genommen wird; wir müssen ja die Strafe nur leiden um der Schuld willen, und in der Vergebung der Schuld liegt der Erlaß der Strafe ja mitbegriffen. Daß Gott zwar die ewigen Strafen mit der Schuld erlassen die zeitlichen Strafen aber behalten wiewohl er die Verschuldung hinweggenommen, ist eine ungöttliche irrige Vorstellung der kath. Lehre, die nur daraus hervorgegangen ist, daß es dem menschl. Hochmuth besser gefällt doch auch seinerseits ein Weniges bei der Erlösung und Abtragen der Schuld gethan zu haben, wie dies im Erwerben der Ablässe usw. für die zeitl. Strafen geschieht.[82] Erlassen der Schuld u behalten der Strafen, mögen die nun ewig oder zeitlich sein, ist eine undenkbare Sache, besonders für Gott, der gerecht ist. In der Versöhnung erlangen wir Frieden mit Gott wie es heißt Röm 5, 2 ff Nun wir denn sind gerecht geworden durch den Glauben, so haben wir Frieden mit Gott —

Der Frieden mit Gott aber steht darin daß wir nun von Gott *nichts mehr zu fürchten* sondern *alles zu hoffen* haben. Darum kann auch von einer *Strafe* mag sie nun das kleinste Minimum sein, für die Versöhnten, Gerechtfertigten, nicht mehr die

---

81 Das Evangelium ist die Botschaft: dir sind deine Sünden vergeben. Vgl. Luther in seinem Kommentar zum Galaterbrief (1519): „Ecce praedicatio remissionis peccatorum per nomen Christi, hoc est Euangelium" (WA 2, S. 466, 12,13).

82 Vgl. Concil. Trid. VI, 14: „. . . itemque satisfactionem per ieiunium, eleemosynas, orationes et alia pia spiritualis vitae exercitia non quidem pro poena aeterna, quae vel sacramento vel sacramenti voto una cum culpa remittitur, sed pro poena temporali, quae (ut sacrae Litterae docent) non tota semper, ut in baptismo fit, dimittitur illis, qui gratiae Dei, quam acceperunt, ingrati Spiritum Sanctum contristaverunt et templum Dei violare non sunt veriti" (Denz. 807).

Rede sein.[83] Kreuz u Trübsal hören ja freilich nicht auf, sie sind aber hinfort nichts anderes mehr als der Weg der Zucht u Heiligung, den die Kinder Gottes in Freude u Friede wandeln und der Christ redet darum von der Trübsal immer nur als von „dem *lieben* Kreuz" weil er weiß daß ihm alles zum Besten dienen muß. Die *Empfindung* solcher Freudigkeit ist ja freilich von dem bewegten Leben oft sehr abhängig, und es können die Wellen oft noch hoch gehen: aber das sind ja meistentheils Stimmungen, wie sie durch die menschlichen Zustände bedingt werden: im Grunde bleibt doch immer das Eine fest: Frieden mit Gott und die freudigste Gewißheit daß nichts, weder im Himmel noch auf Erden von dieser Liebe Gottes das erlöste u versöhnte Herz scheiden kann, wie davon St. Paulus im 8 Cap des Br a. d Röm. so herrliches Zeugniß ablegt [Röm. 8, 38 u 39]. Wenn dann wohl bei einem Unglück und Kreuz noch einer sagt: das ist die *Strafe* meiner Sünden so kann es nur mit Bezug auf eine unvergebene Sünde geschehen an der das Gewissen noch zu tragen hat – in Christo aber wird die Folge der Sünde selbst zu einem lieben Kreuz das wir auch nicht selbst allein zu tragen haben, sondern daß er mit uns und wir durch ihn u in seiner Kraft tragen – (Vor jedem Gebet sogar muß die Sündenvergebung vorhergehen wenn wir Gott wohlgefällig beten sollen. Denn ohne daß wir bei ihm in Gnaden sind, kann er uns ja nichts Gutes thun).[84]

Wenn wir aber nun fragen: Was kann Gott bewegen uns die Frucht des Todes Jes. Chr. zuzuwenden, und uns die Sünde zu vergeben? so ist aufs Erste das ganz gewiß u fest: unser Verdienst und Würdigkeit nicht – wir sind ja todt in Sünden, Feinde Gottes u Kinder des Zorns von Natur – es ist also eine irrige Lehre der kath. Kirche wenn sie von einem Verdienst redet das der Rechtfertigung vorausgehen möge – Die Werke des Gesetzes sind gänzlich ausgeschlossen u damit alles Verdienst von unsrer Seite.[85] Gal. 2. 16 Röm 3. 23 u 24 – sie mangeln alle des Ruhms

---

[83] Vgl. aus der Disputatio pro declaratione virtutis indulgentiarum die These: „Quilibet christianus vere compunctus habet remissionem plenariam a pena et culpa etiam sine literis venearum sibi debitam" (WA 1, S. 235, 7 u. 8).

[84] In den Bekenntnisschriften sind Kreuz und Trübsal vornehmlich Zeichen der Gnade und nicht Zeichen des Zornes. Sie sind die von Gott ausgehende „Kinderzucht" (disciplina qua deus excercet sanctos) AC XII, 53-63 (BSLK, S. 285, 29 ff., 286, 37 ff.).
Vgl. dazu Luther: „Crux enim erudit et discere facit et crux est flagellum iudicii seu discretum flagellum" (WA 31, I, S. 378, 15, 16). Da Kreuz und Trübsal so letztlich „zu Nutz" des Menschen „gericht" sind (AC XII, 63, BSLK, S. 287, 8), ist das Kreuz ein „liebes heiliges Kreuz" (Kl. Kat. III, 65. BSLK, S. 677, 21).
„Sündenstrafen" (poenae peccatorum) sind Kreuz und Trübsal allenfalls in Bezug auf die auch nach der Taufe gebliebene Sünde (praesens peccatum ... in carne reliquum). Aber auch hier geht es streng genommen nicht um eine Strafe, sondern vielmehr um einen Anreiz, die „gebliebene Sünde" zu töten: „Item, afflictiones propter praesens peccatum infliguntur, quia in sanctis mortificant et extingunt concupiscentiam, ut renovari spiritu possint" (AC XII, 54. BSLK, S. 285, 31-34).

[85] Eine Rechtfertigung, die auf guten Werken basiert, schließt von vornherein die Gewißheit des Heils aus. Erst eine Rechtfertigung ohne des Gesetztes Werke ermöglicht die

und werden ohne Verdienst gerecht aus seiner Gnade — Wo bleibt nun der Ruhm? er ist aus usw. 27 u 28 — So halten wir nun daß der Mensch gerecht werde ohne des Gesetzes Werke, allein durch den Glauben. Bei deisem Verse ist es Luth. v. kath. Seite immer zum Vorwurf gemacht, daß er die Schrift habe fälschen wollen, weil er das Wörtlein *allein* eingeschoben; aber Luth. selbst hat bei Gelegenheit dieser Stelle selbst gesagt daß er nicht so übersetzen wollen, daß er allemal für ein griech. Wort ein deutsches gesetzt, sondern daß es ihm darum zu thun gewesen den Sinn der heil. Schrift wieder zu geben.[86]

Das Wörtlein *allein* aber mag nun dastehen oder nicht so wird der Vers immer denselben Sinn haben und es ist keine Fälschung zu nennen daß Luth. um des Gegensatzes willen, der in diesem Spruch ausgedrückt liegt dem: *ohne* des Gesetzes Werke das: *allein* durch den Glauben zur Seite stellt — aber mag es heißen so oder anders: an diesem Spruch hängt wahrlich die Lehre nicht. — Verdienst u Würdigkeit sind keine Ursachen der Rechtfertigung das ist gewiß, so ist es vielleicht das Elend der Menschen daß Gott bewegte gnädig zu sein? — Dies Elend an u für sich auch nicht; Denn in diesem Elende ist ja eben die Strafe unsrer Sünde und zwar die Strafe, die Gott selbst darüber verhängt. Gott ist gerecht und es kann ihm

unten entfaltete Lehre von der Heilsgewißheit. Denn da, wo es gute Werke gibt, die „alles Lobes und Rühmens wert sind" und die Gott akzeptieren muß, werden die Menschen des „timor dei" und der „spes" beraubt (WA 8, S. 66, 38-67, 3). Dabei ist der timor deu zu verstehen als das Bekenntnis der eigenen Verlorenheit vor Gott und die spes als das sich allein der Gnade Gottes Ausliefern (vgl. Hermann, R.: Luthers These ‚Gerecht und Sünder zugleich'. 2. Aufl. Gütersloh 1960, S. 116). Fallen aber der timor dei und die spes weg, so entsteht im Menschen zugleich „superbia" (WA 8, S. 67,1). Werden also die Werke zu einem Faktor innerhalb der Rechtfertigungslehre, dann kann es für den Menschen, da es seine eigenen Taten sind, nie eine objektive Gewißheit geben. Der Mensch kann seine Zuversicht nur auf das setzen, was außerhalb seiner selbst liegt (WA 8, S. 81, 9-11).

86 Vgl. in Luthers Sendbrief vom Dolmetschen: „Also habe ich hie Roma 3 fast wol gewist, das ym Lateinischen und kriegischen text das wort ‚solum' nicht stehet, und hätten mich solche die papisten nicht dürffen leren. War ists. Diese vier buchstaben s o l a stehen nicht drinnen, welche buchstabendie Eselsköpff ansehen, wie die kue ein new thor, Sehen aber nicht, das gleichwol die meinung des text ynn sich hat, und wo mans wil klar und gewaltiglich verteutschen, so gehoret es hinein, denn ich habe deutsch, nicht lateinisch noch kriegisch reden wöllen, da ich teutsch zu reden ym dolmetzschen furgenommen hatte ... den man mus nicht die buchstaben inn der lateinischen sprachen fragen, wie man sol Deutsch reden ... sondern, man mus die mutter im hause, die kinder auff der gassen, den gemeinen man auff dem marckt drumb fragen ... Aber nu hab ich nicht allein der sprachen art vertrawet und gefolget, das ich Roma 3 ‚solum' (Allein) hab hinzugesetzt, Sonder der text und die meinung S. Pauli foddern und erzwingens mit gewalt ..." (WA 30 II, S. 636, 31-637, 4, 17-20; 640, 33-36).
Wie die ältere protestantische Dogmatik den Vorwurf, Luther habe die Schrift ‚verfälscht', zurückwies, referiert Marheinecke (Marheinecke, S. 64 Anm. c).
Zur wörtlichen Aufnahme des „allein durch den Glauben (sola fide) in die Lehre von der Rechtfertigung vgl. AC IV, 72; Epit. III,10; SD III, IV (BSLK S. 174, 42; 784, 19; 926, 16; 938, 9).

nicht einfallen zu sagen: weil ich dich um der Sünde willen so elend gemacht habe, will ich dir jetzt vergeben, Dies Elend an sich ist ja nichts als unsre wohlverdiente Strafe und in ihr kann kein Grund liegen weshalb sie Gott sich sollte gereuen lassen, denn sie ist nicht zu groß im Verhältniß zur Sünde die wir begangen; denn die Sünde ist nun einmal kein Kinderspiel sondern der größeste Frevel.[87] Vielmehr müssen wir den Grund zu einer Versöhnung in Gott selber suchen und wir finden ihn in der unausdenklichen unbegreiflichen Tiefe Seiner Barmherzigkeit. Seine Barmherzigkeit war größer als Sein Zorn,[88] so groß, daß er des eignen Sohns nicht verschone. In diesem Wunder das in Gott selber liegt das für uns ewig unbegreiflich bleiben muß u bleiben wird, ist der alleinige Grund zu suchen u zu finden, daß Gott eine verlorne verfeindete Welt, Sünder die ihn maaßlos gekränkt u beleidigt zum Gegenstande Seiner Gnade machen konnte. Es heißt von dieser Barmherzigkeit daß die Eingeweide Gottes von Barmherzigkeit brausen[89] und so heißt es Jes. 43. Ich tilge deine Sünden um *meinetwillen* [Jes. 43,25] oder wie der Psalmist spricht: Gedenke meiner *nach deiner großen Barmherzigkeit.* Gedenke meiner nicht nach *meinen* Sünden – [Ps. 25,6 u. 7] auch nicht nach dem Elende das dadurch gekommen, darin liegt für Gott noch kein Beweggrund zur Versöhnung denn es ist ja nichts als Gerechtigkeit, aber das ewige Erbarmen, das alles Denken übersteigt [EKG 269, 2] das bewegte Gott in ihm selber, daß er nun auch gegen den Sünder hervorbrechen konnte in unausdenklicher Gnade.

Diesen Gott den seine Barmherzigkeit bewegte von dem singen wir mit Recht: Da jammert Gott in Ewigk. mein Elend übermaaßen: *er dacht an sein Barmherzigkeit* er wollt mir helfen lassen! [EKG 239,4].

[(c) Rechtfertigung und Heiligung]

Die Rechtfertigung in Vergebung der Sünden ist somit das erste, was dem Sünder wiederfahren muß, um aus seinem verlornen Zustande zu kommen – aber damit ist ihm ja freilich nicht ein für allemal geholfen, denn für ihn wie er ist, wäre ja damit nichts gewonnen: er würde aus dem Leben sofort wieder dem Tode zurückverfallen, weil er aus sich selbst ja unfähig zu allem Guten ist: sondern er muß auch fähig gemacht werden zu einem neuen Leben: die Bande der Sünde müssen gelöst werden, und weil in ihm nichts Gutes wohnt, so muß auch ein neues Prinzip, neue Kräfte in ihm gepflanzt werden: das geschieht aber dadurch daß er den heil. Geist

---

87 Elend und Jammer sind durch ihren Zusammenhang mit der Erbsünde dem Menschen „angeboren" (Vgl. AC II. BSLK, S. 154, 31, 32). Sie sind Folgen der Erbsünde, und Luthers Strophe: „Da jammert Gott in Ewigkeit mein Elend übermaßen..." kann deshalb nicht so gedeutet werden, als ob das Elend des Menschen Gott zur Barmherzigkeit veranlaßt hätte (vgl. unten).
88 Ohne die Gnade bliebe der Mensch immer unter Gottes Zorn (sub ira) Nur die Gnade kann ihn aus diesem Bereich herausholen und ihn vor den Folgen der Sünde bewahren (WA 8, S. 68, 20 f.; 68, 40-69, 1; 70, 21).
89 Vgl. im Urtext Jer. 31, 20 und Jes. 63, 15.

empfängt: der heil Geist als Gabe kann erst dem Wiedergeborenen, Gerechtfertigten gegeben werden: die Vergebung der Sünden muß ihm vorausgehen: das heißt nicht daß er — vorher nicht thätig sei an dem Sünder: es ist ja vielmehr alles: Berufung, Erleuchtung, der Glaube der die Rechtfertigung ergreift, einzig u allein Thun des heil Geistes, *er* ist es, der uns die Hände schenken muß, damit wir die Gabe der Vergebung hinnehmen, der die Kräfte wirken muß diese Hände auszustrecken, weil wir ja eben aus uns nichts vermögen: doch ist dies Thun des heil. Geistes von dem Kommen u Wohnung machen, von der Gabe Gottes die in uns kommt wohl zu unterscheiden:[90] Wir können sagen: der heil Geist *hat uns* aber *nicht wir haben ihn* —[91] Daß dies so ist bezeugt die Schrift deutlich Apost. 15. 8 u 9. wo es heißt daß der heil Geist zu einem Zeugniß über die Heiden gekommen sei und Joh 7. 38 u 39. Wer an mich glaubet von deß Leibe werden Str. d. leb. Wass. fließen: das sagte er aber von dem Geist, welchen empfangen sollten die an ihn glaubten — Gal. 5, 6: in Christo gilt weder Beschneidung noch Vorhaut etwas sondern der Glaube der durch die Liebe thätig ist: das ist nun wieder ein Vers daran die kath. Lehre ihre Polemik knüpft und behauptet: der Glaube sei etwas, wo die Liebe hinzugefügt werden müsse damit er ein gestalteter Glaube (fides formata) werde — ohne die Liebe, die als etwas *zweites* hinzukomme sei es ein gestaltloser Glaube:[92] Der Sinn dieses Verses weiß aber von einem solchen Hinzukommen nichts; es ist vielmehr die natürliche Eigenschaft des lebendigen, vom heil Geist gewirkten Glaubens, daß er in Liebe thätig ist. Grade wie man etwa sagen würde, das Feuer erweise sich thätig im Scheinen u Leuchten, da doch das Licht welches von ihm ausgeht nicht etwas Fremdes zweitens ist was zu dem Feuer hinzu gethan wird, sondern in des Feuers

---

90  Luther redet in seinen Predigten von zwei Aufgaben des heiligen Geistes: „Der heylige geyst bringt Christum yns hertz und leret yhn erkennen, zundet es an und macht es mutig" (WA 17 I, S. 436, 2,3) und an anderer Stelle: „denn dazu ist im [dem Menschen] der heilige Geist gegeben, das er nu solche sündliche lüste dodten sol und kan" (WA 22, S. 134, 23, 24). Auch in AC IV, 11 ist an zwei Funktionen des Geistes gedacht. Er wirkt „ein neu Licht und ewiges Leben, ewige Gerechtigkeit", aber „auch andere Gabe, Liebe, Danksagung, Keuschheit, Geduld etc . . ." (BSLK, S. 186, 33-39). Sein Werk ist es, die Sünde auszufegen und zu „tödten" (AC II, 45. BSLK, S. 156, 41 f.).
Zum „Wohnungmachen" des Geistes in den Gläubigen im Gegensatz zum Tätigsein des Geistes bei der Rechtfertigung vgl. besonders Strauß, Fr.: Predigt am Sonntage vor Pfingsten (Röm. 8,9). Berlin 1826, S. 7 ff.

91  Dazu daß der Mensch nicht über den Geist verfügen kann, sondern daß der Geist der souverän Handelnde bleibt, vgl. SD III, 41: . . .„darnach wenn die Person gerechtfertigt ist, so wird sie auch durch den Hl. Geist verneuert und geheiligt, aus welcher Verneuerung und Heiligung alsdann die Früchte der guten Werke folgen" (BSLK, S. 928, 4-8). Zum Verhältnis der Rechtfertigung und Heiligung vgl. SC III, 39, wo ausdrücklich gesagt ist, daß die Heiligung nicht „forma aut pars" der Rechtfertigung ist (BSLK, S. 927, 19, 20).

92  Zu den Begriffen fides informis und fides formata in der katholischen Dogmatik vgl. Möhler, S. 114-117. In einer ausführlichen Diskussion verteidigt er den Glauben, in dem die Liebe das lebendige Prinzip (forma) ist (ebd. S. 117-136).

Art ist —⁹³ [getilgt: Die Heiligung ist aber eine unvollkommene weil uns ja die Sünde immer anklebt].

Ap 2,15 heißt es von der Gabe des heil Geistes: *Thut Buße und lasse sich ein jeglicher taufen auf den Namen Jesu Christi zur Vergebung der Sünden, so werdet ihr empfangen die Gabe des heil Geistes.* Hier wird ausdrücklich die Vergebung der Sünden als das erste, die Gabe des Heil Geistes zur Heiligung als das zweite bezeichnet — Röm 6 18. nun ihr frei geworden seid von der Sünde, seid ihr Knechte geworden der Gerechtigkeit — u v. 22 nun ihr aber seid von der Sünde frei und Gottes Knechte geworden habt ihr *eure Frucht daß ihr heilig werdet* das Ende aber das ewige Leben — Immer also unterscheidet die Schrift zwischen dem ersten u zweiten:⁹⁴ der Rechtfertigung in Vergebung der Sünden und der Heiligung, die der heil Geist in uns wirket.—

Siehe Röm 12,1 — Gal. 3,13 u. 14. Christus hat uns erlöset von dem Fluch des Gesetzes, da er ward ein Fluch für uns (d. es st. geschr. Verfl. ist Jederm. d. am Holz hängt) auf daß der Segen Abrahams unter die Heiden käme u wir also d. heil Geist empfingen durch den Glauben. — 2. Cor. 5,17 u 18 — Ist jemand in Christo so ist er eine neue Creatur; das Alte ist vergangen, siehe es ist Alles neue geworden. Aber das alles von Gott der uns mit ihm selber versöhnet hat durch Jesum Christum u das Amt gegeben das die Versöhnung predigt.

*Sei getrost,* mein Sohn deine Sünden sind dir vergeben! Matth. 9.2.

*Denn das ist je gewißlich wahr* und ein theuer werthes Wort, daß Christus Jesus kommen ist in die Welt, die Sünder selig zu machen unter welchen ich der vornehmste bin. Aber darum ist mir Barmherzigkeit widerfahren, auf daß an mir vornehmlich Jesus Christus erzeigte alle Geduld, zum Exempel jenen die an ihn glauben sollten zum ewigen Leben. 1 Tim. 1,15 u 16.

Und solches schreiben wir euch auf daß eure Freude völlig sei 1 Joh 1,4. Meine Kindlein solches schreibe ich euch auf daß ihr nicht sündiget und ob jemand sündiget so haben wir einen Fürsprecher bei dem Vater, Jesum Christ, der gerecht ist. Und derselbe ist die Versöhnung für unsre Sünden; nicht allein aber für die unsre sondern auch für der ganzen Welt. 1 Joh. 2,1.2.

---

93 Vgl. dazu Luther in seinem Kommentar zum Galaterbrief zur Stelle Gal. 5,6. Gerade hier setzt er sich mit dem Glaubensbegriff der Spätscholastik auseinander und legt das ganze Gewicht auf das „Tätigsein" des Glaubens (WA 2, S. 565, 24-567, 23).

94 Zu dem zeitlichen Nacheinander von Rechtfertigung und Heiligung vgl. Strauß, Fr.: Predigt am 3. Sonntag nach Ostern. S. 7: „die Besserung [Heiligung] wenn sie gründlich seyn soll, kann nicht der Vergebung vorhergehen, sondern nur auf sie folgen." Vgl. auch die Traktate über die Heiligung. Hier ist die Heiligung in der Regel „das 3. Stück der Heilsordnung". In einem Traktat heißt es z. B., daß die Heiligung als „Frommseyn und Rechtthun" nur „in der Schule des heiligen Geistes gelernt werden" kann. Traktat der Wuppertaler Gesellschaft Nr. 126: Weg zur Seligkeit: Barmen 1828, S. 186, 187.

So wir denn nun haben, liebe Brüder, die Freudigkeit zum Eingang in das Heilige durch das Blut Jesu. Welchen er uns zubereitet hat zum neuen u lebendigen Wege, durch den Vorhang d. i. durch sein Fleisch. Und haben einen Hohenpriester über das Haus Gottes: So lasset uns hinzugehen mit wahrhaftigem Herzen im völligen Glauben, besprenget in unserm Herzen, und los von dem bösen Gewissen (losgesprengt in unserm Herzen von dem bösen Gewissen) u gewaschen am Leibe mit reinem Wasser. Und lasset uns halten an dem Bekenntniß der Hoffnung u nicht wanken; denn er ist treu der sie verheißen hat. Hebr. 10, 19-23.

Röm 5.2-11 Siehe daselbst.

Unsre Heiligung bleibt aber eine unvollkommene so lange wir hier leben —[95] denn für erste, so höret die Sünde nicht auf. Die Sünde bleibet auch nach der Rechtfertigung,[96] zwar nicht *der Schuld u Strafe* nach[97] auch nicht der *Herrschaft* nach aber doch ihrer *Wirksamkeit* nach, daß sie uns nämlich immerdar anficht u reizet — ja, daß wir auch wirklich immer wieder fallen — [98] Hebr. 12 v. 1 Darum auch wir die wir einen solchen Haufen Zeugen um uns haben (Zeugen nämlich des Glaubens durch den sie vor Gott gerecht geworden sind wie ihrer im vorigen Cap. viele aus dem alten Bunde aufgezählt sind) lasset uns ablegen die Sünde die uns immer anklebt und träge macht, und lasset uns laufen in dem Kampf der uns verordnet ist. — Was wir ablegen sollen das muß ja wohl da sein, und daß das was uns immer träge macht nicht auch wirklich an sich Sünde sei lehrt zwar die kath. Kirche, jedoch mit Unrecht,[99] denn die heil Schrift weiß von einem solchen Unterschiede nichts. Herrschen soll die Sünde zwar nicht mehr und braucht es auch nicht denn der heil Geist bricht ihre Macht daß wir, statt willig ihren Willen zu *thun,* ihn jetzt nur etwa noch *leiden* — verdammen kann uns die Sünde auch nicht mehr so fern wir in *Christo,* weil wir in Ihm Vergebung der Sünde haben und es heißt davon 1 Joh 1,8 u 9. *Wenn wir sagen, wir haben keine Sünde betrügen wir uns selbst u die Wahrh. ist nicht in uns So wir aber unsre Sünde bekennen, so ist er treu u gerecht daß er uns unsre Sünde vergiebt u reinigt uns von aller Untugend.* — Hier verwirft die Schrift jede Selbstüberhebung die sich von der Sünde frei sprechen möchte, — während dem demüthigen Bekenntniß die Vergebung zugesagt wird, die Vergebung, darin für uns alle Gerechtigkeit besteht;

---

95  Vgl. dazu WA 7, S. 59, 30 f. „... donec in carne vivimus, non nisi incipimus et proficimus, quod in futura vita perficietur ...". Vgl. ferner Gr. Kat. III, 57: „Sed enim in hoc, quando sanctificationis opus inchoatum est et quotidie augetur, exspectamus, ut haec nostra caro cum omnibus suis sordibus et vitiis abolita et sepulta comutrescat, verum praeclare et magnifice iterum prodeat et exsurgat a mortuis ad perfectam et absolutam sanctitatem nova atque immortali vita animata. Iam enim tantum ex dimidio puri ac sancti sumus, ..." (BSLK, S. 659, 1-10).
96  Vgl. Anm. 39
97  Vgl. Anm. 83.
98  Vgl. Anm. 39
99  Vgl. Anm. 23.

Wir erlangen aber auch nie ein *völliges* Maaß der Heiligung und auch von unsern besten Werken werden wir nie sagen können daß sie ganz gut wären — Unsre Heiligung kann nicht völlig sein weil sie ja nach den Geboten Gottes gemessen werden muß und das Gesetz Gottes so groß heilig u vollkommen ist wie Er selbst.[100] Wenn die kath Kirche daher dazu gekommen ist zu behaupten daß dem Menschen ein völliges, ja sogar ein überflüssiges Maaß von Heiligkeit möglich sei so hat sie dieß nur auf Kosten der Gebote Gottes und unter willkürlichen Einschränkungen thun können. Es ist darum ein spitzfindiger Unterschied, den man zwischen Gebot Gottes und: evangelischen Räthen gemacht hat.[101] Der Wille Gottes ist ja so groß und umfassend über uns, als unser ganzes Sein u Vermögen reicht: es ist kein Blutstropfen in uns der nicht vom Willen Gottes umfaßt wäre u dem wir Ihm unter irgend welchen Umständen vorenthalten könnten. Mag nun der Wille Gottes als Gebot oder ev. Rath (welcher Unterschied allein von Menschen gemacht ist) an uns herantreten, so sind wir uns Ihm schuldig mit Allem was wir sind u haben, und wenn wir je in die Lage kämen daß ein ev. Rath durch Gott an uns erginge so wäre das Nichtfolgeleisten ja doch ebensowohl Sünde u Ungehorsam als wenn der Buchstabe des Gesetzes übertreten wäre. In diesem Sinne kennt die luth. Kirche keine Heilige, die da ihr ganzes Leben es irgend je zu einer vollkommenen Heiligkeit gebracht hätten, oder gar noch ein Uebriges verdient hätten — sie weiß nur von Einem der ganz heilig ist der nicht mehr Gehorsam zu lernen braucht weil er ausgelernt hat daß ist der welcher wahrer Gott u Mensch ist — dagegen kennt sie die *völlige Heiligkeit* ihrer Glieder nur insofern, als sie in Chr. Jes. durch den Glauben sind[102] In diesem Sinne aber dürfen auch die Gläubigen wie ihrer Gerechtigkeit so ihrer Heiligung froh u getrost sein weil *Er* ihnen gemacht ist zur Heiligung, und, sofern sie im Glauben eins mit Ihm sind all das Seine auch ihr ist. Von den guten Werken sagt die luth. Lehre

---

100  Vgl. Anm. 95.
101  Zur Ablehnung der mit der Unterscheidung zwischen consilia und praecepta verbundenen Vorstellungen vgl.: „Die andere rede ist die, das sie das Evangelium ynn tzwey teyll geteylt haben ynn Consilia et precepta, gepott und redte. Christus hatt ym gantzen Evangelio nur eynen radt gegeben nemlich die keuschheytt ... Evagelium gibt nitt gepott, ßondern tzeygt an, wie unmuglich die gepott seyn" (WA 10 I, S. 497, 20-22, 498, 20-499, 1). Auch CA XVII, 62, vor allem aber AC XVII, 9 u. 25 wenden sich mit Nachdruck gegen die Vorstellung, daß der Mensch durch das Befolgen von evangelischen Räten ein solche Vollkommenheit erreichen kann, daß ihm von seinem Verdienst und seiner Heiligkeit noch so viel übrig bleibt, daß er davon anderen „mitteilen" kann (BSLK, S. 119, 7 f., 379, 29-37; 385, 11-23.)
102  Heilig ist nach Luther im Menschen nichts als die „heylichkeyt, die gott ynn uns wirckt" (WA 12, S. 262, 25). In diesem Sinne sind alle, die im Glauben wandeln, Heilige (ebd. S. 262, 32, 33; 287, 21-23) „denn wer eyn Christ ist, der tritt mit dem herrn Christo ynn die gemeynschaft aller seyner gütter, weyl nu Christus heylig ist, so muß er [der Christ] auch heylig seyn". Vgl. auch ASm C XIII, 13: „Quod de iustificatione hactenus semper et assidue docui, mutare nec in minimo possum, videlicet nos per fidem (ut Petrus loquitur) aliud novum et mundum cor acquirere et Deum propter Christum mediatorem nostrum nos iustos et sanctos reputare" (BSLK, S. 460, 26-29).

daß sie immer etwas von unserer Sünde an sich haben und keines ist das vor Gott bestehen könnte. Daß in der Hitze des Streits auch manche Uebertreibungen vorgekommen sind u z. B. von luth. Seite gesagt ist: jedes gute Werk sei Sünde läßt sich ja nicht leugnen u wird auch nicht gebilligt. Es ist das ja allerdings nur insofern wahr als auch dem besten Werk etwas von dem Eignen anklebt und das ist ja allerdings Sünde.[103] Darum ist es Wahrheit wenn Luth. sagt:[104] wir müßten alle, auch die besten Werke mit dem Vaterunser zudecken: denn wenn auch unsre oder der Welt Augen nichts von Sünde daran sehen sollte so sind sie darum vor Gott doch nicht rein und das Auge das den Tropfen Wein auch im Meer noch erkennen kann wird die menschliche Zuthat der Sünde mit seinen Augen wie Feuerflammen immerdar finden können, da es denn allerdings der Vergebung bedarf, denn diese sündliche Zuthat, und wenn sie in unsern Augen ein Nichts wäre würde uns ja doch, wenn sie unvergeben bliebe — in die Hölle stürzen; und es ist am Ende einerlei ob wir um zehntausend Pfund oder um einen Heller hineinkämen, denn es würde immer unser Elend sein. — Die heil. Schrift bestätigt aber die Lehre von der unvollkommenen Heiligung überall: Phil. 3. 12-15 . Nicht daß ich es schon ergriffen habe oder schon vollkommen sei usw. — Paulus wäre doch, wenn von Heiligung die Rede war, gewiß der Mann gewesen an dem wir am ersten diese Vollkommenheit zu erwarten hätten — er weist es aber ab u sagt ausdrücklich er schätze sich selbst nicht, daß er vollkommen sei — dann aber fügt er hinzu: Wie viele nun unser *vollkommen sind* die laßt uns also gesinnet sein. Er unterscheidet damit wohl zwischen der Vollkommenheit nach der wir trachten sollen in steter Heiligung unsers Lebens und der Vollkommenheit in der wir stehen durch die Gerechtigkeit des Glaubens, die wir haben in Christo userm Herrn — und während er eben gesagt hat daß er nicht vollkommen sei, schließt er im nächsten Satze sich selbst in die Zahl derer die da vollkommen sind, und spricht lasset uns also gesinnet sein: die Gesinnung ist aber eben diese, die er in den vorigen Versen beschrieben, — vollkommen sind daher die Gläubigen im Glauben der sie Eins macht mit Christo *Er ist ihre Heiligung ihre Gerechtigkeit,* auf Ihn gründet sich ihre Gewißheit des ewigen Lebens ganz allein. Denn allerdings auf das Maaß der Heiligung kann sich solche Gewißheit nimmer gründen weil sie, sobald sie darauf gestellt ist einem sogleich entweicht sondern diese Gewißheit steht allein in unsrer Rechtfertigung d. i. in Vergebung der Sünden.

---

103 Zu der Interpretation des auf Luther zurückgehenden omne opus bonum est peccatum s. oben Anm. 39. Bei dem Streit, auf den Arnswaldt anspielt, ist wohl weniger an die Auseinandersetzung Luthers mit der römischen Lehre von den „guten Werken" zu denken, als an den Majoristischen Streit. Hier ist Arnswaldt eher geneigt, Majors Thesen von der Notwendigkeit der Werke zur Bewährung und Erhaltung des Glaubens zuzustimmen als dem Satz Amsdorfs von der „Schädlichkeit der guten Werke zur Seligkeit". (Vgl. Lau, F.: Amsdorf, N. In: RGG 3. Aufl. Bd 1 1957, Sp. 333 f. und Lau, F.: Major, G.: In: RGG 3. Aufl. Bd 4 1960, Sp. 617).
104 Das folgende Lutherzitat ist nicht verifizierbar.

[(d) Rechtfertigung und Heilsgewißheit ]

Daß wir aber von der Rechtfertigung u darin von unserm ewigen Heil eine Gewißheit haben *können,* ja daß wir sie sogar haben *müssen* ist, ist allerdings die Lehre der luth. Kirche im gradesten Gegensatz gegen die kath. Kirche und dies ist eigentlich auch der Punkt an dem die Confessionen sich am entschiedensten trennen.[105]

Da ist zuerst die Stelle da der Herr Jes. Chr. spricht: Kommet her zu mir die ihr mühselig u beladen seid ich will euch erquicken. Nehmet auf euch mein Joch u lernet von mir; denn ich bin sanftmüthig u von Herzen demüthig; so werdet ihr Ruhe finden für eure Seelen. Denn mein Joch ist sanft u meine Last ist leicht. — [Matth. 11,28-30]. Hier ruft der Herr alle zu sich die mühselig u beladen sind — nicht die mit leibliche Trübsal einhergehen, denn sie will er nicht ganz abnehmen sondern spricht vielmehr: wer nicht sein Kreuz auf sich nimmt täglich kann nicht mein Jünger sein [Lk. 14,25] sondern er meint hier was er an andren Orten nennt: Selig sind die geistl. arm sind, [Mt. 5,3] selig sind die da hungern und dürsten nach der Gerechtigkeit — [Mt. 5,6] die armen mühseligen Sünder ladet er zu sich und verheißt daß er sie erquicken will. Was meint er aber für eine Erquickung wird es nicht die sein, daß er ihnen die Last u Mühe abnimmt darunter sie seufzen, und sie eben darin erquickt worin sie so elend sind? Nehmet auf euch mein Joch, d. i. begebet euch unter mich, in meinen Dienst und meine Nachfolge — und beschreibt dann seine Art, daß er nicht ein harter unfreundlicher Herr sein werde, sondern: ich bin sanftmüthig u von Herzen demüthig — so werdet ihr Ruhe finden für eure Seelen. — Dies ist eine heilige u selige Verheißung des Herrn — ist es nun wohl möglich sie so zu verstehen, daß zwar die Berufung wahrhaftig sei aber doch für die welche kommen die Erquickung nur eine ungewisse von der Vorbereitung abhängige und auf den Schrauben eignen Verdienstes ruhende sein solle?[106]
Sollten wir erquickt werden u dabei doch immer im Ungewissen bleiben, ob uns denn wirklich widerfahren um weswillen wir berufen u gekommen? — So werdet ihr Ruhe finden für eure Seelen — wie kommt denn je diese Verheißung zu ihrem Recht u ihrer Erfüllung, wo gelehrt wird daß wir nie wissen können, ob wir denn auch wirklich die Gnade Gottes erfahren haben — wie kann es eine Ruhe für die Seele geben wo sie über ihr ewiges Heil in beständiger Unruhe erhalten wird, und sich nie der Vergebung getrösten darf als eines Pfandes des ewigen Erbes. —[107]

---

105 Vgl. Anm. 61. Die Ungewißheit, ob der Mensch in der Gnade stehe oder nicht, nennt Luther eine „pestilentissima opinio", die mit der Wurzel auszurotten ist. (funditus extirpemus) (WA 40, I, S. 579, 17-22) Er tritt dafür ein, daß die Gläubigen ihres Heils ganz gewiß sein müssen: „Iusti autem, quia certum est, nos baptizatos esse in sanguine Christi et receptos a patre in gratiam propter Christum in quem credimus, hic prorsus sancti dubitatio, cum sit firmus assensus verbi Dei seu promissae gratiae gratuitae id est remissionis peccatorum propter Christum" (WA 39, I, S. 562, 15-19). Vgl. auch AC IV: „Nu muß aber die Hoffnung des ewigen Lebens gewiß sein" (BSLK, S. 224, 31).
106 Zur Berufung als alleiniges Werk Gottes auch in der römischen Lehre vgl. Anm. 46.
107 Zur Ablehnung der Heilsgewißheit durch die römische Kirche vgl. außer Anm. 61 u.

Vor Allem aber herrlich u köstlich ist das Zeugniß Pauli Röm 8, 28-39 was an sich schon hinreichend wäre, um alle Gegenlehre niederzuschlagen. — *Wir wissen aber daß denen die Gott lieben, alle Dinge zum Besten dienen, die nach dem Vorsatz berufen sind* — sagt der Apostel: Denen die Gott lieben ist eine Bezeichnung der Gläubigen, der Kinder Gottes, die durch den Glauben Eins mit Ihm sind — diesen Kindern Gottes müssen alle Dinge zum Besten dienen; es muß ihnen alles zu ihrem Heil beitragen — *die nach dem Vorsatz berufen sind*. Vorsatz ist der Rathschluß Gottes von Ewigkeit, den er zur Erlösung über die Sünder gefaßt hat.[108] Gott dem seine Werke von Ewigkeit bewußt sind hat ja in der Ewigkeit schon alles zuvor versehen. *Denn welche er zuvor versehen hat die hat er auch verordnet* daß sie gleich sein sollten dem Ebenbilde seines Sohnes auf daß ders. s. d. Erstgeb. unter vielen Brüdern. *Welche er aber verordnet hat die hat er auch berufen* — hier ist das woran wir erkennen ob wir denn auch zu der Zahl derer gehören welche sich also mit seliger Gewißheit ihres ewigen Lebens getrösten — welche er verordnet hat die hat er *berufen*. Sind wir nun *berufen* und das wird ja ein Mensch doch wissen können ob er etwas von der Berufung Gottes erfahren so können wir von da aus in den ewigen Rathschluß Gottes zurückgreifen, auf dieser Versehung u Wahl Gottes steht unsre Gewißheit —[109] sind wir berufen so wissen wir daß wir in den Rathschluß Gottes begriffen sind, denn er beruft ja nicht etwa zum *Schein* daß er hernach sagte es sei nicht so gemeint gewesen, sondern es ist sein ernstlicher Wille daß Keiner verloren werde sondern daß sich Jedermann zur Buße kehre. Wer nun berufen ist der weiß auch daß er zur Ähnlichkeit Christi verordnet ist, und darf sich fröhlich getrösten daß Gott diesen ewigen Rathschluß an ihm hinausführen wird: wer aber außer Christo ist der hat freilich keinen Theil an dieser Gewißheit, fragt aber auch nicht darnach — welche er berufen hat die *hat* er auch gerecht gemacht — hier ist abermal ein Zeugniß für die Rechtfertigung — er *hat* gerecht gemacht heißt es, denn die Rechtfertigung ist in jedem Augenblick eine ganze u völlige, der nichts mangelt und hat ihren alleinigen Grund in dem geschehenen Opfer Jes. Chr. — welche er aber gerecht gemacht hat, die hat er auch herrl. gemacht — alles was zur ewigen Herrlichkeit u zum Erbe des ewigen Lebens gehört das gehört den Gläubigen schon hier — freilich nicht dem Schauen nach, sondern hier im Glauben[110]

---

66 noch besonders Concil. Trid. VI, 12: „Nemo quoque quamdiu in ac mortalitate vivitur, de arcano divinae praedestinationis mysterio usque adeo praesumere debet, ut certo statuat, se omnino esse in numero praedestinatorum . . ." (Denz. 805).

108 In SD XI, 14 u. 15 heißt es unter anderem auch in Berufung auf Röm. 8 von Gottes „Fürsatz und Rat", er bestehe darin, „daß wahrhaftig das menschliche Geschlecht erlöset und mit Gott versöhnet sei durch Christum . . " (BSLK, S. 1069, 1-5).

109 Vgl. dazu Luther in De servo arbitrio: „Si enim gratia ex proposito seu praedestinatione venit, neccessitate venit, non studio aut conatu nostro, ut supra docuimus" (WA 18, S. 772, 38-40).

110 Vgl. SD XI, 8: „Die ewige Wahl Gottes aber siehst und weiß nicht allein zuvor der Auserwählten Seligkeit, sondern ist auch aus gnädigem Willen und Wohlgefallen Gottes in Christo Jesu eine Ursach so da unsere Seligkeit, und was zu derselben gehöret, schaffet,

Was wollen wir denn hierzu sagen: ist Gott für uns wer mag wider uns sein? — welcher auch Seines eigenen Sohnes nicht verschont hat sondern hat ihn für uns alle dahingegeben [Röm. 8, 31 f.]. Immer wieder greift der Apostel in den Grund der Gewißheit zurück, der da ist in Christo — in der Dahingabe des Sohnes Gottes zur Vergebung der Sünden haben wir die Gewißheit zu suchen, u finden sie auch da — wie sollte er uns mit ihm nicht Alles schenken [Röm. 8,32]: haben wir Vergebung der Sünden, haben wir ihn als unser Lösegeld so haben wir mit ihm Alles — ist er unsre Gerechtigkeit so ist er auch unsre Heiligung u Erlösung und nur mit dem Verluste des Herrn geht die Gewißheit des ewigen Erbes verloren. — Wer will die Auserwählten Gottes beschuldigen? Gott ist hie der gerechtmacht. Wer will verdammen Christus ist hie der gestorben ist — [Röm. 8,33 u. 34].

Daß dem Christen seine Seligkeit gewiß sein *kann* ja daß er ihrer gewiß sein *muß;* ist die Lehre der luth. Kirche nach dem Zeugnisse des Wortes Gottes. Nun ist die Frage: wie kommen wir denn zu dieser Gewißheit, oder mit andern Worten: wie werden wir des gewissen Heils in Christo theilhaftig? Antw: durch den Glauben[111] (Daß die Kirche, so wie sie in der Verwaltung der Sacram. in der Hierarchie sich darstellt, durch die verschiedene Lehre von Gewißheit oder Ungewißheit der Seligkeit, in eine ganz verschiedene Stellung zu den Gläubigen kommt ist natürlich: die kath. Kirche indem sie dem einzelnen Menschen die Gewißheit des Glaubens vorenthielt, und dabei im alleinigen Besitz der Gnadenmittel ist, die sie nach Belieben geben oder nehmen kann, sagt darum: ich *mache* das Heil! —[112] während nach luth. Lehre die Gewißheit des Heils nicht so an die Vermittlung der Kirche geknüpft ist, daß der Gläubige nicht, wo er etwa durch Umstände verhindert wäre, oder unrechtmäßiger Weise ausgeschlossen wäre von dieser Vermittlung, er dadurch seiner Seligkeit ungewiß würde, sondern die Kirche ist nach luth. Lehre nur die Dienerin die aus den Schätzen des Herrn dem Gesinde geben muß zu seiner Zeit:[113]

---

wirket, hilft und befurdert; darauf auch unsere Seligkeit also gegründet ist, daß „die Pforten der Hellen" nichts darwider vermögen sollen". (BSLK, S. 1066, 16-24). Darüberhinaus findet sich in demselben Kapitel die Verknüpfung von Prädestination und Rechtfertigung. Die Prädestination wird eine „nützliche, heilsame, tröstliche Lehre" genannt, „dann sie bestätiget gar gewaltig den Artikel, daß wir ohn all unsere Werke und Verdienst lauter aus Gnaden allein um Christus willen gerecht und selig werden" (BSLK, S. 1076, 36-41).

111  Vgl. dazu AC XII, wo die Frage aufgegriffen wird, wie wir der Vergebung der Sünden gewiß werden können und worauf dann folgende Antwort gegeben wird: „Es ist Gottes Beschluß, Gottes Befehl von Anbeginn der Welt her, daß uns durch den Glauben an den gebenedeieten Samen, das ist durch den Glauben um Christi willen ohne Verdienst sollen Sunde vergeben werden" (BSLK, S. 270, 15-20).

112  S. Anm. 61; 62; 63.

113  Die einzigen „wahren" Schätze sind nach Luther das Wort Gottes und die Sakramente. Vgl. die Forderung daß der Mensch „Gottes Wort" für seinen „besten Schatz" halten soll (WA 28, S. 628, 31-629, 11).
Es ist der „Schatz der alle Dinge heilig macht" (Gr. Kat. I, 91. BSLK, S. 583, 33-35).
Die Teilnahme am Abendmahl begründet Luther folgendermaßen: „Ideo ad sacramen-

[Mt. 24.45] nicht sie *macht selig* – das thut allein der Herr – sie ist dadurch allerdings in einer viel demüthigeren Stellung als die kath. Kirch die die Seelen sogar bis über den Tod hinaus unter ihrer Herrschaft hat).[114]

[(e) Rechtfertigung und Glauben]

Was ist nun aber der Glaube im evangelischen Sinne? die kath. Kirche sagt: es ist ein für wahr halten dessen was von Gott geoffenbart ist.[115] Damit begnügt sich die luth Kirche nicht.[116] Denn ein solcher Glaube hilft dem Menschen noch gar nichts: es giebt viele Menschen die das für wahr halten, was von Gott geoffenbart ist: die Türken halten ja auch die Bibel für göttliche Offenbarung, freil für eine solche die noch unvollständig u verfälscht von Menschen sei, die dann ihr Proph. zu bessern u mehren hätte kommen müssen; auch die Teufel glauben [Jak. 2, 19], denn sie wissen es zu gut, daß dieses alles Wahrheit ist: sie rufen dem Herrn entgegen, daß sie ihn kennen, daß er Gottes Sohn ist, und daß sie wissen daß Er gekommen ist sie zu verderben – [Matth. 8,29] aber sie zittern [Jak. 2,19].

Die Schrift aber beschreibet den Glauben also: *der Glaube ist eine gewisse Zuversicht dessen, das man hoffet und nicht zweifelt an dem das man nicht sieht* [Hebr. 11,1]. Das ist der Glaube: eine Zuversicht des Herzens, eine Gesinnung des Herzens, nicht ein Wissen des Verstandes z. B. ich glaube an Gott: heißt nicht ich glaube daß es einen Gott giebt der aber etwa wie so viele Leute meinen zu groß u weit sei um sich um die Angelegenheiten der Menschen viel zu kümmern, sondern: ich glaube an Gott heißt: ich glaube daß Gott sich auch an mir wird bezeugen als einen Gott und daß alle Zusagen Gottes auch an mir sich erfüllen werden; ich glaube mit Zuversicht daß Gott sich nicht als Lügner wird von mir befinden lassen, sondern daß er das auch mir sein wird was sein Name aussagt. „Ich glaube an Jesum Christum" heißt: ich glaube daß der Herr Jesus Christ, für mich ist u sein wird was sein Name von ihm bezeugt[117] Jesus aber heißt: Er wird sein Volk selig machen von ihren Sünden – was heißt nun – ich glaube an Jesum anders als

---

tum accedimus eiusmodi thesauri consequendi gratia per quem et in quo peccatorum condonationem adipiscimur" (Gr. Kat. Abendmahl. BSLK, S. 711, 24-712,2).

114 S. Anm. 64.
115 S. Anm. 55.
116 S. Anm. 56.
117 Die Fügung *glauben an Gott* führt Luther in die Sprache ein (vgl. Kluge, S. 260). Er unterscheidet grundsätzlich zwischen dem Glauben „von Christus" (de Christo) und dem Glauben „tzu oder ynn Christum" (in Christum). Von dem ersteren sagt er, daß ihn auch die „teuffel haben sampt allen bösen menschen" (WA 10, I, 2, S. 24, 10-14). Die Erwähnung der Türken im Zusammenhang der fides daemonum geht sicher auf Luther zurück. Vgl.: „Aber wie der Bapst der Endechrist, so ist der Türck der leibhafftige Teuffel". (WA 30 II, S. 126, 1, 2). Auch in CA X und AC IV heißt es vom „Glauben an Historien" (fides notitia) daß ihn auch die Gottlosen (impii) und die Teufel (diaboli) haben (BSLK, S. 79, 9 f.; 209, 9-11; 219, 44f.; 225, 39 f.).

daß auch ich mit gewisser Zuversicht ihm zutraue daß er das für micht sein wird was sein Name aussagt. Christus heißt „König" — ich glaube an Christus ist daher nichts anders, als die Zuversicht daß der Herr ein Reich habe, und daß er in diesem Reiche mich regiert und mein König ist, dem ich dienen muß. Der Glaube ist eine gewisse Zuversicht deß, das man hoffet; es ist nicht ein Gedanke von Gott, den man sich selbst gemacht hätte sondern eine Hingabe an den geoffenbarten Gott, daß er sich als ein solcher auch für uns erweisen werde: *für mich:* das sind die zwei Worte die der Glaube sprechen lehrt.[118]

Die kath Kirche ist wohlweislich mit ihrem Begriff von Glauben an dieser Stelle vorbei gegangen und hat sich an v. 6 desselben Cap. gehalten wo es heißt: wer zu Gott kommen will muß glauben daß er sei und daß er denen die ihn suchen ein Vergelter sein werde [Hebr. 11,6] — und auch hier hat sie nur den 1 Th. des Verses hervorgehoben[119] freilich wer zu Gott kommen will muß glauben daß er sei wie könnte er sonst nur überhaupt dazu kommen nach ihm zu fragen aber das ist noch kein Glaube sondern der Sinn wird erst gegeben in dem Folgenden: daß er denen die ihn suchen ein Vergelter sein werde d. ist daß alle seine Verheißung an denen die ihn suchen erfüllt werden werde; daß Er sich finden lassen wird als den Wahrhaftigen u Gerechten dem der ihn sucht. Der Glaube ist das Band das uns mit dem Herrn Jesum einigt.[120] Es ist ja nicht so, daß der Herr zwar das Heil erworben hätte ein-

---

118 Der römische Vorwurf, daß Luther den Glauben „nur als Vertrauen (fiducia) des Einzelnen (fides specialis)" bestimme (Klee, Bd 2, S. 79) entspricht in einem gewissen Sinne Luthers Vorstellung vom Glauben. Vgl. z. B. Luther zu Röm. 1,17: „Denn er heißt Glaube nicht das bloße wissen der Historien, sondern die gewisse zuversicht auff Gottes barmhertzigkeit, die uns Gott umb Christus willen zusaget in seinem Wort, welchs eine krafft Gottes ist, die da selig machet alle die daran gleuben". (WA 48, S. 199 Nr. 267 a, 5-8). In einer Predigt über 1. Kor. 4,1-5 sagt er: „. . . denn der glawbe nichts anders ist, denn eyn bestendige untzweyffelhafftige unwanckende tzuvorsicht tzu gottlicher gnade" (WA 10 I, 2, S. 139, 17-19). Die Definition des Glaubens als „zuversicht auff Gottes gnad und barmhertzigkeit" (WA 52, S. 331, 32) (fiducia promissionis et miseridordiae Dei) ist auch in AC IV aufgenommen (BSLK, S. 225, 43 f.) Speziell zu dem Christus pro nobis vgl. besonders die immer wiederkehrende Betonung des „für uns" in Luthers Predigten. Menschwerdung, Tod, Auferstehung, Himmelfahrt und Erhöhung Christi kann und will Luther nur predigen als ein Geschehen „für uns" (vgl. WA 34 II, S. 508 ff.; WA 29, S. 250 f.; WA 37, S. 66 f.; WA 17, I, S. 256; WA 29, S. 367 f.). Wie der Glaube der von dem „für mich" bestimmt ist, konkret aussieht, beschreibt Luther z. B. in seinen Scholien zum Hebräerbrief. Vgl. hier vor allem die Stelle, an der er dem Sinne nach (sententialiter) Bernhard von Clairvaux (In festo annuntiationis I, 3) zitiert: „Oportet, ut credas Deum, posse remittere tibi peccata, conferre graciam e dare gloriam. Nec hoc satis est, nisi tibi remissa peccata, collatam graciam et donandam gloriam certissime credas" (WA 57 Scholien, S. 169, 15-18).
119 Im Zusammenhang der Vorbereitung auf die Rechtfertigung wird im Decretum de iustificatione c. 6 (Modus praeparationis) nur Hebr. 11, 6a zitiert: „De hac dispositione scriptum est: *„Accedentem ad Deum oportet credere, quia est et quod inquirentibus se remunerator sit"* "(Denz. 798).
120 Zur Vorstellung, daß der Glaube die Verbindung zwischen Mensch und Christus her-

mal und nun dem Menschen überließe wie sie desselben durch ihre Werke etwa theilhaftig würden; das ist der Stand der kath Kirche — damit schiebt sie einen guten Theil des Werks unsrer Seligkeit dem Menschen zu und kann somit allerdings nie zu einer freudigen Gewißheit die von dem Herrn Alles Gutes sich versieht, und das Heil in seinen Händen ganz fest u gewiß weiß, dem Gläubigen verhelfen.[121] Die luth Kirche lehrt mit der Schrift daß wir zu Christo nur durch den Glauben kommen.[122] Dieser Glaube aber ist natürlich ebenso wenig als irgend etwas was das Werk unsres Heils betrifft *unser* Vermögen *unser Wollen u Können* sondern lediglich ein Werk Gottes in uns. — Gott ist es, der allein den Glauben geben kann welchem er will [getilgt: und giebt ihnen ... unleserlich][123] Davon sagt die Schrift: Zu derselben Zeit antw. Jesus u sprach: Ich preise dich, Vater u Herr Himmels und der Erde daß du solches den Weisen u Klugen verborgen hast, u hast es den Unmündigen geoffenbaret [Mt. 11,25]. Der Herr preiset hier, daß der Vater den Weisen u Klugen verborgen hat — das könnte mit menschlicher Kurzsichtigkeit betrachtet, einen auf die Gedanken führen als sei das doch gar hart daß also der Vater selbst verborgen habe vor einigen worin das Heil besteht — aber der Herr Jesus der doch gewiß barmherziger ist, als menschliches Mitleiden, konnte dennoch den Vater preisen daß er es gethan. Es ist ja eben so, daß Gott die Sünde ihre eigne Strafe sein läßt, darum ist es göttlich u recht daß er die Weisheit dieser Welt [vgl. 1. Kor. 1, 20 f.] eben dahin kommen läßt wohin sie natürlicher Weise führt, nämlich zur Blindheit — und ein wissentliches u willkürliches Abwenden u Abkehren führt zum Gericht der Verstockung.[124] Gott ist auch in dieser seiner Gerechtigkeit groß u herrlich und

---

stellt, vgl.: „... der glaub ... voreynigt auch die seele mit Christo als eyne brawt mit yhrem breudgam" (WA 7, S. 25, 26-28).
121 Vgl. Anm. 45-47; 61; 66 und 107.
122 Vgl. Luther: „Nec alia via potest homo cum deo aut convenire aut agere quam per fidem, id est, ut non homo suis operibus ullis sed deus sua promissione sit autor salutis" (WA 6, S. 51 21-23). Zum sola fide vgl. außer Anm. 87 noch aus den Tischreden Luthers: „Nam ipsa dialectica inventionem et iudicium habet methodicum, ut de omnibus rebus propositis melius iudicare et disserere possimus ut si illa propositio est defendenda: Sola fide sumus iusti hic dialectice procedendum neminem lege iustificari, quia nullus eam paraestat. Ideo fides, quae haeret in promissionibus gratuitis, facit concientiam laetam. Haec est certa iustificatio" (WATR V, S. 556, 8-13, Nr. 6243).
123 Der Glaube ist „eyn lautter gottis werck on alles unßer tzuthun ynn uns" (WA 10, III, S. 285, 24-26). Immer wieder verweist Luther auf die paulinische Definition des Glaubens als „Gabe Gottes" (vgl. Röm. 5,15). So z. B.: „Zum Sechsten, das solcher glaube sey ein gabe gottes, den wir mit keinen vorhergehenden wercken oder verdienst erwerben noch aus eigener Craft machen konnen, sondern der heillig gaist gibt und schaft, wo er wil denselbigen in unsere hertzen ..." (WA 30, III, S. 163, 6-13).
124 Arnswaldt nimmt hier seine Gedanken über die Prädestination wieder auf (s. Anm. 108 u. 109) und begründet, warum der Mensch für seine Verdammnis selbst die Verantwortung trägt. Zu den Folgen der Weisheit dieser Welt vgl. SD II, 10 (BSLK, S. 875). Auch nach Epit. XI, 12 ist der Mensch für die Abkehr von Gott und die Verstockung selbst verantwortlich: „Daß aber ‚viele Berufene und wenig Auserwählte' seind, hat es nicht diese Meinung als wolle Gott jedermann selig machen, sondern die Ursach ist, daß sie Gottes

alles was Er thut muß zu Seiner Ehre gereichen. Darum wird auch, wenn Gottes Gerichte offenbar werden u. wir Eins sein werden mit Ihm, unser Herz einst mit einstimmen in den Preis seiner Ehre die sich auch im Gericht offenbart und es wird unsre Seligkeit nicht stören können die Verdammniß der Verworfenen – weil ja Er u seine Ehre Alles in Allem erfüllen wird – sonst möchte es wohl nicht viel Seligkeit auch für uns geben – *„und hast es den Unmündigen offenbaret* [vgl. Mt. 11,25] die, die von keiner eignen Weisheit was wissen wollen denen ist es offenbaret: *Ja Vater also war es wohlgefällig vor dir* [Mt. 11,26]: *Alle Dinge sind mir übergeben von meinem Vater und niemand kennet den Sohn denn nur der Vater u Niemand kennt den Vater denn nur der Sohn und wem es der Sohn will offenbaren* [Mt. 11,27]. Diese ganze Stelle bezeugt, daß wir nur durch den Willen Gottes zum Glauben kommen können, ohne alles eigne Verdienst u Zuthun. – Ebenso Joh. 6,37. *Alles was mir mein Vater giebt das kommt zu mir; und wer zu mir kommt den werde ich nicht hinausstoßen* u v. 44 *Es kann niemand zu mir kommen es sei denn daß ihn ziehe der Vater der mich gesandt hat, und ich werde ihn auferwecken am jüngsten Tage.*

1 Cor 12,3 *Niemand kann Jesum einen Herrn heißen ohne durch den heil Geist.* – Herr natürlich in dem Sinne des Glaubens der immer das *für mich* begreift, zum Herrn annehmen, in den Dienst des Herrn eintreten das ist allein aus dem Vermögen das der heil Geist giebt möglich – Phil 2 12 u 13. Schaffet daß ihr selig werdet mit Furcht u Zittern; denn Gott ist es der in euch wirket beide das Wollen u das Vollbringen. – Das soll die Triebfeder des Schaffens der Seligkeit sein daß Gott es ist der da wirket; daß er es ist der das Wollen gewirket hat und bei dem auch das Vollbringen steht. *Widerstreben*, sich von Gott abwenden kann der Mensch freilich, und da zwingt denn Gott niemand,[125] sondern läßt die Sünder fahren in ihres Herzens Sinn und die Sünde ihnen zum Verderben gereichen –[126] ein relat. Widerstreben ist ja freil. in jedem Menschen weil er ja eben in Sünden todt ist, und die Sünde in der Feindschaft wider Gott besteht; dies Widerstreben überwindet aber der heil Geist durch seine noch größere Gnade; er muß davon ja täglich überwinden weil das Fleisch sich alle Tage regt, aber das kann er auch. Von dem Widerstr. siehe die Stellen Matth 22 1-6 Ap. 13,46 (1 Cor 2,4 u 5 gehört zu dem vorigen).

Der Glaube ergreift den Herrn Jesum mit Allem was er ist u hat. Es ist aber kein so leichtes Ding zu glauben, denn freilich, die Gewisse Zuversicht schließt den Zweifel

---

Wort entweder gar nicht hören, sondern mutwillig verachten, die Ohren und ihr Herz verstocken und also dem Heiligen Geiste den ordentlichen Weg verstellen, daß er sein Werk in ihnen nicht haben kann, oder do sie es gehöret haben, wiederumb in Wind schlagen und nicht achten, doran nicht Gott oder sein Wahl, sondern ihre Bösheit schuldig ist" (BSLK, S. 819, 9-21). Vgl. ferner SD XI, 40-42, 78 (BSLK, S. 1075 f., 1085 f.).

125 Vgl. SD II, 60: „Etsi autem Dominus hominem non cogit, ut convertatur . . ." (BSLK, S. 896, 8 f.).

126 Vgl. Anm. 124.

aus, wie ja denn der Vers der den Glauben beschreibt auch ausdrücklich hinzusetzt: und nicht zweifelt an dem, was man nicht siehet: So ist es ja denn keine leichte Sache denn es gilt eben ohne und sogar wider alles Gefühl fest zu glauben. Wir stehen des Morgens auf und fühlen die Sünde in Trägheit, Lauheit, Gleichgültigkeit, Zorn Widerwillen – und gleichwohl sollen wir glauben daß diese Sünde vergeben ist und uns nicht mehr verdammt um Seinetwillen. Darum kann auch dieser Glaube angefochten werden, und er wird angefochten vielfach;[127] es sind ja wohl eigentlich nur die Sonntagsstunden in dem Leben eines Christen, da er mit Freuden eines starken unbeweglichen Glaubens ist und mit P. Gerh. singt: Mein Herze geht in Sprüngen u kann nicht traurig sein [EKG 250, 13] – und der öftere Stand des Glaubens ist das Ringen gegen die Zweifel an dem, das wir nicht sehen. Vor dem Herrn aber ist es gleich, ob der Glaube ein starker oder ein schwacher ist. Denn nicht um des Glaubens *willen* giebt er sich uns, sondern er giebt sich um Seiner Barmherzigkeit willen dem der da glaubt mag er nun Glauben haben daß er darob jauchzt oder wie die Schrift sagt: Als ein Senfkorn [Mt. 17,20]. Es heißt ja von dem Herrn, daß er den glimmenden Docht nicht auslöscht [vgl. Jes. 42,3], und Er sieht darum den Funken ebenso wohl an als die helle Flamme. Denn weil der Glaube Sein Werk u Geschenk ist,[128] so kann er ja den Glauben auch wohl aus dem Fünklein zur hellen Flamme anblasen. Fragen wir aber: wie viel Glauben wird denn wohl erfordert? die Schrift sagt von einem Fünklein [vgl. Jes. 42,3]: das ist ja nun bildlich geredet; [getilgt: unleserlich] – Wo der Herr Jesus als der Seligmacher der Seele noch nicht ganz abhanden gekommen ist wo der Seufzer: hilf meinem Unglauben! [vgl. Mark. 9,24] noch nicht ganz aufgehört hat, da ist ja auch noch Glauben: Ja selbst wo für unser Bewußtsein noch weniger wäre, nichts als der Wunsch etwa, doch noch wieder zum Glauben zu kommen, da wird auch dieser Wunsch nicht ungehört bleiben – denn der heil Geist, wenn wir nicht wissen was u wie wir beten sollen, vertritt uns ja mit unaussprechlichen Seufzern [vgl. Röm. 8,26] – wo der Glaube ganz aufgehört hat, da ist auch kein Wunsch nach Christo, sondern dann verfällt der Mensch auf das Suchen außer dem Herrn, wo er denn freilich nur immer tiefer ins Verderben geräth, und in dem Gericht der Verstockung endet.

Durch den schwachen Glauben wird das Band der Seele mit ihrem himmlischen Heilande nicht zerissen: sogar Petrus, obgleich er den Herrn dreimal mit Fluchen u Schwören verleugnete [vgl. Mt. 26, 69-74], verlor den Glauben nicht, weil der Herr für ihn gebeten daß sein Glaube nicht aufhöre [vgl. Luk. 22,32] in der Sichtung des

---

127  Zum Verhältnis von Glauben, Zweifel und Anfechtung vgl. Luther in der Epistel Sanct Petri gepredigt und ausgelegt 1523: „Lern du aber also, wenn du Christen bist, das du on zweyffel allerley anstöß und böse neygung ym fleisch fülen werdist, denn wenn der glawb da ist, so komen hundert böse gedancken, hundert anfechtung mehr denn vor" (WA 12 S. 325, 23-25). Auch wenn der „recht glawb nit zweyffelt am gutten gnedigen willen Gottis" (Vgl. WA 8, S. 356, 19), so ist der Glaube doch nie frei von Anfechtungen (vgl. WA 6, S. 223, 31: „dan wer ist on anfechtung ein stund lang?").
128  Vgl. Anm. 123.

Satans, und siehe, es bedurfte ja auch nur eines Blickes aus dem Heilandsauge um ihn zu voller Gemeinschaft mit dem Herrn zurückzuführen.[129] Der Glaube ist aber auch in seiner Wirksamkeit verschieden: es giebt einen lebendigen u einen todten Glauben [vgl. Jak. 2,17] – der lebendige Glaube ist wirksam u thätig.[130] Der todte Glaube, wenn er wirklich *ganz* todt wäre ist kein wahrer Glaube mehr.[131] Darüber nun zu richten bei Andern steht keinem Menschen zu, denn Gott allein kann es wissen welcher Glaube todt u welcher lebendig ist: wir können u werden uns immerdar täuschen, denn viele die uns als todte Glieder erscheinen können ihre verborgenen Früchte bringen und ebenso kann ein später Fall derer, die wir für lebendige treue Christen gehalten offenbar machen, daß es nichts als Schein gewesen was uns Glauben schien. Wenn aber für uns selbst, des Glaubens Leben uns zweifelhaft würde weil der Früchte so wenige sind, so sind wir damit auf das Wort Off. 3,2 gewiesen: Stärke, das sterben will: indem wir die zur Stärkung des Glaubens verordneten Heilmittel gebrauchen,[132] und mit Furcht u Zittern die Seligkeit schaffen.

---

129  Über den schwachen Glauben handelt Luther vor allem in seinem Sermon über die guten Werke. Er spricht hier von „einem schwachen funckeln des glaubens" das den Glaubenden aber nur veranlassen soll, um Stärkung des Glaubens zu beten und sagt: „Dan gebrechen des glaubens (das ist des ersten und hochsten gebottis) ist niemandt auff erden, der sein nit ein groß stuck habe" (WA 6, S. 234, 8-12).

130  Der „rechte Sieghaffte Glaube" ist nach Luther nicht „ein kalt, faul, ledig und müßiger gedancken, sondern ein lebendige thetige krafft, das, wo er ist, da mus solche frucht, sieg und uberwindung folgen, oder , so es nicht folget, ist auch der Glaube und newe Geburt nicht da" (WA 21, S. 283, 11, 21-25).

131  „Das ist, weyll die werck nicht folgen, ists eyn gewiß tzeychen, das keyn glaub da sey, ßondern eyn todter gedancke und trawm, den sie falschlich glawben nennen" (WA 10, III, S. 288, 4-6). In den Bekenntnisschriften vgl. hierzu bes. SD IV, 10-12 (BSLK, S. 941 f.).

132  Bei den „zur Stärkung des Glaubens verordneten Heilmitteln" ist vor allem an das Abendmahl zu denken. Vgl. Kl. Kat. V Vom Sakrament des Altars, 23 f.: „Darümb ist es gegeben zur täglichen Weide, und Futterung, daß sich der Glaube erhole und stärke, daß er in solchem Kampf nicht zurückfalle, sondern immer je stärker und stärker werde" (BSLK, S. 712, 20-24).

Abbildung einer Seite aus der Deutschen Laientheologie

## II. Briefe August von Arnswaldts aus dem Jahre 1848

1. August von Arnswaldt an Wilhelm Havemann[1] 30 u 31 März 1848

L. H., indem ich Ihnen für die beiden Bücher, die ich durch ihre freundliche Gefälligkeit von der Bibl. zuletzt empfing, mit dem herzlichsten Danke wieder zusende, u. zugleich ein Exemplar des leider zu spät erschienenen Buches, bei welchem ich sie gebraucht, für Sie beilege, dringt es mich Ihnen ein Bekenntniß abzulegen, worin Sie hoffe ich, unter so bewandten Umständen nichts Beleidigendes finden oder doch es mir gewiß gern verzeihen werden. Ich fürchtete mich nämlich vor diesem Briefe, weil ich über Ihre Stellung zu den Wundern die uns umgeben zu keiner völlig klaren inneren Gewißheit kommen konnte. So weit es nöthig, hat mich Br.[2] darüber beruhigt. Auf Ansichten über Einzelnes kommt es nicht mehr an, sondern nur auf die Fassung des Zusammenhangs der großen Thaten Gottes, die Er kundthut dem sehnenden Herzen eines Jeden eines Jeden der Ihn liebt. – Mit ihnen e. wenig darüber schwatzen wollte ich aber doch gern; nützt es Ihnen nichts so nützt es vielleicht mir.

L. Fr.! wir stehen am erste Acte einer göttlichen Tragödie, – außerhalb der Historia sacra, der erhabensten, die die bisherige Geschichte kennt. Wann wird unser liebes, armes und von Gott so hoch begnadigtes Volk seinen Beruf erkennen als des eigentlichen Adam dieser Weltzeit? [getilgt: Wie er aus der guten Hand seines Schöpfers hervorgegangen, ist er freilich] von ihm sind die Geschlechter ausgegangen, in denen sich vorzugsweise die Geschicke der neueren Welt vollziehen; was sie einzeln jedes an seinem Theile in gesonderten Brennpunkten mit concentrirter Energie darstellen, das lag in ihm zumal in ungeordneter und unentwickelter Fülle. Und dieser Adam schlief einen tiefen Schlaf – aber nicht wie jener erste vor dem ersten Fall; darum hat er schon in seinen dumpfen Träumen vorahnend die Tiefen des Satans kennengelernt, und hat gelauscht auf seine Weisen, die bei Zeiten auch ihm schmeichelnd sagten: und ihr werdet sein wie Gott u. wissen was gut und böse ist [Gen. 3,5] – Und dabei hat er freilich viel Geduld gehabt; aber wird er sich auch ihrer rühmen können? war es die Geduld der Liebe oder die der Trägheit? u. wenn er sich selbst gern darstellte als den Knecht, der unter den Tyrannen ist war nicht das was er Tyrannei nannte oft eben nur ein Stück von seiner eignen allgemeinen Faulheit? – Nun nachdem er erwacht ist zum Genuß der Frucht die ihn zum Gotte machen soll, wird er ja frei! – Die Art freilich wie er es wird ist zunächst wenn man nicht der

---

1 Brf. entw. A. v. A. an Havemann 30./31.3.1848 StB Berlin.
2 Br. = der Göttinger Jurist Carl Briegleb. Vgl. JGNKG 55 1957, S. 98 Anm. 6a.

Lüge glauben will und sich am Winde weiden, weder allzu lieblich noch allzu ehrenvoll. Die Ideen, welche er dabei als Hebel braucht, sind allerdings ursprünglich von ihm ausgegangen, aber in der Werkstätte seiner Kinder, die sie von ihm empfangen haben, sind sie in der That ganz andere geworden u kehren nun, von den Individualitäten dieser Kinder abgelöst, zu ihm zurück als leere Schlagwörter u. banale Phrasen. von deren Anwendung es abhängt ob sie Gott dienen werden oder dem Teufel – Ja auch indem er mit Blut die theure Freiheit erkämpft, dient er den Fremden und läßt sich von ihnen einweihen in die Mysterien der Clubs und unterrichten im Barrikadenbauen, u. wenn er krawallt hat, so wimmeln seine Eisenbahnen von feinen Herren die gebrochen deutsch reden, u. die nach wohlvollbrachten Thaten weitergehen, damit man sobald der schrillende Pfiff der Lokomotive ausgetönt, in seinen Zeitungshallen trotzig fragen könne: wo sind diese Franzosen? wo sind diese Polen? – [getilgt: Ich weiß nicht wie viel Werth Sie von dieser Seite d. Sache halfen immerhin! – ich glaube darin einer inneren Macht der Notwendigkeit ebenso sehr zu folgen als bewährten Nachrichten]. Mit einem Worte seine Sünden sind keine gemahlten Sünden, die zur Selbstbespiegelung viel auch nur scheinbar rechtmäßigen Raum ließen, u. das parodische Element des romantischen Trauerspiels hätte ein relatives Recht zu der Bemerkung, sein Revolutioniren sey eigentlich von recht niederträchtiger Beschaffenheit; er sey, wie ihm in seinen ruhigen Tagen von in jeder Hinsicht sehr niederträchtigen Gesellen oft gesagt wurde, gegen den Franzosen und den Engländer ein wahrer Lump, was auch ohne Zweifel noch zuweilen beim Erringen seiner Einheit, die ihm, wie billig hoch am Herzen liegt, so scheinen wird, sobald es mit den Zumuthungen, die daraus für das Aufgeben von allerlei Sonderinteressen folgen, einmal ganzer Ernst wird. Nun aber freilich wie er wäre, wenn ihn Gott ebenso verlassen hätte, wie er Gott verlassen hat, wird er denn doch in keinem Momente seiner abwärts rollenden Lebensperiode seyn. Wir brauchen uns nicht gar einzuschließen in unser Kämmerlein, um nur für seine arme Seele zu beten, wir werden so Gott will im frischen Morgenwinde einige fröhliche Stunden haben, zu denen auch noch dies und jenes seinen Beitrag geben wird, was wir auf dem Markt u. in den Gassen der Stadt auflesen oder auf dem Sammelplatz des Dorfes. Wir werden uns freuen an den noch so schwachen Resten fürstlicher Haltung, welche von der Salbung der Häupter zurückgeblieben sind, wenn diese nun auf neuen Bahnen ihr neues Heil versuchen; – wir werden uns freuen am resoluten Entschluß, wo irgend ein solcher so manchen mottenfressigen [sic!] Packen, der den Schultern des vorwärtsschreitenden längst zu schwer war, hinter sich wirft, um auch mit keinem Blicke je danach zurückzuschielen, heiße der Packen nun sogenannte Vorrechte, oder Besitz, oder Weisheit dieser Welt; – wir werden uns freuen an der muthigen Treu des Kriegers, der seinen Eid unter allen Umständen hält, und seys mit blutendem Herzen, mit fröhlichem aber an den Grenzen des Vaterlandes; – wir werden uns freuen an der besonnenen Kraft des Staatsmannes, der Politik und Wahrheit nicht für unvereinbar hält, u. wenn er das hereinbrechende Verderben auch nur um Einen Tag aufhielte, denn wir wissen nicht, was an diesem

Tage im Verborgenen für Gottes Reich geschehen kann; — Wir werden uns freuen an dem redlichen Bürgersinn, der Recht u. Ordnung will, und jeder wohlgemeinten Anstrengung, die sich der überwältigenden Flut der Revolution mit der letzten Kraft entgegenstemmt. [getilgt: Wir werden uns freuen an dem gelehrigen Geist der Gelehrten, die in Gottes Schule gehen um an seinen Thaten zu lernen und also gelehrt zu werden —] Doch genug, und vielleicht schon zu viel; ich schweige, der noch schöneren Dinge, die, wenn Gott will, der echte Drang nach vaterländischer Unabhängigkeit u. Einheit hervortreiben mag; die Summe wird doch bleiben: wie wirs an Einigen schon gesehen haben, so werden wir an Andern auch sehen: wie Fürsten und Krieger, so Staatsmänner u. Bürger [getilgt: und Gelehrte], wie Edle u. Weise u. Reiche, so Bauern und Proletarier u endlich Patrioten u. Mehrer d. R. verlaßt euch nicht auf sie, sie sind Menschen, sie können ja nicht helfen, — u alle Herrlichkeit des Menschen ist wie des Grases Blume [vgl. Ps. 90,5]. Und der losgelassene Strom wird fluthen und fluthen bis ins Meer.

Und in dem Jahr da diese Fluth begann, da waren es dreihundert und zwei Jahr, seitdem ein Mann die deutsche Erde verließ, der in seinen Tagen einigen Gebrauch von der Preßfreiheit und der Öffentlichkeit und dem Associationsrechte gemacht hatte, der aber wie sie sagen das Unglück hatte häufig inconsequent zu seyn. Er hatte noch ein zweites Unglück, nämlich daß er Buchstaben u. Geist nicht recht zu unterscheiden wußte. Daher kam es auch, daß er fest glaubte, die Obrigkeit sey unter allen Umständen von Gott, und der Aufruhr unter allen Umständen verdammenswerth. Er schalt die Herren, die die Bauern drückten und richtete barbarische Worte gegen die Bauern die ihre Freiheit mit Feuer u. Schwert erkämpfen wollten. So viel seiner Inconsequenzen u. Buchstäbeleien auch bereits nachgewiesen worden, es ist immer noch Stoff da für viele Flug- und Zeitschriften. Die allersonderbarsten Begriffe muß er indeß ohne Zweifel von deutscher Nationalität gehabt haben. Zwar wäre es unbillig, wenn man die Einsicht in die große Erfindung eines erleuchteten Jahrhunderts bei ihm suchen wollte, daß man nämlich die Nationalität am sichersten damit baut, daß man sie kurz und klein schlägt, d. h. daß ihre Entwickelung unbedingt von den abstractesten Formen abhängig zu machen ist, welche bei allen Nationen genau dieselben sind, wobei man zugleich den Vortheil hat, von langen Variationen in tönender Rede abgesehen, sich auch wieder sehr kurz fassen zu können und die größten Massen mit einem Worte zu regieren. Darum sollte man nun aber meinen, er würde sich, wie jeder andere servile Fürstenknecht — (daß er ein solcher war, zeigt schon die traurige Verfassungsgeschichte der von ihm ausgegangenen Kirche) — ohne Weiteres an das Bestehende als solches gehängt und damit gegen sein Verhalten zur Bestehenden Kirche eine seiner gewöhnlichen Inconsequenzen begangen haben. Dem ist jedoch nicht ganz so. Es scheint vielmehr, als habe er die Meinung vom deutschen Volk als dem Adam unter den Völkern dieser Weltzeit geteilt und daher für dasselbe — (wegen der allgemeinen, geschlechtliche, über das Individuelle hinausgehenden Bedeutung Adams)

– auch einen allgemeinen Lebensgrund gesucht und diesen in eine Verbindung mit dem allgemeinen Lebensgrunde der Kirche gesetzt – wie soll man sagen? ihn damit identificirt oder ihn darauf geimpft? – gleich wie er wollte, daß die Propheten und Apostel deutsch reden sollten zum deutschen Volke, und Gott ihm gab, daß es geschah was er wollte.

Luthers Geist ist zu der Zeit, da unser Adam schlief, gewaltig umgegangen im deutschen Lande – aber so wie Jesus im galiläischen Lande, die Hohenpriester und Schriftgelehrten wußten wenig davon. Er wird auch jetzt ferner gewaltig umgehen im deutschen Lande – aber so wie Jesus nach seiner Auferstehung, da er sich nur seinen Jüngern zeigte und nicht dem ganzen Israel nach dem Fleisch. Er redet aber zu dieser Zeit, wie er geredet hat nach göttlicher Inconsequenz, je nach dem Wandel und Wechsel der Dinge von 1517 - 1546, er redet zu seinem Volk also:

O Volk, willst Du Deinen Beruf erkennen, so verstehe wohl, daß Deine wahre Freiheit in keinem Widerspruche stehen kann mit der Freiheit eines Christenmenschen vom Gesetz, von der ich Dir so viel gepredigt nach der Lehre des Apostels Paulus, u. durch die das Gesetz nicht aufgehoben sondern aufgerichtet wird, ja daß jene auf dem Boden Deiner Natur dieselbe ist wie diese auf dem Boden des Geistes. Erkenne also, daß Deine Bestimmung, anstatt Glanz und Hoheit und kaiserliches Ansehen und Macht über andre Nationen, zuerst die war, Dich als ein ganz leeres Gefäß zu fassen für die überschwengliche Gnade deß der auch Dich mit seinem Blut erkauft hat, und daß Du also vor Allem der ganzen vollen Freiheit von Dir selbst bedarfst gleich jedem einzelnen Deiner Glieder. Erkenne ferner, daß es dieser Freiheit Art ist, es nicht zu ertragen daß jemand sie sich selber nehme, daß sie erbeten seyn will als Geschenk und daß nur Ein Kampf sie uns erringen kann, der Kampf mit Gott, worin die Spannader dem Kämpfer gelähmt wird und er unterliegend siegt [vgl. Gen. 32. 23 ff. u. 33]. Und wenn Du richtig sagst: „nicht beten nur, sondern auch arbeiten", wo werde ich, der ich in meinen Tagen eben nicht gefaullenzt habe, Dich fragen: hast Du's versucht, in Deinem Dir von Gott angewiesenen Berufe, u ohne Uebergriff über denselben in Deinen Rathäusern, in Deinen Schulen, in Deinen Wohnunge, auf Deinen Feldern zu arbeiten *mit* Gebet? und wenn Deine Fürsten sündigten, wofür sie Gott nun durch rebellische Unterthanen bestraft wie es am Tage ist; weißt Due es denn etwa aus Erfahrung, was für Fürsten Gott einem Volke, das mit Gebet arbeitet, auf sein Gebet giebt, oder wie er seinem Fürsten das Herz lenkt? – Nein, Du hast und weißt dies alles nicht, und Du, wie jeder Einzelne in Dir, kannst auf die Frage nicht anders antworten als mit dem Zöllner im Evangelio: Gott sei mir Sünder gnädig [Luk. 18,13]! Und sieh Gott ist Dir schon zuvor gnädig gewesen. Denn da Du groß und mächtig und prächtig seyn wolltest, und meintest es könne Dir nicht fehlen mit Deinem römischen, dem römischen Weltreich entsprossenen u. von der römischen Kirche, aber nicht von dem sanftmüthigen und demüthigen Herrn Jesus geweihten Kaiserthum, da hat Dirs doch gefehlt, und indem dieses Kaiserthum Dich über Deine Dir von Gott gesteckten

Grenzen, seine eigenen überschreitend, hinausgeführt hat, ist es daran schwach geworden u. Du mit ihm, und da Du halten wolltest, was Gott nicht gesetzt hatte, da bist Du in Dir selbst zerfallen, und die Kirchenspaltung hat namenlose Plagen über Dich geführt; und daß Gott es auch dabei mit Dir gut meinte, das hat er Dir zuletzt noch dadurch bewiesen, daß er Dir durch Deinen Zerfall die Last, die Dir zu schwer war, die Last des einst so hohen, nun so tief verachteten römischen Kaiserthums erbarmend abgenommen hat. Hast Du ihm auch schon dafür gedankt? mit dem Psalmisten gedankt, der da spricht: wenn Du mich demüthigst, machest Du mich groß [Ps. 18,36]. Nun sieh, o Volk, der Dich so gnädig seit den Tagen Deiner Jugend geführt hat, der ist noch heute derselbe der er immer war: der Hocherhabne, der *allein* groß seyn will, der in der Höhe wohnt u bei denen die demüthigen und zerschlagenen Herzens sind [Jes. 57, 15]. Er hat Dir die Kirche erhalten, in welcher dieses Wort, das Wort vom Kreuz, gepredigt wird; die Kirche, in welcher Dir Dein Jesus Alles ist, sobald Du willst, nach Geist und Leib, im Wort und Sacrament; durch meinen und auch Andrer Dienst die recht deutsche Kirche, auch jetzt dem Zustand völlig angemessen, indem Du selber bist: über ihre Verfassung selbst im Ungewissen, ein Weinberg ohne Zaun, von den wilden Säuen zerwühlt, recht eine Tostlose, über die alle Wetter gehen, ohne Gestalt und Schöne; — hast Du Jesum nur etwas erkannt, so ist es Dir so leicht gemacht, dieser Kirche ihr Wort zu glauben, daß der Herr allein *hoch* sey zu der Zeit, und daß es die leeren Gefäße allein sind die Er füllt. So komme doch einmal und thue Buße auf das Wort, das ich Dir habe deutsch reden lassen, ein Dolmetsch der Propheten und Apostel, durch die der heilige Geist geredet hat! Dann wirst Du frei werden in der Freiheit eines Christenmenschen vom Gesetz, u. diese Freiheit wird zur Volksfreiheit werden in Dir nach der Bestimmung, die Dir der Herr Dein Gott gegeben hat.

Und so wie Luther heute zu seinem Volke redet, so wird er noch oft in unsern Tagen zu ihm reden, je nach dem Wandel und Wechsel der Dinge. Aber die Eine Wahrheit, die sein Leben war, die wird in allem was er redet dieselbe seyn u. die ist zugleich die Weisheit, durch welche wir alles Geistliche und Weltliche richten und urtheilen können, denn sie ist das Wort aus dem Munde Gottes, des Herrn über Geist und Natur. Und wenn das deutsche Volk einst Daniels Gebet am 9. Capitel wird lernen beten, dann wird der Herr die Barmherzigkeit, die Er ihm nie entzogen hat, versiegeln, und dann wird die schwarz-rot-goldne Fahne, nachdem sie hinlänglich in Koth und sündigem Blut herumgezerrt worden, auf daß das Volk inne werde, was ihrer Schönheit Weise hätte seyn sollen — dann wird auch sie gewaschen und helle gemacht werden im Blute eines unschuldigen und unbefleckten Lammes [Apk. 7,14] und wir werden seyn des Herrn Jesu Christi deutsches Volk.

O liebster Freund! mein Herz ist voll u. meine Seele jauchzt, daß ich ein Deutscher und ein Lutheraner bin, d. h. daß die zwei Centra, aus denen es in dieser Weltzeit in Natur und Geist durch alle Lande ausgerufen wird, daß Gott allein gut ist und vor ihm kein Fleisch sich rühmen kann [1. Kor. 1,29] meine Wiege sind und mein Altar.

Wer da will, der nehme das Wasser des Lebens umsonst [Apk. 22,14]. Es ist Allen gesagt — es ist den deutschen Lutheranern aus der allernächsten Nähe gesagt. Die Wetter der deutschen Revolution brausen es mit denn die Stimme des Herrn gehet auf den Wassern [Ps. 29,3] und häuet [sic!] wie Feuerflammen [Ps. 29,7]; in stillem sanftem Sausen [1. Kön. 19,12] aber ertönt das Wort in seinem heiligen Tempel. Und die Geschicke der Völker werden sich erfüllen, und der letzte Act der großen Tragödie wird kommen; das Geheimniß ihrer Entwicklung aber, in welches die Engel gelüstet zu schauen [1.Petr. 1,12], ist seinem innersten Wesen nach auch in jeder einzelnen Episode und in jedem Augenblicke gegenwärtig und greifbar dem sehnenden Herzen das Gott liebt.


2. August von Arnswaldt an Christian Friedrich Elvers[1] Hannover den 28 April 1848

Ja liebster Freund, daß wir uns einmal sehen und sprechen könnten! Das lebendige Wort wird so leicht alt und matt in der Feder, drückt dann so leicht das was das Herz meint nicht treffend und greifbar aus — — — Darum halten auch Sie es mir zu gute, wenn ich Ihnen nur theilweise antworte, und auch wie Sie nur Einzelnes herausgreifend aus dem Zusammenhange des Lebens.

Ich habe gestern vergessen Malchen[2] zu bitten, sie möchte ihre Schwester bitten, Ihnen in meinem Namen noch 5 Rth für die chinesische Mission auszuzahlen, die ich ihr ebenfalls hier zurückgeben würde; bitten Sie sie nun sich selbst aus. Im Uebrigen, liebster Freund, ertragen Sie es an mir, wenn ich Ihnen in dieser Sache nichts Weiteres verspreche, und lassen Sie sie eine „offene Frage" bleiben.

Ich freue mich daß Sie ein einmal angefangenes Werk in Tagen wie diese mit ruhigem Vertrauen auf Gott fortführen; wir unsererseits sind der Meinung, zu *für uns* neuen Werken dieser Art durch die Zeit nicht aufgefordert zu seyn, und an unserer ostindischen Mission für unsere Schultern reichlich genug zu haben, zumal in einem Augenblicke, wo es uns in ganz Deutschland *sehr nahe* bevorstehen kann, uns Kirchenbauen und Pastoren unterhalten zu müssen — (denn die völlige Unsicherheit jedes Besitzes würde hierbei allerdings mit Unrecht erwähnt werden) — oder könnten Sie etwa meinen, wir würden uns einrichten können in der neuen Weltkirche, für deren Bau das Zusammentreten der Bauleute bereits an allen Enden angekündigt wird[3] oder das würde die *deutsche* Kirche seyn? Ja so gewiß als das die *deutsche* Freiheit ist, von der unser armes Vaterland jetzt bis in seine fernsten Winkel widerhallt!

Elvers, mißverstehen Sie mich nicht. Ob Gott uns Licht giebt in den milden Strahlen

---

1 Brf. orig. A. v. A. an Elvers 28.4.1848 StB Berlin.
2 Malchen = Amalie Hassenpflug, Schwester des Hans Daniel Ludwig Friedrich Hassenpflug. Vgl. StKGN 12, S. 103-106.
3 Vgl. JGNKG 58 1960, S. 155 bes. Anm. 40.

Seiner Frühlingssonne, ob in den Blitzen Seiner Wetter — Licht ist es immer. Sie wissen es ja wohl auch, daß ich längst so wenig als Sie zur „conservativen Partei" gehörte; und wer ein, Gott gebe großes oder auch kleines Stück seiner Freiheit der Revolution verdankt, — (was wir einer wie der andre haben können,) — der wird auch keinen Sieg irgend eines Guten über irgend eine Art des Bösen verachten, keinen der wahren Unabhängigkeit über Knechtschaft unter fremdem Wesen, keinen der wahren Einheit über die Zerstückelung, keinen der wahren Ordnung über chaotische Recht- und Maaßlosigkeit; ja er wird die Spuren des Sieges aufsuchen — um sich daran zu freuen — wenn es nicht anders ist bis in die äußersten Winkel eines zerrütteten Gemeinwesens, eines bethörten Geschlechts, das so wenig wie irgend ein Einzelner in ihm es dahin bringen kann, daß Gott es ebenso verlasse wie es Gott verlassen hat — Ja noch mehr. Das urkräftige Behagen im Gefühl der Ledigkeit seiner eigenen Schultern von so manchem schweren Packen, den er vor dem großen Ereigniß noch zu schleppen hatte, wird ihn zunächst bewegen auch hierzu das Gegenbild im Spiegel der großen Welt genauer zu erforschen, und er wird nicht trauern, wenn der scharfe Morgenwind da draußen so manches Faule und Verrottete hinwegfegt, das seinen Dienst nicht mehr that, und wird auch nicht nöckern wie leider so oft die „Conservativen": das hätte ja alles viel leichter hinweggeschafft werden können, wenn ihr nur uns gefolgt wäret — Und immer noch mehr. Mit seliger Bewunderung wird er in jenem Spiegel auch *das* innerste Geheimniß des Heiligthums Gottes wiederfinden, in welchem er seine eigene Brust erbeben gefühlt hat, und in der menschlichen That, welche die Grundfesten jener großen Welt krachen macht, eine neue Stufe der felix culpa[4] erkennen, die den Sohn Gottes vom Himmel herabzog; ohne daß er darum ein Supralapsarier würde oder den Sophisten die ihn dazu machen möchten etwas anderes erwiederte als: Credo quia absurdum est, und: durch thörichte Predigt gefiel es Gott wohl selig zu machen die so daran glauben [1 Kor. 1,21] — Ja an manchen Ecken, wo es ihm noch keine Wahrheit war, wird es ihm jetzt eine werden, das große Wort: Wo die Sünde mächtig geworden ist, da ist die Gnade noch viel mächtiger geworden [Röm. 3,20] — und ebenso das andere: Gott hat es alles beschlossen unter die Sünde, auf daß er sich Aller erbarme [Röm. 11,32]. Und er wird jauchzen, wenn er aufs neue seinem Gott unmittelbar nach der Verheißung, die in dem Worte an die Schlange liegt: Er wird dir den Kopf zertreten [Gen. 3,15], sagen hört: Siehe Adam ist worden als unser Einer [Gen. 3,22] — und in diesem Sinne wird er auch sagen: Deutschland ist errettet, es ist frei!

Aber wie wird es denn nun frei? wird es dadurch frei werden, daß man ihm seine Culpa, die ihm einst so wohl bekommen soll, in Gedanken mindert und das heilige Gesetz Gottes danach zuschneidet? das sey ferne! — oder wird es durch die furchtbaren Plagen frei werden, die dasselbe heilige Gesetz ihm androht und der Zorn dessen der es gab unfehlbar vollstrecken wird? dann käme die Gerechtigkeit wahr-

---

4 Zu dem Zitat und dem Beleg in der römischen Liturgie und bei Ambrosius vgl. JGNKG 58 1960, S. 158 Anm. 50.

haftig aus dem Gesetz. Soll nicht das Gesetz – soll nicht die Strafe auch unser armes Volk zu Dem treiben, in welchem allein die wahre Freiheit ist? und ist Christus nicht der Befreier für ein Volk wie für den Einzelnen? wozu wäre er denn ein „geborener Jude" gewesen? Wo ist aber Christus in der Menschheit als Ganzem? doch nur in Seiner Kirche. Wo ist er also in einem Volk als solchem? in der Kirche dieses Volkes – und wo im deutschen Volk? nirgend als in der deutschen Kirche.

Welches ist denn nun die deutsche Kirche? nach der Reformation lebend, dürfen wir ja wohl antworten: die römische Kirche kann es nicht gut seyn, denn das ist eben die *römische* Kirche, und als solche die Kirche der romanischen Völker. Ist es denn die reformirte Kirche? In deutscher Zunge, aber außerhalb des „heiligen" Reichs zuerst aufgerufen, hat sie ihren Bestand als Kirche, ihre Constitution, in der Form und auf das Grundgesetz gewonnen, wie es durch wälsche Zunge ihr verkündigt worden ist, und eine volksthümliche Existenz an diesem und jenem Ort größtentheils gerade nur so weit, als das germanische Element in den *Mischvölkern* das romanische celtische besiegen konnte. Von dort her aber hat sie – (wenn ich einmal von dem schweigen darf was Gott an ihr gethan, und das isoliert betrachten was menschlich an ihr ist) – ihre Hände voller Gaben nach dem Mutterlande und über das Mutterland ausgestreckt, und die größte ihrer Gaben – war der dreißigjährige Krieg! kann sie ein Herz haben für unser Volk, mit ihm leben, mit ihm sich freuen und leiden, oder kann es unser Volk mit ihr? – Ist es aber vielleicht die unirte Kirche? ach hier kann man ja jetzt so kurz seyn: das ist gar keine Kirche- oder auch: das ist die Kirche der Zukunft, der puren Zukunft ohne alle Gegenwart, oder sollte es doch eine Kirche der Gegenwart seyn, so liegt sie in den letzten Zügen, seitdem der Herr Graf von Schwerin[5] ihr das Todesurtheil angekündigt hat, welches auch er oder sein Nachfolger unfehlbar, sobald es von dem vielhäuptigen Souverän bestätigt ist, vollstrecken wird, wenn sie nicht bis dahin in der Gesammtheit ihrer Glieder schon verblichen seyn sollte, so daß es des Abhauens des (preußischen) Hauptes gar nicht mehr bedürfte.

Nun denn, die lutherische Kirche, das ist die deutsche Kirche – die Kirche, die mit dem deutschen Volk dreihundert Jahr gelebt, geliebt, und sich gefreut und gelitten hat – die Kirche, durch die und in der unser Herr zu seinem deutschen Volke spricht: Mein deutsches Volk, ich bringe dir *deine* Freiheit! So sprach er seit dreihundert Jahren so spricht er lauter als je zuvor in diesen Tagen des Freiheitskampfs, und selig das Ohr, das es hört. Ja selig das Auge das es sieht, wozu in diesen Tagen der Herr sein deutsches Volk berufen, und durch nichts anderes berufen, als da-

---

5 Zu Graf Maximilian von Schwerin (1804-1872) – er war 1848 vom 19.3.-13.7. Kultusminister – vgl.: Woltersdorf Th.: Zur Geschichte und Verfassung der evangelischen Landeskirche in Preußen. Greifswald 1891, S. 122-129. Ferner: Barnikol, E.: Carl Schwarz in Halle vor und nach 1848 und die Gutachten der Theologischen Fakultät. Wiss. Zeitschr. der Martin-Luther-Universität Halle/Wittenberg. 10 Jg. 1961 H. 2.

durch daß er ihm Sich *ganz* in seinem Wort gegeben, da er ihm die Propheten und Apostel *deutsch* reden ließ durch seines Knechtes Luther Dienst, und ihm durch denselben Dienst und aus demselben Wort den Schlüssel zu dem Worte mitgab: Christus ist des Gesetzes Ende, wer an den glaubt der ist gerecht [Röm. 10,4] — und daß er ihm Sich *ganz* auf seinem Altar gegeben, mit seinem wahren Leibe und Blute es nährend, daß es wachse zum vollkommenen Maaße des Alters Christi [Eph. 4,13] und in der Erbauung der Kirche als des mystischen Leibes Christi *seine* Kirche ihre bescheidene aber unaussprechlich selige Stelle finde als das *Herz* der *abendländischen Heidenkirche.*

O liebster Freund! wir wollen wach seyn auf die kommenden Tage, und Gott mit unserm ganzen Leben dafür danken, daß Er uns eine Zeit erleben lassen, in der wir schon jetzt die Erfahrung haben machen können, daß es in ihr für uns in sechs Wochen mehr zu lernen giebt als vorher in funfzig Jahren. Und weil wir in der Schule Gottes nicht bloß durch Thaten lernen, sondern auch zu Thaten lernen sollen so bitten Sie Gott für mich, daß ich nicht durch allzu vieles Speculiren untüchtig werden möge für den Dienst, den Er etwa noch von mir fordern kann — und ich will ihn bitten, daß Er Ihnen die Last der vielen Geschäfte erleichtere, und Ihnen Muße gebe so viel zu genießen von den süßen Gaben seines Hauses, als zur Stärkung auf den Pilgerweg in solcher Zeit nöthig ist. Er ist bereit sie auszuströmen überschwenglich über unser Bitten und Verstehen und verlangt dafür nichts von uns als ein Herz das nach seiner Gnade hungere, das sich aber auch an Ihr genügen lasse [2. Kor. 12,1].

Es sollte mir lieb seyn wenn Sie wirklich mit den Friedensverhandlungen zur Beendigung unsers nordischen Krieges betraut würden, und noch weit lieber, wenn Sie damit zu einem guten Ziele kämen, — obschon ich nicht weiß ob Sie es nicht für eine Ketzerei erklären werden, wenn ich sage, ich wünschte dieses Ziel am liebsten so, daß Ihre liebe Vaterstadt (wiewohl sie uns einigen Kummer gemacht hat) eine *Grenzstadt* unsers Vaterlandes würde und daß dabei — wenigstens implicite — beide Theile anerkennten, daß einer und der andere gesündigt habe, — auf daß sich vor Gott kein Fleisch rühme [1. Kor. 1,29], denn da ist keiner der Gutes thue, auch nicht Einer [Röm. 3, 12].

Uns allen geht es *sehr* gut. Meine Frau grüßt Sie und mit mir Ihre liebe Frau herzlichst. Meine beiden ältesten Söhne sind am Palmsonntag von Petri konfirmirt worden. Gelobt sey Gott für Seine große Güte und Treue! In Seiner Liebe

der Ihrige A.

Sollten Sie meinen Rusbroek nicht erhalten haben? Am 16then März habe ich die nach auswärts bestimmten Exemplare mit den Adressen, worunter die Ihrige, an Hahns übergeben, und sie versichern mir sie gleich besorgt zu haben. Ich möchte Sie gern um ein Wort zur Nachricht darüber bitten; — wenn auch das Buch vielleicht für Sie wenig Interesse haben wird, so liegt mir schon um Anderer willen daran zu wissen, wie es damit gegangen ist.

3. August von Arnswaldt an Friedrich Wilhelm Carl Umbreit[1] Hannover den 6 Mai 1848

Ja Du lieber, treuer, tapferer Freund! Diesmal will *ich Dir* gleich antworten und Dir die alte Bruderhand schütteln in Gedanken, und mich mit Dir freuen, daß Der auf den wir uns verlassen und der uns nie verläßt, Der welcher uns das beseligende Wort auch in unsern Herzen hat hören lassen: Niemand wird sie mir aus meiner Hand reißen! [Joh. 10,28]. Der Grund und Fels auch unserer Verbindung ist. Denn sie, das Jammern und Wimmern und Klagen kann auch ich und zumal jetzt gar nicht leiden und Harleß ist auch mir der rechte Mann; und auch zu mir haben die Propheten nicht gar vergeblich geredet durch Gottes unaussprechliche Barmherzigkeit und Gnade, und auch ihr Haupt und ihre Krone nicht gar vergeblich in dem Wort: Wann dieses alles anfähet zu geschehen, so hebet eure Häupter auf darum daß sich eure Erlösung nahet [Luk. 21, 28].

Nun aber mein geliebter Freund! mußt Du wohl bedenken, daß, indem ich Dir schreibe, dieses nur eine Fortsetzung vieler in dieser Zeit auch mit Dir gepflogenen traulichen Herzensgespräche ist, und mußt es mir darum zu gute halten, wenn ich mich im Laufe der Rede nicht enthalten kann irgend *ein* Wort zu berühren, das mit dem wovon wir reden im wesentlichen Zusammenhange steht. Unsere Einigkeit soll sich an dem stärken und zu klarerem Bewußtseyn bringen lassen, was unsere Verschiedenheit und durch die Verschiedenheit der Wege Gottes mit uns begründet ist, so will es seine Ordnung im Bau des Leibes Christi, welcher ist die Gemeine [vgl. Eph. 1, 22 f.]. Und sollten wir nicht schon durch den Naturboden auf den wir gesetzt sind jeder an seinem Theile lernen und einander das Gelernte mitteilen sollen? Du gehörst dem unruhigsten Hauptgliede unsers lieben Vaterlandes an, ich einem der bis jetzt verhältnismäßig ruhigsten; mag doch schon diese z. B. dazu mitgewirkt haben, daß ich allem was nur irgend Volksversammlung heißen kann (mit alleiniger Ausnahme der Urwahlversammlung) eben so ferngeblieben bin als Du Dich frisch dabei betheiligt hast. Und wenn wir die Sache individueller fassen: nimm mich hin, wie ich bin! sage auch ich zu Dir; Du weißt es ja: ich bin ein Duckmäuser und ein stiller Speculant, der nun einmal nicht anders kann als die Fügung Gottes darin erkennen, daß er sich in einer Lage befindet die ihn zunächst zu der denkbarst objektiven Auffassung der öffentlichen Verhältnisse auffordert. Ja und endlich kommt noch etwas, daß die verwegenste Zumuthung an Deine Nachsicht in sich schließt: ich bin ein Stocklutheraner, und ein solcher würde der nicht seyn, der es lassen könnte, sobald einmal von Deutschland die Rede ist, seine Kirche in alles zu mengen, weil er ja die Marotte hat sie für die eigentliche deutsche Kirche zu halten und mithin für das Haus, in welchem unser Herr Christus seinem deutschen Volk seine wahre Einheit und Freiheit zu geben beschlossen hat, wenn es die Ruthe Assurs und den

---

1 Brf. orig. A. v. A. an Umbreit 6.5.1848 StB Berlin. Der Brief ist in Ausschnitten bereits von Umbreit veröffentlicht worden. Umbreit, Erinnerungen, S. 37-40.

zerbrochenen Rohrstab Egyptens [vgl. 2. Kön. 18,21] erkannt haben wird für das was sie sind.

Liebster Umbreit! mir sind die letzten zwei Monate auf gewiße Weise mehr gewesen als die vorhergegangenen fast funfzig Jahre, und doch schließen sie sich auch für mich an diese eben so natürlich (und zugleich übernatürlich) an, wie die Revolution an den Zustand der ihr vorausging oder wie das Wetter Gottes an die drückende Schwüle des Sommertages. Und wie sollte denn ich, der ich es nie habe lernen können in einer fremden sey es todten sey es lebenden Sprache zu denken oder zu reden, wie sollte ich es haben unterlassen können zu fragen: Auf welchem Wege wird denn nun unser armes bethörtes Volk die Einheit und Freiheit finden nach der es ringt und sich abarbeitet in der Menge seiner Wege? [Jes. 57,10] und ich finde immer nur eine Antwort auf die Frage, nämlich die: Auf demselben Wege — den ich an dem Mikrokosmus meines Ich bewährt gefunden habe — wie Adam unser aller Vater, und wie das Volk Israel, die Familie des Gottesbekämpfers, dem in seinem siegreichen Kampfe die Spannader gelämt ward [Gen. 32,23 ff. u. 33]. Ja unter den Greueln der Revolution muß ich immer aufs neue jauchzen: O felix culpa quae talem et tantum habere meruit redemtorem[2] und immer aufs neue dem erbarmungsvolle Worte Jehovas lauschen: Siehe, Adam ist worden als unser Einer [Gen. 3,22] — welchem doch nur, weil Adams Fall der Fall aus der Unschuld war, die tröstende Verheißung in dem Wort an die Schlange: Er wird dir den Kopf zertreten [Gen. 3,15], vorausgegangen war, während bei der neuesten Wiederholung des Falles, welche nur die Ausgeburt einer sündigen Vergangenheit ist, der Schlangentreter mitten unter uns gegenwärtig dasteht und die aufgehobenen Segenshände über jeden ausbreitet der sich von ihm segnen lassen will. Und was kann es hier zu anders bedürfen, als daß wir dem Kampfe des Schlangensaamens wider Gott und den Weibessaamen unter uns den rechtmäßigen Kampf an die Seite setzen, in welchem uns, wenn wir siegen sollen, die Spannader und jede Kraft, die durch sich selber etwas seyn und das Gesetz ohne die Gnade erfüllen will, gelähmt werden muß, weil es Sieg im Kampfe gegen Gott nur für den geben kann der sich von Ihm besiegen läßt?

Nun aber ist Christus ein Heiland der Völker als solcher, wie der Einzelnen; und das erweist sich schon darin, daß er ein Glied des *Volkes* Israel war, wie er dessen rechtmäßiger König nur dadurch seyn konnte, daß er ein Sohn David war nach dem Fleisch laut des seligen Evangeliums des großen Gottes. Und weil es einmal seine Ordnung ist, daß Er im Ganzen der Menschheit nur in seiner Kirche ist, durch die jedem einzelnen Gliede der Menschheit Er selbst in Wort und Sacrament dargereicht wird sofern es in sie eintritt und eingetreten ist, so muß dieses in einem Volke eben so seyn. Wenn also ein Zeitpunkt in der Weltgeschichte eintritt, wo die Völker–Kirchen sich aus der Einheit der Menschheitskirche lösen, sey dieses nun eine ursprüngliche und vollständige oder eine schon gebrochene Einheit, dann hat jedes Volk sich zu fragen,

---

2   Vgl. JGNKG 58 1960, S. 158 Anm. 50.

welches die ihm von Gott angewiesene Kirche sey, die seinen besondern Gaben, dem Pfunde das ihm Gott verliehen, der Eigenthümlichkeit seines bessern Selbst entspreche, und dieser Kirche treu anzuhangen ohne die der andern Völker zu verachten. Daß dieses in der europäischen Menschheit dem deutschen Volke schwerer geworden als irgend einem andern, ist es zu verwundern? In der Allgemeinheit seiner Bestimmung, in dem, daß das von ihm aus nach allen Seiten ausgebreitete germanische Wesen in ihm seinen Mittelpunkt hat, liegt zugleich, da es Fleisch vom Fleisch geboren ist, die Kehrseite davon, daß es nämlich fortwährend das ihm nach Gottes Willen Eigenthümliche an das ihm Fremde verliert und für das Fremde dahingiebt. Denn die *römische* Eigenthümlichkeit, die von Alters her alles Fremde in sich zu verschlingen und sich zum Mittelpunkt auch für das Fremde zu machen sucht, ist nun einmal nicht die, welche Gott dem *germanischen* Wesen verliehen hat; sie ist die, welche andere Nationen, und zwar je nach der Mischung in welche die römische Einheit mit der germanischen Freiheit gebracht worden, politisch so stark macht, dem Franzosen seine Revolution in einem Napoleon concentrirt, den Engländer jenseit der Meere und selbst noch in seinen vom Mutterlande losgerissenen Kindern so gewaltig erscheinen läßt; während das deutsche Volk, sobald es sich nicht will genügen lassen an dem was ihm von Gott geschieden worden, nichts anderes kann als des Auslandes Affe seyn, dem Fremden Verführer dienen je nach dem Wechsel der Zeiten auf jedem Gebiete des Lebens. Ja wäre es durch Erfahrung klug geworden an seinem *römischen* Kaiserthum, das es nur eine Zeitlang tragen konnte weil die römische Kirche, die es ihm geweiht hatte, zugleich katholische Kirche war, und das ihm doch, da es dadurch über seine ihm von Gott gesteckten Grenzen hinausgeführt wurde, erst seine innere Kraft und Einheit, dann seinen innern Frieden und wenn es möglich gewesen wäre die Freiheit seines Bekenntnisses, und endlich gar sein Königthum gekostet und dieses letztere in seinem siechen Dahinscheiden mit fortgezogen hat! und giebt (oder gab) es doch Thoren die es zurückwünschen möchten! Doch ärger ist ja das, was dies Volk an *der* Selbstentäußerung die aus der sündigen Natur kommt geleistet hat in Nachahmung fremder Geistesproduction, fremder Sitte, fremder Politik unter jeder Verfassungsform, und auch jetzt der leeren inhaltsuchenden Formen, die es für die Principien seiner Wiedergeburt ausgiebt, ja bis in seine Verbrechen hinein, bis auf die Spitze seiner Barricaden! — Wie sollte es ihm in seiner Kirche, sofern sie Volkskirche ist und also ihrer Erscheinungsseite nach auf Naturboden steht, anders ergangen seyn?

Seit der Reformation ist — (um hier von der orientalischen Kirche und dem Slawenthum, dessen Gegenwart doch wohl erst der Keim einer größeren, schrecklichen Zukunft ist, ganz zu schweigen) — die römische Kirche zunächst die Kirche der romanischen (und celtischen), die protestantische die der germanischen Völker. Wie aber das Germanenthum ein Centrum im deutschen Volke hat; so muß die protestantische Kirche ein Centrum in der deutschen Kirche haben. Und welches ist diese deutsche Volkskirche? Die ganze Geschichte seit dreihundert Jahren, die tiefste

Eigenthümlichkeit des deutschen Volkslebens, sofern es von der Gnade geheiligt ist, unsere deutsche Bibel, unsere Gesangbücher, das Bedeutendste und Originalste in der ganzen Entwickelung unserer Theologie, zugleich von dem größten Einfluß auf die gesammte Wissenschaft, ja die historischen Phasen unsers Kirchenrechts mit all ihrem Jammer – dies alles ruft uns laut zu: diese deutsche Volkskirche ist die lutherische Kirche, und dieses ist die Kirche, die mit dem deutschen Volk dreihundert Jahr gelebt, geliebt, gesungen, gedacht, sich gefreut und gelitten hat, – ja endlich auch seinen tiefsten Verfall mit ihm getheilt. Aber der Deutsche muß ja nach seiner Art immer über sich hinaus – muß universell und darum lieber alles als ganz einfach ein bloßer Deutscher seyn. Die römische Kirche in Deutschland zwar erklärt sich daneben aus der Polarität des römischen und des germanischen Charakters, welche sich stets einander ebenso suchen wie fliehen. Aber wie kommen wir zur reformirten Kirche? Sie ist hervorgerufen worden, wie billig, in deutscher Zunge, denn sie ist ja eine protestantische Kirche; aber sie hat kirchlichen Bestand durch ein festes Bekenntniß gewonnen auf die Predigt welche in wälscher Zunge ergangen war. Ja auch jener erste Hervorrruf geschah an einem Orte, der sich vorlängst vom deutschen Reich und von der deutschen Monarchie losgesagt hatte; und nur an solchen Orten, und unter den Mischvölkern genau in dem Maaße als das germanische Element das andere zu besiegen stark genug war, hat sie ihre eigenthümliche scharfe Geistesmacht und ihre besondere organisirende Kraft entwickeln können, während sie in Deutschland stets ein *Fremdling* geblieben ist und so lange sie nicht hier ebenfalls aus ihrer Späre hinausging, im Grunde nichts gethan hat als negiren, ohne irgend etwas das Reich Gottes eigenthümlich Förderndes zu setzen. Es versteht sich von selbst, daß hier von dem, was sie in dieser Gestalt dem Einzelnen durch Gottes Gnade immer noch seyn und geben konnte, gar nicht die Rede ist. Dafür will ich auch der politischen Gaben schweigen, mit denen sie – (ihre Naturseite) – unser armes Vaterland überschüttet hat; Blut und Thränen bezeichnen deren Spuren. Und gerade diese Kirche sollte ein gleichberechtigter Bestandteil der *deutschen* Kirche werden! Doch mit der unirten Kirche in *diesem* Sinne ist es ja durch die Revolution *aus,* wie es der Herr Graf von Schwerin[3] angekündigt hat. Die Bauleute werden nun also zusammentreten, um einen wirklich *neuen* Grund zu legen, einen andern als der vor achtzehnhundert Jahren am funfzigsten Tage nach Jesu Auferstehung unter gewaltigem Brausen vom Himmel und feurigen Zungen gelegt wurde. Sie werden es ganz und gar leugnen, was unsre Kirche durch Gottes Gnade stets behauptet hat: daß Gottes Wort nach seinem eigentlichen Verstande klar ist und nur Eines privilegirten Auslegers bedarf, nur Einen erträgt, den heiligen Geist, der sich selbst nie widersprechen kann. Wie werden die Rechte des himmlischen Königs auf eine sündige Majorität übertragen, und wenn das Glück gut ist, werden sie ihn eine Zeitlang als constitutionellen König aufrecht zu erhalten suchen, dem nichts zusteht als die Execution der Gesetze seines souveränen

---

3   S. S. 238, Anm. 5.

Volks, d. h. eben jener Majorität, bis sie ihn absetzen und seinen Thron verbrennen und in seinem Palaste zechen – O glaube nicht, liebster Freund, daß ich die edlen Geister verdammen oder verachten wolle, die wie ich fürchte allzulange auf Hoffnung pflügen und säen werden auf diesem verfluchten Acker, der ihnen doch immerdar nur Dornen und Disteln tragen wird. Das aber kann ich nicht leugnen, daß mir die ganze heilige Schrift, in Uebereinstimmung mit dem tiefsten Verlangen meines innersten Herzens, es laut predigt, daß auf diesem ganzen Boden nie eine wahrhaft gute Frucht wachsen und gedeihen kann, daß wir für unsre Arbeit einen andern suchen müssen, und daß dieser durch Gottes überschwengliche Barmherzigkeit da ist und offen vor uns liegt. Wohl wird es für den Einzelnen sehr hoch in Rechnung zu bringen seyn, in wie scheinbarer Gestalt das neue Princip hier oder dort sich darstellen wird. Und ich würde auch an Dir nicht irre werden, wenn Du für eine Zeit glauben solltest Dich in diesen Strom begeben zu müssen, um Theil zu nehmen an dem Versuche, ihn auf irgend einem Punkt zu hemmen. Mögest Du dann auch an mir nicht irrre werden, wenn ich ja vielleicht um dieselbe Zeit zu einer Secte gehören sollte der allenthalben widersprochen würde. Wenn die Republik kommen wird, werden ohnehin alle Kirchen Secten seyn. Du aber, mein geliebter Umbreit! wirst bis dahin längst die Mutter wieder erkannt haben, die auch Dich, als einen deutschen Christen, an ihren Brüsten gesäugt hat – Doch still, ich schweife hier weit ab von dem geraden Wege zu dem Ziele das mir vorsteht.

Ich weiß ja ohnehin, daß uns der Glaube auch nicht in Beziehung auf einen Artikel, und sey es der geringste, aus einer historischen Betrachtung erwachsen kann, und berühre es hier absichtlich nicht, warum gerade diese Glaubensform, wie sie Luther uns zum Bewußtseyn gebracht, der deutschen Natur im Reich der Gnade allein völlig entspricht und gerade in demselben Maaße, wie Deutschland unter den abendländischen Völkern eine centrale Stellung einnimmt, auch die vollkommenste Glaubensform unter denen der abendländischen Kirchen ist. Nur das wollte ich Dir ja zeigen, warum ich von der Revolution gar nicht reden kann ohne von meiner Kirche zu reden. Meine Kirche ist mir das Ziel der deutschen Revolution; in ihr habe ich die Freiheit, die mein armes Volk vergebens sucht; von ihr aus allein kann in meinen Augen dieses Volk gerettet werden, wird es gerettet werden, wenn auch nur nach furchtbaren Gerichten, vielleicht in einem ganz neuen Äon; – denn in dieser Kirche allein ist mir Christus wie Er für das deutsche Volk als solches ist. Wer dieses nicht begreift, der nennt mich einen Schwarzseher, während doch jeder mir ansehen kann, daß ich nie so fröhlich war als jetzt. Aber das kommt auch nur daher, daß wer so urtheilt selbst nur eine Kirche der Zukunft hat; ich kann keine Kirche der Zukunft brauchen, für mich *wird* seit dem ersten Pfingstfest keine Kirche, die nicht in jedem Momente nach allen ihren Seiten eben so sehr gegenwärtig *ist*. Aber je mehr *ist*, desto mehr kann und wird auch *werden*. Und es ist Gottes Art in seinem Walten durch die ganze Weltgeschichte, daß er stets jeder neuen Phase in der Entrollung des grauenhaften Zerrbildes, welches der Mensch in seiner Selbstmacht allein schaffen kann, eine entsprechend neue Entfaltung in dem zeitlichen successiven Erscheinen des ewigen Urbildes entgegensetzt. Darum erwarte ich denn auch in Folge der Revolution große Dinge für die deutsche Kirche — wenn auch zunächst nur groß in den Augen solcher, die sich an der Knechtsgestalt Jesu nicht ärgern, — und selig wer sich die Augen dazu waschen läßt aus lebendigem Quell. Luthers Geist ist nicht vergebens seit 1817, seit 1830 — (uns jedes Mal genau der Bedeutung der Periode entsprechend deren Jubelfest wir feierten) — gewaltig umgegangen im deutschen Lande, daß dieses in der Art geschehen ist wie einst Jesus im jüdischen Lande umherging, wovon die Hohenpriester und Schriftgelehrten verhältnismäßig sehr wenig wußten, das kann uns nur desto gewisser machen. Genug die deutsche Kirche ist uns durch Gottes Gnade erhalten und hat innere Kräfte gesammelt bis auf die Tage der Revolution; das ist uns Bürgschaft, daß sie die Revolution besiegen und daß das deutsche Volk als solches gerettet wird durch Jesum Christum, der aller Völker einiger Heiland ist.

Glaube nur aber ja nicht, mein geliebter Freund, daß ich Schwarzseher in *irgend einer* Beziehung die geringen Tage verachte oder irgend einen auch nur relativen Sieg der wahren Freiheit über die falsche, der Ordnung über die Anarchie usw. für absolut unbedeutend erklären könne. Ja schon der Zeitgewinn der daraus für die allmähliche von Gott gewollte Entwickelung Seines Reiches hervorgeht, würde mich hiervor bewahren. Ich wollte z. B. ich könnte Dir alle die Freude zeigen, die ich in dieser Zeit an unserem tapfern Stüve[4] gehabt habe — (möchten wir ihn nur lange behalten!) — und wenn ich nicht mit Dir in Volksversammlungen gegen die Republik schreie, so kommt es wirklich *bloß* daher — (abgesehen davon daß es hier zunächst nicht nöthig ist) — weil ich ein Duckmäuser bin. Aber darum irgend eine definitive Hoffnung auf die constitutionelle Monarchie in der Art wie sie jetzt in Deutschland allein erscheinen kann, oder auch etwa darauf setzen, daß man dem armen Kranken ein wunderschön aussehendes Dahlmannsches Conditorschaustück zur Heilung verschreibt — (ach sie werden es schön zustutzen ehe sie es ihm einpfropfen!) — und dieses noch dazu ohne dem Kranken zuzumuthen den Ursprung seiner Krankheit in seinem ganzen Umfange einzusehen und nicht den Ausbruch des tödlichen Fiebers an sich schon für die Heilung zu halten. — das freilich hieße mir so viel als Fleisch für meinen Arm halten, oder das Gesetz erfüllen wollen ohne die Gnade Gottes in Christo Jesu, oder, wenn es hoch kommt, meine Rechtfertigung suchen (wie nach Menkenscher Lehre[5]) in meinem Glauben als einem Wohlverhalten dem sich Gott zum Lohne giebt. Der Christus in welchem nicht der alte Mensch *stirbt* und also zu *nichte* wird, der ist für mich kein Christus, und ich finde in dem ganzen großen Gottesworte keine Verheißung die den Stolzen gegeben wäre — obschon freilich

---

4    Zu Stüve und seiner Beziehung zu Arnswaldt Stüve an Detmold 4.11.1849.
5    Zu Gottfried Menken (1768-1831) vgl. die neueste Arbeit von Bodo Heyne und die dort angegebene Literatur. Heyne B.: Gottfried Menken (1768-1831). Aus seinem Leben und Wirkungskreis. Hospitium Ecclesiae. Forschungen zur bremischen Kirchengeschichte Bd. 6. Bremen 1969, S. 7-40.

solchen unter ihnen, die etwa auf ihre Demuth und Selbstentäußerung fußen möchten, gerade am allerwenigsten. Der welcher einmal gesagt hat: Kommet her zu *Mir*, alle die ihr mühselig und beladen seid ich will Euch erquicken (Matth. 11,28) — ja der das auch zu mir gesagt hat und täglich aufs neue sagt — der wird es auch einst zu seinem deutschen Volke sagen, wenn es mühselig und beladen aus den Gerichten die es jetzt erwarten zu Ihm kommt der es nie verließ da es Ihn verlassen hatte, wenn es mit Israel schauen wird in *welchen* es gestochen hat, und aller Himmel Himmel auch ihm verkündigen werden die *freie Gnade* daß der auf dem Throne sitzt und spricht: Siehe, Ich mache Alles neu [Apk. 2,15].

Weiter kann ich für dies Mal nicht, und bitte Dich, liebster Freund, nur noch um Verzeihung, wenn ich Dich mit den unzusammenhängenden Brocken, die ich Dir in rohester Gestalt aus einer Weltanschauung hingebe, von welcher ich, so individuell sie seyn mag, mit Gewißheit weiß daß ich sie *mir* nicht selbst gemacht habe, theilweise geärgert haben sollte. Das wohlbehagliche Gefühl der Erledigung meiner Schultern von manchem schwerem Packen durch das große Ereigniß, das Gott uns gewürdigt hat uns erleben zu lassen, macht mich freilich alle Tage kühner, und wir haben Ursache genug, dabei gegen uns selbst auf der Hut zu seyn. Nun ich weiß ja aber, daß Du mich lieb hast, und Du weißt daß ich Dich lieb habe, und die Liebe wird bedecken die Menge der Sünden [1. Petr. 4,8]. — Er, der der Hort unsers Heils ist, schütze, leite, segne Dich und mich auf unsern Wegen, auch wo sie noch so verschieden sind; sie führen doch zu Einem Ziele, und das ist ewig, ewig Er allein!

Die freundlichsten Grüße von meiner Frau, und von uns beiden an Deine liebe Frau und Dein ganzes Haus. Uns geht es sehr gut; am Palmsonntag sind meine beiden ältesten Söhne von Petri confirmirt worden.

Wenn Du den Rusbroek wirklich liesest, so thust Du mehr, als ich seit der Revolution von irgend einem Menschen erwartet habe. Wie seltsam ist er gerade vor Thorschluß fertig geworden. Für Hahns ist es am schlimmsten; ich meinerseits hätte seitdem herzlich ungern Druckbogen corrigirt.

Gott mit Dir, du lieber, ehrlicher, treuer Freund! Von ganzer Seele der Deinige

A.

Grüße mir Ullmann und Rothe. Laß mich baldmöglichst wieder einiges davon hören, wie es mit Dir und euren Dingen dort steht..

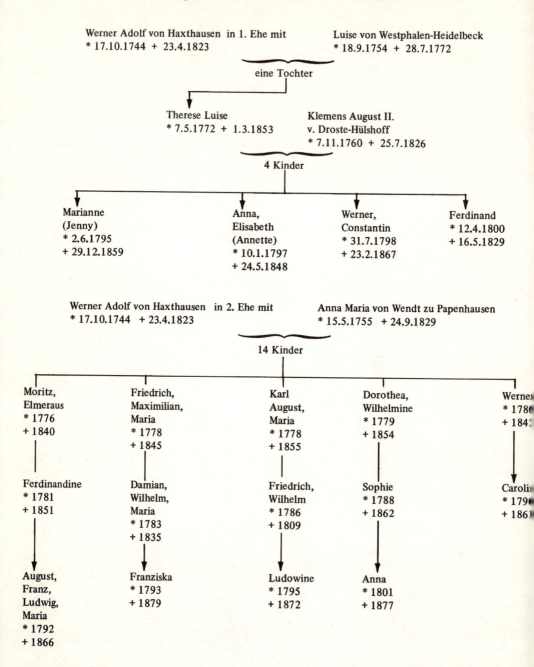

## Auszug aus dem Stammbaum der von Bremers und der von Arnswaldts

Die von Bremers:

Benedict Bremer *1717 +1779 — Caroline Augustine von Haus *1733 +1795

vier Kinder:

- Henriette Luise v. Bremer *1764 +1828
- Friedrich, Franz, Dietrich v. Bremer *1759 +1836
- Sophie, Charlotte v. Bremer *1763
- Wilhelm v. Bremer *1766 +1830

Die von Arnswaldts:

Karl Friedrich, Alexander von Arnswaldt *11.9.1768 +27.4.1845 — Henriette Luise von Bremer *1764 +1828

ein Sohn:

August Friedrich Ernst von Arnswaldt *13.8.1798 +27.6.1855 — Anna Elisabeth v. Haxthausen *6.1.1801 +1.10.1877

sieben Kinder:

- Carl, Hubert, August *1.2.1832
- Werner, Friedrich, Alexander, Ulfried *29.12.1832 +7.3.1899
- Marie, Sophie, Henriette, Ludowine, Amalie *1.1.1835 +2.8.1863
- Therese, Marie, Auguste, Sophie, Amalie *1.7.1836 +10.5.1873
- Hans, August, Friedrich Eduard, Karl *8.8.1839 +26.2.1894
- Anna, Antonia, Dorothea, Elisabeth, Maria *8.8.1839 +14.4.1892
- Hermann, Adolf Philipp Carl *21.6.1841 +18.7.1865

# Abkürzungsverzeichnis *

| | |
|---|---|
| v. A.: | von Arnswaldt |
| A. v. A.: | August von Arnswaldt |
| Chr. L. A. v. A.: | Christian Ludwig August von Arnswaldt |
| H. v. A.: | Henriette Luise von Arnswaldt, geb. von Bremer |
| K. F. A. v. A.: | Karl Friedrich Alexander von Arnswaldt |
| L. v. A.: | Luise von Arnswaldt |
| | |
| v. H.: | von Haxthausen |
| A. v. H.: | Anna von Haxthausen (ab 1830 Anna v. A.) |
| L. v. H.: | Ludowine von Haxthausen |
| | |
| CL: | Conversations-Lexicon. 1822. |
| Concil. Trid.: | Concilium Tridentinum |
| HM: | Hannoversches Magazin. 1830-43. |
| KlB: | Klosterbibliothek |
| NCL: | Neues Conversations-Lexikon. 1859-1867. |
| NR: | Neuner/Roos: Der Glaube der Kirche in den Urkunden der Lehrverkündigung von J. Neuner und H. Roos. Hg. von K. Rahner, 6. Aufl. Regensburg 1961. |
| Prb. | Privatbesitz |
| StB: | Staatsbibliothek |
| StKGN: | Studien zur Kirchengeschichte Niedersachsen. In Verbindung mit Ph. Meyer und R. Drögereit hg. von H. Dörries. 1919 ff. |

---

\* Aufgeführt sind hier nur die Abkürzungen, die sich nicht im Abkürzungsverzeichnis der RGG finden.

# Bibliographie August von Arnswaldts

## *I. Briefe*

### 1. Ungedruckte Briefe

136 Brfe. orig. an Anna von Arnswaldt 1831-1855 StB Berlin (Vgl. die Briefe an Anna von Haxthausen).

1 Brf. orig. an Anna Antonia von Arnswaldt 1853 Prb.

7 Brfe. orig. an Carl von Arnswaldt 1850-1855 Prb.

38 Brfe. orig. an Henriette von Arnswaldt 1813-1823 StB Berlin.

26 Brfe. orig. an Karl Friedrich Alexander von Arnswaldt 1813-1823 StB Berlin.

40 Brfe. orig. an Henriette und Karl Friedrich Alexander von Arnswaldt (an seine Eltern) 1813-1823 StB Berlin.

22 Brfe. orig. an Luise von Arnswaldt 1813-1825 StB Berlin.

11 Brfe. orig. an Claudius, J. 1828-1853 StB Berlin.

43 Brfe. orig. an Elvers 1821-1855 StB Berlin.

2 Brf. entw. an Grimm, J. o. D. StB Berlin.

1 Brf. entw. an Havemann 1848 StB Berlin.

55 Brfe. orig. an Anna von Haxthausen 1821-1830 StB Berlin.

9 Brfe. orig. an August von Haxthausen 1820 u. 1822 u. o. D. StB Berlin.

3 Brfe. orig. an Ferdinandine von Haxthausen 1821 u. 1822 StB Berlin.

56 Brfe. orig. an Ludowine von Haxthausen 1821-1826 StB Berlin.

1 Brf. orig. an Ludowine von Haxthausen 1853/54 StB Berlin.

7 Brfe. orig. an Sophie von Haxthausen 1823-1826 StB Berlin.

2 Brfe. orig. an Laßberg 1849 StB Berlin.

1 Brf. orig. an v. Reden 1822 StB Berlin.

9 Brf. entw. an Schmidt, C. o. D. StB Berlin.

1 Brf. entw. an Schoeberlein 1855 (?) StB Berlin.

6 Brfe. orig. an Spitta, H. 1821-1830 StB Berlin.

3 Brfe. orig. an Straube 1820 StB Berlin.

1 Brf. entw. an Straube o. D. StB Berlin.
1 Brf. orig. an Umbreit 1848 StB Berlin.
1 Brf. orig. an Wackernagel 1847 (? ) KlB Loccum.

### 2. Veröffentlichte Briefe

1 Brf. an Strauß, F., o. D. In: Rocholl, R.: Einsame Wege, NF Bd 2 Leipzig 1898, S. 251-256.
25 Brfe. orig. an Strauß-Torney 1843-1851 Prb. JGNKG 62 1964, S. 69-92.
17 Brfe. an Wagner, R. JGNKG 58 1960, S. 147-170.

### *II. Unveröffentlichte Manuskripte und Entwürfe*

1. Gedichte
   5 geistliche und 5 Liebesgedichte (Prb.)
2. Malerei
   Beschreibungen einzelner Gemälde aus Sammlungen in Bonn, Florenz, Heidelberg, Köln, Mainz und Rom, 118 S. StB Berlin.
3. Tagebuchartige Aufzeichnungen
   Reisekalender aus den Jahren 1814-1821, 5 S. StB Berlin.
   1822-1829, 6 S. KlB Loccum.
   Tagebuchnotizen von 1850, 14 S. StB Berlin.
4. Codicill o. D., 4 S. StB Berlin.
5. Theologie
   Teilmanuskript der Schrift: Die Gegenwart des Leibes und Blutes Christi im Sacrament des heiligen Abendmahls, 6 S. StB Berlin.
   Die Deutsche Laientheologie, 47 S.
   Kommentation zu den Schriften Rusbroeks, 15 S. StB Berlin.

### *III. Veröffentlichte Abhandlungen und Gedichte*

1. Gedichte
   8 Gedichte. Wünschelruthe. Göttingen 1818, S. 32, 50, 72 f., 124, 170 f., 189 f., 212.
   1 Lied. Eichendorff-Kalender für das Jahr 1919, S. 69.
2. Malerei
   Altdeutsche Kunst. Wünschelruthe. Göttingen 1818, S. 21 f.
   Ueber altdeutsche Gemälde ebd. S. 99 f., 104, 108, 112, 116, 119, 137 f., 142, 147 f., 157 f., 201 f., 210 f., 213 ff., 219 f., 222 ff.

3. Theater
   Ueber die Einführung des Chores auf unserer Bühne. Wünschelruthe. Göttingen 1818, S. 30 ff., 33-36.

4. Theologie
   Die Gegenwart des Leibes und Blutes Christi im Sacrament des heiligen Abendmahls. Hamburg 1834
   Schreiben an E. H. (Eduard Huschke) über die Gegenwart des Leibes und Blutes Christi im Sacrament des heiligen Abendmahls, in Beziehung auf die davon handelnde, 1834 (Hamburg bei Fr. Perthes) erschienene kleine Schrift und deren Beurteilung in Tholuck's literarischem Anzeiger 1835 Nr. 16-19. Archiv für historische Entwicklung und neueste Geschichte der lutherischen Kirche, 1841 H. 1 und 2, S. 15-48.

   Renzensionen. Wünschelruthe, Göttingen 1818, S. 92, 188.

   Nachricht über die Herausgabe der Schrift Johann Ruysbroech's von der geistlichen Hochzeit. ThStKr 1846 H. 2, S. 724-726.

   Edition der vier Schriften von Johann Rusbroek in niederdeutscher Sprache. Hannover 1848.

# Quellen- und Literaturverzeichnis

## I. Ungedruckte Quellen

### 1. Briefe an Arnswaldt *

*Klosterbibliothek Loccum:*

Ahrens, H. L., 1834
Andreä, A., 1836
Andreä, C., 1848
Arndt, 2 Brfe. 1837/1857
Aubel, K., o. D.
Baese, 3 Brfe. 1829
Bartels, 2 Brfe. 1835
Beckell, 1837
Bender, 2 Brfe. 1833
Benecke, 1833
Beesemann, F. u. C., 17 Brfe. 1832-1854
Besnard, F. v., 1822
Beyer, C., 8 Brfe. 1844-1851
Bialloblotzky, F., 6 Brfe. 1826-1835
Blumenbach, F. J., 2 Brfe. o. D.
Boisserée, S., 2 Brfe. 1826/28
Boettiger, K. A., 1816
Brauns, 4 Brfe. 1845-51
Brose, K. G., 4 Brfe. 1831-34
Buddeus, J., 3 Brfe. 1840-49
Bunsen, Chr. K. J. 4 Brfe. 1829-34
Catenhusen, 8 Brfe. 1839-45
Claudius, J., 25 Brfe. 1828-54
Comperl, G., 1826
Cordes, H., 1840
Deichmann, J. L. Chr., 8 Brfe. 1826-39
Eichhorn, C., 5 Brfe. 1852/53
Einsiedel, v., 1842
Ernst, K., 1851
Fiorillo, 1821
Fischer, C. W. J., 8 Brfe. 1839-1847
Fliedner, Th. u. C., 2 Brfe. 1852
Freytag, 1839
Geffcken, o. D.

Gödeke, 2 Brfe. o. D./1846
Goldmann, 3 Brfe. 1824/25
Hänel, L. 1832
Hanfstengel, v., 2 Brfe. 1841
Hardeland, J., 1850
Harleß, A., 1845
Heimburg, G., 11 Brfe. 1829-1833
Hemsen, D., 4 Brfe. 1827/28
Hoffmann, A., 1841
Huber, Th., 2 Brfe. 1822
Huber, V. A., 18 Brfe. 1827-1854
Hudtwalker, 3 Brfe. 1827-1829
Hübbe, U., 2 Brfe. 1839
Hülsemann, J. G., 5 Brfe. 1821/22
Hugo, 2 Brfe. 1822
Hugues, 5 Brfe. 1840-51
Huschke, E., 2 Brfe. 1838
Jochmus, W., 1828
Julius, 2 Brfe. 1840/48
Keller, A., 1839
Keller, J., 1830
Kestner, A., 5 Brfe. 1829
Kielmannsegge, L., 8 Brfe. 1832-1835
Kohlrausch, F., 1847
Küster, J., 1852
Lappenberg, J. M., 3 Brfe. 1846-49
Löhe, W., 1837
Lührs, A., 7 Brfe. 1840-46
Lüpke, G. L. v., 1840
Messerschmidt, H., 1848
Meyer, 1839
Müller, C. O., 2 Brfe. 1830
Müller, J., 8 Brfe. 1830-48
Münkel, K. K., 1832
Naumann, J. E., 2 Brfe. 1837/38
Niemann, E., 3 Brfe. 1847

---

\* Die fehlenden Vornamen-Initialen waren nicht zu verifizieren.

Oeltzen, J., 1839
Oertzen, J. W., 1840
Oeynhausen, F., 1840
Olivier, F., 1834
Ompteda, C. v., 1824
Overbeck, F., 5 Brfe. 1828-44
Pauli, 4 Brfe. 1843-49
Pellens, Jh. P., 1826
Pilat, C. v., 1840
Pertz, G. M., 1829
Pflugfelder, F. A., 1840
Rautenberg, 1829
Reck, K., 3 Brfe. 1826-1833
Rehberg, 1828
Ribbentrop, 2 Brfe. 1834/37
Rooseboom, 1824
Rupstein, F., 1850
Röstell, W., 13 Brfe. 1829-31
Sattler, 3 Brfe. 1832-44
Saxer, 4 Brfe. 1851
Scheibel, J. G., 22 Brfe. 1836-42
Schleicher, C. v., 1832
Schoeberlein, L., 1853
Schreiber, J. C., 6 Brfe. 1826-1832
Schubert, G. H., 2 Brfe. 1834
Schwab, G., 3 Brfe. 1825-31
Spitta, H., 21 Brfe. 1820-40
Spitta, Ph., 38 Brfe. 1825-1848
Staats, C. Th., 5 Brfe. 1841-43
Tholuck, F. A. G., 8 Brfe. 1828/29

Treviranus, G. G., 2 Brfe. 1841/42
Wackerknagel, K. E. Ph., 1847
Wagner, F. H., 1838
Wehrhan, O. F., 6 Brfe. 1839-1853
Weidner, G., 2 Brfe. 1827
Wichern, J. H., 3 Brf. abschr. 1840/42
Wiegmann, R., 3 Brfe. 1836/39
Wieseler, C., 4 Brfe. 1839/46
Wolkenhaar, 18 Brfe. 1842-53
Zurhelle, O., 2 Brfe. 1838


Staatsbibliothek Berlin:

Elvers, Chr. F., 1834
Grimm, J., 5 Brfe. 1812-1848
Grimm. L., 3 Brfe. 1847
Hassenpflug, L., 1817
Haxthausen, Anna v., 42 Brfe. 1830 (Brautbriefe)
Haxthausen, S. v., 1835
Haxthausen, W. v. 1822
Perthes, F., 7 Brfe. 1834-39


Privatbesitz:

Blauel, J. C., 3 Brfe. 1831/41
Falke, 1846
Michaelis, A., 1846
Umbreit, F. W. C., 1855


## 2. Briefe an Glieder der v. Arnswaldtschen Familie

Klosterbibliothek Loccum:

Baese, 4 Brfe. an K. F. A. v. A. 1829
Münchmeyer, F. A., an Anna v. A. 1855


Staatsbibliothek Berlin:

Andreä, C., 2 Brfe. an Anna v. A. 1875
Georg V., an Anna v. A. 1867
Grimm, D., 4 Brfe. an Anna v. A. 1834
Grimm, L., 3 Brfe. an Anna v. A. 1842-1849
Haxthausen, L. v., 39 Brfe. an L. v. A. 1828-1851
Kerner, J., 6 Brfe. an Anna v. A. 1854-57
Laßberg, J. v., 3 Brfe. an Anna v. A. 1849/50
Münster, 2 Brfe. an K. F. A. v. A. 1816

Privatbesitz:

Elvers Chr. F., an Anna v. A. 1855
Hardeland, J., 2 Brfe. an Anna v. A. 1855
Haxthausen, A. v., an Marie v. A. 1855
Huschke, E., 7 Brfe. an Anna v. A. 1855
Lasan, E. v., an Anna v. A. 1855
Niemann, E., an Marie v. A. o. D.
Papst, A., 6 Brfe. an Anna v. A. 1872/73
Schubert, G. H., an Marie v. A. 1855
Strauß-Torney, V. v., 2 Brfe. an Anna v. A. 1855
Umbreit, F. C. W., an Marie v. A. 1855
Ders., 2 Brfe. an Anna v. A. 1855


*3. Briefe innerhalb der v. Arnswaldtschen Familie*

52 Familienbriefe StB Berlin.
112 Familienbriefe Prb.


*4. Sonstige Briefe und kleine Quellen*

Arndt, E. M., Brf. abschr. an Friedrich Wilhelm IV. 1848 Berlin
Armin, A. v., 3 Brfe. an die Herausgeber der Wünschelruthe 1818 StB Berlin
Arnswaldt, Anna v., 2 Brfe. an Strauß-Torney 1855 Prb.
Arnswaldt, Marie v., tagebuchartige Aufzeichnungen über die letzten Lebenstage ihres Vaters, 9 S. Prb.
Bernstorff, A., Brf. abschr. an Goethe 1822 StB Berlin
Blumenbach A., an Huber, Th., 1822 StB Berlin
Boisserée, S., an Kielmannsegge 1835 KlB Loccum
Catenhusen, Predigtnachschrift Prb.
Görres, S., an August v. H. 1817 StB Berlin
Grimm, L., 8 Brfe. an die Haxthausens 1822-26 StB Berlin
Haxthausen, A. v., an Grimm, L., 1837 StB Berlin
Huber, Th., an Blumenbach, A., 1822 StB Berlin
Jung, C., 4 Brfe. an H. v. Reden 1814-1818 StB Berlin
Jung, J. H., vermutlich an Schenkendorf 1815 StB Berlin
Laßberg, J. v., an Haxthausen, S. v., 1832 StB Berlin
Moller, G., an Fiorillo 1830 KlB Loccum
Petri L. A., an Bernstorff, A. v., 1855 Prb.
Schenkendorf M. u. H., 17 Brfe. an Reden, H. v., 1815-1818 StB Berlin.
Schubert, G. H., an Umbreit 1857 Prb.
Stolberg, F. L. v., 2 Brf. abschr. an seinen Sohn Ernst 1803 StB Berlin
Umbreit, F. W. C., an Meyer, A. 1855 Prb.


*II. Gedruckte Quellen und Literatur*

Aagaard, J.: Mission, Konfession, Kirche. 2 Bde. Lund 1967

Adam, A.: Nationalkirche und Volkskirche im deutschen Protestantismus. Göttingen 1938.
Amelung, E.: Die demokratische Bewegung des Jahres 1848 im Urteil der protestantischen Theologie. Diss. Marburg 1954.
—: Vom Gustav-Adolf-Verein. Evangelisch-lutherisches Zeitblatt 22, Mai 1930, S. 17-20.
Ammon, Chr. F.: Antwort auf die Zuschrift des Herrn D. F. Schleiermacher über die Prüfung der Harmsischen Sätze. Hannover/Leipzig 1818.
—: Bittere Arzenei für die Glaubensschwäche der Zeit, verordnet von Herrn Claus Harms und geprüft vom Herausgeber des Magazins für christliche Prediger. Hannover/Leipzig 1817.
Andeutung des Irr- und Wirrwissens in den ersten 68 Thesen des Archidiakonus Harms. Ein Beitrag aus dem Stifte Fyen. Hamburg 1818.
Ankündigung und Einladung zu einer neuen Zeitschrift: Der Kirchenfreund. Lüneburg 1835.
Antiquarische Kataloge. Freiherrlich von Arnswaldtsche Bibliothek in Hannover. Nr. 138 II, 142, 144, 145 (Antiquariat Otto Harrassowitz). Leipzig 1887/1888.
Anz, H.: 1524. Gotha und sein Gymnasium. Bausteine zur Geschichte einer deutschen Residenz. Zur 400 Jahrfeier des Gymnasium Ernestinum. Gotha/Stuttgart 1924, S. 1-24.
Arens, E.: Wer ist „Hans auf der Wallfahrt?" Eichendorff-Kalender für das Jahr 1919. S. 62-75.
—: Werner von Haxthausen und sein Verwandtenkreis als Romantiker. Aichbach 1927.
—: Die Mitglieder der Postischen Schusterinnung an der Leine. Die Poetische Schusterinnung an der Leine. Göttinger Nebenstunden 7. Göttingen 1929.
Arnswaldt, W. C.: Ahnen. Vierteljahrsschrift für Wappen-Siegel- und Familienkunde. 34. Jg 1908, S. 30-61.
—: Die Herren von Arnswaldt und ihre Sippe. H. 1: Die Geschichte der Familien von Honstein, von Aschazerode, von Arnswald, von Tütchenrode und Geylvus von Arnswald bis zum Jahre 1450. München 1914. – H. 6: Urkundenbuch der Familie von Honstein, von Aschazerode, von Arnswald, von Tütchenrode und Geylvus von Arnswald. 1. Abteilung 1178-1450. München 1914.
Asendorf, U.: Die Europäische Krise und das Amt der Kirche. Voraussetzungen der Theologie von A. F. C. Vilmar. Arbeiten zur Geschichte und Theologie des Luthertums Bd 18. Berlin 1967.
Auerbach, E.: Figura. Archivum Romanicum Vol. XXII 1938, S. 436-489.
Aulén, G.: Die drei Haupttypen des christlichen Versöhnungsgedankens. ZSTh 8 1931, S. 501-538.
Barth, K.: Die kirchliche Dogmatik. Bd IV, 2. Zürich 1955.
—: Die protestantische Theologie des 19. Jahrhunderts. Ihre Vorgeschichte und ihre Geschichte. 3. Aufl. Zürich 1960.
Bauer, C. W.: Ueber das Wesen des Mystizismus. Vierteljährliche Nachrichten für Kirchen- und Schulsachen 1831, S. 1-18.
Baur, F. Chr.: Die christliche Lehre von der Dreieinigkeit und Menschwerdung Gottes in ihrer geschichtlichen Entwicklung. 3 Bde. Tübingen 1841-1843.
—: Die christliche Lehre von der Versöhnung in ihrer geschichtlichen Entwicklung von der ältesten bis auf die neueste Zeit. Tübingen 1838.
Beckmann, K. M: Unitas Ecclesiae. Eine systematische Studie zur Kirchengeschichte des 19. Jahrhunderts. Gütersloh 1967.
Behrens, I. u. J.: Verzeichnis sämtlicher Briefe Friedrich Leopold Stolbergs. Bad Homburg 1968. Ein Beitrag zur kirchlichen Christologie. Zeitschrift für Protestantismus und Kirche NF Bd 9 1845, S. 1-30, 65-110, 218-258.

Die Bekenntnisschriften der Evangelischen-Lutherhischen Kirche. Hg. vom deutschen Kirchenausschuß. Kritische Ausgabe. 4. Aufl. Gütersloh 1959.

Bendixen, R.: August von Arnswaldt. Ein Beitrag zur Geschichte des Wiedererwachens des kirchlichen Lebens in Hannover. Zeitschrift für kirchliche Wissenschaft und kirchliches Leben. 9. Jg 1888, S. 424-437.

An die Freunde und Beförderer der Bibelgesellschaft für das Königreich Hannover. Bericht über das Jahr 1833. Vierteljährliche Nachrichten von Kirchen- und Schulsachen 1834, S. 9-13.

Bericht über das Jahr 1834. HM 1835 Nr. 30, S. 233-240.

Berneburg, E.: Die Briefe von Victor von Strauß und Torney an August von Arnswaldt. Ein Blick in theologisches Leben der Erweckungszeit. JGNKG 58 1960, S. 171-188.

Bernoulli, Chr. u. H. Kern: Romantische Naturphilosophie. Jena 1926.

Beschlüsse der evangelisch-lutherischen Generalsynode zu Breslau. H. 3. Leipzig 1849.

Beschreibung der in der Stadt Augsburg im Jahre 1730 begangenen zweiten Säkularfeier wegen Übergabe der Augsburgschen Konfession. HM 1830 Nr. 50, S. 396-398.

Beste, J.: Der Pietismus in der braunschweigischen Landeskirche. ZGNKG 27 1922, S. 1-13.

Beyreuther, E.: Bruderschaft und neue Schau der Gemeinde. In: Studien zur Theologie Zinzendorfs. Neukirchen 1962, S. 172-200.

–: Die Erweckungsbewegung. Die Kirche in ihrer Geschichte. Bd 4, Lf R. Teil 1. Göttingen 1963.

–: Mission und Kirche. Studien zur Theologie Zinzendorfs. Neukirchen 1962, S. 140-171.

–: Der junge Zinzendorf. Marburg 1957.

Bibelverbreitung. Der Kirchenfreund 1835, Nr. 8, S. 121-127.

Bilder aus der Erweckungsgeschichte des religiös kirchlichen Lebens in Deutschland in diesem Jahrhundert. XVII, 2. Reihe, 6. Philipp Spitta. Allgemeine Evangelisch-Lutherische Kirchenzeitung 1896 Nr. 39/40, Sp. 916-920, 940-945.

Bitterauf, Th.: Napoleon I. Leipzig 1908.

Blüher, M. A.: Neueste kirchliche Ereignisse in Schlesien. Geschichte der lutherischen Parochien Hönigern und Kaulwitz. Nürnberg 1835.

Bödecker, H. W.: Wie das hundertjährige Andenken der Uebergabe des Augsburgischen Glaubensbekenntnisse in den beiden früheren Jahrhunderten zu Hannover gefeiert worden. HM 1830 Nr. 13, S. 102-104.

–: Der evangelische Verein der Gustav-Adolf-Stiftung zu Dresden, Leipzig und Darmstadt. 1843 Nr. 20, S. 149 f.

–: Das Missionswesen im Königreich Hannover. HM 1833, Nr. 20, S. 156-160.

Bonwetsch, N.: Zur religiösen Erweckung in der hannoverschen Kirche des 19. Jahrhunderts, nach Briefen an den Legationsrat Freiherrn August von Arnswaldt. ZGNKG 28 1923, S. 38-85.

–: Aus vierzig Jahren deutscher Kirchengeschichte. Briefe an E. W. Hengstenberg. Hg. von N. B. 2. Folge. Beiträge zur Förderung christlicher Theologie Bd 24 H. 1 u. 2. Gütersloh 1919.

Bornkamm, H.: Luther im Spiegel der deutschen Geistesgeschichte. Heidelberg 1955 2. erw. Aufl. Göttingen 1970.

Brunner, O.: Adeliges Landleben und europäischer Geist. Salzburg 1949.

Büchner, W.: Der Feierabend. Eine Auswahl christlicher Erzählungen und Biographien. Stuttgart 1837.

Claudius, M.: Asmus omnia sua secum portans oder Sämmtliche Werke des Wansbecker Bothen. Hamburg 1803.

Cordes: Über den Religionsstand der Augsburgischen Konfessions-Verwandten in unserem Vaterlande. HM 1830 Nr. 51, S. 401-408.

Delitzsch, F.: Wer sind die Mystiker. Leipzig 1839.
Delius, W.: Die Evangelische Kirche und die Revolution 1848. Kirche in dieser Zeit H. 6/7. Berlin 1948.
Deinzer, J.: Wilhelm Löhes Leben. Aus seinem schriftlichen Nachlaß zusammengestellt. 3 Bde. 3. Aufl. Gütersloh 1901.
Doerne, M.: Religion und religiöse Motive in Herders Geschichtsanschauung. Diss. Leipzig 1924.
Droste-Hülshoff, A. v.: Die Briefe der A. v. D.-H. Hg. von K. Schulte-Kemminghausen. 2 Bde. Jena 1944.
—: Ledwina, Romanframent. (1819-1824).
Dürr, F.: Aus dem Reformationshauptjahre 1530. HM 1830 Nr. 1, S. 134-136.
Dussler, H.: Johann Michael Feneberg und die Allgäuer Erweckungsbewegung. Einzelarbeiten aus der Kirchengeschichte Bayerns Bd 33. Nürnberg 1959.
Ebeling, G.: Evangelische Evangelienauslegung. Eine Untersuchung zu Luthers Hermeneutik. 2. Aufl. Darmstadt 1962.
Elvers, Chr. F.: Das Wesen der ältesten und neueren katholischen Kirche. Rostock 1832.
Elvers, R.: Victor Aimé Huber. Sein Werk und Wirken. 2 Teile. Bremen 1872/1874.
Enchiridion Symbolorum, Definitionum et Declarationum de rebus fidei et morum, Denzinger/Rahner 31. Aufl. Freiburg 1958.
Erinnerung an die Jubelfeier, welche wegen der am 25. Junius 1530 übergebenen Augsburgischen Confession im Jahre 1730 in der Provinz Hildesheim statt hatte. HM 1830 Nr. 44 u. 45, S. 345-355.
Zur Erinnerung an den Oberkonsistorialrat Dr. Niemann. Hannoversche Pastoral Korrespondenz. 12. Jg 1884 Nr. 19-23, S. 245-247, 261-263, 276-279, 291-294, 308-310.
Fagerberg, H.: Bekenntnis, Kirche und Amt in der deutschen konfessionellen Theologie des 19. Jahrhunderts. Uppsala Universitets Ärsskrift 9. 1952.
Fénelon, F. d. S.: Werke religiösen Inhalts. Aus dem Französischen übersetzt von Matthias Claudius. 3 Bde. Sitten/Solothurn 1818.
Fischer, F.: Die Altpreußische Union (1817-1834). Kirche und Staat im 19. und 20. Jahrhundert. Veröffentlichungen der Arbeitsgemeinschaft für das Archiv und Bibliothekswesen in der evangelischen Kirche Bd 7. Neustadt 1968, S. 106-112.
—: Moritz August von Bethmann-Hollweg und der Protestantismus. Diss. Berlin 1938.
Fleisch, P.: Einleitung zu den Briefen Rudolf Wagners an August von Arnswaldt. JGNKG 55 1957, S. 95.
—: Einleitung zu: Victor von Strauß und Torney an August von Arnswaldt. Briefe aus der Erweckungsbewegung in Niedersachsen. StKGN 12. Göttingen 1960, S. 5-8.
—: Hundert Jahre hannoversche Kirchengeschichte im Spiegel der Pfingstkonferenzen. JGNKG 47 1949, S. 65-101.
Foerster, E.: Die Entstehung der Preußischen Landeskirche unter der Regierung Friedrich Wilhelm III. nach den Quellen erzählt. 2 Bde. Tübingen 1905-1907.
Förster, O. H.: Kölner Kunstsammler vom Mittelalter bis zum Ende des bürgerlichen Zeitalters. Berlin 1931.
Feltz, M.: Bibliographie zu den Kirchen-Unionen zwischen Lutheranern und Reformierten in Deutschland. Kirche und Staat im 19. und 20. Jahrhundert. Veröffentlichungen der Arbeitsgemeinschaft für das Archiv und Bibliothekswesen in der evangelischen Kirche Bd 7. Neustadt 1968, S. 184-194.
Fritz, A.: Die Bettendorfsche Gemäldesammlung in einer Besprechung aus dem Jahre 1818. Zeitschrift des Aachener Geschichtsvereins 27 1905, S. 269-280.
Gadamer, H. G.: Volk und Geschichte im Denken Herders. Wissenschaft und Gegenwart Nr. 14. Frankfurt 1942.
Geiger, M.: Das Problem der Erweckungstheologie. ThZ 14 1958, S. 430-450.

Gensichen, H. W.: Missionsgeschichte der neueren Zeit. Die Kirche in ihrer Geschichte. Bd 4, Lf. T. Göttingen 1961.
Gideon, J.: Herders Persönlichkeitsbegriff. Diss. Göttingen 1954.
Der Glaube der Kirche in den Urkunden der Lehrverkündigung. Hg. von Neuner-Roos. 6. Aufl. Regensburg 1961.
Goethe, J. W.: Briefe an Auguste Gräfing zu Stolberg. Hg. von J. Behrens. Bad Homburg 1968.
Gollwitzer, H.: Die Standesherren. 2 Aufl. Göttingen 1964.
Goßner, J.: Martin Boos, der Prediger der Gerechtigkeit die vor Gott gilt. Seine Selbstbiographie. Leipzig 1826.
Grauheer, J.: August von Haxthausen in Göttingen 1817. Die Poetische Schusterinnung an der Leine. Göttinger Nebenstunden 7. Göttingen 1929.
—: August von Haxthausen und seine Beziehungen zu Annette von Droste-Hülshoff. Altena 1933.
Graul, K.: Die Unterscheidungslehren der verschiedenen christlichen Bekenntnisse im Lichte des göttlichen Wortes. Leipzig 1846.
Graeve, O.: Die Herrnhuter. HM 1842 Nr. 61/62, S. 487-503.
Grimm, W. J.: Freundesbriefe. Hg. von A. Reifferscheid. Heilbronn 1878.
Gründer, K.: Die Hamann-Forschung. Geschichte der Deutungen. In: Johann Georg Hamanns Hauptschriften erklärt. Hg. von Fritz Blanke und Lothar Schreiner. Bd 1 Gütersloh 1956, S. 9-140.
Guerike, H. E. F.: Die evangelische Kirchenzeitung und die Lutheraner. Ein Blick auf das Vorwort der Ev. K. Z. zum J. 1835 zum Zeugniß. Leipzig 1836.
—: Der Calvinismus. Unionsvehikel und Kirchenkrücke. Eine aphoristische freundliche Erwiderung auf den Neujahrsgruß der evangelischen Kirchenzeitung für 1844 an die Gemeine. Leipzig 1844.
Gustav-Adolf-Verein und Gotteskasten. Hannoversche Pastoral Correspondenz 12 1884 Nr. 11, S. 132-135.
Haccius, G.: Hannoversche Missionsgeschichte. 4. Bde. 2. Aufl. Hermannsburg 1909.
Hacker, P.: Das Ich im Glauben bei Martin Luther. Wien 1966.
Harms, C.: Das sind die 95 theses oder Streitsätze Dr. Luthers, theuren Andenkens. Zum besonderen Abdruck besorgt und mit 95 Sätzen als mit einer Übersetzung aus Ao 1517 in 1817. Kiel 1817.
Hassenpflug, A.: Margarethe Verflassen. Ein Bild aus der Katholischen Kirche. Hannover 1870.
Havemann, W.: Handbuch der neueren Geschichte. 3 Teile. Handbuch der Weltgeschichte von Friedrich Straß, fortgesetzt von Wilhelm Havemann Teil 4-6. Jena 1841-1844.
Havemann, W.: Briefe an August von Arnswaldt. Hg. von P. Fleisch . JGNKG 56 1958, S. 184-214.
Heger, A.: Evangelische Verkündigung und deutsches Nationalbewußtsein. Zur Geschichte der Predigt von 1806-1848. Neue deutsche Forschungen. Berlin 1939.
Heinrich, C.: Erzählungen über evangelische Kirchenlieder und über einzelne Verse für Jung und Alt. Eckartsberga 1850.
Heintze, J.: Die erste preußische Generalsynode 1846. Jahrbuch für Berlin-Brandenburgische Kirchengeschichte 41. Berlin 1966, S. 122-141.
Heise: Erläuterungen zu des Advocaten J. C. H. Müller Schmähschrift: Hannover wie es war, ist und werden wird. Hannover 1804.
Hengstenberg, E. W.: Die königlich-preußische Ministerialverfügung über Mystizismus, Pietismus und Separatismus. Berlin 1826.
Henkel, D.: Staat und evangelische Kirche im Königreich Hannover 1815-1833. StKGN 8. Göttingen 1938.
Hensel, G.: Spielplan. Schauspielführer von der Antike bis zur Gegenwart. Teil 1. Berlin 1966.

Hermelink, H.: Das Christentum in der Menschheitsgeschichte. Von der französischen Revolution bis zur Gegenwart. Bd 1: Revolution und Restauration 1789-1835. Stuttgart/Tübingen 1951.
Heyne, B.: Gottfried Menken (1768-1831). Aus seinem Leben und Wirkungskreis. Hospitium Ecclesiae. Forschungen zur bremischen Kirchegeschichte Bd 6. Bremen 1969, S. 1-40.
Hofer, S.: Pilgerharfe oder christlicher Glaube in Liedern. 4. Aufl. Basel 1872.
Holl, K.: Die Bedeutung der großen Kriege für das religiöse und kirchliche Leben innerhalb des deutschen Protestantismus. Tübingen 1917.
–: Luthers Bedeutung für den Fortschritt der Auslegungskunst. In: Gesammelte Aufsätze zur Kirchengeschichte. Bd 1: Luther. Tübingen 1921, S. 414-450.
Holze, H.: Kirche und Mission bei Ludwig Adolf Petri. Ein Beitrag zum Missionsgespräch des 19. Jahrhunderts. StKGN 17. Göttingen 1966.
Hopf, W.: August Vilmar, ein Lebens- und Zeitbild. 2 Bde. Marburg 1913.
Hornthal, J. P.: Rede am 18. Oktober 1816. Bamberg 1816.
Hübener, G.: Theorie der Romantik. Deutsche Vierteljahresschrift für Literaturwissenschaft und Geistesgeschichte Bd 10, H. 2 1932, S. 244-269.
Johann Georg Ritter von Hülsemann. Hülsemann-Bundesblatt. 7. Jg Nr. 7. Arnstadt 1934.
Hüne, A.: Geschichte des Königreichs Hannover und Erzherzogtum Braunschweig. 2. Teil, 1. Abt. Hannover 1813.
Hugues: Andeutungen und Wünsche in Beziehung auf die Thätigkeit der Missionsvereine, besonders im Königreich Hannover. Der Kirchenfreund 1836 H. 7. S. 54-63.
Huschke, E.: Zum Andenken an A. F. E. von Arnswaldt. Kirchenblatt für die evang.-lutherischen Gemeinden in Preußen 1855 Nr. 17, S. 209-213.
–: Theologisches Votum eines Juristen in Sachen der K. Preuß. Hof- und Dom-Agende. Nürnberg 1832.
Huyskens, A.: Die Aachener Gemäldesammlung. Bettendorf. Aachener Kunstblätter H. 14. 1928, S. 37 ff.
Der zweite Jahresbericht des Hannoverschen Missionsvereines. Der Kirchenfreund 1836 H. 12, S. 405-407.
Jacobs, E.: Joh. Liborius Zimmermann und die pietistische Bewegung im Wernigerode. Zeitschrift des Harzvereins für Geschichte 31, 1898, S. 121 ff.
Janssen, J.: Friedrich Leopold Graf zu Stolberg-Stolberg seit seiner Rückkehr zu katholischen Kirche 1800-1819. Freiburg 1877.
Jeremias, J.: Die Abendmahlsworte Jesu. 4. Aufl. Göttingen 1967.
Joest, W.: Gesetz und Freiheit. Göttingen 1951.
Kanne, J. A.: Leben und aus dem Leben merkwürdiger und erweckter Christen aus der protestantischen Kirche. 2. Bde. Bamberg/Leipzig 1816/1817.
–: Auserlesene christliche Lieder von verschiedenen Verfassern der älteren und neueren Zeit. Nebst einem Anhang enthaltend Lieder von Dr. Martin Luther, gesammelt von einer Freundin. Erlangen 1818.
–: Sammlung wahrer und erwecklicher Geschichten aus dem Reiche Christi und für dasselbe. Bd 2. Nürnberg 1817.
Kantzenbach, F. W.: Die Erweckungsbewegung, Studien zur Geschichte ihrer Entstehung und ersten Ausbreitung. Neuendettelsau 1957.
–: Zwischen Erweckung und Restauration. Einige Kapitel aus der unbekannten Kirchengeschichte des 19. Jahrhunderts. Gladbeck 1967.
–: Zur Genesis des Neuluthertums. Jahrbuch für schlesische Kirchengeschichte NF Bd 48 1969, S. 73-87.
–: Ernst Ludwig von Gerlach und August von Bethmann-Hollweg. Zwei Juristen und Laientheologen in innerer Auseinandersetzung. ZRGG 1957, S. 257-266.

—: Gestalten und Typen des Neuluthertums. Beiträge zur Erforschung des Neokonfessinalismus im 19. Jahrhundert. Gütersloh 1968.
—: Vom Lebensgedanken zum Entwicklungsdenken in der Theologie der Neuzeit. ZRGG Bd 15 1963 H. 1, S. 55-86.
—: Johann Michael Sailer und der ökumenische Gedanke. Einzelarbeiten aus der Kirchengeschichte Bayerns Bd 29. Nürnberg 1955.
—: Theismus und biblische Überlieferung. Beobachtung zur Theologie der Erweckung. Arbeiten zur Theologie. 1. Reihe H. 20. Stuttgart 1965.
Karwath, I.: Die Droste. Der Lebensroman Annette von Droste-Hülshoffs. Leipzig 1929.
Kayser, K.: Hannoversche Enthusiasten des 17. Jahrhunderts. ZGNKG 10 1905, S. 1-72.
Kelletat, A. Hg.: Der Göttinger Hain. Stuttgart 1967. Reclams U.–B. 8789-93.
Kindermann, H.: Die Droste und der Göttinger Hainbund. Westphalen. Hefte für Geschichte, Kunst und Volkskunde Bd 23 H. 2 1938, S. 121-128.
Klee, H.: Lehrbuch der Dogmengeschichte. 2 Bde. Mainz 1837/38.
Knauer: Missions-Vereine im Hannoverschen. Vierteljährliche Nachrichten von Kirchen- und Schulsachen 1832, S. 165-177.
Knoke, Fr.: Bialloblotzky und die Göttinger Gemeinschaftsbewegung. Evangelische Wahrheit 1919/20, S. 214 ff.
König: Wesen und Zweck des evangelischen Vereins der Gustav-Adolf-Stiftung. HM 1843 Nr. 88, S. 697-701.
Köhler, F.: Die Kirche und die Stände des Königreichs Hannover. Hannover 1832.
—: Ueber den Mystizismus. Der Kirchenfreund 1835 H. 3, S. 35-44.
—: Obscurantismus. Der Kirchenfreund 1835 H. 4, S. 52-55.
—: Ueber den Pietismus. Der Kirchenfreund. 1835 H. 12, S. 183-192. H. 13, S. 196-207.
—: Wie sollen es die Regierungen mit dem Pietismus halten? Der Kirchenfreund 1835 H. 10, S. 149-159.
—: Die Traktat-Gesellschaften. Der Kirchenfreund 1835 H. 9, S. 137-144.
—: Wünsche der Landeskirche zu Nutze allen denen, die helfen können, vorgelegt. Hannover 1832.
Köhler, W.: Zwingli und Luther. Ihr Streit über das Abendmahl nach seinen politischen und religiösen Beziehungen. QFRG Bd VI, VII. Leipzig 1924, Gütersloh 1953.
—: Das Marburger Religionsgespräch 1529. Versuch einer Rekonstruktion. SVRG 48 H. 1. Leipzig 1929.
Körner, Th.: Sämmtliche Werke, eingeleitet von E. Hermann. Berlin 1884.
Kramer, R.: Nation und Theologie bei Johann Hinrich Wichern. Arbeiten zur Kirchengeschichte Hamburgs Bd 2. Hamburg 1959.
Kreuser, J.: Ueber die Einführung des Chores auf unserer Bühne. Wünschelruthe. Göttingen 1818, S. 18 f.
Krumwiede, H. W.: Die Gründung der Inneren Mission in Hannover. Geschichte und theologische Grundlagen. JGNKG 63 1965, S. 213-235.
—: Molans Wirken für die Wiedervereinigung der Kirchen. JGNKG 61 1963, S. 72-114.
—: Die Unionswirkung der freien evangelischen Vereine und Werke als soziales Phänomen des 19. Jahrhunderts. Um evangelische Einheit. Beiträge zum Unionsproblem. Hg. von K. Herbert. Herborn 1967, S. 147-184.
Lampe, C.: Über die Ausschließung des Doktor Julius Rupp aus dem Evangelischen Vereine der Gustav-Adolf-Stiftung. Leipzig 1846.
Lampe, J.: Aristokratie, Hofadel und Staatspatriziat in Kurhannover. Die Lebenskreise der höheren Beamten an kurhannoverschen Zentral- und Hofbehörden 1714-1760 Bd 1: Darstellung. Veröffentlichungen der historischen Kommission für Niedersachsen XXIV. Untersuchungen zur Ständegeschichte Niedersachsens 2, 1. Göttingen 1963.

Langen, A.: Deutsche Sprachgeschichte vom Barock bis zur Gegenwart. Deutsche Philologie im Aufriß. 2. Aufl. Bd 1. Berlin 1961, Sp. 931-996.
An die Leser. Der Kirchenfreund 1835 H. 1, S. 1-7.
Leverkühn, P.: Die Vögel unseres Gartens in Hannover. Monatsschrift des deutschen Vereins zum Schutze der Vogelwelt Bd 14 1889, S. 126-135.
Lippe, M.: Ludwig Emil Grimm und der Haxthausensche Kreis. Westphalen. Hefte für Geschichte, Kunst und Volkskunde Bd 23, H. 2. 1938, S. 154-172.
Liturgie wie sie als Nachtrag zur Kirchenagende des Jahres 1822 zum Gebrauche für die Königlich Preußische evangelische Gesandtschaftskapelle zu Rom bewilligt worden ist. 1818.
Ludolphy, I.: Henrich Steffens. Sein Verhältnis zu den Lutheranern und sein Anteil an der Entstehung und Schicksal der altlutherischen Gemeinde in Breslau. ThA XVII. Berlin O. J.
Lührs, A.: Literarische Anzeige. Der Kirchenfreund 1836 H. 8, S. 94-108.
—: Die hannoversche Bibelgesellschaft. Der Kirchenfreund 1836 H. 9. S. 188-197.
Lütgert, W.: Die Religion des deutschen Idealismus und ihr Ende. 4 Bde. Gütersloh 1923-1930.
Luther, M.: D. Martin Luthers Werke. Kritische Gesamtausgabe. Weimar 1883 ff.
—: D. Martin Luthers Sämtliche Schriften, welche er sowohl in deutscher als lateinischer Sprache verfertigte vollständige und in bequemer Ordnung auch mit historischen Vorreden und Einleitungen in vierundzwanzig Theilen herausgegeben von J. G. Walch. Halle 1740-1750.
Maaß, I. E. G.: Versuch über die Einbildungskraft. Halle 1792.
Marheinecke, Ph.: Christliche Symbolik oder historischkritische und dogmatischkomparative Darstellung des katholischen, lutherischen, reformirten und sociniansischen Lehrbegriffs. 1. Abt. Bd 3: Das System des Katholicismus. Heidelberg 1813.
Markquardt, W.: Zum fleißigen und zweckmäßigen Gebrauch des heiligen Buches zu ermuntern. Aus der Geschichte der Göttinger Bibelgesellschaft. JGNKG 65 1967, S. 236-262.
Maurer, W.: Aufklärung, Idealismus und Restauration. Studien zur Kirchen- und Geistesgeschichte in besonderer Beziehung auf Kurhessen. 1780-1850. Studien zur Geschichte des neueren Protestantismus H. 13. Gießen 1930.
—: Der Organismusgedanke bei Schelling und in der Theologie der katholischen Tübinger Schule. KuD 8 1962, S. 202-216.
—: Das Prinzip des Organischen in der evangelischen Kirchengeschichtsschreibung des 19. Jahrhunderts. KuD 8 1962, S. 265-292.
Mayer-Kuhlenkampff, I.: Rankes Lutherverhältnis. Dargestellt nach dem Lutherfragment von 1817 (Diss. Göttingen). HZ 172 1951, S. 65-99.
Mehlem, R.: Niederdeutsche Quellen der Grimmschen „Kinder- und Hausmärchen" unter besonderer Berücksichtigung Niedersachsens. Archiv für Landes- und Volkskunde in Niedersachsen 1940 H. 2, S. 49-99.
—: Anna von Arnswaldt. Eine niederdeutsche Quelle der Grimmschen „Kinder- und Hausmärchen". Heimatland. Zeitschrift für Heimatkunde, Naturschutz, Kulturpflege 1962 H. 1, S. 5-9.
Meinecke, F.: Die Entstehung des Historismus. 2 Bde. Berlin 1936.
—: 1848. Eine Säkularbetrachtung. Berlin 1948.
—: Das Zeitalter der deutschen Erhebung. 7. Aufl. Göttingen 1957.
Mejer, O.: D. K. K. Münkels nachgelassene Schriften nebst einem Lebensbilde des Entschlafenen. Hg. von Max Frommel. Linden-Hannover 1889.
Meyer, J.: Geschichte der Göttinger theologischen Fakultät. ZGNKG 42 1937, S. 7-107.
—: Kirchengeschichte Niedersachsens. Göttingen 1939.
Über den Wert der Missionsvereine. HM 1836 Nr. 54/55, S. 427-438.
Auch ein Wort zum Missionswesen. HM 1833 Nr. 51, 52, S. 401-410.
Möhler, J. A.: Symbolik oder Darstellung der dogmatischen Gegensätze der Katholiken und Protestanten nach ihren öffentlichen Bekenntnisschriften. Mainz 1832.
Möller, G.: Zum 590-jährigen Bestehen der Kreuzkirche. Hannoversche Landeszeitung April 1923.

Möller, B.: Geschichte des Christentums in Grundzügen. Göttingen 1965.

Müller, J. Chr. H.: Hannover wie es war und ist, und werden wird. Eine Gallerie, der bey Gelegenheit der Besitznahme desselben durch die Franzosen merkwürdig gewordener Personen in alphabetischer Ordnung. o. O. 1804.

Müller: Die Norddeutsche Missionsgesellschaft und ihre Bitte an die Missionsvereine im Königreich Hannover. Der Kirchenfreund 1836 H. 1, S. 3-15.

Müller: Missionsthätigkeit in Hannover. Der Kirchenfreund. 1836 H. 1, S. 28-54.

Münkel, K. K.: Karl Johann Philipp Spitta. Ein Lebensbild. Leipzig 1861.

Nagel, E.: Pastor Heinrich Reinsch. Ein Beitrag zur Geschichte der Verfolgungszeit der evangelisch-lutherischen Kirche in Preußen. Altes und Neues aus der lutherischen Kirche Bd 13. Elberfeld 1917.

Nagel, G.: Der Kampf um die lutherische Kirche in Preußen. Breslau 1930.

Neueste Nachrichten aus dem Reiche Gottes. Hg. von S. Elsner Berlin 1824 u. 1830.

Niemann, E.: Predigten. Hannover 1837.

Olshausen, H.: Ein Wort über den tieferen Schriftsinn. Königsberg 1824.

Ompteda, F. v.: Neue vaterländische Literatur. Hannover 1810.

Pannenberg, W.: Der Einfluß der Anfechtungserfahrung auf den Prädestinationsbegriff Luthers. KuD 3 1957, S. 109-139.

Pascal, B.: Pensées de Pascal sur la Religion et sur quelques aûtres sujets. Nouvelle Édition Augmentée de la Défense. Bd 1 u. 2. Amsterdam 1758.

—: Provinzialbriefe über die Moral und Politik der Jesuiten, übersetzt von Hartmann, J. J. G. Berlin 1830.

Peters, A.: Realpräsenz. Luthers Zeugnis von Christi Gegenwart im Abendmahl. Arbeiten zur Geschichte und Theologie des Luthertums Bd 5. Berlin 1960.

Petri, E.: D. Ludwig Adolf Petri. Ein Lebensbild. 2 Bde. Hannover 1888 u. 1896.

Petri, L. A.: Die Bedürfnisse und Wünsche der protestantischen Kirche im Vaterland. Mit Beziehung auf den Entwurf eines Staats-Grundgesetztes für das Königreich Hannover. Hannover 1832.

—: Korrespondenz aus dem Hannoverschen. Zeitschrift für Protestantismus und Kirche NF Bd 7. Erlangen 1844, S. 241-254.

—: Am Sarge und Grabe des Legationsrats August von Arnswaldt. Zum Bau des Reiches Gottes. Mannigfaltiges aus dem geistlichen Amte und für dasselbe. Ausgewählt und geordnet von Rudolf Steinmetz. Hannover 1875, S. 133-138.

Planck, G. J.: Geschichte der Entstehung der Veränderung und der Bildung unseres protestantischen Lehrbegriffes. Bd 2. 1. Aufl. Leipzig 1783.

Preuß, H.: Martin Luther. Der Deutsche. Gütersloh 1934.

—: Luther an die Deutschen von 1946. Eine Erneuerung seiner Botschaft vierhundert Jahre nach seinem Tode. München 1946.

Rask, E. Chr.: Die Verslehre der Islaender. Verdeutscht von G. Chr. F. Mohnike. Berlin 1830.

Das Partikular-Reformations-Jubelfest der Stadt Hannover. Vierteljährliche Nachrichten von Kirchen- und Schulsachen 1833, S. 137-140.

Reifferscheid, A.: Beschreibung der Handschriftensammlung des Freiherrn August von Arnswaldt in Hannover. Sonderdruck aus dem Jahrbuch des Vereins für niederdeutsche Sprachforschung IX-XI. Norden o. J.

Reinhard, F. v.: Vorlesung über die Dogmatik. Hg. von J. G. I. Berger. Sulzbach 1812.

Rettberg, W.: Die christlichen Heilslehren nach den Grundsätzen der evangelisch-lutherischen Kirche. Leipzig 1838.

Rezension über die Gegenwart des Leibes und Blutes Christi im Sacrament des heiligen Abendmahls. Hamburg 1834. Litterarischer Anzeiger für christliche Theologie und Wissenschaft überhaupt 1835 Nr. 16-19, Sp. 121-148.

Rezensionen. Wünschelruthe. Göttingen 1818, S. 84 u. 155 f.
Robels, H.: Ausgewählte Handzeichnungen nach Aquarellen im Walraff-Richartz-Museum. Köln 1967
Rocholl, R.: Geschichte der evangelischen Kirche in Deutschland Leipzig 1897.
—: Die Realpräsenz, das Lehrstück von der Gegenwart des Herrn bei den Seinen. Ein Beitrag zur Christologie. Gütersloh 1875.
—: Einsame Wege. NF Bd 2. Leipzig 1898.
Rohde, E.: Freiherr August von Arnswaldt, ein Gedenkblatt zu seinem 100. Todestag. Hannoversches Pfarrerblatt Februar 1956, S. 8-11.
—: Freiherr August von Arnswaldt, Freund und Mitarbeiter Petris. Die Botschaft. Hannoversches Sonntagsblatt 11. Jg. Nr. 6.
Rohden. L. v.: Geschichte der Rheinischen Missionsgesellschaft. 3. Ausgabe. Barmen 1888.
Rothert, W.: Allgemeine Hannoversche Biographie. Bd 2: Im Alten Königreich Hannover 1814-1866. Bd 3: Hannover unter dem Kurhut 1646-1815. Hannover 1914/1916.
—: Die Innere Mission in Hannover. In Verbindung mit der sozialen und provinzialen Volkswohlfahrtspflege. 3. Aufl. Gütersloh 1909.
Rückert, H.: Das Eindringen der Tropuslehre in die schweizerische Auffassung vom Abendmahl. ARG 37 1940 H. 2/3, S. 199-221.
Rundschreiben des Herrn Superintendenten Catenhusen in Ratzeburg an die Prediger des Herzogtums Lauenburg. Der Kirchenfreund 1836 Nr. 19, S. 289-297.
Ruprecht, R.: Der Pietismus des 18. Jahrhunderts in den hannoverschen Stammländern. StKGN 1. Göttingen 1919.
Rupstein, F.: Dr. Heinrich Philipp Sextro. Eine Gedächtnisschrift. Hannover 1839.
Rusbroek, J.: Vier Schriften in niederdeutscher Sprache. Hg. von August von Arnswaldt. Mit einer Vorrede von C. Ullmann. Hannover 1848.
Sailer, J. M.: Briefe aus allen Jahrhunderten der christlichen Zeitrechnung. Gewählt, übersetzt, und zur Erbauung und Belehrung seiner Mitchristen herausgegeben. 6 Sammlungen in drei Bänden. München 1800-1804.
—: Erinnerungen an und für Geistes- und Gemütsverwandte. Sulzbach 1829.
—: Aus Fenebergs Leben. München 1814.
—: Grundlehren der Religion. Ein Leitfaden zu seinen Religionsvorlesungen an die akademischen Jünglinge aus allen Fakultäten. München 1805.
—: Joseph Anton Sambuga — wie er war — Partheylosen Kennern nacherzählt. München 1816.
Sasse, H.: This is my body. Minneapolis 1959.
Saxer, J. A.: Ueber den wiedererwachenden Confessions-Streit mit besonderer Beziehung auf die Angelegenheiten der Norddeutschen Missionsgesellschaft. Stade 1843.
Schaedtler, H.: Kurze Beschreibung des königlich hannoverschen Guelphen-Ordens nebst beygefügten Abbildungen, Ordens-Statuten und Ritter-Listen. Hannover 1816.
Schäfer, W.: Effigies Pastorum. Die Pastoren an St. Katharinen. 400 Jahre Osnabrücker Kirchengeschichte in Bildern und Urkunden aus den Quellen. Osnabrück 1960.
—: Georg Gottfried Treviranus, Wicherns Freund. Beitrag zu einem Lebensbild aus der Erweckungszeit. Verden 1963.
—: Carl Friedrich August Weibezahn. Der Osnabrücker Erweckungsprediger. Osnabrück 1955.
Scharpff, P.: Geschichte der Evangelisation. 300 Jahre Evangelisation in Deutschland, Großbritannien und USA. Basel 1964.
Scheibel, J. G.: Biblische Belehrungen über lutherischen und reformierten Lehrbegriff und Union beider Confessionen. Dresden 1833.
—: Geschichte der lutherischen Gemeinde in Breslau 1832.
—: Von der biblischen Kirchenverfassung. Dresden 1832.

—: Was ist Pietismus und Mystizismus? Dresden 1833.
Schleiermacher, D. F.: Brief an G. H. Schubert vom 17.6.1815. Veröffentlicht von H. Weigelt. ZRGG 1968 Bd 20, S. 273-276.
Schlink, E.: Die Theologie der lutherischen Bekenntnisschriften. 3. Aufl. München 1948.
Schmidt, C.: Rezension über Rusbroek. Jenaische Allgemeine Literaturzeitung 7 1848 Nr. 290, S. 1157 f.
Schmidt, K.: Gotha in der Stellung der Bildungsgeschichte des 17. Jahrhunderts. Ferner: Ein Gothaer Schulreformer des 18. Jahrhunderts. In: Gotha und sein Gymnasium. Bausteine zur Geistesgeschichte einer deutschen Residenz. Gotha/Stuttgart 1924, S. 42-52, S. 67-95.
Schmidt, K. D.: Grundriß der Kirchengeschichte 5. Aufl. Göttingen 1967.
Schmidt, M.: Die Bedeutung des Jahres 1848 für die evangelische Kirchengeschichte Deutschlands. Die Zeichen der Zeit. Evangelische Monatsschrift für Mitarbeiter der Kirche 2 1948, S. 307-313 und 408-413.
Schmidt, M.: Christentum und Kirche im frühen 19. Jahrhundert. Berlin und die Provinz Brandenburg im 19. und 20. Jahrhundert. Veröffentlichungen der historischen Kommission zu Berlin Bd 25. Berlin 1968, S. 423-478.
—: Die innere Einheit der Erweckungsfrömmigkeit im Übergangsstadium zum luther. Konfessionalismus. ThLZ 1949, Sp. 18-28.
—: Rationalismus und Erweckungsbewegung am Beispiel der Kirchengemeinde Hameln (Weser). JGNKG 63 1965, S. 280-308.
—: Wort Gottes und Fremdlingsschaft. Die Kirche vor dem Auswanderungsproblem Rothenburg o. T. 1953.
Schmidt, R.: Ludwig Harms bricht mit der Norddeutschen Mission. JGNKG 48 1950, S. 120-131.
—: Der „Mystiker" Friedrich Ludwig Ehlers. Ein Beitrag zur Geschichte der Erweckungsbewegung des 19. Jahrhunderts in Niedersachsen. ZGNKG 34/35 1929/30, S. 341-367.
Schmidt-Clausen, K.: Vorweggenommene Einheit. Die Gründung des Bistums Jerusalem im Jahre 1841. Arbeiten zur Geschichte und Theologie des Luthertums Bd 15. Berlin/Hamburg 1965.
Schnabel, F.: Deutsche Geschichte im 19. Jahrhundert. 4 Bde. Freiburg/Breisgau 1948-1954. Bd 1: 4. Aufl. 1941, Bd 2: 2. Aufl. 1949, Bd 3: 3. Aufl. 1954, Bd 4: 2. Aufl. 1951.
Schneemelcher, W.: Conf. Aug. VII im Luthertum des 19. Jahrhunderts. EvTh 9 1949/50, S. 308-333.
Schnieber, A.: G. Ph. E. Huschke. Ein Lebensbild. Breslau 1927.
Schoeberlein, L. F.: Das heilige Abendmahl. Ferner: Das Wesen der geistlichen Natur und Leiblichkeit. In: Die Geheimnisse des Glaubens. Heidelberg 1872, S. 198-241, S. 285-397.
—: Confession und Union. ThStKr 1853 H. 3, S. 537-623.
—: Ueber die christliche Versöhnungslehre. ThStKr 1845 H. 2, S. 267-318.
—: Ueber das Verhältnis der persönlichen Gemeinschaft mit Christo. ThStKr 1847 H. 1, S. 7-69.
Schöffler, A.: Johann Gottfried Herder aus Mohrungen. In: Deutscher Geist im 18. Jahrhundert. Essays zur Geistes- und Religionsgeschichte. Hg. von Götz von Selle. Göttingen 1956.
Schöner, J. G.: Andenken an Luthers Lehre. Ein Gedicht zur Jubelfeyer der Reformation 1817.
—: Bibelwahrheiten für unser Zeitalter in Reden und Aufsätzen. Nürnberg 1812.
Schoof, W.: Jenny von Droste-Hülshoff. Die Jugendfreundin Wilhelm Grimms. Westphalen. Hefte für Geschichte, Kunst und Volkskunde Bd 23, H. 2. 1938, S. 139-153.
Schramm, L.: Das Leben auf Schulen, HM 1839 Nr. 71, S. 598.
Schreiber, I.: Ich war wohl klug als ich Dich fand. Heinrich Christian Boies Briefwechsel mit Luise Mejer. 1777-1785. 2. Aufl. München 1963.

Schubert, E.: Die evangelische Predigt im Revolutionsjahr 1848. Studien zur Geschichte des neueren Protestantismus H. 8. Gießen 1913.
Schubert, G. H.: Altes und Neues aus dem Gebiet der inneren Seelenkunde. 5 Bde. Leipzig 1815-1844.
—: Der Erwerb aus einem vergangenen und die Erwartung von einem zukünftigen Leben. Eine Selbstbiographie. 3 Bde. Bamberg/Leipzig 1854-56.
—: Die Symbolik des Traums. 1. Aufl. Bamberg 1814. 2. Aufl. Bamberg 1821.
Schulte-Kemminghausen, K.: Annette von Droste-Hülshoff. Westphälische Kunsthefte H. 8 1939.
—: Heinrich Straube. Ein Freund der Droste. Schriften der Droste-Gesellschaft 9. Münster 1958.
—: Der Weg zur Droste. Eine Rückschau. Westphalen. Hefte für Geschichte, Kunst und Volkskunde Bd 23 H. 2. 1938, S. 12-135.
Schulze, W. A.: Oetingers Beitrag zur Schellingschen Freiheitslehre. ZThK 54 1957, S. 213-225.
Schuster, K.: Gruppe, Gemeinschaft, Kirche. Gruppenbildung bei Zinzendorf. ThEx Heute NF H. 85. München 1960.
Schweitzer, E.: Rankes Lutherfragment von 1817. S. München Diss 1926. Abgedruckt in: Paul Joachimsens Neuausgabe von Rankes Deutscher Geschichte im Zeitalter der Reformation. Akademieausgabe VI, S. 311-399.
Scupuli, L.: Der geistliche Kampf. Leitsterne auf der Bahn des Heils Bd 4. Wien 1822.
Seeberg, R.: Die Kirche Deutschlands im 19. Jahrhundert. Eine Einführung in die religiösen, theologischen und kirchengeschichtlichen Fragen der Gegenwart. 2. Aufl. Leipzig 1904.
Selle, G. v.: Die Matrikel der Georg August Universität zu Göttingen. 1734-1837. Leipzig 1937.
—: Die Georg August Universität zu Göttingen. 1737-1937. Göttingen 1937.
—: Universität Göttingen, Wesen und ihre Geschichte, Göttingen 1953.
Söhngen, C.: Die biblische Lehre von der Gottebenbildlichkeit des Menschen. In: Pro Veritate. Festschrift für L. Jaeger und W. Stählin. 1963.
Spener, Ph.: Einfache Erklärung der christlichen Lehre nach der Ordnung des Kleinen Katechismus Luthers. Neuer verbesserter Abdruck. Erlangen 1827.
Stark, W.: Ueber das oberste Prinzip der wahren Interpretation. Hauptsätze der richtigen Erklärung des Neuen Testamentes. Beyträge zur Vervollkommnung der Hermeneutik, insbesondere des Neuen Testaments. Jena 1817/18.
Steinmetz, R.: Die Generalsuperintendenten von Hoya-Diepholz. ZGNKG 16 1911, S. 148-264.
—: Die Generalsuperintendenten von Calenberg. ZGNKG 13 1908, S. 25-267.
Stephan, H., und M. Schmidt: Geschichte der Deutschen Evangelischen Theologie seit dem Deutschen Idealismus. 2. Aufl. Berlin 1960. Theologie im Abriß Bd 9.
Stimme eines Lutheraners an seine Brüder in der Gefangenschaft Hg. von J. G. Scheibel. Dresden 1834.
Stolberg, F. L.: Briefe. Hg. von J. Behrens. Kieler Studien zur deutschen Literaturgeschichte Bd 5. Neumünster 1966.
Strauß, D. F.: Die christliche Glaubenslehre in ihrer geschichtlichen Entwicklung und im Kampfe mit der modernen Wissenschaft. 2. Bde. Tübingen/Stuttgart 1840/41.
Strauß, F.: Lot und sein Weib. Predigt in der Königlichen Hof- und Domkirche am 18. Sonntage nach Trinitatis. Berlin 1828.
—: Predigt am Sonntag vor Pfingsten. (Röm. 8, 9). Berlin 1826.
—: Predigt am 3. Sonntag nach Ostern (Röm. 6,11). Berlin 1826.
Strauß-Torney, V. v.: Briefe an August von Arnswaldt. Hg. von P. Fleisch. StKGN 12. Göttingen 1960.
Wozu das Studium des classischen Altertums auf Gymnasien? HM 1830 Nr. 86-88, S. 681-698.

Sühlo, W.: Georg Herbert Graf zu Münster. Erblandmarschall im Königreich Hannover. Ein biographischer Beitrag zur Frage der politischen Bedeutung des deutschen Uradels für die Entwicklung vom Feudalismus zum industriellen Nationalstaat. Veröffentlichungen der historischen Kommission für Niedersachsen. Bd XXXII. Niedersächsische Biographien 2. Hildesheim 1968.

Die Theosophie und die Kirche. Aus Anlaß der von Dr. Auberlens Schrift: Die Theosophie Oetinger's. Tübingen 1848. Zeitschrift für Protestantismus und Kirche NF Bd 16 1848, S. 161-176.

Thielicke, H.: Theologische Ethik. Bd 1. 3. Aufl. Tübingen 1965.

Tholuck, F. A. G.: Kommentar zum Briefe an die Hebräer. Hamburg 1836.

–: Die Lehre von der Sünde und vom Versöhner, oder die wahre Weihe des Zweiflers. Hamburg 1823. 2. Aufl. 1825. 3. Aufl. 1830.

–: Eine Stimme wider die Theaterlust nebst den Zeugnissen der theuren Männer Gottes dagegen des seligen Speners und des seligen A. H. Francke. Berlin 1824.

–: Stunden christlicher Andacht. Ein Erbauungsbuch. Hamburg 1840.

Tiesmeyer, L.: Die Erweckungsbewegung in Deutschland während des 19. Jahrhunderts. H. 9: Hannover und Tecklenburg. Kassel 1907.

Traktate aus dem Arnswaldtschen Nachlaß:

Bremer Verein zur Verbreitung kleiner christlicher Schriften:

Nr. 19: Das beste Teil o. J.

Niedersächsische Gesellschaft zur Verbreitung christlicher Erbauungsschriften:

Nr. 21: Ernsthafte Betrachtungen über die Ewigkeit. Hamburg o. J.

Nr. 22: Nachricht eines würdigen Schulvorstehers in P. von der Bekehrung seines Bruders. Hamburg o. J.

Nr. 25: Für alle, die selig werden wollen. Altona o. J.

Nr. 28: Jesus nimmt die Sünder an. Hamburg o. J.

Nr. 42: Kurze Beantwortung der vornehmsten Einwürfe und Entschuldigungen wider das wahre Christentum. Hamburg o. J.

Nr. 44: Sünde ist keine Kleinigkeit. Hamburg o. J.

Nr. 45: Der wahre Christ. Hamburg o. J.

Verlag des Waisenhauses in Halle:

Brüderliche Zusprache an Glaubende, aber nicht feste Seelen. 1823.

Die Fülle der Erbauung locket zur Buße. 1824.

Hannoversche Traktatgesellschaft:

Nr. 8: Der Christen-Berufes würdige Wandel. Hannover 1820.

Verein für christliche Erbauungsschriften in preußischen Staaten:

Nr. 17: Glaubst Du, daß Du ein Sünder bist? Berlin 1825.

Nr. 27: Worte der Liebe an gute Jünglinge. Berlin o. J.

Wuppertaler Traktatgesellschaft:

Nr. 62: Teil 1: Nachricht eines würdigen Schulvorstehers in P. von der Bekehrung seines Bruders. Barmen 1821.

Nr. 63: Teil 2: Merkwürdige Erfahrungen eines Besuchenden aus der Brüdergemeine im Jahr 1819. Barmen 1821.

Nr. 65: Abendgespräch zwischen Pastor Schriftlieb und dem Ackersmann Fromme. Barmen 1822.

Nr. 126: Weg zur Seligkeit. Barmen 1826.

Trillhaas, W.: Abt Ludwig Schoeberlein als Systematiker. JGNKG 63 1965, S. 198-212.

Tschackert, P.: Die Epochen der niedersächsischen Kirchengeschichte. ZGNKG 1 1896, S. 1-19.
Twesten, A. D. Chr.: Nachricht von dem zu Gettysburg in Pennsylvanien zu errichtenden theologischen Seminare der Evangelischen-Lutherischen Kirche in den Nordamerikanischen Freystaaten nebst einer Übersetzung seiner Statuten. Hamburg 1826.
Ueberhorst, K. U.: Die Theologie Rudolf Rocholls. Eine Untersuchung zum Universalismus der göttlichen Heilsveranstaltung. Arbeiten zur Geschichte und Theologie des Luthertums Bd 11. Hamburg 1963.
Übersicht der bedeutendsten Schriften über Luther und seine Reformation, die durch die Jubelfeier der letzteren im Jahre 1817 veranlaßt worden sind. E. G. Bengels Archiv für die Theologie und ihre neueste Literatur 3 1818, S. 464-515, 666-767; 4 1820, S. 167-288.
Ültzen: Sleidans Geschichte des Reichstags zu Augsburg im Jahre 1530. HM 1830 Nr. 33-36, S. 257-282.
Uhlhorn, G.: Hannoversche Kirchengeschichte in übersichtlicher Darstellung. Stuttgart 1902.
Ulmer: Vom lutherischen Hilfswerk der verbündeten Gottes-Kasten-Vereine. Evangelisch-Lutherisches Zeitblatt 21 1929, S. 15 f.
Umbreit, F. W. C.: Erinnerungen an Freiherrn August von Arnswaldt. Ein Denkmal der Freundschaft. Sonderdruck aus: ThStKr 1857 H. 2.
Versammlung in Stuttgart. Zeitblatt für die Angelegenheiten der lutherischen Kirche 1851 Nr. 16, 18, 19, S. 133-136, 145-158.
Vorerinnerung zum Rundschreiben des Herrn Superintendenten Catenhusen in Ratzenburg an die Prediger des Herzogtums Lauenburg. Der Kirchenfreund 1836 H. 19, S. 289-294.
Wachsmuth: Noch einige Worte über den Nutzen der Mission und Missionsvereine. HM 1838 Nr. 84, S. 671 f.
—: Die Entwicklung der hannoverschen Gustav-Adolf-Vereine. ZGNKG 19 1914, S. 230-258.
Wackernagel, K. E. Ph.: Das deutsche Kirchenlied von Martin Luther bis auf Nicolaus Herman und Ambrosius Blaurer. Stuttgart 1841.
Wagner, R.: Briefe an August von Arnswaldt. Hg. von P. Fleisch. JGNKG 55 1957, S. 95-121.
Wallis, L.: Der Göttinger Student. Oder Bemerkungen, Ratschläge und Belehrungen über Göttingen und das Studentenleben auf der Georgia Augusta. Göttingen 1813. Wieder abgedruckt 1913.
Walter, I. E.: Droste-Hülshoffs Werke. Salzburg o. J.
Wangemann, H. Th.: Sieben Bücher Preußischer Kirchengeschichte. Berlin 1859.
Weber, O.: Grundlagen der Dogmatik. 2 Bde. Neukirchen 1962.
Weigelt, H.: Erweckungsbewegung und konfessionelles Luthertum im 19. Jahrhundert. Untersucht an Karl von Raumer. Arbeiten zur Theologie, II. Reihe Bd 10. Stuttgart 1968.
Wendland, W.: Siebenhundert Jahre Kirchengeschichte Berlins. Leipzig 1930.
Wenig, O.: Rationalismus und Erweckungsbewegung in Bremen. Bonn 1966.
Wette, W. M. L. de: Die Ausschließung des D. Rupp von der Hauptversammlung des Gustav-Adolf-Vereins zu Berlin am 7. September. Ein Versuch unparteyischer Darstellung und Beurteilung. Leipzig 1847.
Wichern, J. H.: Briefe und Tagebücher. Gesammelte Schriften. Hg. von J. Wichern. Bd 1: 1826-1848 Hamburg 1901.
—: Die Innere Mission der deutschen evangelischen Kirche. Eine Denkschrift an die deutsche Nation. Ausgewählte Schriften. Hg. von K. Jannsen und R. Sieverts. Bd 3. Gütersloh 1962, S. 135-344.
Winckler, L.: Martin Luther als Bürger und Patriot. Historische Studien H. 408. Hamburg 1969.
Witte, L.: Das Leben D. Friedrich August Gottreu Tholucks. 2 Bde. Bielefeld/Leipzig 1884/1886.
Wittram, R.: Zur Geschichte des Nationalbewußtseins. Kirche und Nationalismus in der Geschichte des deutschen Protestantismus. In: Nationalismus und Säkularisation. Beiträge zur Geschichte und Problematik des Nationalgeistes. Lüneburg 1949, S. 5-29 und 30-71.

Woltersdorf, Th.: Zur Geschichte und Verfassung der evangelischen Landeskirche in Preußen. Greifswald 1891.

Wotschke, Th.: Pietistisches aus Ostfriesland und Niedersachsen. ZGNKG 36 1931, S. 72-178, 40 1935, S. 156-223.

Wolf, E.: Sanctorum Communio. Erwägungen zum Problem der Romantisierung des Kirchenbegriffs. In: Peregrinatio I. Studien zur reformatorischen Theologie und zum Kirchenproblem. München 1954, S. 279-301.

Zöckler, O.: Die lutherische Kirche in Deutschland. In: Handbuch der theologischen Wissenschaften. Hg. von O. Zöckler, Bd 2: Historische Theologie. Nördlingen 1889.

## III. Lexica und Sammelwerke

Allgemeine Deutsche Biographie. Bd 1. Leipzig 1875; Bd 15 1882; Bd 27 1888.

Conversations-Lexicon. Allgemeine deutsche Real-Encyclopädie für gebildete Stände. Bd 1-10. 5. Aufl. Leipzig 1822.

Neues Conversations-Lexikon. Staats- und Gesellschafts-Lexikon. In Verbindung mit deutschen Gelehrten und Staatsmännern. Hg. von Hermann Wagner. 23 Bde. Berlin 1859-1867.

Gothaer Genealogischer Hof-Kalender auf das Jahr 1848.

Gothaer Genealogisches Taschenbuch der uradeligen Häuser 4. Jg 1903; 12. Jg 1911.

Hannoversches Magazin, worin kleine Abhandlungen, einzelne Gedanken, Nachrichten, Vorschläge und Erfahrungen, welche die Verbindung des Nahrungs-Standes, die Land- und Stadtwirtschaft, Handlung, Manufakturen und Künste, die Physik, die Sittenlehre und angenehme Wissenschaften betreffen, gesammelt und aufbewahret sind. Hannover 1830-43.

Staats-Kalender, Königl. Groß-Brittannischer und Churfürstl. Braunschweig-Lüneburger, worin das Staats-Verzeichniß der Königlichen Regierungen, und übrigen Hohen Civil- und Militair-Bedienten in den Deutschen Ländern nebst einem Genealogischen Verzeichniß aller Durchlauchtigsten Hohen Häuser in Europa befindlich. Lauenburg 1803; 1813 und 1821.

**Studien zur Kirchengeschichte Niedersachsens.** Hrsg. v. H. W. Krumwiede.

1. **Ruprecht, R.:** Der Pietismus d. 18. Jahrh. in den hannov. Stammländern. 1919. 208 Seiten, brosch.
2. **Ernst, H.:** Urkunden zum Unionsversuch in Ostfriesland um d. J. 1580. 68 Seiten, brosch.
3. **Weidemann, H.:** Gerard Wolter Molanus, Abt zu Loccum. 1. Bd. 1925. 184 Seiten, brosch.
4. **Matthaei, G.:** Die Vikariestiftungen d. Lüneburger Stadtkirchen. 1928. 264 Seiten, brosch.
5. **Weidemann, H.:** Gerard Wolter Molanus, Abt zu Loccum. 2. Bd. 1929. 192 Seiten, brosch.
6. **Nolte, E.:** Quellen und Studien zur Gesch. d. Nonnenklosters Lüne b. Lüneburg. 1. Teil 1932. 144 Seiten, mit 5 Abb. u. 2 Tafeln, brosch.
7. **Corvinus, A.:** Confutatio Augustani libri quem Interim vocant. 1548. Hrsg. v. W. Radtke. 1936. 99 Seiten, brosch.
8. **Henkel, D.:** Staat u. Kirche i. Königreich Hannover. 1815–1833. 1938. 63 Seiten, brosch.
9. **Krumwiede, H.-W.:** Das Stift Fischbeck a. d. Weser. (Unters. z. Frühgesch. 955–1158). 1955. 137 Seiten. 1 Stammtaf., brosch.
10. **Reller, H.:** Vorreformatorische u. reformatorische Kirchenverf. i. Fürstentum Braunschweig-Wolfenbüttel. 1959. 237 Seiten u. 3 Karten, brosch.
11. **Krumwiede, H.-W. u. a.:** Die mittelalterlichen Kirchen- u. Altarpatrozinien Niedersachsens (Begonnen v. E. Hennecke). 1960. 338 Seiten, Leinen.
12. **Fleisch, P. (Hrsg.):** V. v. Strauß und Torney an A. v. Arnswaldt, Briefe aus der Erweckungsbewegung in Niedersachsen. 1960. 108 Seiten, brosch.
13. **Kost, O.-H.:** Das östliche Niedersachsen im Investiturstreit. 1962. 220 Seiten, brosch.
15. **Stiller, E.:** Die Unabhängigkeit des Klosters Loccum von Staat und Kirche nach der Reformation. 1966. 112 Seiten, kart.
16. **Krumwiede, H.-W.:** Zur Entstehung des landesherrlichen Kirchenregiments in Kursachsen und Braunschweig-Wolfenbüttel. 1967. 265 Seiten, kart.
17. **Holze, H.:** Kirche und Mission bei Ludwig Adolf Petri. 1966. 232 Seiten, kart.
18. **Herdieckerhoff, E.:** Der Braunschweiger Kampf um Evangelisation im 19. Jahrhundert. 1968. VII, 304 Seiten, kart.
19. **Mager, I.:** Georg Calixts theologische Ethik und ihre Nachwirkungen. 1969. 185 Seiten, kart.

# VANDENHOECK & RUPRECHT IN GÖTTINGEN UND ZÜRICH

Erich Beyreuther
## Die Erweckungsbewegung

Die Kirche in ihrer Geschichte Lfg. R 1
1963. 52 Seiten, kartoniert

Der Faszikel Beyreuthers über die Erweckungsbewegungen im evangelischen Raum macht mit einer uns wenig bekannten Frömmigkeit bekannt: ausgehend vom angelsächsischen Raum (um 1700), erlangte die Erweckungsbewegung große Bedeutung in den USA und erst hundert Jahre später auf dem europäischen Festland, wenn auch nicht so elementar. Gegenüber dem Pietismus, mit dem sie eng zusammenhängen, stehen die Erweckungsbewegungen positiver zur Welt, zur Geschichte, zur Natur und Kultur. Einige ihrer großen Theologen: Tholuck, Neander, R. Rothe u. a. sind auch im katholischen Raum bekannt. Bibelbewegungen, Diakonisseninstitute, aber auch methodistische und baptistische Impulse sind von hier ausgegangen. Den Katholiken legt sich hier der Vergleich mit nachreformatorischen Ordensgemeinschaften nahe, und er wird mit viel Sympathie feststellen, daß in diesen Kreisen die ökumenische Gesinnung meist lebendiger war als in der Mitte des evangelischen Glaubens. Die Darstellung ist interessant, informierend und auf der Höhe der Wissenschaft.
Geist und Leben

Carl Hinrichs
## Preußentum und Pietismus

Der Pietismus in Brandenburg-Preußen als religiös-soziale Reformbewegung
1971. XII. 473 Seiten, Leinen

Schon früh erkannte Carl Hinrichs die Bedeutung des Halleschen Pietismus für das „weltliche Leben". Das vorliegende Buch macht diese „Öffnung zur Welt" und ihre Folgen in ihrer ganzen Breite sichtbar. Es geht von der universalen Absicht des Halleschen Pietismus aus, betrachtet sein Verhältnis zum preußischen Staat, der die Hallesche Bewegung zugleich förderte und benutzte, es verfolgt die Wirkungen im militärischen, ständischen, wirtschaftlichen und geistigen Bereich und zeigt, wie die Aufklärung durch den Pietismus sowohl vorbereitet als auch gehemmt wurde. Mit all dem wird ein historischer Prozeß deutlich, bei dem Glauben und soziales Handeln ineinandergreifen.

**VANDENHOECK & RUPRECHT IN GÖTTINGEN UND ZÜRICH**